MEIJIE PIPING

媒介批评

第十四辑

张柠 柳珊 主编
王鑫 魏宝涛 副主编

U0662299

GUANGXI NORMAL UNIVERSITY PRESS
广西师范大学出版社
·桂林·

图书在版编目（CIP）数据

媒介批评. 第十四辑 / 张柠，柳珊主编. --桂林：
广西师范大学出版社，2022.12
ISBN 978-7-5598-5711-8

Ⅰ．①媒… Ⅱ．①张… ②柳… Ⅲ．①传播媒介—
文集 Ⅳ．①G206.2-53

中国版本图书馆 CIP 数据核字（2022）第 254055 号

广西师范大学出版社出版发行

（广西桂林市五里店路 9 号　邮政编码：541004）
（网址：http://www.bbtpress.com）
出版人：黄轩庄
全国新华书店经销
广西广大印务有限责任公司印刷
（桂林市临桂区秧塘工业园西城大道北侧广西师范大学出版社
集团有限公司创意产业园内　邮政编码：541199）
开本：720 mm × 970 mm　1/16
印张：26.5　　字数：405 千
2022 年 12 月第 1 版　　2022 年 12 月第 1 次印刷
定价：69.00 元

目 录

作为幻想的界面

——元宇宙中大他者的幽灵①

蓝江

摘要：元宇宙并不是一个悲剧的世界，它没有悲剧中的歌队和统一性，它是通过技术手段实现的体外器官般的存在。在这个意义上，传统的悲剧和歌队消逝了，取而代之的是一个没有明确统一和和谐的元宇宙空间。在这个空间里，无论是原始的面具神话象征，还是哈贝马斯的主体间性的对话伦理，都无法有效地建立其秩序。因此，我们需要从对话伦理学走向元宇宙的界面伦理学。在界面伦理学中，所有个体通过注册成为用户的方式，接受了界面数字协议的中介，同时也让我们只能在界面之上来行动，而这种界面伦理学直接穿透了主体幻想，成为元宇宙世界中的大他者的幽灵。

关键词：界面；元宇宙；大他者幽灵

① 本文系国家社科基金重大项目"人类命运共同体视域下的 21 世纪西方激进左翼文论批判研究"（项目号：20&ZD290）阶段性成果。

在《杜伊诺哀歌·哀歌之五》的末尾，里尔克带着一丝憧憬写道：

> 天使！或许有一个场所，我们不知道，在彼处，
>
> 在不可言喻的飞毯上，一对恋人正展示他们在此间从未达到的技能，
>
> 惊险高超的心震造型，
>
> 快感凝结的钟塔，
>
> ……①

一个从未出场的天使，却寄托着人们的希望，人们希望有一个场所，在那里，人们拥有"从未达到的技能"，能创造出从未存在过的建筑和造型，以及让人们感到舒适的钟塔。如果用这一段诗与其之前的巴黎的场所做一个对比，会更有意思，"在那里，制帽女工，死亡太太，卷绕并编织无休止的尘世之路，无尽头的带子，以此发明新的飘带，褶裥，花饰，帽徽，仿造的果实——全染得不真实"②。在那个尘世的巴黎，虽然人们也在制造，也在建筑着这个世界，但那个世界却显得如此"不真实"。因为在尘世里，没有真正的快乐，因而不可能让"快感凝结"，只有在面向天使的祷告中，那个不知道在何方的场所，才能依稀在梦境中呈现，让那些"我们不认识的幸福金币，抛向满足的飞毯上终于真正微笑的恋人"③。那是一个自由创造的国度，是一个任凭想象驰骋的国度，没有对命运的拙劣模仿，因此幸运的金币才能抛向真正微笑的恋人面前。

在里尔克的时代，天使没有做出任何回应，但今天的虚拟现实技术和数字技术，却能生产出类似《杜伊诺哀歌》中的那个不知名的场所的地方，仿佛我们可以在那里具备"从未达到的技能"，创造出"惊险高超的心震造型，快感凝结的钟塔"。或许，在今天，我们赋予了这个场所一个新的名称"元宇宙"。"元宇宙"这个名称，在今天的技术表达中，似乎已经远远超过了其创始者在小说《雪崩》中所赋予其的含义，仿佛成为一个德勒兹式的游牧场景，一个毫无羁绊的场所，现实世界的父权制和等级制似乎在这个"快感凝结的钟塔"中，变成了解

---

① ［奥］里尔克著，林克译：《杜伊诺哀歌》，同济大学出版社2009年，第57页。
② ［奥］里尔克著，林克译：《杜伊诺哀歌》，同济大学出版社2009年，第57页。
③ ［奥］里尔克著，林克译：《杜伊诺哀歌》，同济大学出版社2009年，第57页。

域化的欲望之地。元宇宙似乎已经成为未来世界技术发展的另一个奇点。

　　然而，人工智能技术、大数据算法及对应的虚拟现实技术，似乎并没有完成对天使的许诺，我们仍然需要在象征秩序的规则下重新审视元宇宙技术所创造出来的世界。因为我们在其中并没有真正摆脱命运三女神的纺锤放出来的命运之线的操纵，只不过那些制约我们肉身的束缚变成了数字化的凝视与监控，在更密不透风的网格中，让我们的快乐和欲望成为巨大的数字矩阵的祭品。换言之，在元宇宙之下，我们并没有杀死那个作为大他者（the Big Other）的上帝，上帝再次以数字界面（Inter-face）的方式降临在我们的虚拟空间之中。这一次，它不再是主人的鞭笞，不再是资本家手里的金融工具，而是无形的数据幽灵，在我们通往勒忒河彼岸的过程中，再一次俘获了我们，让我们的灵魂沦为这些无形幽灵的永恒奴隶。

一、逝去的歌队：悲剧的沦落与体外器官学的兴起

　　在古希腊的悲剧中，歌队往往是一个被忽略的角色。我们在领略悲剧人物之间的矛盾冲突时，或许只是将歌队的吟唱当成对悲剧矛盾性的必要补充。但是，歌队的吟唱在悲剧中是以在场的形式呈现的，在这个意义上，他们不能被视为奥林匹亚诸神般的存在，而是只能被看成内在于城邦世界的世俗性的存在者。许多悲剧的解释者认为，歌队由城邦有资历的元老构成，若我们如列奥·施特劳斯所言，将古希腊悲剧视为对城邦的政治教育，那么在城邦中具有极高地位的元老加入歌队，本身就是在对城邦公民进行秩序的训诫。那么，歌队的存在，就不仅仅是为了烘托悲剧中主角之间的矛盾和戏剧性，在很大程度上，他们还以在场吟唱的方式，道出了实际上凌驾在悲剧和城邦之上的共同律令，即在诸神治理之下的俗世城邦的秩序。以索福克勒斯的《安提戈涅》为例，在忒拜城的城主克瑞翁抓住了违背律法偷偷收葬自己死去的亲哥哥的安提戈涅之后，克瑞翁将安提戈涅判处了死刑。但是，克瑞翁并不希望这是他个人专断的决定，所以，在判决之后，他将头转向了歌队长，说道："是你和我判定的。"而歌队对克瑞翁的回应是：

啊，宙斯，哪一个凡人能侵犯你，能阻挠你的权力，即使是追捕众生的睡眠或众神所安排的不倦岁月也不能压制；你这位时光催不老的主宰住在俄林波斯山上灿烂的光里。在最近和遥远的将来，正像在过去一样，这规律一定生效：人们的过度行为会引起灾祸。①

这段话可以看成歌队对城邦律法的解释，即在奥林匹亚诸神治理下的城邦必须服从宙斯的权力；但更重要的是，这是歌队对克瑞翁的警告，因为在歌队的元老们看来，律法真正的根源并不在于克瑞翁这个凡胎，即便他的身体占据着忒拜城的王座，而是在于一个更高的来源，这个来源过去起效，在判处安提戈涅死刑之时，也依然在起效。歌队所说的人们的过度行为，不仅仅指安提戈涅，也指向了克瑞翁，"人们的过度行为会引起灾祸"。

在黑格尔的解释中，他关心的是安提戈涅的自然良心和代表人造城邦秩序的克瑞翁之间的矛盾冲突，也是自然律法和城邦律法之间的冲突。在这个冲突中，这个世界仿佛被撕裂了。黑格尔说："这些互相区别开来的力量就须显现于活动，追求某一种人类情致所决定的某一具体目的，导致动作情节，从而使自己获得实现。在这个过程中，所涉及的各种力量之间原有的和谐就被否定或消除掉，它们就转到互相对立，互相排斥……"②在《美学》中，黑格尔看到了悲剧情节撕裂了原本的城邦和谐，让两种不同的力量在城邦秩序中冲击、搅动、拉扯，甚至爆裂，因此他们已经无法在一个共同体的基础上彼此共存，只能让彼此之间走向决斗，相互对立，相互排斥，直至一方彻底消亡。然而，黑格尔并没有详细地讨论《安提戈涅》中的角色。事实上，尽管代表自然良心的安提戈涅和代表人为秩序的克瑞翁已经无法在原有的共同体基础上共存，但他们仍然拥有着一个共同的保障，即在个体的自然良心和城主的人为律法之上还有一个更高的律法，那就是歌队所代表的奥林匹亚诸神的律法。歌队不作为，只在一侧对悲剧主角发出警告，用他们那低沉而稳重的声音，在个体的情致和人为的律法之间制造出新的和谐。即便安提戈涅最终被处死，而克瑞翁

---

① ［古希腊］埃斯库罗斯、索福克勒斯著，罗念生译：《罗念生全集　第二卷：埃斯库罗斯悲剧三种　索福克勒斯悲剧四种》，上海人民出版社 2004 年，第 312 页。

② ［德］黑格尔著，朱光潜译：《美学：第三卷（下）》，商务印书馆 1981 年，第 286 页。

也失去了爱子，也就是安提戈涅的恋人海蒙，但在悲剧末尾处，歌队的一句"谨慎的人最有福，千万不要犯不敬神的罪，傲慢的人的狂言妄语会招惹严重惩罚，这个教训使人老来时小心谨慎"[①]，让曾经为安提戈涅事件所撕裂的忒拜城再次回到和谐的统一，这次统一城邦的不再是克瑞翁的充满傲慢与狂妄的律法，而是奥林匹亚诸神的原则。这样，通过歌队的警告，在安提戈涅和海蒙死后，城邦依然如故。

然而，在新的通信技术和大数据算法以及虚拟现实技术的推进下，元宇宙这一人造世界并不是克瑞翁的城邦，那里不仅没有先知忒瑞西阿斯事先对当权者和悲剧英雄的傲慢提出警告，也没有由元老组成的歌队在个人情致和人为律法的矛盾冲突之间做出调解。在元宇宙技术组成的虚拟世界中，歌队的消逝，也意味着最终掌控着律法的奥林匹亚诸神的消逝，他们不再为我们的元宇宙世界提供最终的和谐保障。古希腊悲剧之所以是悲剧，恰恰在于，有一个看不见的隐性的保障，确保了被悲剧人物和事件撕碎的一切都平常如初地重新拼接在一起。人们也希望在悲剧中看到和谐的恢复，正如英国文学理论家特里·伊格尔顿(Terry Eagleton)所说："人们有追求一致的冲动，在这股冲动的背后无疑存在着心理的驱力，同时也存在着意识形态的冲动，仿佛被某种克莱恩式(Kleinian)的修复幻想支配，不断地问，任由这些碎片散落一地难道会比较好吗？"[②]当然，悲剧不同于今天的元宇宙世界的地方，恰恰在于，任何悲剧都是在一个统一的心灵下被创作出来的，无论怎么撕裂，它仍然体现着悲剧创作者内在的统一性。即便在观看悲剧的过程中，观众也是以内在和谐的方式（即使是复数的观众，观众彼此之间也并没有沟通和交流，他们仍然以自己的内在心灵去品味悲剧中的情致和矛盾）去面对悲剧，即便当代悲剧已经没有了《安提戈涅》中的歌队，但心中的歌队仍然以伊格尔顿所说的"意识形态的冲动"的方式发挥作用。换言之，即便悲剧将城邦和世界撕碎，它也仍然有着最终的保障，即在作者和观众那里有着内在的歌队。

当谈到元宇宙的时候，则完全是另一回事。因为在进入元宇宙世界的时

① ［古希腊］埃斯库罗斯、索福克勒斯著，罗念生译：《罗念生全集　第二卷：埃斯库罗斯悲剧三种　索福克勒斯悲剧四种》，上海人民出版社 2004 年，第 330 页。
② ［英］特里·伊格尔顿(伊格顿)著，黄煜文译：《论悲剧》，商周出版公司 2021 年，第 208 页。

候，我们不再是观众，而是直接参与其中的行为体，在联网游戏中，每一个主体不会按照约定好的行为模式和情节来行动。例如在《塞尔达传说：旷野之息》中，尽管任天堂公司在游戏设定上，给出了一个营救公主的主线情节，但绝大多数玩家对这个主线情节似乎兴趣不大，以致很多玩家玩了两年《旷野之息》，都不会主动去推动主线情节的发展。在《塞尔达传说：旷野之息》中，玩家的自由度相当之高，很多玩家沉迷于各种支线任务，比如替 NPC 角色找找牛、挖挖矿，也有人迷恋于收集各种食材，制作各种美味佳肴。实际上，任何一个人在游戏中的任务和角色都完全不具有悲剧式的统一性，也就是说，《塞尔达传说：旷野之息》中的海拉鲁大陆根本是一个高度撕裂和碎片化的世界，甚至不需要每个玩家将自己的世界与其他人的世界完美地拼接起来，构成一种海拉鲁世界的总体性。

这个无法构成和谐统一的总体性的玩家的复合体，被法国技术哲学家贝尔纳·斯蒂格勒（Bernard Stiegler）称为杂合（hubris）。一个没有歌队，让悲剧最终和谐统一的歌队彻底消亡的不安定和纷乱的世界，在索福克勒斯的《安提戈涅》中，被称为 deinoteron。人们在这样的世界中各自行动，没有一个最终的保障，让所有人都能找到那个奥林匹亚式的终极根源。这样，在元宇宙世界中，即便我们能看到一个技术化的母体（matrix），但它从来不发出声音，如同《杜伊诺哀歌》中的天使，它们只是矗立在那里，对人们的祈望置若罔闻，仿佛一切都没有发生一般。当然，对于具体的行为体而言，他们不仅听不到歌队的声音，更是再也无法听到歌队的声音。斯蒂格勒说道："不！我们完全听不到了。这是因为我们再也不能听到它们的声音：如果我们听得到，势必会让我们不可逆地听不到所有其他人的关怀，让这一切变得徒劳无功。听到这些声音，就会让我们面对这样的徒劳——我们不再拥有希望。"[①]

如果我们听不到歌队的哀鸣，听不到《杜伊诺哀歌》中天使的回应，那么，在今天的元宇宙，我们能听到什么，看到什么，得到何种回应？当斯蒂格勒用法语的 immonde（在法语中，monde 是世界，immonde 在词源学上意味着世界

① Bernard Stiegler. *Technics and Time 4: Faculties and Functions of Noesis in the Post-Truth Age*. trans. Daniel Ross, Stanford: Stanford University Press, 2021, p. 16.

的失去）来翻译《安提戈涅》中的 deinoteron 时，意味着他看到了古希腊的悲剧苍穹中所不具有的景象。这是我们今天在讨论元宇宙时所忽略的东西，我们以为元宇宙就是我们手中的手机、笔记本电脑或可穿戴设备构成的虚拟世界，但恰恰相反，这些电子设备只是一个巨大的数字母体的终端，或者说，它只是一个入口，在这个入口处写着："入此门者，放下希望。"因为在这个入口后面的世界，已经不是一个属于人类有机体的世界，人的会进行新陈代谢的身体被悬置了，取而代之的是一个外器官化的世界。体外器官（exosomatic organs）是斯蒂格勒从生物学家阿尔弗雷德·洛特卡（Alfred Lotka）和尼古拉斯·乔治斯库-罗根（Nicholas Georgescu-Roegen）那里借用的词语，在元宇宙世界里，人的生命并不局限在那具生物性身体之内，而是通过技术的方式延伸到外部，让人的各种技术性创造变成了人类特有的体外器官。因此，斯蒂格勒才明确指出："由于这种器官形成既是属人的，又是负人的，技术是后达尔文式的生命进化，因此生命进化在本质上已变成技术的和器官学的……在技术环境中，这种器官学的，不止是器官的生命不断地破坏它的环境，并结构性地乃至更快地实现着。"①斯蒂格勒的体外器官或器官学的奥秘在于，一旦在我们耳边吟唱的歌队消失，我们的命运就指向了通过手机、笔记本等各种智能设备，以及未来的可穿戴 VR 设备形成的巨大的数字技术网络，从此，我们的世界，尤其在古希腊悲剧中奠定的自然情致与城邦秩序对立的世界，就会随着歌队的歌声消失而渐渐隐退，浮现在我们面前的是技术的体外器官的大厦。这是一个本体论的变革，换言之，那个本应该在面具下呈现出来的悲剧世界，通过元宇宙的形态，通过大数据算法、虚拟现实以及 5G 通信等技术，在我们的各种智能设备面前显示出来。那是一扇大门，"入此门者，放下希望"，并不意味着在那个世界没有希望，而是说，一旦进入这个由技术幻化的世界，人类的希望将不再具有任何意义，因为希望所拥有，乃至不拥有的一切，似乎在这个体外器官学的世界里都以某种形式实现了；一旦我们不再需要希望，那么，我们的存在，我们的交流与沟通，乃至我们的伦理都会随之发生变化。

---

① ［法］贝尔纳·斯蒂格勒著，张福公译：《南京课程：在人类纪时代阅读马克思和恩格斯——从〈德意志意识形态〉到〈自然辩证法〉》，南京大学出版社 2019 年，第 186—187 页。

二、面具下的虚体：从对话伦理学到界面伦理学

　　法国人类学家克洛德·列维-斯特劳斯在南美洲的一些部落里看到人们经常在一些祭祀或仪典活动中佩戴面具，这些面具十分奇特，甚至与佩戴面具的人的脸型完全不符合。例如，列维-斯特劳斯看到南美洲的某一个部落的面具："这些面具比人的脸孔要宽阔得多，最上面的部分呈圆形，边缘首先向内弯曲，然后彼此接近，变得互相平行，甚至略显倾斜；面具的其余三分之一接近一个长方形，也可以说是颠倒的梯形。最内端的小基座完全是水平的，好像面具的整个设计被拦腰锯开；它表现的是一个低陷的下颚，正中吊着一条浮雕式的舌头，有时候被涂成红色。"①这些面具的轮廓与人的脸型极不相称，似乎这些面具根本不是面向佩戴面具的人物而制作出来的。换言之，这些面具不是主体的装饰，更不是服务于主体的，戴上这种面具，恰恰意味着在面具背后的主体消失，通过某种象征性结构，指向了面具真正代表的神话。因此列维-斯特劳斯说道："每一种面具都有自己的神话，为其传说的或神奇力量的起源提供解释，而且奠定它在仪典、经济生活和社会中的位置……归根结底，每个面具类型的基础神话之间存在的转换关系和仅在造型上支配着各种面具本身的转换关系，其性质实际上是相同的。"②由此，我们可以理解，面具之所以存在，就是因为它需要在面具的象征性中面向一个神话世界，一旦主体戴上了面具，主体就不再是主体，而是神话中的具体角色，从而让自己成为整个神话内容的一部分。不过，在列维-斯特劳斯那里，戴上面具的仪典和祭祀活动，与古希腊悲剧的不同之处在于，戴上面具并非在演戏，而是部落社会试图通过面具与另一个世界沟通，在这种象征化的交流和沟通的基础上，实现那个神话世界中的结构的降临。换言之，神话及其面具不仅仅是为了展示一个舞台世界，更重要的是在部落社会中去实现神话结构的世界，让部落社会中的人际关系得到重塑，从而让部落长久地繁衍生息。

---

① ［法］克洛德·列维-斯特劳斯著，张祖建译：《面具之道》，中国人民大学出版社 2008 年，第 9 页。
② ［法］克洛德·列维-斯特劳斯著，张祖建译：《面具之道》，中国人民大学出版社 2008 年，第 12 页。

　　尽管我们今天生活的世界已经没有了面具，也没有了祭祀神灵的仪典，但面具仍然以某种方式在我们的日常生活中不断重塑着我们的人际沟通和交流。如果说，列维-斯特劳斯在《面具之道》中描述的面具仪典和祭祀的部落伦理学是一种面具伦理，那么其核心运作机制则是以面具图腾的象征运行的神话的能指链条，但这一能指链条最终锁定了部落社会的秩序和结构，从而规定了谁是领袖，谁是长老，谁是英雄或勇士，谁是奴隶，以此反复重塑着部落社会的结构。但今天不同，今天的人与人的关系，不再依赖于这种象征性的神话，理性化的现代人也不可能相信玛纳（Mana）式的灵力。但是与《面具之道》的部落社会相同的是，现代社会的日常生活依然需要规范，依然需要现代人在自己的交往和行为中保持一致的秩序。当然，在启蒙哲学那里，这种道德自律的要求完全被交付于内在的主体性，当主体可以通过为自身立法的方式建立起自我意识的规范性的时候，我们完全可以在这富有理性般的尤利西斯式的神话中吹响现代人的号角。但是经历了世界大战的霍克海默和阿多诺用一部《启蒙辩证法》就戳破了启蒙运动以来建构的现代理性人的神话，在这种大写的理性之下，内在的主体向度根本不足以去建立一种维持现代社会秩序的道德规范。这或许就是阿多诺的弟子，法兰克福学派第二代核心人物尤尔根·哈贝马斯主张用主体间性取代主体性，用对话伦理取代自律伦理的原因所在。

　　哈贝马斯时代所面对的主体，已经不再是启蒙时代将神灵赶下神龛的大写主体，这种大写主体，已经被尼采、霍克海默、阿多诺、巴塔耶等人解构得体无完肤。因此，哈贝马斯的任务在于，探索在一个渺小而有限的主体基础上，如何重塑现代社会的规范性，并以这种规范性来建立合法的现代社会秩序。哈贝马斯的解决方案就是主体间性，通过话语和对话的方式，让有限的主体之间达成一种协议和共识，以此来奠定现代社会的合法性和规范性。哈贝马斯指出："只有当事人本人可以从参与者的角度通过实践话语清楚地知道，什么对于所有人同等为善。从道德角度来看具有重要意义的善，是从我们的视角逐步显现出来的，在我们的视角当中，没有任何人被排斥在外。正义当中的善是主体间共有的一种习性以及一个共同体的属性结构，当然，这个共同体摆脱了排他性共同体的伦理约束。"①简单来说，哈贝马斯看重的不是主体的自我反思，也不是自律，而是实际参与社会实践的主体间的对话，以及在共同参与基础上形成的道德共识，这是哈贝马斯的对话伦理学的关键所在。而这种主体间的对话伦理学也同时建构了社会的规范性和合法性，为社会提供了"什么是善"的指引。

但是，这里的关键问题并不在于主体间究竟会达成什么样的共识，以及这些共识如何塑造当代西方社会的伦理秉性。其关键点在于，这种主体间性必须通过对话和话语来实现。换言之，只有当一个主体实现有效言说的时候，他才能作为一个主体存在。尽管哈贝马斯强调说主体间的对话伦理并没有排斥任何一个他者，但是问题在于，这种对话的主体，与实质性的主体具有一定差距。因为在面对公共性的对话时，主体会发现，他想说的某些东西实际上无法言说，而所言说出来的话语，可能根本不是他的真实意志的表达。即是说，主体在言说的时候，已经遭到一种意志的阉割。正如拉康的精神分析已经揭示了这种话语神话之下的奥秘，在《研讨班七：精神分析的伦理学》中，拉康实际上已经隐晦地指向了后来的对话伦理的症结，即"自共同体的、总体的'善'的话语中，我们要与之打交道的是科学话语的效果，而正是在这种话语中，能指的力量首次得到了揭露"②。什么是"能指的力量"？对于拉康来说，话语和对话本身就有一种权力，将主体进行切割，主体必须按照能指构成的象征秩序来言说，而这种大写的象征秩序的能指链条本身就阉割了主体，主体在公共领域的对话中，实际上已经发现了自己处于一种非真诚失语状态。因为在对话中主体间性在表面上是各个主体意愿的表达，但实际上参与对话的主体只能服从能指的权力，即象征的能指链条允许主体言说什么。那些不遵循象征秩序的言说永远无法被主体道出，最终所谓对话伦理学完成的不过是象征秩序的伦理。参与对话的所有主体，都被能指阉割了，他们的主体间性都必须符合话语和象征的政治正确，他们的协商和对话也只能达成象征秩序所允许的规则。所以，齐泽克指出："在这里，我们要面对的是言说内容（enunciated content）和

---

① ［德］尤尔根·哈贝马斯著，曹卫东译：《包容他者》，上海人民出版社2002年，第32页。
② ［法］雅克·拉康著，雅克-阿兰-米勒编，卢毅译：《研讨班七：精神分析的伦理学》，商务印书馆2021年，第346页。

言说行为(act of enunication)这两者间的差距、人类话语独有的一个不可简化的裂口。"①

　　在当代社会中,在我们认为面具和神话已经消亡的地方,哈贝马斯的对话伦理学却再一次使面具复活。当我们认为,以主体的真诚参与到话语交往和对话实践当中,可以合理合法地奠定现代社会的规范性基础的时候,拉康和齐泽克却告诉我们主体已经遭到了话语的阉割。简言之,话语就是今天的面具。当我们参与公共对话的时候,我们会不由自主地发现,尽管我们的主体没有彻底消失,但我们却无法完全展现我们自己,象征秩序在我们的身上劈开了一道伤口。齐泽克指出:"位处我的直接心理认同和我的象征认同(我穿戴的象征面具或名衔,我在大他者之内的位置以及大他者眼中的我是什么)之间的裂口,就是被拉康称为'象征阉割'的东西。"②拉康和齐泽克所揭露的奥秘在于,我们认为戴上面具之后,神话的大他者不再起作用之时,面具已经以话语和对话的方式复活,它仍然是象征性的,大他者不再作为具象化神灵出现在面具的装扮之中,而是以一种幽灵般的大他者构成了话语的象征秩序,从而让主体(无论是单一主体,还是复数的主体间性)成为它阉割的对象。在哈贝马斯为主体间性的对话伦理庆贺的时候,大他者已经再次出现在他的背后,幽灵般地注视着对话中的诸多主体,以及规范性的秩序。对话形成的伦理当然是主体间性的,但是只属于被阉割的主体间性,那个真诚的欲望主体躲在话语的面具之后,无法言说。

　　如果通过手机、笔记本、可穿戴 VR 设备,以及其他的智能设备,穿过通往体外器官学的元宇宙世界的大门,这种象征性的阉割会好吗? 大他者仍然会存在吗? 当然,元宇宙的存在,其中一个意义在于,那些被公共领域中的对话和话语阉割的欲望,正在以某种形式复活。由于不再是象征性认同,在元宇宙中通过注册形成的虚拟身份,正在缔造一个新的化身,我们可以称之为"虚体"(virtual body)。虚体有一种类似于面具的功效,因为当我注册进入元宇宙世

---

　　①　[斯洛文尼亚]斯拉沃热·齐泽克著,唐健译:《面具与真相:拉康的七堂课》,广西师范大学出版社 2022 年,第 26 页。

　　②　[斯洛文尼亚]斯拉沃热·齐泽克著,唐健译:《面具与真相:拉康的七堂课》,广西师范大学出版社 2022 年,第 48 页。此处译文根据原文略有改动。

界之中时,我扮演的就不再是生活世界中那个肉身化的我;一旦穿越了元宇宙的门,我就变成了虚体化的存在者。有趣的是,与列维-斯特劳斯的面具相反,我的虚体角色并不受他者的直接约束。在戴上面具的仪典中,主体丧失了自由行动的资格,因为他只能按照仪典程序来完成自己的任务。在基督教堂中戴上法冠的主教,以及在法庭里戴上假发的法官,同样也相当于戴上了面具,他们的行为只能在宗教仪典和审判实践中来定义,而不能作为主教和法官的个性主体来理解。

但是,元宇宙中以虚体出现的主体,根本不具有部落仪式、基督教仪典和法庭审判那种严格的规范性,他们不需要在大他者的凝视下恪守自己的行为准则。相反,虚体是逃逸的、游牧的、恣意妄为的主体。譬如,在《西部世界》第一部的设定中,在现实社会中看起来十分庄重而和善的主体,在《西部世界》的元宇宙中,却仿佛变了一个人,释放出最原始的暴力和欲望,到处虐杀被称为"接待员"的机器人;一些玩家甚至任意凌辱那些女服务员,发泄在现实世界中被阉割和压抑的欲望。这样的主体,在表面上看,似乎在元宇宙中得到圆满,那种被阉割的欲望,似乎在这个虚体的环境下得以复活。在面具下的虚体,似乎不再遭受大他者的约束,大他者的幽灵似乎已经离我们远去,这仿佛代表着元宇宙正在酝酿一片"人间乐园",让地狱烈火的威胁永远地远离。

但是,问题真的这样简单吗?应该指出的是,我们进入元宇宙的时候,并不是完整无缺地进入的,就像我们参与到对话之中的时候,势必会遭到话语的象征权力的阉割。但是,元宇宙阉割了什么东西?首先,我们在元宇宙之中并不是真正的面对面,而是虚体对虚体,或许可以称之为虚体际关系;而让我们的虚体际关系得以成立的,不是话语,而是界面(inter-face),尽管"界面"这个词的字面意思是面对面。不过齐泽克给出了另一番精彩的解读:"'界面'恰恰意味着我与他者的关系从来不是'面对面'的,它总是被中间的数字机制所中介,它代表着拉康的'大他者','大他者'是匿名的象征秩序,其结构就像一个迷宫。我'浏览着',我在这个无限的空间里徘徊,信息在这里自由交流,没有固定的目的地,而整个信息空间——这个巨大的'杂语'回路——永远超出我的理解范围。"①元宇宙的虚体际关系并不是德勒兹式的游牧主体,大他者并没有随着数字技术的进步而消失,它开始以界面的形式介入我们的虚体际关系之中。换言之,我们今天面对的不是对话伦理,而是在元宇宙的虚体之间的界面伦理学。在摘下了神话和语言的面具之后,我们看到了元宇宙中的虚体,但元宇宙仍然是一个秩序世界,它依然有着其特有的伦理规范,这就需要我们从界面出发,探索在元宇宙的虚体际中形成的界面伦理学。

三、穿越幻想:界面中的大他者的幽灵

　　2016 年由任天堂公司开发的《宝可梦 GO》(*Pokémon GO*)一直是游戏哲学和元宇宙研究讨论的一个重点案例。与其他的虚拟现实的元宇宙概念不同,《宝可梦 GO》立足于现实增强游戏(augmented reality game),其背景来源是由汤山邦彦执导的一部名为《精灵宝可梦》的动画剧集。但这款游戏吸引人的地方并不在于剧情和对战升级,而是在于,游戏允许玩家在全世界各地,通过卫星定位导航系统,到固定地点去捕获各种精灵宝贝,即宝可梦。在游戏的设定中,一共有一百多种宝可梦,世界各地的玩家可以通过导航,在各种神秘地点捕捉到自己心仪的宝可梦,对之进行训练,以之进行对战。那么,玩家们在固定的时间,在一种无形的卫星导航下,走向一个未知的地点,从事一个仅仅在手机游戏中完成的任务。是什么让这样的行为成为可能?又是什么让人们乐此不疲?《宝可梦 GO》游戏的一大卖点显然是"真实"地点,这些"真实"地点,恰恰是在人们自己的日常生活中已经被架构的地点,如家附近的咖啡店、学校的后山树林、上学路过的一片空地,等等。用海德格尔的话说,这些地点已经被集置(gestell)并被订置(bestellen)在此,在世界的环境之中②(与《宝可梦 GO》同类的应用其实还包括汽车导航系统和其他的寻找美食、住宿、游乐场

---

　　①　Slovaj Žižek. "What Can Psychoanalysis Tell Us About Cyberspace?" in Aner Govrin & Tair Caspi eds. *The Routledge International Handbook of Psychoanalysis and Philosophy*. London: Routledge, 2022. p. 455.

　　②　参看海德格尔《技术的追问》一文。[德]海德格尔著,孙周兴译:《演讲与论文集》,商务印书馆 2018 年,第 18—21 页。

等地点的系统，但《宝可梦 GO》是以游戏应用的方式来完成这一工作的）。

　　当然，我们可以从更为通俗的角度来思考《宝可梦 GO》这一类的游戏。我们可以说，《宝可梦 GO》为我们潜在的欲望提供了探索的可能性，让我们可以从新的角度来重新审视我们熟悉的世界。我们也可以从传统的批判理论的角度指出，《宝可梦 GO》代表着任天堂之类的大游戏公司和苹果公司当下的数字霸权，他们提供的游戏实际上支配和穿透了人们的日常生活，并将人们变成他们手机应用的奴隶。但是，不，我们需要思考的问题，不仅仅是这些，我们需要思考的不是支配与被支配、释放还是压抑欲望的问题，而是技术是如何让这种欲望装置在一个看似"真实"的世界上成为可能的。美国学者阿尔菲·波恩（Alfie Bown）给出了另一种解释："对宝可梦的欲望至少可以让我们面对一个颠覆性的认识：认识到实物和对它的欲望并不先于技术对欲望的中介而存在。如果明白了这一点，谷歌就不能声称只是给了用户他们想要的东西，而是被揭示为一种力量。这不仅改变了我们与宝可梦的关系，也改变了我们与食物、饮料和情人的关系，改变了主体性。"①按照波恩的理解，我们只是在一个看似"真实"的世界上游戏着，我们和宝可梦的关系，并不是我们通过手机游戏的中介，完成了人与客观环境的互动。恰恰相反，在我们拿起手机打开应用那一刻，我们已经为手机的应用界面所中介了。那个手持手机的我，不是以现实的身体，而是以在线注册的账号参与到捕获宝可梦的游戏中，倘若没有那个注册账号，我们根本无法完成这个游戏。波恩指出了在元宇宙技术下人类欲望的界面性，只有当我们的身体和意志被技术中介之后，我们才能在其中进行操作和活动，才能参与游戏，具有在元宇宙世界的特殊欲望和能力，才能拥有属于元宇宙世界的主体性。在一定程度上，我们可以改写马克思在《德意志意识形态》中的那句名言。如果马克思说"全部人类历史的第一个前提无疑是有生命的个人的存在。因此，第一个需要确认的事实就是这些个人的肉体组织以及由此产生的个人对其他自然的关系"②，那么，我们今天完全可以说：全部元宇宙的第一个前提是经过注册登录的虚体的存在。因此，第一个需要确认的事实

---

①　Alfie Bown. *The Playstation Dreamworlds*. Cambridge UK: Polity Press, 2018, pp. 25—26.
②　中共中央马克思恩格斯列宁斯大林著作编译局编译：《马克思恩格斯选集》第一卷，人民出版社 2012 年，第 146 页。

就是这些虚体的数字组织以及由此产生的虚体与其他界面的关系。

　　或许，界面正在成为新的集置，在元宇宙的界面之下，真实世界的地点，乃至我们的身份和肉体，已经被定置并在那里持存（bestand）。法国学者亚兰·米龙（Alain Milon）曾经给界面下了一个定义：“起初，界面是指可以连结两部电脑或周边装置的接头，然而这个接头不只是连结的功用，在网络空间中，它变成了复杂的关系系统，试图用网络取代面孔。”①尽管米龙的界面定义已经涉及元宇宙界面伦理的核心，即它是一个复杂关系系统，人们肉身的面孔逐渐为数字化的身份所取代。但问题的核心并不在于个体用数字化的虚体取代了肉身化的身体，而是人与人，人与物，以及物与物的关系，在界面空间中完全以新的关系方式展开。这个新的关系的底层，并不是身体的触觉（如让-吕克·南希描述的人与人身体的触碰），也不是哈贝马斯的对话伦理，而是一种底层的数字交换协议，类似于 TCP/IP 和 OSI 的数字交换协议系统。尽管我们可以在元宇宙空间中，通过数字化的虚体打破父权制的神话，打破传统话语的权力，但是我们再次遇到了另一个大他者，即作为基层的数字界面的协议系统。

　　正如本杰明·布拉顿所说：“TCP/IP 使得设计和实施通用硬件和软件变得更加容易，它可以将所有这些系统连接在一起——就像现在这样——从而迅速实现管理人员已经拥有的机器的效率的提高。随着更多的站点（更多的节点和更多的用户）通过这个网络平台连接系统（工厂连接到供应商，总部连接到仓库等），网络对每个连接的用户都变得更有价值。”②布拉顿的解释告诉我们，界面系统从来不是德勒兹和加塔利在《千高原》中描述的游牧之地，也不是没有任何规则的场所。恰恰相反，数字界面及在这个界面基础上形成的元宇宙世界，依然是高度规范性的，依然具有十分强烈的规则。与原来的法律规则和话语规则不同的是，各种主体通过界面的中介，化身为虚体在元宇宙世界中的言说、行为、实践、游戏，都不完全依赖于之前社会中业已奠定的伦理规则和话语权力，而是依赖于一个更为隐性的规则：界面规则。在用户注册和登录

---

　　①　［法］亚兰·米龙著，林德祐译：《虚拟真实：我们的身体在或不在》，漫游者文化事业股份有限公司 2021 年，第 61 页。

　　②　Benjamin H. Bratton. *The Stack: On Software and Sovereignty*. Cambridge MA: MIT Press, 2015. p. 63.

的过程中,任何应用和平台都已经将数字协议的内容展现出来,因为这个协议已经明显地告诉我们,什么可以在元宇宙世界中呈现,什么不可能呈现。这就与哈贝马斯的对话伦理中的对话规则密切相关,因为在我们说话之前,话语已经决定我们可以说什么,不可以说什么。话语在我们言说那一刻将我们劈成了两半,一半是可以在公共对话中出现的主体,他们可以参与商谈和协商,而另一半则是被压抑的主体,他们无法在公共空间中出场。同样,在元宇宙世界的界面伦理中,我们在进行注册成为用户的时候,也被劈成了两半,一半是在元宇宙和数字应用环境中可以实现的自我行为和实践,另一半是无法被实现的行为和实践。举个例子,在现实世界中,在我们上班的途中,我们可以随意捡起路边的一个石头,拔起路边的草,丢在附近的水塘里;但在元宇宙世界中,我们遇到的石头和小草可能是一个贴出,虽然我们可以看到石头和小草的存在,但我们无法与这些物体进行数字交流,也无法像在现实世界中那样随意地捡起它们。我们之所以无法在元宇宙世界中捡起石头和小草,并非因为我们现实身体上的无能,而是经过界面的中介,我们已经丧失了像现实世界中那样与周遭环境交流互动的能力。即便《宝可梦 GO》游戏,为我们呈现的场景是在看似"真实"的环境中去捕捉一个虚拟的精灵,但我们在透过手机屏幕去捕捉怪物的同时,也丧失了在真实世界中拔草的能力。也就是说,我们能在屏幕中去抓宝可梦,但只能到屏幕外面去拔草。虽然在图像上二者是重合的,但它们是两种完全不同的界面和环境。在宝可梦的世界中,世界是界面化的,所有的物体都被算法生成,决定了哪些物质可以同我们交往,哪些东西无法被我们处置。而在屏幕之外的世界,我们可以随意地与花花草草进行互动,但那里没有神奇的宝可梦东躲西藏。

数字底层协议的存在,决定了我们在元宇宙世界中可以做哪些事,不能做哪些事,意味着元宇宙世界仍然拥有着它自己的大他者,大他者不再以面具上的象征或者话语权力显示出来,而是以类似《杜伊诺哀歌》中默不作声的天使形象隐匿着。那么,对于这个新的界面的大他者,我们是进行逃避,否定一切虚拟现实的存在,让我们躲回到现实世界的安全屋里,还是穿越这个界面的大他者幻想,去面对一个新的世界? 对于精神分析来说,我们毫无疑问需要走向后者,即穿越幻想。因为即便是隐匿的规则,大他者也一定会产生压抑,并在压抑的基础上产生幻想。齐泽克表明,《宝可梦 GO》"远非将我们从真实世界中抽取出来并注入人工虚拟空间,这种技术结合两者。我们通过电子屏幕这一幻想框架来观看现实以及和现实交接、互动,而这个界面框架利用虚拟元素增强了现实。这些虚拟元素支撑着我们参加游戏的欲望、推动我们在现实中寻找它们,缺少了这种幻想框架,我们将对现实完全不感兴趣"①。与面具的仪典和公共领域的对话伦理相比,即便这个虚拟的元宇宙世界仍然存在着界面的大他者,这个大他者也在让我们沉溺其中。也就是说,当我们注册为数字用户,成为虚体的时候,我们的确被分割了,但是这个分割看起来像是一个"好"的分割,它似乎切除了我们不想要的部分。是否能在周遭环境中捡起石头、拔起草,这不重要,重要的是那些曾经束缚我们的困扰,在进入元宇宙世界中时也似乎一并消除了。在游戏中,我们身体的疼痛感直接被血条取代,我们在对战时,丝毫不用担心身体无法承受伤痛。还有,我们在元宇宙中游戏的身体,不是一个要进行新陈代谢的有机身体,它们不需要进行吃喝拉撒等生理活动,只需要按照我们感觉最具快感的方式进行下去。由于这些"不好"的感觉被消除,以及纯粹的快感被留下,元宇宙变成了一个"无摩擦的世界"(no-friction world),成为我们欲望幻想的世界。因此,齐泽克指出:"我们已经'感觉'到,在某种意义上,网络空间是如何'更真实'——比外部的物理现实更真实:它是柏拉图式的思想领域的一个复杂版本,所有已经发生的和现在发生的都被刻进了一个非时间的同步秩序。在我们通过感官联系的物理现实中,事情总是在变化,一切都被设定为消失,实在只有在网络空间中注册时才会完全存在。"②

我们似乎可以回到《黑客帝国》中的经典镜头:出卖了人类领袖孟菲斯的叛徒西弗,在虚拟世界的餐馆里,与数字母体的代言人史密斯对坐着。西弗用手中的叉子叉着餐盘中带血的洒满黑椒酱的牛排,慢慢送入嘴里,细嚼慢咽了几口,然后对着史密斯说道:"我知道这块牛排的颜色、味道、香味都是假的,都是虚拟出来的,但我仍然很享受它。"这是一种新的犬儒主义,但是我们在面对

① ［斯洛文尼亚］斯拉沃热·齐泽克著,唐健译:《面具与真相:拉康的七堂课》,广西师范大学出版社 2022 年,第 V 页。

② Slovaj Žižek. *Surplus-Enjoyment*. London: Bloombury, 2022, p. 137.

元宇宙界面时确实最能展现人们的幻想的犬儒主义。早期齐泽克曾对精神分析式幻想做出描述："幻想并不仅仅以虚幻的方式实现欲望，它的功能更像康德所说的'先验图示'：幻想构成了我们的欲望，为欲望提供坐标系。也就是说，幻想'教会我们如何欲望'。"①由此可见，支配着元宇宙中我们的幻想的，恰恰是齐泽克所谓"先验图示"，即作为大他者的界面。我们只能在这个界面层次上幻想，而我们在元宇宙中幻想的一切，并不具有在现实社会中的对应物。例如在手机上曾经红极一时的游戏《羊了个羊》，其过关机制非常简单，但它产生了一种幻想，在非常简单的第一关和难以完成的第二关之间形成了一个欲望的压抑，因此，玩家在无法通过第二关的时候，总是在幻想，一旦我突破了第二关，后来还有什么。尽管实际上通过了第二关之后，什么也没有，但在无法通关的那一刻，界面和用户之间的关系构成了幻想的链条，全网的几亿玩家乐此不疲地点击消除，就是为了实现界面大他者支配下的幻想。在《宝可梦 GO》中也是如此，倘若游戏直接将一些最难以获得的宝可梦给予用户，用户将丧失欲望的压抑，同时也丧失了幻想。用户的幻想总是在于界面化的"真实"世界与神秘莫测的随机的宝可梦之间的不平衡性，尤其是那些极其珍稀的宝可梦，更是支配着大家游戏下去的幻想的支撑。

　　简言之，元宇宙的界面并不是一个游牧的无规则的空间，大他者仍然隐匿式地无声地存在着。它不会直接出场，而是以穿越幻想的模式，支配着数字用户在元宇宙空间中的欲望。在元宇宙空间中，我们仿佛只与有形的敌人和NPC进行交流，但支配着这一切的是大他者的幽灵，一种看不见的基层的界面协议。它决定了什么是我们无法获得的，什么是可以获得的，就像在《头号玩家》中的第一个赛车游戏，用户们一次又一次争先恐后地奔向终点，争取获得神秘钥匙的动力，恰恰在于人们根本无法完成游戏，只能一次又一次陷入失败，一次又一次地站在赛车的起跑线上。或许，齐泽克是对的，因为他指出："这就是我们一直以来的目标。也许，元宇宙，以其在所有不一致的情况下将我们内心深处的幻想外化的能力，为艺术实践开辟了一种独特的可能性，以上

① ［斯洛文尼亚］斯拉沃热·齐泽克著，胡雨谭、叶肖译：《幻想的瘟疫》，江苏人民出版社2006年，第7页。

演、表演我们存在的幻想的支撑,直到永远不能被主观化的基本'受虐'的幻想。"①

(蓝江,南京大学马克思主义社会理论研究中心研究员,哲学系教授,博士生导师)

Inter-face as Fantasy:Specter of the Big Other in Metaverse

Lan Jiang

Abstract: The metaverse is not a world of tragedy, it does not have thechorus and unity of tragedy, it is the existence of exosomatic organs through technological means. In this sense, the traditional tragedy and chorus fade away and are replaced by a metaverse space with no clear unity or harmony. In this space, neither the primitive mythic symbol of the mask nor Habermas's discursive ethics of intersubjectivity can effectively establish its order. We therefore need to move from andiscursiveethics to an inter-face ethics in the metaverse, in which all individuals accept the mediation of the digital protocol of the inter-face by registering as users, while also allowing us to act and move only above the inter-face, which penetrates directly into the illusion of the subject and becomes the spectre of the Big Other in the metaverse world.

Keywords: Inter-face; Metaverse; the Big Other

---

① Slovaj Žižek, "What Can Psychoanalysis Tell Us About Cyberspace? " in Aner Govrin & Tair Caspi eds. *The Routledge International Handbook of Psychoanalysis and Philosophy*. London: Routledege, 2022. p. 464.

Web3.0 时代的"元宇宙"研究创新：
迷思、议题与范式①

周逵

摘要：针对近期学界和业界围绕着 Web3.0、元宇宙等媒介融合的新概念和新趋势产生的诸多迷思，本文尝试从人类媒介演化史的"媒介尺度"的角度出发，提出"虚拟化"的概念。作者认为沉浸式的、高度仿真的元宇宙将是下一代网络 Web3.0 的形态特征。元宇宙和虚拟现实作为新媒介形态的一个重要发展是从"再现"到"虚拟"。作者进而爬梳了与之相关的若干媒介融合议题与研究范式，并提出以虚拟民族志作为未来元宇宙和虚拟现实研究方法的可能性。

关键词：Web3.0；元宇宙；虚拟民族志；媒介融合

---

① 本文系国家社科基金青年项目"媒体融合条件下广播电视业创新发展调查与研究"(项目号：17CXW004)的阶段性研究成果。

引言

早在 2008 年,美国皮尤研究中心(Pew Research Center)就曾在全世界 1196 名互联网专家、学者、从业者、活动家及评论家中开展过一次关于"2020 年互联网形态"的问卷调查。[①] 结果显示,有 55% 的调查对象认为,随着自然的、直观的媒体交互技术的迅速发展,以及在物理世界中无处不在的、个人化的信息层的覆盖,到 2020 年,虚拟现实技术将到达一个发展的关键点,虚拟世界(Virtual World)将成为新的网络形态,技术的进步、网络基础设施的完善将使得人类生存空间中虚实模糊。个人将在人工环境、虚拟环境和传统上认为的所谓真实的物理环境中进行无缝转换(seamless transition),并且这种转换将成为那个时代生活方式的常态。乐观者认为,通过虚拟现实技术,空间被压缩,这将极大地提高地域空间的信息化程度,从而节约大量的社会成本。远程教育、远程会议、远程医疗等产业将获得发展契机。但也有学者担忧,虚拟现实技术将会导致新的数字鸿沟,同时最大的弊端可能是高度沉浸的媒介技术特性容易导致使用者高度沉迷。

十几年后的今天再次回看当初的预测,一方面,2020 年初开始蔓延的疫情使得虚拟化、远程教育、远程会议、远程医疗等产业成了如今媒介应用的常态;另一方面,朝向"真实的物理环境中进行无缝的转换"的自身超越性(transcendence)[②]探索,一直都在媒介融合发展和技术的社会建构中充当强大的驱动力。2021 年,马克·扎克伯格宣布 Facebook 将改名为 Meta。[③] 2022 年 1 月,微软宣布将以每股 95 美元的价格收购动视暴雪,全现金交易总价值 687 亿美元,这成为微软有史以来规模最大的一笔收购,微软 CEO 萨提亚·纳德拉(Satya Nadella)认为这笔交易将在微软元宇宙平台的发展中扮演关键

---

① "PEW Future of Internet iii 2008", 2008 年 12 月 14 日, https://www.pewresearch.org/internet/2008/12/14/the-future-of-the-internet-iii/, 2022 年 2 月 4 日.

② Slater, Mel, and Maria V. Sanchez-Vives. "Transcending the Self in Immersive Virtual Reality", *Computer*. Vol47, No.7, 2014, pp. 24—30.

③ 《扎克伯格长文阐述元宇宙:费用低廉,十年十亿用户千亿规模》,2021 年 10 月 29 日,https://baijiahao.baidu.com/s?id=17149213426632706348&wfr=spider&for=pc,2022 年 2 月 2 日.

的角色："游戏是当今所有平台娱乐中最具活力和令人兴奋的类别，也将在元宇宙平台的发展中扮演关键的角色。"同月，苹果CEO蒂姆·库克也在接受媒体采访时表示，苹果是一家从事创新业务的公司，看到了元宇宙领域的巨大潜力，正在进行相应的投资。这也是苹果公司首次对外公开关于"元宇宙"的态度。[①]

与业界的预测相类似，美国的一些官方机构也对虚拟现实技术的发展及其未来的应用表现出极其浓厚的兴趣。美国国家科学基金会（National Science Foundation）就曾经将"元宇宙"和虚拟现实技术评价为"21世纪将极大提升人类生活质量的14个重大发展"。美国国家工程院的专家调查也认为，"提升虚拟世界的实体感"是人类在未来面临的技术挑战之一（其他的挑战包括利用核聚变能量、可持续发展的城市规划、开发基因药物、控制氮循环、有效利用废弃物等）。[②] 美国国会研究服务部（Congressional Research Service，CRS）向美国国会提交的调研报告指出：美国疾病控制与预防中心、美国国家海洋和大气总署等一些政府机构已经开始尝试在虚拟环境中建立他们的虚拟组织机构，[③]这是美国政府信息化的最新尝试。

但与此同时，围绕着Web3.0、元宇宙等一系列媒介融合的最新趋势，人们存在着诸多迷思。一些人士将元宇宙和虚拟现实的结合视作人类的"终极媒介"，而另一些批评意见则认为元宇宙是人类的"终极内卷"。马斯克对元宇宙和Web3.0的概念嗤之以鼻，认为Web3.0的概念只是一个"营销热词"（marketing buzzword），"是投行和他们提供的流动性所拥有，这一切只不过是中心化的尸体披上了去中心化的外衣"。不少人在争论，以马斯克为代表的"真宇宙"探索和以扎克伯格为代表的内卷式"元宇宙"虚拟空间建构，谁更能代表未来人类技术拓展的价值和方向？那么如何从人类媒介演化史的角度理解当下的Web3.0和元宇宙？新技术和新业态又对媒介融合研究领域提出了

---

① 周逵：《微软收购动视暴雪：元宇宙的空间拓展和话语权竞争》，2022年1月20日。https://baijiahao.baidu.com/s？id＝1722461643509115415&wfr＝spider&for＝pc，2022年2月2日。

② National Science Foundation：https://seedfund.nsf.gov/topics/augmented-virtual-reality/，2022年2月4日。

③ Wilson, Clay. "Avatars, Virtual Reality Technology, and the US Military: Emerging Policy Issues". Library of Congress Washington D. C. Congressional Research Service, 2008.

哪些新议题?这些新议题又在呼唤着怎样的新范式和新方法?本文尝试从互联网演化史中"媒介尺度"的视角,对 Web3.0 的媒介融合形态特点进行分析,并对 Web3.0 时代媒介融合研究的议题和范式及方法进行探讨。

一、迷思与尺度:Web3.0 互联网形态演化逻辑

关于 Web3.0 的概念界定,学界和业界曾经出现过多次争论。早在 Web 2.0 刚刚兴起的时候,就有关于"什么是 Web3.0"的诸多讨论。杰弗里·泽德曼(Jeffrey Zeldman)在 2006 年对 Web2.0 兴起初期的概念炒作和产业泡沫进行批评时认为,"为什么不绕开中间人(Web2.0)直接进入 Web3.0 的时代?"[①]蒂姆·伯纳斯-李则一直质疑 Web2.0 是一个商业营销意义上的概念,他认为 Web3.0 是可缩放矢量图形(SVG)在 Web2.0 的基础上大面积使用并涵盖着大量数据的语义网。[②] 雅虎(Yahoo)创始人兼首席执行官杨致远认为,Web 3.0 是一个真正的公共载体,专业人员、半专业人员和消费者之间的界线越来越模糊,创造出一种商业和应用程序的网络效应。[③] 网飞(Netflix)创始人里德·哈斯廷斯(Reed Hastings)则用网络带宽定义 Web 术语,他认为 Web3.0 就该是 10M 带宽、全影像的网络。[④] 张亚勤认为:"Web3.0 有三个重要的特色,一是虚拟和真实世界的融合,过去主要是虚拟的,现在要把物理的世界融合进来,其实就是结合传感网和互联网的物联网。二是移动,让各种设备随时随地都能与网络相连。三则是需要一个引擎和中枢神经,就是透过云端技术提供一个沟通的平台。"[⑤]

---

① Jeffrey Zeldman, "web3.0", 2006 年 1 月 17 日,https://alistapart.com/article/web3point0/,2022 年 2 月 2 日.

② Victoria Shannon, "A 'more revolutionary' Web", 2006 年 5 月 23 日,https://www.nytimes.com/2006/05/23/technology/23iht-web.html,2022 年 2 月 2 日.

③ Dan Farber & Larry Dignan. *Tech Net Summit: The New Era of Innovation*, ZDNet blog, November 15th, 2006.

④ Dan Farber & Larry Dignan. *Tech Net Summit: The New Era of Innovation*, ZDNet blog, November 15th, 2006.

⑤ 中国网:《云计算改变产业生态 Web3.0 四大进化》,http://www.china.com.cn/economic/txt/2011-03/01/content_22025397.htm,2022 年 2 月 7 日.

　　如果我们从人类媒介演化史的角度去考察,Web3.0 尝试提出的全新的媒介分类维度,是对媒介融合发展的未来方向的框架性构想。人类媒介进化的历史正是新的媒体技术不断地在新的纬度上开拓和补充旧媒体的过程。新的媒介形态通过提出新的"媒介尺度"①,对个人和社会造成宏观的、历史性的影响。所谓新的"尺度"是指新媒体在不同于旧媒介的维度上,对人体进行了新的延伸,是对旧媒介形态的补充。而这一技术的延伸恰恰是其进入媒介环境生态中的正当性(legitimacy)来源,因此新尺度就是新维度。从这个角度看媒介发展史,报纸、杂志等传统印刷媒体就是以文字为主要载体的传播形式,只用到了人的视觉系统,是人视觉的延伸;而广播的出现则开拓了声觉传播的新维度,补充单纯视觉的文字传播所造成的感官失衡。电视则将单一的声觉传播和视觉传播结合了起来,达到了新的感官平衡。而虚拟现实技术是最充分地调动听觉、视觉、触觉等多种人体感官维度的媒介,因此被称为"终极媒体"(ultimate media)②。

　　我们也可以用相同的视角去看待互联网形态的演化过程(图 1)。尼葛洛庞帝认为在互联网诞生之初,首先要解决的问题是"数字化"问题。Web1.0 时代的主要特征就是通过商业的力量,将线下以"原子"(atom)形态存在的信息内容,通过数字化的过程移植到互联网上并使其以"比特"(bit)的形式存在。③ 这样的一个数字化过程的主体是第一代互联网商业公司,产品形态是门户类网站,其传播的方式是以网站对用户的单向传播为主。Web1.0 时代满足了网民数字化阅读的需求,但缺少参与性和双向互动性是其主要缺憾。Web2.0 时代的互联网恰恰弥补了这一短板。蒂姆·奥雷利(Tim O'Reilly)于 2004 年提出用"Web2.0"来指代互联网形态的进化。④ 如果说第一代互联网以数字

---

① ［加］埃里克·麦克卢汉、弗兰克·秦格龙编,何道宽译:《麦克卢汉精粹》,南京大学出版社 2000 年,第 42 页。

② Bown, Johnathan, Elisa White, and Akshya Boopalan. "Looking for the Ultimate Display: A brief History of Virtual Reality". *Boundaries of Self and Reality Online*. Academic Press, 2017. pp. 239—259.

③ Negroponte, Nicholas, et al. "Being Digital". *Computers in Physics*, 1997,11(3) ,pp. 261—262.

④ O'reilly, Tim. "What is Web 2.0: Design Patterns and Business Models for the Next Generation of Software". *Communications & Strategies*,2007,1, p. 17.

化为核心,那么第二代互联网则以"交互化"为核心。所谓"交互化",是指以网络化的公众为主体,通过集体智慧和集体大规模的分工协作,将分散的网络信息组织起来,这样的产品如微博、博客、Flickr、维基百科、视频分享网站等。在这样的产业形态下,互联网内容生产的主体从互联网商业公司转变为普通的网络公众,而 Web2.0 时代的商业逻辑在于鼓励用户生产个性化的内容,赋予互联网新的价值,是对于 Web1.0 在交互性上的补充。熊澄宇认为,传统的信息生产模式是由上而下的精英模式,Web1.0 的代表是门户网站,它们贯彻采访—编辑—发布的传统运行原则。因此,此时的网络是少数媒体或者公司的发布渠道,与大众的距离很远。而 Web2.0 时代,强调受众的主动性,受众不再仅仅是被动接受信息,而是能够成为信息的发布者和创造者,同时也能够同传播者进行大量的互动沟通。[①]

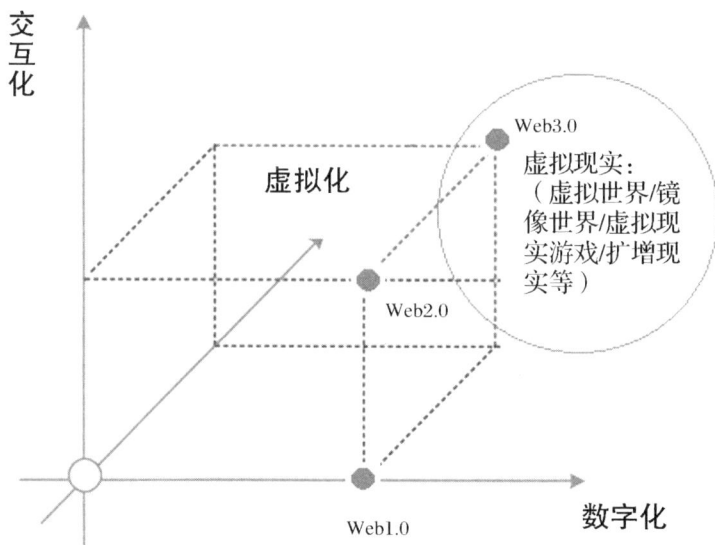

图 1　网络 Web1.0—Web2.0—Web3.0 互联网形态演化坐标图

随着虚拟现实技术的发展,其作为计算机中介传播的媒介"新尺度"的属性也成为学者关注的领域。Krueger 认为,虚拟现实是人机交互的终极媒

---

①　参见熊澄宇《媒介史纲》,清华大学出版社 2011 年。

体①；杰伦·拉尼尔(Jaron Lanier)认为虚拟现实是第一个完全利用人类各种感知而不加以限制的媒体形式②；伊凡·苏泽兰(Ivan Sutherland)认为与之前所有的图像化的媒体呈现形式发明的动力一样，虚拟现实的终极呈现方式迎合了人们的两个需求：对于感官的模拟和复制，以及对物理性的超越。③ 罗杰·菲德勒是第一位从媒介环境学的角度，研究虚拟现实在媒介形态演化历史中位置的学者，他将虚拟现实定位在"人际"类别中，充分地说明了他认识到人际交往、社交属性是在线虚拟现实中的基本特征。④ 但罗杰·菲德勒的局限性在于他认为人际类别下"内容没有受到外界媒介的建构或影响"，他显然没有意识到媒介形态本身对传播内容的建构作用。

如今元宇宙与虚拟现实技术的结合，从"虚拟性"的新维度开辟了之前的媒体形态所不具备的媒介特性，人类的"体外化信息系统"得到了新的扩展。因此，本文提出"虚拟化"的概念，认为沉浸式的、高度仿真的元宇宙将是下一代网络 Web3.0 的形态特征。而虚拟现实则是最重要的技术基础和最具代表性的产品形态。从这个维度看，所谓 Web3.0，是以 3D 互联网技术(VR、XR、AR 等)为基础，以元宇宙为代表性产品的第三代互联网，在"虚拟性"维度上对第二代互联网进行了新的拓展。因此数字化、交互化和虚拟化是 Web3.0 的三大特征。所谓虚拟化，是指在 Web3.0 时代，用户以"沉浸"(immersion)的方式融入虚拟环境，以自然的方式与彼此及虚拟的环境进行交互。在以三维互联网为基础的环境下，个人以虚拟化身(avatar)的方式沉浸在虚拟现实世界中，本质上，Web3.0 是一种空间性媒体形态，所有的网络体验、叙事和交互都在虚拟空间范围内发生。

二、议题和范式：从"再现"到"虚拟"的媒介融合

Web3.0 时代网络形态的进化和融合也对传媒研究提出了新的挑战。第

---

① Krueger, M. W. *Artificial Reality (2nd ed.)*. *Reading*. MA: Addison-Wesley, 1991.

② Lanier, Jaron. *You Are Not a Gadget: A Manifesto*. Knopf, 2011.

③ Sutherland, Ivan E., and Jo Ebergen. "Computers Without Clocks". *Scientific American* 2002, 287(2), pp. 62—69.

④ ［美］罗杰·菲德勒著，明安香译：《媒介形态变化：认识新媒介》，华夏出版社 2000 年，第 29 页。

一，元宇宙和虚拟现实作为新媒介形态的一个重要发展是从再现（representation）到虚拟（virtualization）的飞跃，它彻底颠覆了旧媒介系统中通过再现进行交互和环境构造的方式。Aarseth（2004）认为模拟（simulation）是将虚拟现实与其他媒体形态区分开来的重要特征，同时指出沉浸于虚拟现实中的参与者的主观能动性与传统媒介用户的主观能动性有本质区别。他认为，模拟是叙事诠释学中的"他者"，是话语的另类模式。在虚拟的语境下，参与者的知识、技巧是由其自身的策略和行为产生的，而非作家或电影导演。

第二，虚拟现实可被视为一种体验科技，它最大的特点是可以提供一种愈来愈真实的、能让人感到身临其境的无媒介体验（illusion of non-mediation）。[①] 在这样的媒介形态中，一切叙事与诠释都以虚拟的直接经验的方式获得。在 Web3.0 时代，用户以虚拟替身的形态在虚拟空间存在、集结。同时，新的互联网形态对身份认同的问题提出了新的挑战。作为虚拟现实中的行为主体，虚拟替身的选择、设定和虚拟社群的作用、特征应该从怎样的角度去理解？

第三，如何理解元宇宙虚拟世界的空间性。互联网和信息社会研究存在诸多不同的路径和话语。从计算机和互联网技术诞生之日开始，空间的隐喻就一直被用于描述虚拟的网络空间，从"信息高速公路""赛博空间"到"网络聊天室""平台"等。从这个角度看，"元宇宙"是网络空间隐喻的极致。人定义空间，同时空间也定义着人，人类感知的发展历程同时也是空间的经验过程。[②] 元宇宙的空间性不仅仅是网络物质性的隐喻和想象，空间的虚拟实在性既是虚拟现实技术的基础和核心特征，亦是虚拟化身通过社会临场感对虚拟空间数字可供性的主观诠释，完成了对元宇宙从数字"空间"（space）到数字"地域"（place）的转化。[③] 在这个过程中，"去身体化"的身体在元宇宙空间中

---

① Coelho, Carlos, et al. "Media Presence and Inner Presence: The Sense of Presence in Virtual Reality Technologies". *From Communication to Presence: Cognition, Emotions and Culture Towards the Ultimate Communicative Experience*. Amsterdam: IOS Press, 2006, pp. 25—45.

② Augé, Marc. *Non-places: Introduction to an Anthropology of Supermodernity*. London: Verso, 1995, pp. 42—66.

③ Schmid, Christian. "Henri Lefebvre's Theory of the Production of Space: Towards a Three-dimensional Dialectic". *Space, Difference, EverydayLife*. London: Routledge, 2008. pp. 41—59.

获得了全新的自我诠释机会和组织方式，进行着创造与维系群体性数字同步仪式的数字实践。

第四，越来越先进的人机交互界面的干预和控制计算的方式成为元宇宙和虚拟现实最引人入胜的技术特征：用户通过沉浸式的体验对计算机生成的虚拟环境进行探索和交互。一些学者试图建立一个新的概念框架去分析虚拟环境中独特的互动型文本，将这种新型的互动关系理论化为新的术语"Gameplay"，用以强调参与者和环境本身不可分割的主客体联系。

第五，随着技术的日益成熟、成本的不断降低，虚拟现实也将不仅仅是一个与现实社会相区分的"异质空间"，而是成为现实社会的"镜像"；同时虚拟现实中的社会情绪也会"溢出"到真实环境中。这就需要用户以全新的媒介素养观念去面对虚拟现实这一全新的媒介化社会形态。

议题创新必然呼唤范式创新。阅读研究虚拟现实的文献，可以爬梳出未来元宇宙研究和媒介融合研究的若干范式（见表1）。首先是技术范式。该范式主要以虚拟现实的硬件环境和通讯技术为基础，讨论虚拟环境、人机交互界面的设计，目的在于使虚拟现实技术获得更加逼真的效果，以应用于娱乐工业、军事训练或虚拟制造等领域。其次是文化范式。该范式下的学者通过文化研究的视角，以虚拟文本为对象，研究虚拟环境中的互文性、亚文化，如Justine Cassell[1]、Henry Jenkins[2]和Howard Rheingold[3]。第三是社会学范式，该范式下学者从社会学、社会心理学等角度，通过心理实验、田野调查、虚拟人种志的方式研究在线虚拟现实的社会影响，如Sherry Turkle[4]，Nick

[1] Cassell, Justine. "Embodied Conversational Agents: Representation and Intelligence in Uuser Interfaces". *AI Magazine*, 2001, 22(4), pp. 67—67.

[2] Jenkins, Henry. "The Cultural Logic of Media Convergence". *International Journal of Cultural Studies*, 2004, 7 (1), pp. 33—43.

[3] Rheingold, Howard. *The Virtual Community, Revised Edition: Homesteading on the Electronic Frontier*. MIT Press, 2000.

[4] Turkle, Sherry. *The Second Self: Computers and the Human Spirit*. Mit Press, 2005.

Yee①、Seay &. Kraut②。第四是经济学范式。该范式下,学者创造性地将经济学理论应用到在线虚拟现实以及围绕在线经济所形成的产业链条、虚拟货币等相关议题,如 Richard Heeks③、Edward Castronova④ 等。第五是哲学范式。虚拟现实的存在方式对现实物理世界的生活方式造成了巨大的冲击,这一现象也引发了哲学界的关注,并催生了信息哲学这一研究领域。⑤

表 1　元宇宙研究的不同范式

范式	技术范式	文化范式	社会学范式	经济学范式	哲学范式
关键视角	虚拟环境、交互界面设计等	虚拟文本	虚拟社会、虚拟社区	虚拟经济	存在论
学术基础	通讯技术、IT技术	文化研究等	社会心理学	宏观经济学、管理经济学	存在主义哲学、信息哲学、技术哲学
主要议题	交互设计、技术实现、虚拟制造等	文本中的编码与解码	社会影响	虚拟经济学分析、金币农夫等	对实在论的冲击等

三、元宇宙融合媒体交互界面的变革:打破二元分割

纵观目前关于元宇宙的技术基础和交互界面繁杂的定义体系,对"虚拟现实"的概念界定大致可以分为两种。一种认为任何可以提供沉浸感和互动性的科技都应该被称为虚拟现实,如果从这个定义出发,网络游戏等都可以提供

---

① Yee, Nick, and Jeremy Bailenson. "The Proteus Effect: The Effect of Transformed Self-representation on Behavior". *Human Communication Research*, 2007,33 (3),pp. 271—290.

② Seay, A. Fleming, and Robert E. Kraut. "Project Massive: Self-regulation and Problematic Use of Online Gaming". *Proceedings of the SIGCHI Conference on Human Factors in Computing Systems*. 2007.

③ Heeks, Richard. "Information Systems and Developing Countries: Failure, Success, and Local Improvisations". *The Information Society*, 2002,18(2),pp. 101—112.

④ Castronova, Edward, et al. "As real as real? Macroeconomic behavior in a large-scale virtual world". *New Media &. Society*, 2009,11 (5),pp. 685—707.

⑤ Zhai, Philip. *Get Real: A Philosophical Adventure in Virtual Reality*. Rowman &. Littlefield, 1998.

某种程度的虚拟现实体验而可以忽略硬件的差异,重点在于"身临其境"的体验。在这样的语境下,虚拟现实的内涵和外延都非常模糊,这一定义偏重于对一种由非特定媒介技术传播所形成的沉浸式的传播效果的感性描述;另一派则严格地用技术特性定义虚拟现实,这种思路遵循 Jaron Lanier 在 1985 年创造"虚拟现实"[①]一词时的思路,认为虚拟现实至少需要包括头戴式显示器、三维电脑图像、输入输出设备在内的设备组,而沉浸与互动是虚拟现实技术的两个关键指标。如 George Coates 认为虚拟现实是对于物理环境的电子模拟,终端用户可以通过头戴式显示器和穿戴式的回馈装置体验 3D 环境经验;[②] Greenbaum 认为虚拟现实是一个由计算机生成图片所创造,并可以根据人的运动而回馈的替代性世界,要造访这一世界必须借由扩展性的数据套件、立体的护目镜显示器和数据手套的说明;[③] Krueger 认为虚拟现实是利用计算机仿真产生一个三维空间的虚拟世界,为用户提供关于视觉、听觉、触觉等感官的模拟,让使用者如同身历其境一般,可以及时、不受限制地观察三度空间内的事物。[④] 综上所述,从技术形态的角度对虚拟现实的定义是:虚拟现实是由计算机生成的、可交互的仿真环境。该虚拟环境具有以下三个特点:(1)该环境将向介入者(人)提供视觉、听觉、触觉等多种感官刺激;(2)该环境应给人一种身临其境的沉浸感;(3)人能以自然的方式与该环境中的一些对象进行交互操作,不使用键盘鼠标等常规输入设备,而强调使用手势(数据手套)、体势(数据衣服)和自然语言等自然方式进行交互操作。

结合上述定义,作为 Web3.0 时代的元宇宙交互界面,虚拟现实包含以下特征:(1)空间性。三维的网络环境创造出一个具有实体感的虚拟空间,而不同于平面的传统网络;虚拟世界中的数据关系通过地理关系的外显的隐喻进行组织。(2)化身性。用户通过计算机终端,以虚拟化身的方式进入虚拟世界。随着人机交互技术的发展和进步,化身的方式也随之变化,总体上向全身

---

① "Virtual Reality: Meet Founding Father Jaron Lanier". *New Scientist*. https://www.newscientist.com/article/mg21829226-000-virtual-reality-meet-founding-father-jaron-lanier/.

② Coates, George. "Virtual Reality". *Theatre Forum*, 1993, pp. 5—12.

③ Greenbaum, P. *The Lawnmower Man*. Film and Video, 1992, 9 (3), pp. 58—62.

④ Krueger, M. W. *Artificial Reality* (2nd ed.). *Reading*, MA: Addison-Wesley, 1991.

性、沉浸性的特点发展。(3)持续性。该虚拟现实世界及其内在内容的存在不以单个用户是否在线为转移,因此该虚拟世界的存在是客观的(存在于开发商或运营商的主机中)。(4)社会性。由于该种虚拟现实世界能够同时支持大量来自不同地域的用户同时在线,通过虚拟化身的方式进行实时的交互,因而形成了复杂的社会、政治、经济体系,并逐渐发展成为一种新兴的社会形态。

在后现代主义的观点看来,现实从来都是被构建起来的,或是"拟态"的。真正纯粹的物理现实自人类文明诞生以来就没有存在过。换言之,现实从未与其自身交汇过,因为它构建在差异与非在场之上(就像我们的身份一样)。[①] 即使在前媒介的原始时代中,麦克卢汉所言的"原始统一"都未曾存在。事实上,自从语言被发明,世界就被建构。我们开始用语言和概念界定自己及周边世界。语言的结构、社会潜意识、他人化的力量将人异化。在传播学史上,李普曼就曾用"拟态环境"(pseudo-environment)一词形象地表述经由媒体中介的环境不是对真实社会环境的镜面反映,而会因为媒介的技术特性和社会特性产生偏差。在大众传媒的社会,人们通过媒介有选择的加工,去认知"拟态环境",同时在自己的意识中形成一个主观的对外部世界的想象,并基于此构想与外部世界进行交互。因此,主观世界对于客观真实世界的理解和建构是存在着偏移的,是一种拟态的现实。

在尼尔·波斯曼看来,技术的功能取决于其形态:印刷媒体、电脑和电视不仅仅是传输信息的机器。它们是我们概念化现实的隐喻,为我们将世界分类、排序、框架、放大、缩减,并论证世界的相貌;通过这些媒体的隐喻,我们看到的并不是世界本身,而是符号系统。这就是信息形式的力量。[②] 进入 20 世纪 80 年代以后,电子媒介的批判者一直辩称新的表征环境无法代替"现实",但非编码的现实经验从来就没有存在过。如果说虚实混杂是人类现实既有的一贯状态,那么如何来区别虚实呢?

事实上,在 20 世纪 80 年代虚拟现实技术兴起后,相关研究者便面临一个重要的问题:如何界定虚拟与现实的关系。如果说真实现实和虚拟现实是人

---

① ［英］克里斯托夫·霍洛克斯著,刘千立译:《麦克卢汉与虚拟实在》,北京大学出版社 2005 年。

② Postman, Neil. "Five Things We Need to Know About Technological Change". Recuperado de http://www. sdca. org/sermons_ mp3/2012/121229_postman_5Things. pdf ,1998.

类对客观存在认知的两个极端形态，那么随着媒介技术的不断丰富，两极之间会出现越来越多的模糊地带。Paul Milgram 和 Fumio Kishino 创造了"混合现实"（mixed reality）这一术语来描述真实世界与虚拟现实之间的区域（图2）。一方面，虚拟现实是使用计算机技术创造的，以区别于临场感（telepresence）和其他的远距离感觉方法；虚拟现实中计算机技术应用所产生的是效果而不是幻觉；在虚拟现实中，人与程序具有交互性；同时，这是一个三维的世界，以区别于文字描述的一维、二维世界；这里的物体有一种空间存在物的含义。另一方面，真实的物理世界本身也是高度媒介化的。Paul Milgram 和 Fumio Kishino 将通过传统的电视显示设备看到的真实场景也归于"现实"一端。人类生活的物理环境不断为信息化的虚拟环境所强化、异化。如今，在这个坐标轴两端的完全真实与完全虚拟的环境在现实生活中并不存在，人类生存的环境是一个被强化的混合现实。正如 Manuel Castells 所说，"当电子传媒的批评者指责这一新的符号环境没有表征真实时，他们指的其实是一种荒谬的、未经编码的真实经验的原始概念，它从来没有存在过，所有真实都是通过符号而传播"[①]。而 Paul Milgram 和 Fumio Kishino 的贡献在于将由于虚拟现实技术而模糊的虚实环境统一到了同一个尺度上，并且指出，下一代电子环境的远景是将虚拟的信息应用到真实世界，真实的环境和虚拟的物体实时地叠加到了同一个画面或空间，二者同时存在，两种信息相互补充、叠加。

混合现实（Mixed Reality）

真实环境　扩增现实　　　　　　扩增虚拟　　　　　　　虚拟环境
（Augmented Reality）　（Augmented Virtuality）　（Virtual Environment）

图 2　虚拟现实连续统一体[②]

---

① Castells, Manuel. "Toward a Sociology of the Network society." *Contemporary Sociology*, 2000, 29(5), pp. 693—699.

② Milgram, Paul, and Fumio Kishino. "A Taxonomy of Mixed Reality Visual Displays". *IEICE TRANSACTIONS on Information and Systems*, 1994, 77(12), pp. 1321—1329.

虚拟现实技术对真实社会的建构已经远远不再局限于互联网的虚拟空间中。传统上,地理信息系统从平面地图的绘制演化而来,因此大多采用静态数据来描述地理对象,即所有的对象都通过二维坐标(或经纬度)及非连续变化的测绘数据表示。但随着虚拟现实建模技术不断发展,全球信息化程度不断提高,在无处不在的计算(ubiquitous computing)和扩增现实技术的基础上,虚拟现实技术已经成为当今信息化城市构建的核心要素。纽尔·卡斯特(Manuel Castells)用"信息化城市"这个词来描述后工业时代城市的特征。在卡斯特的描述中,所谓信息化城市是指在该城市中的主导产业是信息产业,大多数人所从事的产业也与信息技术产业相关,信息技术是在这里生活必需的技术硬件设施。伴随着无线互联网的普及和基于位置的服务(LBS)的发展,个人对城市的感知是高度中介化的。最简单的,例如车载 GPS 系统和个人移动智能终端中的导航系统(如 Google Earth),构成了地理信息系统 GIS 最底层部分。虚拟世界与真实世界之间的界限仍在不断被打破。通过无线传感技术、物联网、"真实挖掘"(reality mining),人们通过个人叠加在地理空间之上的信息层去理解人与环境的关系,现实与虚拟的界限会越来越模糊。

在"虚拟"与"现实"的维度上会形成两端(图 3)。在虚拟网络的"流动空间"中,基于虚拟的脚本构建起大规模、多人在线网络虚拟世界;而在现实的地理空间中,新兴的技术不断打破虚拟和现实的界限,人们通过个人信息终端"重新发现"地域的意义。在此之前,肯尼斯·格根认为新媒体造成人"不在的存在";马克·奥吉关于媒体也有"非地域"的悲观态度。而扩增现实(augmented reality)等应用将打破这一悲观看法,重新赋予地理环境以信息意义。

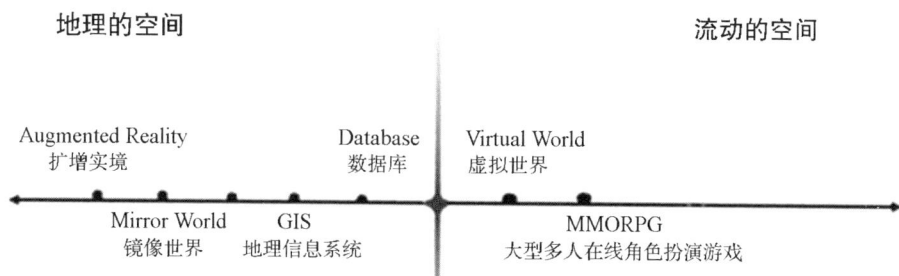

地理的空间　　　　　　　　　　　　　　　　**流动的空间**

Augmented Reality　　　　　　Database　　　Virtual World
扩增实境　　　　　　　　　　　数据库　　　　虚拟世界

　　　Mirror World　　GIS　　　　　　　　MMORPG
　　　镜像世界　　地理信息系统　　　　　　大型多人在线角色扮演游戏

图 3　信息化城市流动空间与地理空间关系图

四、讨论：走向虚拟民族志

在《从界面到网络空间——虚拟实在的形而上学》一书中，迈克·海姆指出，虚拟入侵真实将威胁到人类经验的完整性。他继而提出，一方面，网络理想主义者促进虚拟社区和全球信息的流动；另一方面，天真的现实主义者又将犯罪暴力和失业归咎于科技文化。他认为，虚拟现实是未来一个很重要的部分，我们需要去了解它，不只是因为它是一股影响文化发展的暗流，还因为它是强而有力的科技自身的权利。虚拟世界能提供一种特质，显现出某种程度的智能行为。所谓特质，即遥在（telepresence），一种实现远程操作并保留浸入拟态环境的能力。迈克·海姆认为，要超越网络乌托邦主义者和现实主义者，必须在理想主义者对计算机生活的热情和将我们在原始真实中的需要压抑至深层的现实主义者之间取得平衡。这种不稳定的平衡，我称之为"虚拟现实主义"。要如何达到"平衡"？海姆称之为"technalysis"，即对科技的实践、批判和分析。

Web3.0 时代元宇宙研究方法的创新可能在于虚拟民族志的引入，这是指将民族志研究方法应用于网络社区和网络文化研究的一系列方法，通过对网络文本进行田野调查式的采集和分析，研究计算机中介的社会互动及影响。人类学家研究的一般问题有以下几个方面：新的网络社会的结构和机制是什么？人们将怎样用新技术创新的空间实现日常经验社会化？人们怎样与技术世界发生联系？新技术对人们日常生活和工作产生什么影响？假如人们处于不同的空间中，这种空间经历有怎样的不同？通过什么方式进行转换？不同的社会、宗教和民族与新技术相联系时，会产生行为多样化的民族志因素吗？所有针对在线文化和社区虚拟民族志的研究都延续了传统民族志田野调查的特点，从深入实地的观察、面对面的访谈互动发展到通过计算机网络对网络社区和文化进行调研和访谈。从事虚拟民族志研究的学者认为，田野调查不仅能针对具体的物体地点,也可适用于网络虚拟空间。这一做法曾经被质疑,①但如今被越来越广泛地接受。②

但计算机中介的虚拟民族志研究与真实世界的民族志研究依然存在着以下差别:第一,虚拟民族志是针对文字的、非物理/身体性的、缺乏社交暗示(social cue)的网络社区的研究;第二,可以对现实无法观察到的社会互动进行细致的观察和文本分析;第三,真实社会互动中的细节和现象是转瞬即逝的,而网络中的社会互动可以自动地通过文本等方式保存下来,成为永久的记录。第四,新媒体的社会性质尚很模糊,到底是属于公共空间、私人空间还是两者兼有的混合空间,尚且存疑。

虚拟民族志研究的核心问题是:如何将民族志的研究方法恰当地用于网络研究中。如果仅仅依靠阅读电子邮件、聊天室的聊天记录或论坛的网志显然不够,因此"参与"本身非常重要。但如何参与? 参与到什么样的程度? 这些都需要经过严谨的研究设计和思考。另一个可能的质疑是,关于虚拟现实世界的描述性研究究竟有多大的理论意义,规范性的研究是否更具备学术和实践价值。在本研究中,我不会尝试去进行价值判断,回答诸如"虚拟现实世界的出现对人类是好事吗?"等问题。尽管这样的问题在关于技术未来发展趋势的探讨中一样具有显著的重要性,但本文不做过分探讨,而是将虚拟现实技术的发展和如同《第二人生》的网络虚拟现实世界的崛起视为既定事实,去探讨其中的身份、社区和文化实践过程。综上所述,虚拟民族志依然是一个比较新的研究方法,其研究方法需要更新一代熟悉网络社区环境的"数字土著"(digtial native)研究者进行探索,捕捉当地居民的观点(native point of view),透视他们眼中的世界,从而理解作为一种全新社会形态的虚拟现实的特性及其对真实世界的影响。

(周逵,中国传媒大学副教授)

---

① Clifford, J.. "Spatial Practices: Fieldwork, Travel, and the Discipline of Anthropology". In A. Gupta & J. Ferguson (eds.) *Anthropological Locations: Boundaries and Grounds of a Field Science*. University of California Press, 1997, pp. 185—222.

② Bishop, J.. "Increasing Capital Revenue in Social Networking Communities: Building Social and Economic Relationships Through Avatars and Characters". In C. Romm-Livermore, & K. Setzekorn (eds.), *Social Networking Communities and eDating Services: Concepts and Implications*. IGI Global. Available online, 2008.

"Metaverse" Research in the Age of Web3.0: Myths, Paradigms and Methods

Zhou Kui

Abstract: Recently, there are many myths in academia and industry around the new concepts and new trends of media convergence such as Web 3.0 and Metaverse. This paper attempts to propose the concept of "virtualization". The author believes that an immersive, highly simulated metaverse will be the morphological feature of the next-generation Web 3.0. An important development of the metaverse and virtual reality as a new media form is from "representation" to "virtualization". The author further combs through several related media research agendas and research paradigms, and proposes virtual ethnography as a methodological possibility for future metaverse and virtual reality research.

Keywords: Web3.0; Metaverse; Virtual Ethnography; Media Convergence

元宇宙会改变人类的记忆实践吗？

——探索元宇宙与记忆研究的交织领域①

刘博　邓建国

摘要：将元宇宙视作一种"元元媒介"，自然就架起了通往记忆研究的桥梁。我们对元宇宙的研究不能固守对其概念的争论，而应该将目光转向对其本体论与价值论的探索，将元宇宙与人类记忆实践相结合正是一次有力的推进。本文聚焦元宇宙与记忆的关联，探索元宇宙如何通过虚拟现实技术表征并影响现实世界，由此实现其创新扩散。文中指出，元宇宙重塑媒介形态与记忆实践方式，对"后记忆""假肢记忆"等媒介记忆相关理论产生了潜在影响。未来，"空间的生产"将是元宇宙与记忆研究的重要切入口。

关键词：元宇宙；"元元媒介"；虚拟型媒介；"后记忆"；"假肢记忆"

一、引言：元宇宙如何与记忆关联？

目前，论及元宇宙，多数的讨论都会将其与科幻小说《雪崩》相关联；但我

---

①　本文受"部校共建复旦大学新闻学院新媒体实验中心"项目经费支持。

认为,如果仅仅将科幻小说作为元宇宙的发端,不免过于狭隘。如果转换一个思路,将元宇宙放到整个人类发展的历史进程中来,就会发现,元宇宙的内涵远远不止《雪崩》中所描述的作为主人公避难所的网络空间如此简单。元宇宙作为一个新概念,它所追求的交互性与沉浸感,并不是在现有技术体系上进行升级,而是透过虚拟与现实的融合构建一个全新的虚拟空间,并且这个空间将打开人类全新的生活维度;从这个意义上讲,元宇宙指向了媒介、技术与社会层面的创新与变革。美国学者埃弗雷特·罗杰斯(E. M. Rogers)在其著作《创新的扩散》中提出创新扩散理论,他认为创新涵盖被个人或其他采用单位视为新颖的"观念、实践或事物",扩散指向由特定渠道在某个社会系统行为主体中的传播过程。① 在网络技术集成创新发展与资本、市场多重因素的驱动下,经由脸书改为"Meta"的助推,元宇宙正经历一个创新扩散的过程,在全社会铺开,成为客观的现象级热点。

一个良好的创新扩散过程能影响新事物在整个社会中的发展过程,并实现可观的价值创造,而实现这一过程的前提是正确把握创新事物。从广义上来讲,元宇宙是多种技术集成逐步共同建设而成的生态系统;而从狭义来看,元宇宙是一种基于增强现实、虚拟现实和混合现实等技术的网络空间。② 单纯从技术角度去把握元宇宙是不够的,对虚拟现实技术的强调很容易陷入"技术决定论"的认知中,我们更应该看到元宇宙在整个社会与文化层面的价值。正如麦克卢汉在《理解媒介》中批评的:"我们对所有媒介的传统反应是,如何使用媒介才至关重要,这就是技术白痴的麻木态度。"③当元宇宙逐步实现并介入我们日常生活的时候,个体能否以身体为媒介在虚拟与现实之间自由切换?化身与真身之间的交流会呈现出新的传播形态吗?数字虚拟人会影响我们的生活吗?这都是我们需要思考的问题。透过这些问题的讨论,我们可以窥见

---

① E. M. Rogers. *Diffusion of Innovations*. New York:The Free Press,1983.

② 邓建国、刘博:《2021—2022元宇宙报告:化身与智造 元宇宙座标解析》,https://view.inews.qq.com/a/TEC20220112006749000? openid=o04IBAPJvSDJx66mDNBVlZcF bEIw&key=&version=2800133d&devicetype=android—28&wuid=oDdoCt56zKS4WzlF1ZIXCYhRWQEU&sharer=o04IBAPJvSDJx66mDNBVlZcFbEIw&uid=&shareto=&openwith=wxmessage。

③ [加]马歇尔·麦克卢汉著,何道宽译:《理解媒介——论人的延伸》,商务印书馆2000年,第45页。

元宇宙显然正朝着彼得斯口中的"媒介是我们'存有'的基础设施，是我们行动和存有的栖居之地和凭借之物"①迈进。因此，从媒介的本体论和价值论角度去探究元宇宙的意义尤为重要，这也是本文研究的出发点。

在本文中，笔者将元宇宙作为一种全新的记忆媒介展开讨论。一般认为，记忆与媒介的关系在于，媒介作为存储机制与传播手段，②是人类记忆的核心维度；人类通过技术将记忆外化到媒介中，也通过媒介感知获得记忆，因此没有媒介，人类的记忆将无从谈起。③但这种认知存在两点缺陷。其一，这会导致不同媒介的性质与储存机制决定记忆时常面临断裂、遗忘和主体性危机。例如，文字是重要的记忆媒介，但以苏格拉底等为代表的学者却对文字表示反对，原因是文字分割感官、去语境化，文字外化人类记忆的同时也削弱了记忆力与创造力，这会威胁到人类作为主体的意义与价值。④其二，此时媒介是物质的、工具的，这就导致了"媒介—人"以及"形式—内容"之间的对立。尽管电子媒介的崛起重塑了人的感官与体验，似乎打破了这种对立，但二维的视觉呈现，以叙事与再现为主导的记忆建构机制，仍然让电子媒介无法跳出语言、文字等媒介"媒介—人"的二分法传统。概而言之，元宇宙之前的诸多媒介，其功能不过都是旧媒介的各种最为基础的功能——规制和维护。

元宇宙则集合了语言、文字、影像等多种媒介的优势与特点，重塑了媒介的观念与作用。元宇宙将媒介的功能从"讯息"层面扩展到"栖居"层面，将使人实现生活并栖居在媒介之中。未来，媒介（元宇宙）并不是身体的延伸，而是成为身体存有于其间的媒介。元宇宙技术将能丰富地记录和传输身体（本身就是一种元媒介），由此，我们可以视元宇宙为一种"元元媒介"。⑤因此，我们对其的探究不能局限于媒介具有的性质与特征，而是需要讨论媒介（元宇宙）对人的感知、经验和社会的广泛和深入的影响，积极"考察其延伸的后果——

① ［美］约翰·杜海姆·彼得斯著，邓建国译：《奇云：媒介即存有》，复旦大学出版社 2020 年，第17 页。
② 参见王炎、黄晓晨《历史与文化记忆》，《外国文学》2007 年第 4 期。
③ 参见邵鹏《媒介作为人类记忆的研究》，浙江大学出版社 2014 年。
④ 孙玮：《技术文化：视频化生存的前世、今生、未来》，《新闻与写作》2022 年第 4 期，第 5—14 页。
⑤ 邓建国：《元元媒介与数字孪生：元宇宙的媒介理论透视》，《新闻大学》2022 年第 6 期，第 35—48 页、第 120 页。

它向内投射到情感结构及生命形式之中从而构成的人类主体性和集体性的方式"①。

元宇宙将身体置于记忆实践的中心,推动技术、媒介与记忆进一步彼此交织,从而迎来一个全新的发展阶段,届时虚拟现实将成为人类记忆实践的重要特征。我们探究元宇宙与记忆研究的交集并不是要圈定元宇宙知识地图的边界与秩序,而是要探索元宇宙对人类有关本体论、认识论与价值论可能的影响。概言之,尽管现在我们尚不能决定元宇宙未来的发展方向,但是通过考察元宇宙对记忆领域的潜在影响,我们可以了解元宇宙的创新扩散路径,从而窥见我们共同的未来。

二、创新:"元宇宙率"与虚拟型媒介

元宇宙尚未有确切的发展路径,但将元宇宙与人类记忆实践相结合,是探索元宇宙技术创新扩散阶段的可行方式。创新指"观念、实践或事物",元宇宙在记忆领域的创新至少在以下两个方面有所体现。

(一)"元宇宙率"与记忆的外化

媒介的发展史,就是人类不断外化自身记忆的历史。② 正如斯蒂格勒所说,人是技术性的存在。③ 人的记忆从一开始就是通过媒介被外化的,具有技术性的特点。这种外化的过程与人类的进化相关联,人类正是通过建立记忆库的方式将自己外化,使自己得到进化。④ 每一种新媒介的重要功能都是将人类的记忆、经验、知识以可持续、可复制、可共享、可传播的方式外化。以话语圈(文字)为例,文字的出现使得原始记忆圈或无文字记忆技术时期(mnémosphère)向话语圈(logosphère)过渡,这种过渡在媒介与记忆的关系发

① [美]W. J. T. 米歇尔、马克·B. N. 汉森著,肖腊梅、胡晓华译:《媒介研究批评术语集》,南京大学出版社 2019 年,第 8 页。
② 孙玮:《技术文化:视频化生存的前世、今生、未来》,《新闻与写作》2022 年第 4 期,第 5—14 页。
③ [法]贝尔纳·斯蒂格勒著,许煜译:《意外地哲学思考:与埃利·杜灵访谈》,上海社会科学院出版社 2018 年,第 71 页。
④ [美]W. J. T. 米歇尔、马克·B. N. 汉森著,肖腊梅、胡晓华译:《媒介研究批评术语集》,南京大学出版社 2019 年,第 61 页。

展史上有划时代的意义。文字作为记忆外化的主要媒介，将人类的内在思想与情感外化，实现了人类文明超越时空的交流与传承。但文字剥离了特定时空中的场景、感官与关系构成，其记忆储存容量与传输速率的有限性必然导致人类记忆外化程度的不充分与不平衡，会对记忆的完整性造成损害。因此，人类沟通"见字如面"的理想需要结合媒介特性与个体想象力才能实现。换言之，此时将媒介与人类进化相关联，既需要媒介的记录和传输实现记忆外化，也需要个体创造力、想象力与感知体验的参与。

记忆外化的过程实际包含了人类对沉浸与在场的追求，这实际上就是一种"元宇宙体验"。邓建国认为存在着一种"元宇宙率"①，它是一种用户想象力与媒介可供性结合的产物，能衡量媒介为人类提供感知沉浸式的"元宇宙体验"的程度。人类对"元宇宙体验"的追求源远流长，从岩洞壁画到埃及的泥刻板，从莎草纸到书籍，从戏剧到游戏，人类被包裹并沉浸在这些不同媒介呈现的媒介圈中，其间"元宇宙率"不断增强。我们追求的终极的"元宇宙体验"是身临其境，"就如同鱼在水中一样自然、浑然不觉"。② "元宇宙体验"离不开虚拟现实技术的支撑，虚拟现实技术指向有关传播效果的两个核心概念："沉浸"（immersion），即信息对用户的包裹程度；"在场"（presence），即用户所感受到的对被传播内容的在场感。为人类营造一种"沉浸感"与"在场感"成为对传播效果的终极追求，③这也是我们追求记忆实践完整性以留下历史底稿的责任与使命。

"元宇宙率"与人类记忆的外化不谋而合。记忆外化与"元宇宙率"是人类记忆实践光谱的两端，两者存在 0 到 100 的色差，在数值上具有相似性与等同性。两者相联系的底层逻辑是"元宇宙率"可以通过记忆外化的程度来衡量。一方面，元宇宙通过虚拟现实技术追求现实世界在元宇宙中的完整复现，增强了记忆外化进程中的媒介可供性；另一方面，元宇宙的沉浸感、在场感与交互

---

① 邓建国：《元元媒介与数字孪生：元宇宙的媒介理论透视》，《新闻大学》2022 年第 6 期。

② ［法］雷吉斯·德布雷著，刘文玲、陈卫星译：《媒介学引论》，中国传媒大学出版社 2014 年，第 45—52 页。

③ 邓建国：《时空征服和感知重组——虚拟现实新闻的技术源起及伦理风险》，《新闻记者》2016 年第 5 期。

性有效提升了人类的记忆感知与想象力。记忆外化与"元宇宙率"共同作用推动了数字孪生社会的形成。我们的追求应当是不断提升媒介的"元宇宙率"，这样当个体的记忆完全外化并复现在元宇宙中时，"元宇宙率"在数值上就应该是 100 了。

（二）虚拟型媒介的进化

"元宇宙率"与记忆外化架起了联系的桥梁，而虚拟型媒介就是建筑该桥梁的重要材料。记忆是一个抽象的概念。斯蒂格勒认为人类不仅仅能在基因上进化，而且也能以非生命的形式进化，人类发展及基因进化过程与技术媒介之间具有"本质的"联系。马克思也指出将人与动物相区别的是运用工具和创造工具的能力。这些观点用传播学的术语表达，就是运用媒介（技术）和创造媒介（技术）的能力，也正是这种能力，成为人类记忆建构的基础性动因。这样一来，就将人运用媒介（技术）建立记忆库使自身记忆外化的过程同人的进化相互关联起来，即记忆与媒介同进化。记忆必须通过媒介实现外化才能在具体的形式中被赋以重要的文化意义，例如有学者研究抗日题材的电视剧生产，认为市场行动者与国家之间的互动塑造了抗战题材的集体记忆。[①]

媒介通过创造与记忆不同的接触方式，最终影响了集体记忆的构建及其结果。[②] 人类与动物因为语言产生区别，而文字及书写材料的出现标志着"人类社会进入文明社会"，[③]互联网的勃兴则宣告了大众书写集体记忆时代的来临[④]。元宇宙作为"元元媒介"，是吸纳各种媒介的全新场域：它以虚拟现实技术为支撑，将沉浸性与远程交互能力作为基础性指标，逐层递进地实现数字孪生、数字原生与虚实共生，从而将辅助、次要的虚拟生活方式提升到主流地位，因此，元宇宙具有自我进化的文明性特征。笔者认为，我们基于物理空间所形

---

① Wang, Y., and M. M. Chew. "State, Market, and the Manufacturing of War Memory: China's Television Dramas on the War of Resistance Ggainst Japan." *Memory Studies*, 2021, 10: 175069802110243.

② 王炎、黄晓晨:《历史与文化记忆》,《外国文学》2007 年第 4 期,第 102—109 页。

③ 陈力丹:《试看传播媒介如何影响社会结构——从古登堡到"第五媒体"》,《国际新闻界》2004 年第 6 期,第 3 页。

④ 胡百精:《互联网与集体记忆构建》,《中国高校社会科学》2014 年第 3 期,第 98—106 页、第 159 页。

成的记录型媒介与传输型媒介的概念与认知在元宇宙空间中将被改写，元宇宙在结合人类的想象力的基础上会进化出一种新型的媒介形态——虚拟型媒介。

过去我们所探讨的都是有形有界的记忆媒介，包括诺拉口中的有形的纪念碑、博物馆等"记忆之场"，也包括非物质化的符号结构等。虚拟型媒介并不是概念上的创新，它已经在虚拟主播、数字藏品、虚拟博物馆中初现端倪，这种媒介不以现实世界的媒介观念与媒介运行架构为雏形，而是一种依赖人类想象力与数字媒介技术的集合。

虚拟型媒介集合了当前所有媒介的优势，不仅能对现实世界进行复制与再现，而且能标记具体的时空讯息并将记忆原始场景复原，通过构建元宇宙空间而实质上使时间的序列化消灭。具体来说，它将在三个层面作用于人类的记忆实践。其一是向内探求，元宇宙将人的精神世界技术化或虚拟化，依赖于叙事建构的记忆意义内化机制向沉浸式体验与个体性参与过程转变；其二是向外拓展，虚拟型媒介能大大增强记忆的记录、传输效率，时间序列化消失将摆脱物理空间中时间与历史的限制，在完全意义上实现卡斯特说的"流动空间"与"无时间之时间"；其三是与社会同构，虚拟型媒介并非有形的物质与无形的符码等人工物，而是元宇宙中不可或缺、赖以为生的关联物，具有文明性与自我进化的特征，必然在社会组织方式、记忆产消模式等方面带来颠覆性变革。例如，华纳兄弟娱乐公司发行 NFT 数字藏品总金额超 5 亿元，全球占比近 4 成，商业价值凸显。

三、扩散：元宇宙重塑记忆实践

探究元宇宙时代的记忆实践并非要确定一个概念化的理论，而是要关注元宇宙如何形塑并构成当前重要的文化特征，尤其是它如何再造新的生活方式与传播场景。在更深层次上，我们需要理解的是元宇宙技术如何以记忆为中心，改变人、媒介与社会之间的关系，并由此理解元宇宙如何构成我们的生存境况。为方便阐释这种改变，笔者以两个新兴的记忆理论展开讨论。

（一）"后记忆"

近年来，国内关于记忆的研究多集中于灾难叙事、创伤记忆等方面，如汶川地震①、南京大屠杀②等，集体记忆逐渐成为国内传播学的热点议题。③ 既有研究成果对创伤、灾难等记忆话题的学术关怀与"后记忆"的核心概念一脉相承，元宇宙将如何改变记忆实践？ 在结合现有成果的基础上，"后记忆"是一个很好的切入口。

赫尔绪（Hirsch）的"后记忆"概念主要描述的是后代人与前代人的个人、集体和文化创伤的关系——他们只有通过伴随他们成长的故事、形象和行为来"记忆"经历。"后记忆"关注的是情感经由图像等载体连接不同世代所扮演的角色，在结构上更加强调垂直的传递而不是水平的共享，记忆本身经验的重要性让位于传播过程的极端与强度。④ "后记忆"的"后"不仅仅是一个时间的延迟，也包括位置的改变，虽不直接等同于记忆，但两者在情感力量上是接近的。⑤ 通过情感的连接与催化，记忆直接塑造个体的理解与世界之间的互动，促使这些"记忆"经历在传递给后代人时既深刻又感人，从而将他人的记忆视作自己的记忆，纳入自身的生活故事情境之中。⑥

尽管"后记忆"从创伤事件起步，但并没有证据显示离开了创伤事件的语境"后记忆"就无法形成，创伤仅仅反映该理论的产生背景。我们需要关注的是后代人无法目睹前代人关于原始事件的经历与回忆，仅凭情感的媒介化过程影响并创造性介入和参与后代人生活的记忆机制。这主要归因于两点：其一，媒介对于"后记忆"的形成具有不可或缺的塑造作用，在赫尔绪眼中，正是

---

① 徐开彬、徐仁翠：《汶川十年：汶川地震的媒介记忆研究》，《新闻大学》2018 年第 6 期，第 50—62 页、第 148—149 页。

② 李红涛、黄顺铭：《"耻化"叙事与文化创伤的建构：〈人民日报〉南京大屠杀纪念文章（1949—2012）的内容分析》，《新闻与传播研究》2014 年第 1 期，第 37—54 页，第 126—127 页。

③ 方惠、刘海龙：《2017 年中国的传播学研究》，《国际新闻界》2018 年第 1 期，第 21—37 页。

④ Frosh S . "Postmemory and Possession". *International Journal for the Semiotics of Law-Revue Internationale de Sémiotique Juridique*, 2020, 33(2).

⑤ Hirsch, M. "The Generation of Postmemory". *Poetics Today*, 2008 ,29, pp. 103—128.

⑥ Hirsch, M. "Projected Memory: Holocaust Photographs in Personal and Public Fantasy". In M. Bal, J. Crewe, and L. Spitzer(eds.) *Acts of Memory: Cultural Recall in the Present*, Hanover: University Press of New England, 1999, pp. 3—23.

摄影技术、照片等媒介将经历大屠杀的前代人与后代人联系了起来；其二，"后记忆"与过去连接的媒介化过程并不是通过回忆实现的，而是基于个体需求通过想象力的投资、投射和创造来实现。[①]

"后记忆"的形成机制也决定了它先天的缺陷。"后记忆"通过图像媒介探讨情感与个人想象力在后辈承接父辈记忆过程中的重要作用，但图像媒介是静态的、去语境化的和去语法化的，记忆在代际之间传递的过程中必然会面对情感的锐减与记忆的减损；"后记忆"是一个记忆空间，不能仅仅依靠个体的和个人的记忆、认同和投射行为来实现，而需要更充分地通过文化和公共层面来获得。若无法克服以上缺陷，则会导致后代人始终在父辈的表层回忆中打转，无法超越记忆本身，从而积蓄一种理性与改变的力量；记忆只能沦为回忆。

元宇宙对"后记忆"的形成机制造成了冲击，这既是一种弥补缺陷的机遇，也是对个体想象力如何发展的挑战。元宇宙对"后记忆"的冲击大致可概括为两个方面：语境修复与情感延展。一方面，"后记忆"偏重通过摄影作品等图像媒介来表达情感，但情感的传递过程是不连续的，原因在于记忆建构与代际传承都遵循时间的序列化，时间促成个体对记忆语境的理解，从而实现情感的传递。如果时间缺位，我们无法充分想象有用的历史的记忆语境，必然导致记忆衰退与情感减损。元宇宙建立起与现实世界平行的虚拟空间，经由虚拟型媒介的调节与发动，我们可以在结合图像媒介的基础上，结合自身的想象力来构建父辈记忆中事件的真实场景。这种想象场景在虚拟空间中搭建，个体通过"数字孪生体"获得身临其境的时空穿越体验，前代人与后代人之间情感传递与记忆叙事的时间差趋于消散。不受时间、地点、人物等条件的限制，去语境化的过程被瓦解了，取而代之的是时空重组后的语境修复。

另一方面，语境修复实现了情感延展。"后记忆"强调情感的另一层含义是不仅希望记忆实现代际传承，更重要的是希望通过后辈对父辈记忆的承接，向文化与公共层面拓展记忆的价值。而元宇宙通过语境修复，将父辈不可感知的情感、神态与语气等带入代际传递过程，唤起了后辈内心对父辈的情感认

---

① Hirsch, M. *The Generation of Postmemory: Writing and Visual Culture after the Holocaust*. New York: Columbia University Press. 2012.

同。这样一来，元宇宙增加了"后记忆"的传播强度与效度，将父辈与后辈的情感传递到后辈与同辈、后辈与记忆旁观者之间的交往与互动延展之中，动员和集合了对"后记忆"有共同情感认同的人员参与记忆的建构，因此，加速了"后记忆"走向公共的过程。

（二）假肢记忆

被称为"不存在"的记忆的"假肢记忆"近年来也逐渐受到关注。如果说"后记忆"涉及的是时间上的传承的问题，那"假肢记忆"则更加强调记忆在空间上经由媒介塑造和共享的问题。文化研究学者艾莉森·兰斯伯格在其著作《假肢记忆》（*Prosthetic Memory*）中指出，"假肢记忆"是那些严格来说并非源于人们的生活经历的记忆，[①]就像假肢被穿戴在身上一样，它实际上是由大众媒介再现带来的经历生产出的感官记忆。[②] 那"假肢记忆"又是如何形成的？兰斯伯格认为"假肢记忆"出现在个体与关于过去的历史叙事于一个体验性的场合交互之时，这种记忆不是生活经验的产物，而是通过媒介的象征性体验与参与，尽管这种记忆不是亲历的、原始的，但依然真切、具体、生动，并和自己的亲历记忆难分彼此。[③] 在这个过程中，以电影为代表的大众媒介以极强的"体验性"带来亲身的体验和身体化的记忆，[④]可以弥补身体不在场的缺失，使得记忆以商品化的形式在不同地域、不同背景、不同群体的人之间广泛流通和使用。将元宇宙与"假肢记忆"相结合来探讨的原因在于，通过"假肢"的隐喻，我们可以理解大众媒介为何有能力改变现代观众建构记忆的方式，以及如何在这一过程中提供不同的理解和行动方式。

对"假肢记忆"的关注实则指向了当前数字媒介与技术交织的"连接转向"[⑤]，个体的记忆经由媒介的中介与传播可以更多地被看见，并且成为全球文

---

① Alison Landsberg. *Prosthetic Memory：The Transformation of American Remembrance in the Age of Mass Culture*. New York：Columbia University Press，2004，p. 25.

② Alison Landsberg . *Memory, Empathy, and the Politics of Identification*. 2009，22（2），pp. 221—229.

③ 陶东风：《论见证文学的真实性》，《文学评论》2022 第 1 期，第 117—125 页。

④ 庄玮：《美国媒介记忆研究综述》，《外国语文》2017 年第 2 期，第 41—47 页。

⑤ Hoskins, A.. "7/7 and Connective Memory: Interactional Trajectories of Remembering in Post-scarcity Culture". *Memory studies*, 2011，4（3），pp. 269—280; Hoskins, A.. "Media, Memory, Metaphor: Remembering and the Connective Turn". *Parallax*, 2011, 17（4）, p. 21.

明进程中共享的记忆，但与此同时，个体记忆也面临诸多矛盾与困境。具体来讲，主要体现在以下方面：首先，这种记忆是在各种媒介汇聚的人工记忆联合环境中生成的人工记忆，是个体没有亲身经历过的，因而存在被篡改的可能性；其次，兰斯伯格将电影媒介作为切入口，个体必须按照电影的时序进行观看，基于电影的叙事逻辑进行体验，这种记忆机制附着于商品化形式的文化产品中，个体多数时候只是被动地接受文化产品中的"假肢记忆"，缺乏互动的积极成分；最后，"假肢记忆"被称作"不存在"的记忆，"不存在"指的是个体对未曾经历过的事情无法产生情感共鸣的情况，因此要想将他人的记忆像穿假肢一样穿戴在自己身上，我们还需要培育同理心以提升共情能力。

　　元宇宙的出现，能有效解决以上困境，真正实现将他人的记忆"穿戴在身上"。首先，元宇宙作为"元元媒介"，通过运用区块链、大数据、虚拟现实等技术，不仅能对记忆的原始素材进行溯源，也能让记忆保真并对其进行确认，这极大降低了虚假记忆对个体阐释与理解世界能力的侵蚀。其次，在元宇宙中，沉浸感与交互性的要求将身体置于意义之前，身体才是意义的核心。以身体作为元媒介，个体在元宇宙中通过"数字孪生体"能将我们带入原始的记忆语境中，从而提升交互性与体验性，以弥补大众媒介构建"假肢记忆"过程中身体的缺席。需要指出的是，元宇宙中的"假肢记忆"并不是伴随文化产品单向输出，而是在互联互通的基础上通过数字孪生纳入了个体的参与性、体验感，并由此积极塑造出一种构建"我们共同的记忆"的创造性。最后，"同理心"是"假肢记忆"的核心概念，它要求心理上和认知上的行动。同理心不仅仅是情绪上的感染和感同身受，也包含运用思维和价值判断去设身处地理解他者的处境，即便这种处境对于我们而言是完全陌生的。[①] 同理心要求个体设身处地在具体的语境中去参与对记忆文本的阐释，但对记忆文本的阐释还面临语言的门槛、文化的冲突以及个体阐释能力的差异等现实问题。元宇宙作为一种全新的未来媒介，具有马诺维奇口中的"跨码性"，它能将不同语境下的记忆文本转译成个体可理解的方式，并且能以化身参与的形式实现"感同身受"的常态化。

---

① 庄玮：《美国媒介记忆研究综述》，《外国语文》2017 年第 2 期，第 41—47 页。

四、结语:空间的生产——元宇宙与记忆的未来走向

斯蒂格勒认为,随着模拟技术与数字技术的发展,记忆的解码与编码功能被分配给了机器,地理中的人文要素开始与技术环境相关,由此创造了一个联合人工记忆环境,天然记忆与人工记忆呈现互补态势,只要是合作的、参与的,就能重新接通超个体化所必需的电路。[①] 元宇宙究竟是一个宇宙还是多个子宇宙,这无关紧要,但是元宇宙的搭建必然要求在互联互通的基础上展开合作,这必将使得具有交互性、共享性的中介性过程与体验越来越多地参与到构建联合人工记忆环境中,这与安娜·雷丁(Reading)所提出的全球记忆场域不谋而合。她认为数字媒体技术"与包括全球化在内的其他转变相结合,正在改变人类个体和集体的记忆实践"[②]。因此,她主张新媒体生态和全球化的记忆需要范式转变。[③]

笔者认为,元宇宙带来了转变的机遇,这种转变从空间开始并将在未来持续进行下去。作为联合人工记忆环境的空间是记忆的容器与基本维度,但是空间与记忆的关系并未受到过多关注,原因是我们并未跳出现实世界的本体论、价值论来认知记忆的功能与作用。在元宇宙发展方向下,空间维度被充分地强调,元宇宙通过创造虚拟空间,改写个体关于记忆的空间观念,既跨越记忆的传播与储存的地理边界,又再造全新的记忆空间,从而汇集不同世代、国族与身份的个体中被淹没的"记忆的微光"。也就是说,元宇宙的空间维度包括但不限于现实世界的映射与复现,还是其扩展和延伸;作为其结果,元宇宙通过对虚拟与现实关系的再造,可以帮助人类打破既有的社会性实践疆界,回应大众"强烈希望事物在空间上和人性上更为贴近"的要求,从而解构现实世界中的主流媒介记忆研究范式,带来元宇宙与记忆研究的"空间的生产"转变。

---

① [美]W. J. T.米歇尔、马克·B. N.汉森著,肖腊梅、胡晓华译:《媒介研究批评术语集》,南京大学出版社 2019 年,第 71—73 页。

② Reading, A.. "Memory and Digital Media: Six Dynamics of the Globital Memory Field". In M. Neiger, O. Meyers, & E. Zandberg (eds.), *On Media Memory*, London, England: Palgrave Macmillan, 2011,pp. 241—252.

③ 陈振华:《集体记忆研究的传播学取向》,《国际新闻界》2016 年第 4 期,第 109—126 页。

何为"空间的生产"？主流的媒介与记忆研究立足于现实世界,所形成的记忆不过是利用技术对现实世界进行的模拟与记录,最终作用于现实世界,学者雷丁所提出的"全球记忆场域"正是现实世界记忆共享与互动边界拓展的技术结果。元宇宙不仅能在现实上实现互联互通的发展远景,更为重要的是它将再造一个全新的人类记忆空间。并且当虚拟数字人发展成熟后,其所拥有的主体性成分让我们不得不思考记忆本身的空间问题:记忆实践的主要空间是现实世界还是元宇宙？抑或是其他？

"空间的生产"已在一些方面有所体现。一方面,人机协作的记忆生产成为常态,元宇宙将增强个体的记忆能力。目前已存在通过脑植入一种有类似"记忆假肢"功能的设备增强人类记忆力的方式,可使人在记忆能力测试中的表现提高 30%,这是技术增强个体记忆能力的结果。元宇宙可以高效而丰富地传输与记录身体,将个体身体与其行动实践有效记录、保存并随时调用,一切人类行动都经由数字孪生体数据化保存在元宇宙中,内向拓展了以物理身体为记忆意义的记忆存储空间,从而回应记忆建构立足当下、规训未来的要求。此外,个体与数字孪生体的记忆合作不仅能提升记忆外化与感知的效率,也能丰富虚拟与真实记忆的类型,从而强化元宇宙与人之间的关系。

另一方面,个体之间协作记忆生产常态化,拓展了记忆实践的地理边界。在"开放世界"的号召下,元宇宙构建出一种全新的记忆空间,身体的沉浸替代了视觉的观看,综合感官体验的重新配置释放了不同群体、不同国族与不同地域的个体的"记忆想象力"(mnemonic imagination),即与时间上或空间上遥远的他人"共同记住"的能力,并将这种二手经验的公共模式合成为对世界的共同理解。[1] 例如,欧盟较早地注意到共同记忆的功能,宣布将数字图书馆作为i2010战略的重要组成部分,形成了关于在数字领域促进欧洲记忆文化的政策叙事,促进了整个欧洲图书馆、博物馆、档案馆等记忆机构的创新合作和知识转移。[2] 在元宇宙中,人们也可以效仿此类做法,例如在元宇宙中建立记忆机

---

[1] Keightley E and Pickering M. *The Mnemonic Imagination: Remembering as Creative Practice*. New York: Palgrave McMillan, 2012.

[2] Stainforth E. "Collective Memory or the Right to be Forgotten? Cultures of Digital Memory and Forgetting in the European Union". *Memory Studies*, 2022, pp. 257—270.

构,以数字化、虚拟化的形式展示各国文化,个体便能突破时间与空间的限制,将自身的记忆关注点投向其他从未涉足过的地带,基于记忆而不是基于国族,是全球记忆场域中形成认同感的重要方式。

按照以上的论述,元宇宙将会成为记忆实践中"空间的生产"的实验场。元宇宙通过再造一个社会性的虚拟空间,将原本现实世界中"空间中的记忆生产"转变为"记忆空间的生产"。总之,"空间的生产"所体现的是未来元宇宙发展方向下记忆实践的方式,同时也是技术变迁中社会与文化层面的制度性后果。记忆研究只是元宇宙发展的一个很小的面向,更重要的是我们需要从当前对元宇宙的认识论逐步向元宇宙的本体论与价值论迈进,唯有如此,元宇宙的发展才能与人的发展相得益彰。这样,我们将获得一个全新的数字记忆时代。

（刘博,复旦大学新闻学院博士研究生;邓建国,复旦大学新闻学院教授、传播学系主任）

Will the metaverse change human memory practices?
——Exploring the intertwined fields of metaverse and memory research

Liu Bo   Deng Jianguo

Abstract: By treating the metaverse as a " Meta meta-media", we naturally build a bridge to the study of memory. Rather than sticking to the conceptual debate, we should turn our attention to the ontological and value-based exploration of the metaverse, and the integration of the metaverse with human memory practices is a powerful step forward. This paper focuses on the connection between the metaverse and memory, and explores how the metaverse can represent and influence the real world through virtual reality technology, thereby achieving its innovative diffusion. It argues that the metaverse has reshaped media forms and memory practices, with potential implications for theories of mediated memory such as "post-memory" and "prosthetic memory". In the future, the"production of space"will be an important entry point for the study of metaverse and memory.

Keywords: Meta-universe; "Meta meta-media"; virtual-type medium; "post-memory";"prosthetic memory"

警惕元宇宙里的真实伤害①

章含舟

摘要：无论技术如何迭代，人与人之间的伤害始终无法退出人们的视野，只会不断地以更新的媒介形式表征出来，此问题在数字时代尤甚。为了更好地理解元宇宙里的伤害现象，一方面，有必要解析"虚拟"行为产生"真实"伤害的具体机制；另一方面，把握虚拟伤害在元宇宙中呈现出的新特征，也即关联身心活动、关联具体事物以及关联现实权益。一言以蔽之，元宇宙并非为所欲为之地，我们唯有认真对待元宇宙里的真实伤害，并承担起相应责任，方能指引元宇宙走向正途。

关键词：元宇宙；化身；虚拟伤害；虚拟现实；物联；区块链

2021年，知名游戏公司罗布乐思（Roblox）登陆纽约交易所，其在招股说

① 本文系中国博士后科学基金面上资助项目"基于关怀式道德教育的儿童哲学研究"（项目号：2021M691841）、国家社会科学基金一般项目"斯洛特情感主义伦理思想研究"（项目号：22BZX096）、北京市教育科学规划项目"数智时代理工院校的人工智能伦理教育现状及推进路径研究"（项目号：CHCA22151）的研究成果。

明书中明确地用"元宇宙"(mateverse)概念来定位自己。此事件像是开启了魔盒一般,让元宇宙这个之前只是在科幻界和游戏圈里较有名气的概念彻底出圈,成为几乎所有领域都议论纷纷的话题。相应地,大众对元宇宙的态度也呈现两极化趋势:支持者大力鼓吹元宇宙是人类文明的未来,反对者则认为这又是一场充满泡沫的骗局。应当注意到,无论元宇宙是好是坏,其兴起与发展已然是一个既成事实。既然如此,我们也不得不开始思索:元宇宙往何处发展才能把人类引向一个更好的未来? 其中,最值得我们商议的话题之一,莫过于元宇宙里的伤害现象。

一、数字时代的隐忧:虚拟世界里的伤害

尽管"元宇宙"并不完全等同于"虚拟世界",但两者之间存在着亲缘性,所以我们不妨先从虚拟空间里的伤害事件谈起。事实上,虚拟空间里的伤害并不罕见。早在 1993 年,LambdaMOO 虚拟在线社区中就发生了一起互联网"强奸"案。该线上社区由施乐帕洛阿尔托研究中心(Xerox PARC)的柯蒂斯(Pavel Curtis)于 1990—1991 年间创设。就类型而言,LambdaMOO 脱胎于MUD(Multi-User Dungeon)游戏,即以文字描述为基础,在结合角色扮演、玩家对战、互动小说及在线聊天等功能的基础上,玩家通过输入自然文字与行动指令的方式,与游戏社区里的 NPC(non-player character 的缩写,即非玩家角色)或其他在线玩家进行互动。

也许会有人好奇,以文字为基调的平台也能实施强奸? 记者迪贝尔(Julian Dibbell)在文章《赛博空间里的强奸》(A Rape in Cyberspace)中记录了此次事件:一名网名为"邦格先生"(Mr. Bungle)的玩家在 LambdaMOO 里使用了能够让其他玩家失去行动能力的巫毒娃娃程序,进而通过文字对另外两位女性玩家(注册身份为女,名字分别是 Moondreamer 和 Exu)所操控的游戏化身实施了性侵犯,并迫使她们阅读"用牛排刀插自己屁股"之类带有性羞辱成分的文字。随后,玩家 Exu 在讨论 LambdaMOO 游戏重要事项的"社会事务"论坛上发布了公开声明,声讨玩家邦格先生的暴行。事件发生数月之后,玩家 Exu 向记者迪贝尔坦言,自己在写檄文时流了眼泪,这似乎昭示着此次事

件"是一个现实生活中的事实,足以证明文字背后的情感内容不是一场虚构"①。经过社区成员和专家们的辩论,社区最终对玩家邦格先生予以了相应的惩罚。

文字类型的 MUD 游戏尚且如此,当我们步入网络游戏的图像化时代后,虚拟性骚扰、虚拟强奸更是屡见不鲜。2007 年,两家比利时媒体(*De Morgen* 与 *Het Laatste Nieuws*)曾报道布鲁塞尔警方正在着手调查一起公民对在《第二人生》(*Second Life*,一款主打虚拟体验的网络游戏)中遭遇强奸的指控。② VR 技术大热的 2016 年,女性玩家贝拉米尔(Jordan Belamire)于社交媒体上曝出其在 VR 游戏 *Qui Vr* 上被性骚扰的经历,她表示"震惊与恶心"。③ 去年,在主打元宇宙业务的 Meta 公司(前身为 Facebook)旗下的游戏《地平线世界》(*Horizon Worlds*)里,也发生了虚拟强奸事件,受害人帕特尔(Nina Jane Patel)写道:

> 说一则我近期在 Facebook/Meta 旗下 Venues 平台上被性骚扰的经历。进入游戏的 60 秒内,我受到了来自语言方面和性方面的骚扰,3—4 位有着男性声音的男性化身,虚拟而又实质地轮奸了我的化身并进行了拍摄。当我试图逃离时,他们冲我喊道,"别假装你不喜欢这样"以及"去把照片上的你擦干净吧"。这场可怕的经历来得如此突然,以至于我甚至都没能打开游戏中的安全屏障。我愣在原地。这是超现实的,这是一场梦魇。④

综合上述材料,我们不难提炼出数字时代下虚拟伤害的三个趋势:首先,

---

① Julian Dibbell. "A Rape in Cyberspace". *My Tiny Life: Crime and Passion in a Virtual World*. Henry Holt and Company, 1998, p. 15.

② Regina Lynn. "Virtual Rape Is Traumatic, But Is It a Crime?" 2007－05－04, https://www.wired.com/2007/05/sexdrive－0504/.

③ Sara Ashley O'Brien. "She's Been Sexually Assaulted 3 Times—Once in Virtual Reality". 2016－10－26, https://money.cnn.com/2016/10/24/technology/virtual-reality-sexual-assault/index.html.

④ Nina Jane Patel. "Reality or Fiction?". 2021－12－21, https://medium.com/kabuni/fiction－vs－non－fiction－98aa0098f3b0.

无论技术如何迭代、规则如何改进，虚拟伤害始终不会退出我们的视线。伤害行为只是不断地以更加新型的媒介形式再次出现。其次，随着数字技术日益步入大众生活，虚拟伤害的形式也更加多元。从早年 MUD 游戏里的抽象文字，到《第二人生》、*Qui Vr* 的动态影像，再至如今《地平线世界》等游戏里的立体交互感官体验。实施虚拟伤害的手段越来越多，伤害带来的侵犯感受也愈发逼真和强烈。最后，虚拟伤害虽发生于数字空间，但造成的伤害体验却是真实的。伤害既关涉被侵犯时的真切感受，亦体现于事件发生后的心理创伤。受害人每每回忆起来，都会感到不安抑或羞耻（正如上文中玩家 Exu 的口述那般）。无疑，虚拟世界里的伤害已经成为数字时代必须要面对的问题。

二、伤害机制："虚拟"行动何以带来"真实"伤害

不过，每当我们反思虚拟伤害时，总会冒出一些"劝人大度"的不和谐声音："拜托，不过是一场游戏而已，别太当真。"这些漫不经心的劝诫乍看之下冠冕堂皇，以致不少受害者开始思忖自己是否过于敏感，抑或太把游戏当回事。克洛斯（Katherine Cross）敏锐地指出，对虚拟伤害不屑一顾的态度恰恰构成了"游戏文化的非道德基础"。[①] 然而，虚拟空间并非道德真空之域，虚拟伤害亦不是虚妄，我们有必要认真对待那些真切的创伤体验。这一切都要求我们必须形成如下问题意识："虚拟"行动何以带来"真实"伤害？

（一）个体认同机制

在众多解析虚拟伤害的研究方案中，鲍尔斯（Thomas M. Powers）的"现实的因果原则"（causal principle of reality）最为经典。在他看来，"真实的原因即会产生真实的效果，反之亦然"[②]，即使 LambdaMOO 只是一款 MUD 文字类游戏。

为此，鲍尔斯援引了言语行为理论。根据言语行为理论，除了陈述事实或

[①]　Katherine Cross. "Ethics for Cyborgs: On Real Harassment in an 'Unreal' Place". *Loading: The Journal of the Canadian Game Studies Association*, 2014, 8(13), p. 7.

[②]　Thomas M. Powers. "Real Wrongs in Virtual Communities". *Ethics and Information Technology*, 2003, 5, p. 192.

传递信息的描述句,在日常语用情境里面,"说话即是做事"。当我向他人表示,"我答应你,明天9点一定到场"时,我不仅是在给出自己的行程安排,更是在表达一个具体承诺,其背后有着特定的言语力量(illocutionary force),关联着现实效果,产生着实际影响。例如,当朋友听闻我的来访承诺之后,会在明天9点之前做好待客准备;相应地,如果我爽约了,则会失信于人,进而影响到我未来的声誉。虚拟世界里的言语亦有着相应的语言力量。玩家邦格先生通过巫毒娃娃、污言秽语的方式,在游戏空间中向受害者完整地传递了伤害意图,造成了不良的事件后果(受害人被迫接受其言语层面的性侵犯和性侮辱)。受害人所感受到的,也不仅仅是文字信息,更是内容背后所渗透出的恶意、恐吓与威胁。这些语词之外的隐形压力无疑让人惶恐不安。

也许有人会接着反驳:玩家邦格先生侵犯的只是 LambdaMOO 里的游戏"化身"(avatr),并不触及玩家"真身",玩家为何要急着对号入座呢?为此,鲍尔斯区分了 LambdaMOO 社区里的两类言语行为:一是"及物型施事言语行为"(transitive performance speech act)。此类言语行为是"他人指向"的,关联着虚拟世界里的其他玩家或成员。行动主体通过及物型施事言语行为来传达交流、挑战、玩笑、友善等各类意图,从而与自己以外的行动主体产生互动。二是"反身型施事言语行为"(reflexive performance speech act)。此为行动主体对自己数字化身的性别、气质、品位和人格等因素所做出的设定和调整,进而遵循上述要素来进行带有特定意图的自由行动。由于这类言语行为是"自我指向"的,所以行动主体大多会在心理层面把自己与化身做一个绑定,形成相关的认同。于是,任何对化身产生影响的虚拟行动都会作用于玩家自身。鲍尔斯认为,通过上述两种言语行为,玩家们在 LambdaMOO 中积极地用话语与他人互动,并在其中构建起了自己的身份认同;相应地,虚拟世界里的行动也就愈发具备实在属性,带有现实意义。

需要说明的是,鲍尔斯提出"现实的因果原则"的时间节点为 20 世纪与 21 世纪交替之际。虽然彼时的人们已经开启了互联网时代,并出现了多人在线游戏,但图像技术仍不算成熟。而如今,越来越具象化的特效渲染以及流畅的声画互动,使各类游戏中的行为与化身成为沃芬戴尔(Jessica Wolfendale)口中的"准物理"（quasi-physical）存在①，更容易让人形成逼真的亲密感和在场性。在不断地选择、行动、创造与交往的活动中，玩家更容易对化身产生依恋（attachment）情绪。在此过程中，化身成为玩家的一部分，不仅在社会与心理层面与玩家有着不可分割的意义，更在和其他玩家互动中创造出了带有共同价值观的拟真社区。如果在日常生活中，人们会对他人、财产、物品或文化产生依恋之感（比如父母牵挂孩子，音乐发烧友热衷于收集唱片），并将之视为自然之举，那么我们又有什么理由去拒斥人类对数字化身所形成的依恋呢？

（二）人际规则机制

虽然我们论证了虚拟伤害如何作用于现实玩家的化身，但依然存在解释空缺之处。众所周知，电子游戏带有对抗性，在游戏中纳入击打、杀戮等暴力成分也是相对常见之事。但为什么我们能够接受游戏里的打打杀杀，却难以包容虚拟强奸呢？谁来断定哪些举动是"常规操作"，哪些行为则为"真实伤害"呢？目前，学界普遍接受的一个共识是：区分虚拟行动合规与否的标准，在于游戏公司（包括运营商、发行商或代理商等）提供的具体代码（一般通过游戏规则的形式加以呈现）和 EULA 协议（End User Licence Agreement 的首字母缩写，即"最终用户许可协议"）。

卡斯特诺瓦（Edward Castronova）较早地指出，电子游戏吸引人之处，在于它创造出了一个有别于现实世界的"独立游玩空间"，现实世界的经济、法律与政府的惯用规则均无法直接适用于其中。② 换言之，只要游戏操作技能出色，在现实中一事无成的待业青年，依然可以成为游戏中的意见领袖，指挥那些现实身份显赫但游戏技术不佳的玩家。游戏之所以能够临时地中断现实世界的价值体系，在于一方面，游戏公司用游戏代码和游戏规则创设出了一个独

---

① Jessica Wolfendale. "My Avatar, My Self: Virtual Harm and Attachment". *Ethics and Information Technology*, 2007, 9, p. 114.

② 当然，卡斯特诺瓦并未承诺独立游玩空间的"彻底封闭性"。事实上，卡斯特诺瓦也强调虚拟世界与现实世界存在关联，只不过在进行游戏活动时，玩家相对而言更加沉浸于虚拟世界（尤其是当虚拟世界被 EULA 协议所限定的时候），不用顾忌过多的现实羁绊。具体可见 Edward Castronova. "The Right to Play". In Jack Balkin, Beth Simone Noveck（eds.），*The State of Play: Law, Games, and Virtual Worlds*. New York University Press, p. 74。与此同时，关于游戏（虚拟世界）与现实的更多讨论，可以参见笔者的论文《游戏现实主义的多副面孔》，《中国图书评论》，2022 年第 9 期，第 7—19 页。

立系统，里面的各式规则和要素有条不紊地运行着，俨然一个自洽的小世界；另一方面，游戏公司用 EULA 协议来约束使用者的权利与义务，白纸黑字地明确了什么事情可以做，什么事情不能做，玩家唯有接受了 EULA 协议的相关内容，才有资格进入游戏，换言之，玩家在开启游玩活动之前，已经签署了一份具有法律效力的契约。无疑，EULA 协议的订立在一定程度上确认了游戏规则系统的有效性。

进一步地，游戏规则和 EULA 协议带来了史宾斯（Edward H. Spence）口中的"世界空间的不透明性"（the opacity of world space）[①]。玩家依据虚拟世界中的情境、对象、规则和化身而采取行动，至于现实世界中的诸多事物，包括操纵化身的幕后真身、日常生活中的寻常价值规范等，则均为虚拟空间的不透明性所遮蔽，进而退居次位。就像许多时候，游戏玩家们会在游戏中成为亲密无间的队友，抑或结为夫妻，可一旦线下"奔现"之后就会发现彼此之间根本相处不来，甚至夫妻二人也都未必互为异性。所以不难得出结论：判定行为是"常规操作"还是"真实伤害"的标尺，由游戏规则和 EULA 协议来划定，并且通过协议所衍生出的世界空间的不透明性来加以保证。

既然如此，我们便可以把虚拟伤害问题转换成"玩家是否恪守了游戏规则与 EULA 协议"。在不少游戏中，诸如盗窃、击杀等虚拟犯罪行为是游戏的构成条件，为协议所承认（甚至是游戏中鼓励的要素，比如偷盗特定宝物以达成任务，实现多少击杀来取得胜利等），只要签订协议的玩家遵守相应的游戏规则，实施此类虚拟伤害并无大碍，反而会彰显游戏的趣味性。但是，除非是色情或犯罪类游戏（此类游戏也基本上不占据主流地位），绝大部分游戏并不会在规则和协议之中纳入侮辱和强奸行为。如果有玩家对其他人做出了规则与协议以外的伤害行为，那么尽管该行为发生于虚拟空间，我们依然可以将之视为褫夺了其他玩家/化身的自由与福祉，是一种贬损他人/化身尊严、真实权益的行径。当然，规则和协议毕竟是人为设立的，存在着一定滞后性，所以有时候虚拟伤害也会发生于这些限制尚未规定到的空白处。相应地，游戏公司会

[①]　Edward H. Spence. "Meta Ethics for the Metaverse: The Ethics of Virtual Worlds". In A. Briggle et al. (eds.), *Current Issues in Computing and Philosophy*. IOS Press, 2008, p. 9.

通过补丁、版本更新和变更服务条款来修缮系统中的 BUG 或其他游戏机制缺陷，从而避免虚拟伤害的发生。

通过分析，我们认识到虚拟行为之所以会输出真实伤害，源于个人认同机制（言语行为与化身认同）和人际规则机制（游戏规则与 EULA 协议）的协同运作。不过应当注意，此处的虚拟伤害更多是针对以游戏为代表的虚拟世界，即一个相对平行于现实世界的数字系统。但是虚拟世界无法覆盖元宇宙的全貌，元宇宙中还存在着大量虚拟与现实交织叠加的"中间状态"，于是相应地，虚拟伤害也会进一步从虚拟空间拓展至虚实交互、虚实共生的领域，呈现出别样的属性。

三、在虚实共生之间：元宇宙伤害的三重独特性

此处有必要厘清我们口中的"元宇宙"究竟意指为何？事实上，元宇宙不是一个新词，早在 20 世纪 90 年代，科幻作家史蒂芬森（Neal Stephenson）就畅想了一个由计算机生成的、玩家借助穿戴设备进入的沉浸式体验空间，小说将之命名为"元宇宙"。虽然不少学者将此类游戏世界/VR 世界/虚拟世界直接等同于元宇宙，[1]但如果这样的话，我们既无法说明为什么元宇宙在早年间仅流行于科幻、游戏圈，也难以解释为什么 VR 大火的 2016 年只被称为"VR 元年"，而直到 2021 年才出现"元宇宙元年"的说法。换言之，元宇宙为何偏偏在 2021 年这个时间节点大行其道？

笔者认为，元宇宙流行于当前的契机主要有两个。一方面，元宇宙的六大基础设施（通信技术、算力技术、交互技术、物联技术、人工智能技术和区块链技术）日渐成熟，并且在近年来呈现出协同发展的趋势。如今，通信技术在高速率、低延时和大容量等参数上不断地刷新着纪录，使数据得以高效传输、流

---

① 例如，史宾斯在 2008 年和 2012 年撰写过两篇行文立意、论证结构颇为类似的论文，在其中，史宾斯几乎是在同等意义上混用"元宇宙"和"虚拟世界"的。具体可见 Edward H. Spence "Meta Ethics for the Metaverse: The Ethics of Virtual Worlds". In A. Briggle et al. (eds.), *Current Issues in Computing and Philosophy*. IOS Press, 2008, pp. 3—12; Edward H. Spence. "Virtual Rape, Real Dignity: Meta-Ethics for Virtual Worlds". In J. R. Sageng et al. (eds.), *The Philosophy of Computer Games*. Springer, 2012, pp. 125—142.

转;在此基础上,算力技术的突破极大地改善了数据处理和分析能力,保证了数据输入之后能够获得可靠的输出结果,这一点在罗布乐思的招股说明书中亦有着明确的体现;[①]于是,高度依赖数据传输和计算的交互技术开始将研发重心投入营造逼真知觉体验和具体情境氛围上,使人更容易沉浸于数字世界;不过,数字世界并不局限于线上,亦可作用于线下,而联结线上线下的关键则是近二十年来兴起的物联(Internet of things)技术,它让人和物之间的互通互动成为可能;与此同时,人工智能技术的蓬勃生长改造了我们操控的对象/事物,使相关设备更加智能,更为贴合人类需求;最后,区块链技术的出现为上述技术成果赋予了价值维度,人类经济行为在可信的数字世界里面得到了认证与确权。不难发现,除了虚拟世界,虚拟和现实交互共生的中间地带(交互、物联、人工智能和区块链)同样是元宇宙的用武之地,同时也正是这些领域的携手并进,让我们窥见了未来世界的端倪。

另一方面,越来越多的民众开始主动拥抱数字世界,逐渐接受了"用户生成内容"UGC 模式(User Generated Content)。大量自发生产的内容覆盖了日常衣食住行的方方面面,成为寻常百姓的基本生存状态,大家更愿意将自己的时间、精力和金钱灌注其中。如果说,早年带有娱乐性质的"游戏化身"是走进虚拟世界的身份标志,那么如今各类生活化应用的"用户账号"也成了元宇宙的入场券。在这个意义上,元宇宙俨然成了我们这个时代的新世界观。[②]

不过元宇宙世界观的诞生亦是把双刃剑。虚实共生越是紧密,就越有可能带来之前不曾出现过的新型伤害。就现有情况来看,元宇宙里的真实伤害存在着如下三重独特性:

其一,关联身心活动。请注意,笔者在此处强调的是"身心活动",而非之前虚拟强奸中的"心理感受"。LambdaMOO 里的受害人固然值得我们同情,但不得不承认,其伤害更多是在心理层面展开,而非作用于真实肉身,因而虚

---

① 罗布乐思的招股说明书中如是写道:"有些人把我们的类别称为元宇宙,该术语通常用于描述虚拟世界中持久而又共享化的 3D 虚拟空间。未来学家和科幻作家已经围绕元宇宙观念写了 30 余年。随着越来越强大的消费计算设备、云计算以及高带宽互联网连接的出现,元宇宙的概念正在逐步实现。"

② 关于元宇宙世界观,笔者在如下媒体文中有所论述,具体可见《元宇宙的生活是否值得过? 我们该怎么活? —— 元宇宙的哲学世界观思考》,《探索与争鸣》公众号,2021 年 11 月 27 日。

拟伤害的影响大小将取决于受害者的想象能力。然而,正如两位隆巴尔迪(Julian Lombardi 与 Marilyn Lombardi)所指出的,有别于传统虚拟空间,元宇宙更加侧重于"增强的可视化"(enhanced visualization)和"语境化的共现"(contextualized copresence)。① 如今 VR、AR 和 XR 技术频频更新换代,为我们带来了更为生动形象的感官体验,甚至拟真感受还可以从"可视"拓展至"可感",近年来以压力传感为代表的触觉反馈便是一例。此外,置身元宇宙的成员们积极地构建、维护和发展着可感可视的虚拟空间,在长期的行动和交往中,逐渐对这个高度语境化了的、共同承诺的意义世界形成价值认同。此时一旦发生虚拟伤害,触动的就不再只是个体的心情思绪,而是其整个身心感受和行为活动,对受害者的影响不可谓不大。

其二,关联具体事物。元宇宙的物联技术在为人类带来便利体验的同时,亦为新型的虚拟伤害埋下隐患。一方面,用户未必能始终掌控物联设备。当前不少元宇宙场景都支持多平台登录,电脑、手机、平板、主机或 VR 都可以凭借同一个账号身份来操控设备。然而一旦发生盗号事件,不仅彼此关联的操作设备容易"集体中招",还会直接影响正在连接中的其他智能设备。试想别有用心之人突然让自动驾驶中的汽车偏航,抑或破解、篡改他人家中的智能门禁系统,这将是怎样一番令人绝望的场景。另一方面,用户失去对自身信息的控制。以隐私泄露为例,在使用物联设备时,使用者会产生大量与个人身体、行动相关的隐私数据(运动手环里的身体数值、购物软件中的消费习惯等),而这些信息极可能在没有征得用户同意的情况下,被设备厂商或运营商转卖给第三方,给用户带来无穷无尽的麻烦(骚扰电话、垃圾广告推送等)。物联技术是为了让人类更好地掌控物,然而基于物联的虚拟伤害反而会使我们失去对物,甚至对我们自身信息的控制。

其三,关联现实权益。目前,元宇宙中已经产生了大量经济往来,不少人通过数字劳动生产出了相应的虚拟货品和服务。尽管区块链为我们带来了相对安全、可信的交易模式,可元宇宙中的交易依然存在着各式各样的风险,无

---

① 　Julian Lombardi, Marilyn Lombardi. "Opening the Metaverse". In William Sims Bainbridge (ed.), *Online Worlds: Convergence of the Real and the Virtual*. London: Springer, 2010, p. 114.

论是算法层面的哈希碰撞、（未来将会成熟和民用化的）量子计算，还是共识协议维度的双花攻击（double spend attack）、自私挖矿，抑或智能合约领域里层出不穷的漏洞，都有可能直接侵犯到我们数字钱包里的资产。除了技术本身的风险，元宇宙的经济伤害亦频发于现行规则的盲区，例如未经允许就私自将他人线下的数字作品上传至区块链，生成 NFT 艺术作品然后用以牟利等。①

如果我们承认了元宇宙的合法地位，那么潜在于元宇宙中的新型虚拟伤害就有可能在身心活动、具体实物和现实权益这三重维度上，带给使用者全方位的侵犯。并且相较于早年的数字伤害，元宇宙中的伤害将更为系统、更加牵一发而动全身。特别让人感到后背发凉的是，许多元宇宙伤害会以隐蔽的方式潜伏于人们身边，受害者对此浑然不知，直至伤害现形、造成巨大损失的那一刻。

四、未雨绸缪：承担真实责任

行文至此，我们业已分析了虚拟行动怎样作用于现实，进而带来真实伤害，以及在元宇宙时代下，虚拟伤害所呈现出的新样貌。笔者认为，在元宇宙世界观刚刚萌发的当下，树立未雨绸缪的意识、承担起元宇宙生活的真实责任，不失为一个有效起点。

就个体而言，我们应当明白元宇宙中的"行动"究竟意味着什么，尤其是在使用数字化身（各类应用软件的用户账号）之前，大家要敏感于软件的条文规则，以及 EULA 协议中的核心条款，知悉自己所持有的权利，明确身上肩负的义务。切忌盲目地直接勾选协议中的"同意"选项，因为很有可能恰是这次盲目授权，让人身、器物和财产方面的真实伤害接踵而至。

与此同时，我们亦负有共同建设元宇宙世界的责任。在元宇宙中生活时，不任意施加未被 EULA 协议允许的伤害，不去冒犯他人及其化身的自由和福祉。这里尤其有必要提醒元宇宙里的从业者们：在生产内容方面，不能打着

① 笔者曾在一文中分析过"非官方"（unofficial）发售 NFT 作品的情形，以及其衍生出的艺术伦理争议，这种形式的伤害在元宇宙中颇为普遍。具体可见笔者文章《NFT 生成艺术品及其衍生的艺术伦理争议——以泰勒·霍布斯的创作为例》，《上海文化》2022 年第 8 期，第 83—89 页。

"网络皆为虚拟，别太当真"的口号来规避自身应尽的义务；在创建数字架构、设立规则，以及提供 EULA 协议方面，从业者们亦须谨小慎微，对可预见后果有所警惕，并使之清晰化、明文化。甚至在某些场景中，设立的规则要比现实交往更加严格，因为元宇宙活动大多通过化身进行，我们难以推断化身背后的真实意图，只能提前做好防范和干预。①

综上所述，元宇宙并非为所欲为之地，我们唯有认真对待元宇宙里的真实伤害，并承担起相应责任，方能指引元宇宙走向正途。

（章含舟，哲学博士，清华大学哲学系助理研究员）

Being Alert to the Real Harms in the Metaverse

Zhang Hanzhou

Abstract：No matter how technology develops, harm between people can never be out of sight and will be constantly presented in new mediums. This issue is particularly urgent to us in the digital age. In order to better understand the phenomena of harm in the metaverse, on the one hand, it is necessary to analyze the specific mechanism of how "virtual" actions produce "real" harms; On the other hand, grasp the new features of virtual harms in the metaverse, namely, the connection of physical and mental activities, of specific objects and things, and of real rights and interests. To put it in a nutshell, the metaverse is not a place where we can do whatever we want. We can only guide the metaverse in the right way if we seriously treat the real harms in the metaverse and undertake the corresponding responsibilities.

Keywords： Metaverse；Avatar；Virtual Harm；Virtual Reality；Internet of Things；Block Chain

---

① Chuck Huff, Deborah G. Johnson, Keith Mille. "Virtual Harms and Real Responsibility". *IEEE Technology and Society Magazine*. 2003, 22(2), pp. 17—18.

从《黑客帝国》到"元宇宙"：
基于虚实共生的媒介融合研究①

董树宝

摘要：从《黑客帝国》到"元宇宙"，VR、AR、MR等扩展现实技术改变了虚拟与现实的关系，虚拟真实逐渐被接受为一种与物理现实一样的存在形态。虚拟世界与现实世界的互动、融合与共生是"元宇宙"得以形成的关键要素，虚拟世界会形成一套自主运行、自行指涉的运行系统，且与现实世界并行不悖、持续交互，并对现实世界产生直接或间接作用。各种数字技术的深度融合促使"元宇宙"营造高度沉浸式的、强交互性的虚拟空间，在虚拟世界与现实世界、虚拟影像与现实影像之间形成持续交互的、自创生性的、过程性的动态装配。"元宇宙"促进媒介基于虚实共生实现深度融合，力图最大化地提升眼、耳、鼻、舌、身、意的感知能力和认知水平，实现麦克卢汉意义上的人的感官延伸与神经系统延伸，并将会在互联网的演化中加速人类重返部落化和深度媒介化的进程。

---

① 本文系国家社科基金项目"德勒兹与加塔利生命诗学研究"（项目号：21BWW012）的阶段性成果。

关键词："元宇宙"；虚拟真实；虚实共生；媒介融合

　　在当前元宇宙多声部的大合唱中，虚拟现实技术（Virtual Reality，简称VR）无疑是"主唱"。无论是在《雪崩》等科幻小说、《黑客帝国》《头号玩家》等科幻电影中，还是在元宇宙技术叙事中，VR与增强现实技术（Augmented Reality，简称AR）、混合现实技术（Mixed Reality，简称MR）等扩展现实技术（Extended Reality，简称XR）都成为"元宇宙"得以实现的技术关键，也是"元宇宙"促使文字、声音与影像等媒介实现高度融合的技术关键。"元宇宙"概念滥觞于新冠大流行时期，新冠肺炎疫情致使世界格局与媒介演变发生深刻变革，对人类社会产生了深远影响。一方面，人们对深受新冠肺炎疫情影响的现实世界感到悲观失望，渴望回归新冠肺炎疫情之前的现实世界，然而新冠肺炎疫情改变了人类演化的路径，回归过去已然不可能；另一方面，人类开始渴望"创造新现实"，以摆脱新冠肺炎疫情造成的情感创伤和心理阴影，Roblox、Facebook、腾讯等公司趁机以"元宇宙"为名推进VR、AR、MR等扩展现实技术的变革与发展，促使"虚拟真实"（Virtual Reality）[①]成为现实，对人们的社交、工作、娱乐与日常生活产生广泛影响。尽管目前学界对"元宇宙"毁誉不一，但我们不可忽视各大厂商以"元宇宙"为名追逐的扩展现实技术的急剧发展，应该重新审视"元宇宙"视域下的虚拟真实与媒介融合，从理论上给出相应的分析与解释，以便于我们更好地认识和把握"元宇宙"。

一

　　在"元宇宙"的叙事谱系中，世纪之交风靡全球的科幻电影《黑客帝国》三部曲（*The Matrix*，1999—2003年）被追溯为"元宇宙"的启蒙者与引领者，而诞生于"元宇宙元年"（2021年）的全新续集《黑客帝国：矩阵重启》尽管票房收入惨淡，但对于当前"元宇宙"的想象与建构也别有一番意义。在《黑客帝国》

---

　　①　Virtual Reality译作"虚拟真实"或"虚拟现实"，在技术层面上通常译作"虚拟现实技术"。随着"元宇宙"兴起，钱学森先生的"灵境"译法重新被提及，"神似"有余，但"形似"不足。

三部曲中，人工智能、脑机接口、万物互联等元素成为"元宇宙"的核心组成部分，电子人、数字人、虚拟人也成为"元宇宙"有关数字化身的重要概念，0 与 1 的满屏代码背后亦隐藏着人与机器的交互、虚拟世界与真实世界的转换，由此引发的全新体验和深刻思考似乎已经预示着"元宇宙"的宏大未来与壮丽景观。电影背景设置为人工智能高度发达的 22 世纪，机器人演化出自我意识，击败人类、统治地球，构建出一个叫 Matrix（"矩阵"）的电脑系统，人类肉体被囚禁在一个个类似胶囊的维生装置中，被迫成为所谓"电池人"提供生物能量。每个"电池人"的脑后都有个插口，通过电缆连接着虚拟的 Matrix，后者通过向人脑输入电子信号作用于人的神经系统，让每个"电池人"都误以为自己生活在真实世界中。这种场景很容易让人联想到美国哲学家希拉里·普特南在 1981 年出版的《理性、真理和历史》（*Reason, Truth and History*）中提出的思想实验——"缸中之脑"（Brain in a Vat）：假设一个人（可以假设是你自己）被邪恶的科学家从身体中截取大脑，放入一个盛有营养液、可使大脑存活的缸中，神经末梢与一台超级计算机相连接，这台计算机会向大脑传递电子信号，让大脑的主人保持着一切如常的幻觉。① 这个著名的思想实验可以类比庄周梦蝶、印度教的"摩耶"、柏拉图的"洞穴隐喻"、笛卡尔的"恶魔"等，它提出的最基本的问题是："你怎么知道你现在不处在这种困境之中？"大脑所体验到的"真实"也只是计算机通过程序制造的虚拟真实，那么"缸中之脑"的主人是否能意识到自己生活在虚拟真实之中，是否能破除这种介于虚拟与真实之间的困境？ 在元宇宙的语境下，这个问题可改写为："你怎么知道你现在不处在虚拟真实之中？"

　　《黑客帝国》三部曲对这一思想实验予以形象化的阐述，主人公尼奥（Neo）也是一个类似于"缸中之脑"实验对象的"电池人"，他在摆脱 Matrix 之前也对这种计算机模拟信号信以为真，也总是在半梦半醒之间分不清真实与虚幻。在尼奥被从 Matrix 系统中解救出来之后，人类反抗者墨菲斯（Morpheus）让他进行选择：要么选择吃蓝药丸，继续过此前在 Matrix 中亦真亦幻的日子；要么

---

① ［美］希拉里·普特南著，童世骏、李光程译：《理性、真理与历史》，上海译文出版社 2015 年，第 6—9 页。

选择吃红药丸,参与反抗 Matrix 的斗争,追求真实的生活。尼奥最终选择吃红药丸,与墨菲斯、崔妮蒂一起勇敢反抗 Matrix,认清了真实的自我。尼奥无疑是柏拉图洞穴隐喻中离开洞穴的人,他最终选择了吃红药丸,这也意味着他选择回到类似洞穴的 Matrix,拯救自己的同胞。然而,尼奥毕竟是少数者,芸芸众生更像人类的叛徒赛弗(Cypher),他愿意与 Matrix 合作剿灭人类,他也不愿意区分"虚拟的牛排"与"真实的牛排",他喜欢过安稳而幸福、醉生梦死的日子。不仅如此,墨菲斯也对"真实"质疑:"什么是真实? 你如何定义真实?如果你正谈论你能感觉到的、你能闻到的、你能品尝和看见的,那么'真实'只不过是被你的大脑解释的电子信号而已。"笛卡尔在《第一哲学沉思集》中提出过这样的质疑,质疑感官呈现给我们的一切是否是真实的,我们该如何区分梦境与现实。"直到现在,凡是我当作最真实、最可靠而接受过来的东西,我都是从感官或通过感官得来的。不过,我有时觉得这些感官是骗人的;为了小心谨慎起见,对于一经骗过我们的东西就决不完全加以信任。"①尼奥最初也经历过这种困境,他陷入"真实的荒漠"②,难以区分真实世界与 Matrix 的虚拟世界之间的界限,也很难确认自己究竟生活在哪个世界中。在这一点上,"元宇宙"虽类似于 Matrix,但有所差异,"元宇宙"并不会抹除真实与虚拟的差异,也不会消除现实世界,人可在虚拟与真实之间进行自由选择。正如尼奥可以在蓝药丸与红药丸之间进行选择那样,人也可以选择是否就像 Matrix 中插在人脑后面的线那样戴上 VR 目镜或戴上耳机、穿上体感制服来进入"元宇宙"。《黑客帝国》《异次元骇客》等科幻电影和《第二人生》(Second Life)等电子游戏可视作虚拟真实的早期媒介案例,尤其是《第二人生》一度被视作"元宇宙"的成功范例。但《第二人生》不仅仅能满足游戏的目的,还具有独特的社交功能,人们可以建立虚拟社区、结交朋友,可以购物、娱乐,甚至可以卖货赚钱。《第二人生》尚不是沉浸式的虚拟世界,因为它仍停留在二维屏幕上的虚拟世界,与"元宇宙"还存在着很大差距,但它是通往"元宇宙"的重要中转站。不过《第二人生》却引发了深度思考:它所营造的虚拟空间是虚假的、逃避现实的选择吗?

---

① [法]笛卡尔著,庞景仁译:《第一哲学沉思集》,商务印书馆 2017 年,第 17 页。

② Slavoj Žižek. *The Matrix: Or, The Two Sides of Perversion.* William Irwin (ed.), *The Matrix and Philosophy Welcome to the Desert of the Real*, Chicago: Open Court, 2002, p. 246.

玩家对此未必认可，他们有可能认为"第二人生"是他们人生的重要组成部分，是他们现实生活的一部分。

　　"元宇宙"保留着虚拟与真实之间的差异，人们可以在两者之间进行自由选择。在"元宇宙"（Metaverse）作为概念第一次出现于科幻小说《雪崩》（*Snow Crash*）中，尼尔·斯蒂芬森（Neal Stephenson）以其天马行空的神奇想象，竟然在互联网还极其粗放的发展初期将历史、神话、语言学、生物学、未来学与数字技术熔为一炉，描绘了一个荒诞不经但又貌似真实的虚拟空间，构建了一个与现实世界平行的、基于数字技术的虚拟世界。主人公阿弘（Hiro）进入的"元宇宙""悬在阿弘的双眼和他所看到的现实世界之间"①，既不是今天所说的屏幕之后的虚拟世界，也不是传统意义上人心灵之中的想象世界，而是可自由进出的、与现实世界保持密切关联的虚拟空间。阿弘一方面生活在现实世界中，是一名送披萨的外卖骑手，每天要在 30 分钟内将披萨送到客户手中，否则就会遭到黑手党暗杀，但另一方面他是一名顶级黑客，可以戴上耳机和 VR 目镜，以虚拟化身的方式经由互联网连接进入所谓 Metaverse（中译本将其译作"超元域"）消磨许多时光。"目镜在他眼前涂上了一抹朦胧的淡色，映射着一幅扭曲的广角画面：一条灯火辉煌的大街，伸向无尽的黑暗。但这大街其实并不存在，它只是电脑绘出的一片虚幻的空间……实际上，他在一个由电脑生成的世界里：电脑将这片天地描绘在他的目镜上，将声音送入他的耳机中。用行话讲，这个虚构的空间叫作'元宇宙'。阿弘在元宇宙里消磨了许多时光，让他可以把'随你存'中所有的烦心事统统忘掉。"②对于阿弘们而言，虚拟的"元宇宙"是属于他们的现实世界，是他们日常生活的一部分。阿弘们戴上耳机和 VR 目镜就可以沉浸于"元宇宙"进行社交、工作和娱乐，一切又都宛若现实，他们享受着虚拟世界带来的无限快乐和慰藉，忘却现实世界的各种烦恼和痛苦。《雪崩》所描绘的"元宇宙"在当时看来属于痴人说梦、天方夜谭，当时的技术条件还无法让人们想象"元宇宙"是否会到来，然而未来已然到来，不

---

①　［美］尼尔·斯蒂芬森著，郭泽译：《雪崩》，四川科学技术出版社 2009 年，第 28 页，此处引文根据英文原著《雪崩》有所改动。

②　［美］尼尔·斯蒂芬森著，郭泽译：《雪崩》，四川科学技术出版社 2009 年，第 25—29 页，此处引文根据英文原著《雪崩》有所改动。

可阻挡。《头号玩家》（*Ready Player One*，2018）的"绿洲"类似于《雪崩》的"元宇宙"，既可以让人体验到电子游戏带来的巨大快乐，也可以让人进行各种社交活动，构建了主人公韦德·沃兹（Wade Watts）和朋友们的精神乐园。不过，《雪崩》"元宇宙"中的社交和工作方面的内容要超过"绿洲"的娱乐属性，它并未消除现实世界，每个人都诞生于日常的物理世界，而且现实世界是每个人生存的基础，每个人可根据自己的选择和意愿进出"元宇宙"，未必要把所有时间都花费在虚拟世界中。阿弘们通过耳机和VR目镜进入的"元宇宙"貌似《黑客帝国》所描绘的Matrix，不过后者是大多数人将整个人生都沉湎于其中的虚拟世界，几乎无人能逃脱Matrix的玩弄与操控。

二

无论是《黑客帝国》还是《雪崩》，Matrix或"元宇宙"所构建的虚拟世界都类似于拟像世界，遵循着拟像的运行逻辑。"元宇宙"基于各种数字技术所构建的虚拟世界不过是现实世界的摹本，但通过VR、AR、MR等扩展现实技术营造了形象生动、高度沉浸式的视觉效果，拟像比原型更逼真，更具有视觉效果，由此解构了原型与复本、真实与虚假之间的二元对立模式。"现代世界是拟像（simulacres）的世界……所有同一性都只是伪造之物，它们是更具深度的游戏——差异与重复的游戏——制造出来的'视觉'效果。"[1]其实，《黑客帝国》中特意出现了鲍德里亚《拟像与模拟》（*Simulacres et Simulation*，1981）的书影，向观众暗示了两者之间的关系。《黑客帝国》也一度被广泛地认为是鲍德里亚拟像理论的最佳呈现，不过在鲍德里亚看来《黑客帝国》只不过是柏拉图主义的朴素观念，忽视了他苦苦探索的模拟与拟像问题，"电影最令人尴尬的部分是，模拟所提出的问题与影片的古典的、柏拉图主义的讨论混淆了"[2]。种种迹象表明，Matrix世界的确类似于鲍德里亚所描绘的拟像世界，不仅遵循着

---

① ［法］吉尔·德勒兹著，安靖、张子岳译：《差异与重复》，华东师范大学出版社2019年，第2页。

② Jean Baudrillard. "The Matrix Decoded: Le Nouvel Observateur Interview with Jean Baudrillard". *International Journal of Baudrillard Studies*，2004a，1（2）：July. http://www.ubishops.ca/baudrillards-tudies/vol1_2/genosko.htm.

拟像运作的基本逻辑，而且还遵循着鲍德里亚的拟像的第三秩序，其中模拟是其基本主导形式，呈现出代码或模式的形而上学。不过，在"元宇宙"的想象中，虚拟世界也通过 VR、AR、MR 等扩展现实技术进行着源源不断的拟像再生产，背后总是有数字幽灵营造着逼真生动的、令人迷醉的拟像空间，貌似斩断了与外在现实的指涉关系，但也总是与现实世界有着千丝万缕的联系，未来的技术发展应该将真实的"现实世界"及其数字化的"镜像世界"和以虚拟现实技术创造出来的"拟像世界"结合起来，实现三者无缝连接。①

鲍德里亚应该是对模拟技术和模拟社会进行过深度思考的思想家之一，尤其是他对拟像的第三秩序的深入分析和阐释，或许对我们理解和把握"元宇宙"有一定的启示意义和理论价值。他曾在《象征交换与死亡》(*L'Échange Symbolique et la Mort*，1976)中基于符号与商品的交互运作构建了"拟像的秩序"②，西方世界经历文艺复兴的"仿造"、工业革命的"生产"和现代的"模拟"，拟像最终走向超真实的存在，走向"分形的拟像"。后来他又在《拟像与模拟》中根据影像对真实的反映程度，区分了影像的四个阶段：(1)影像是深度真实的反映；(2)影像遮蔽深度真实，并使之变质；(3)影像遮蔽深度真实的缺席；(4)影像与任何真实都毫无瓜葛，它是自身的纯粹拟像。③"影像不再能让人想象真实，因为它就是真实。影像也不再能让人幻想真实的东西，因为它就是其虚拟的真实。"④影像的四个阶段与拟像的秩序之间存在着某种对应关系，影像的第四阶段显然对应着以模拟为主导形式的拟像的第三秩序，拟像最终彻底断绝与任何外在现实的指涉关系，犹如断了线的风筝翱翔在模拟的天空中，自由自在，毫无羁绊，又如漂泊的幽灵游荡在冷酷的数字世界中，充满了魔幻的魅力，萦绕着当代社会现实。⑤ 在拟像的第三秩序中，模拟是代码或模式的形而上学，模式和代码是模拟社会的基本形式，经由信息技术、生物科学、媒介传播等制造超真实的整个氛围，真实的再现机制走向终结，取而代之的是模拟的

① 曾军：《"元宇宙"的发展阶段及文化特征》，《华东师范大学学报(哲学社会科学版)》2022 年第 4 期，第 100 页。
② Jean Baudrillard. *L'Échange Symbolique et la Mort*. Paris: Gallimard, 1976, p. 77.
③ Jean Baudrillard. *Simulacres et Simulation*. Paris: Galilée, 1981, p. 17.
④ Jean Baudrillard. *Le Crime Parfait*. Paris: Galilée, 1995, p. 16.
⑤ Jean Baudrillard. *L'Échange Symbolique et la Mort*. Paris: Gallimard, 1976, p. 116.

逻辑。"模拟的拟像，基于信息、模式、控制论的游戏——整体的可操作性、超现实、全面控制的企图。"①整个社会都按照模拟的逻辑被操控，代码或模式结构着人类的各个方面，最终走向"代码的形而上学"："人类建构的各种巨大拟像从自然法则的世界，走到力量和张力的世界，今天又走向结构和二进制对立的世界。存在与再现的形而上学之后，是能量与确定性的形而上学，然后是非决定论与代码的形而上学。"②尽管鲍德里亚对虚拟世界持批判和否定态度，但他已经洞察到数字时代的来临，他意识到模拟的逻辑或"代码的形而上学"操控着一切，解构了真实与虚假的二元对立关系，而信息技术、人工智能、媒介技术肯定着虚拟真实，他所孜孜探索的拟像世界类似于"元宇宙"所建构的虚拟世界，或者后者类似于他所描述的拟像世界，与现实世界平行存在，且可独立存在。"而且柏拉图将整个伦理体系立基于强大象征秩序和再现等级的维持之上，立基于对危险而又模糊的权威的抑制之上（就像在书写的情况下和洞穴的寓言中一样），鲍德里亚也表达了他的伦理立场。不过这种立场似乎在伦理（或者审美）上具有一个与其说是柏拉图主义的倒不如说是尼采式的起源，这种起源借尼采之口说骗子的世界是真实的世界，而真实的世界是错觉的世界。"③

　　长期以来，人类基于真假的思维模式来思考真实与虚拟的关系，往往会陷入二元对立的思维陷阱。如果我们可以像鲍德里亚那样解构这种二元对立的模式，是否会有助于我们更好地认识虚拟与真实之间的关系？是否会有助于我们更好地把握"元宇宙"再度引发的虚拟真实问题？目前"元宇宙"通过 VR、AR、MR 等扩展现实技术建构起交互性的、沉浸式的、计算机生成的虚拟空间，推进虚拟世界的迭代升级，我们现在也将越来越多的时间用于日益增加的虚拟空间，VR、AR、MR 等扩展现实技术正改变着我们的生活方式（我如何生活）、我们的身份认同（我是谁）、我们的行为方式（我如何行动），而且改变着我们的感知方式（我如何感知世界）和认知模式（我如何认知世界），并在哲学上

　　①　Jean Baudrillard. *Simulacres et Simulation*. Paris: Galilée, 1981, p. 177.

　　②　Jean Baudrillard. *L'Échange Symbolique et la Mort*. Paris: Gallimard, 1976, p. 89.

　　③　Julian Pefanis. *Heterology and the Postmodern: Bataille, Baudrillard, and Lyotard*. Durham: Duke University press, 1991, pp. 60—61.

引发了一系列质疑：真实的本质是什么？如何重新认识和阐释真实？虚拟真实是一种真正的真实吗？我们如何认识世界？如何辨别真假与善恶？对于上述问题，美国哲学家查尔莫斯（David Chalmers）对虚拟真实与虚拟世界进行重新思考，一改西方自柏拉图以来对虚假或虚拟的否定态度；当然他也不赞成鲍德里亚对拟像、虚拟的批判立场。他在新著《真实＋：虚拟世界与哲学问题》（Reality＋：Virtual Worlds and the Problems of Philosophy，2022）中一再重申个人立场，对虚拟与虚拟世界提出新主张：（1）"虚拟世界不是错觉或虚构，或者它们至少未必是。在 VR 中发生的事件是真实地发生。我们与 VR 交互的对象是真实的。"（2）"虚拟世界之中的生活基本上与虚拟世界之外的生活一样好。你可在虚拟世界中通向一种完全有意义的生活。"（3）"我们生活之中的世界可能是虚拟世界。我不是说它是虚拟世界，但这是我们不能排除的一种可能性。"①基于对哲学问题、科幻小说或科幻电影、虚拟技术发展的分析与研究，查尔莫斯给出了比较审慎的哲学判断：虚拟世界当然不会是某种乌托邦，VR 技术（包括"元宇宙"）与互联网一样既会制造奇迹，也会导致罪恶；虚拟真实与物理真实一样也会被滥用，但也为人类的真假、善恶、美丑创造条件。

　　当前 VR、AR、MR 等扩展现实技术致力于营造逼真生动、令人感到身临其境的虚拟世界，进一步促使人们改变对虚拟与真实的认知，尤其是数字技术的迅猛发展的确改变了虚拟与真实的关系：虚拟是真实的，不再是真实的对立面，而是可与真实结合在一起的存在形态，可以构造出虚拟真实。德勒兹指出虚拟是"真实的，但不是现实的；是理念的，但不是抽象的"②。人类与信息系统的交互作用促使虚拟真实成为现实，数字媒介技术促进虚拟与真实的关系发生根本性的改变。就元宇宙而言，虚拟世界与现实世界的互动、融合与共生是"元宇宙"得以形成的关键要素，虚拟世界会形成一套自主运行、自行指涉的运行系统，且与现实世界并行不悖、持续交互，并对现实世界产生直接或间接作用。为了更好地认识和把握元宇宙的动态机制，可将"元宇宙"视作德勒兹意义上的晶体—影像（image-cristal），虚拟世界与现实世界类似于虚拟影像与现

---

　　①　David J. Chalmers. Reality＋：Virtual Worlds and the Problems of Philosophy. New York: W. W. Norton ＆ Company, 2022, xvii.

　　②　Gilles Deleuze. De Fféence et Répétition. Paris: Presses Universitaires de France, 1968, p. 269.

实影像，两者虽有差异，但相互融合，彼此共生共荣，在德勒兹所谓晶体化过程中进行着持续交换，直至变得不可辨识。"虚拟与现实的这种持续的交换界定了晶体。正是在内在性平面上出现了种种晶体。现实与虚拟共存，并进入一种不断地把我们由此及彼地带回来的狭窄环线。这不再是一种奇异化，而是一种作为过程（现实与它的虚拟）的个体化。这不再是一种现实化，而是一种晶体化。纯粹的虚拟性不必使自身现实化，既然它与现实是紧密相关的，它与现实形成了最短的圆圈。不再有现实与虚拟的不可指定性，而是在两个互换的项之间有不可辨识性。"①各种数字技术的深度融合促进"元宇宙"营造高度沉浸式的、强交互性的虚拟空间，并在虚拟世界与现实世界、虚拟影像与现实影像之间形成持续交互的、自创生性的、过程性的动态装配。

三

在"元宇宙"的叙事中，"元宇宙"基于六大支柱技术——区块链（Block Chain）、交互技术（Interactivity）、电子游戏（Game）、人工智能（AI）、互联网（Network）与物联网（Internet of Things）（简称为 BIGANT 技术），打造跨时空、高保真、高交互性、高度沉浸性的数字生态系统，尤其是 VR、AR、MR 等扩展现实技术全方位、多角度地延伸人的感官系统与神经系统，迷惑现实（Baffle Reality，简称 BR）、影像现实（Cinematic Reality，简称 CR）等也将被开发与运用，致力于营造深度沉浸、强交互性、极致在场的虚拟体验。为了构建虚实相融的"元宇宙"，其技术实现必然要经历数字孪生、数字原生、虚实共生和虚实交互等阶段，最终抵达虚实交融共生的终极状态。② 在数字孪生阶段，"元宇宙"通过数字孪生技术生成现实世界的镜像，能够实现大规模和高保真的物理实体在虚拟空间中的复制与映射，实现物理实体的数字化、虚拟化和可视化，实现虚实映射、实时同步和共生演进，构建一个虚拟的真实世界。在数字原生

---

① Gilles Deleuze. Claire Parnet, *Dialogues*. Paris: Flammarion, 1977, pp. 184—185.中译本参见[法]吉尔·德勒兹、克莱尔·帕尔奈著，董树宝译《对话》，河南大学出版社 2019 年，第 221—222 页。

② 按照清华大学新媒体研究中心 2022 年 1 月发布的《元宇宙发展研究报告 2.0 版》，标准的元宇宙构建步骤分为数字孪生、虚拟原生、虚实共生、虚实联动，突出和强调了元宇宙构建的虚实维度。

阶段，"元宇宙"可通过各种数字技术构建现实世界中并不存在的物理实体，如虚拟物品或虚拟人，用户也可以数字化身来创作与生产各种数字产品，并作为数字原生物品存于"元宇宙"。在虚拟共生阶段，"元宇宙"不仅要构建与现实世界平行的虚拟世界，也要将现实世界数字化，促使实现虚拟对象的现实化或现实对象的虚拟化，最终实现现实世界与虚拟世界的融合与共生。"这是一个从量变到质变的过程，它意味着线上线下的一体化，实体和电子方式的融合。虚拟世界和真实世界的大门已经打开，无论是从虚到实，还是由实入虚，都在致力于帮助用户实现更真实的体验。"①在虚实交互阶段，"元宇宙"借助人工智能、物联网、VR、AR、MR 等数字交互技术实现自然人、虚拟人与机器人的交融共生与人机交互，而且虚拟世界与现实世界保持持续的交换与互动，构建了计算机生成的、虚实交融共生的、高度交互性的、高度沉浸式的元宇宙空间。"基于 BIGANT 科技所创造的'虚实共生'元宇宙，将具有如下两种可能的形而上学图景：一种是虚实交融式的，另一种则是虚实交映式的。在构建虚实交融式元宇宙的过程中，虚拟数字对象与现实物理对象会彼此介入各自所处的环境之中。彼此之间也会发生各种因果相互作用或因果相互影响，从而最终导致虚拟世界与现实世界的相互交融。"②

从麦克卢汉的媒介观看，人类文明经历了"部落化"（tribalization）—"解部落化"（detribalization）—"再部落化"（retribalization）的演进过程，我们可依据这一演进过程分析与解释"元宇宙"重返部落化的发展趋势与未来前景。史前的部落人处于以口语为主导媒介的部落化时代，可以充分地调动各种感官来实现信息交流效率的最大化，可以均等地通过听觉、视觉、嗅觉、触觉和味觉感知世界与认识世界。感官并不需要借助任何外在媒介进行延伸，它们处于和谐平衡的状态，未被分裂切割，也未变得残缺不全。然而媒介技术的发明与创新导致人的身体感官与神经系统的延伸，改变了感官之间的和谐平衡，对人类和社会产生了不可低估的影响。尤其是文字的发明与使用，导致部落人失去感官平衡，人类进入以文字为主导媒介的解部落化时代，眼睛和视觉占据主导

---

① 马化腾：《VR 等技术将开始推动一场大洗牌》，《三观》2020 年度特刊。

② 王晓阳：《"虚实交融"还是"虚实交映"：元宇宙的形而上学图景刍议》，http://news.cssn.cn/zx/bwyc/202203/t20220326_5400711.shtml。

优势,文字打破感官平衡,导致人类文明朝线性的、理性化的、单一化的危险方向发展。15 世纪印刷技术的广泛运用强化了视觉的主导地位,降低了听觉、触觉、味觉和嗅觉的地位;书籍、报纸、杂志等媒介形态进一步强化视觉的地位,人变成了支离破碎、残缺不全的人,感官彻底失去平衡。1844 年电报的发明终结了这一发展进程,预示着电子革命最终通过恢复人的感官平衡来重新部落化,整个世界因为电的速度而时空骤缩,变成"地球村"。信息交流与传播借助广播、电视、互联网等电子媒介实现时空同步化,人类进入以电子媒介为主导媒介的再部落化时代,"电力时代的内爆还把东方口头的和部落的听觉文化带到了西方。视觉的、专门分工的、割裂的西方人,每天都得与地球上一切古老的口头文化最紧密地生活在一起。不仅如此,西方人的电力技术开始把重视觉的西方人还原为部落模式和口头模式的人。部落文化和口头文化编织的亲属关系和相互依靠的网络,是天衣无缝的"。① 电子媒介促使人类信息交流与传播回归时空同步的部落化时代,导致时间与空间、中心与边缘消失,尤其是互联网的迅速发展,促使人全面拓展不同层面的延伸,促使人际对话与人机对话同步发展,促使文本、声音、影像不断发生裂变和融合,媒介杂交与融合成为媒介发展的普遍趋向,产生了广泛的心理影响与社会后果。作为互联网的未来演变形态,"元宇宙"必将加剧媒介裂变与融合向纵深发展,促使媒介融合释放出巨大的力量,促使我们从大众媒介导致的自恋与麻木状态中清醒过来,在某种程度上获得自由解放。"媒介杂交释放出新的力量和能量,正如原子裂变和聚变要释放巨大的核能一样……两种媒介杂交或交会的时刻,是发现真相和给人启示的时刻,由此而产生新的媒介形式,因为两种媒介的相似性使我们停留在两种媒介的边界上。这使我们从自恋和麻木状态中惊醒过来。媒介交会的时刻,是我们从平常的恍惚和麻木状态中获得自由解放的时刻,这种恍惚麻木状态是感知强加在我们身上的。"②

　　"元宇宙"不仅改变了虚拟世界与现实世界之间的关系,创造了形象逼真、如临其境的虚拟空间,还将拓展人类的感知空间与认知空间,实现人在身体感

---

① 　[加]马歇尔·麦克卢汉著,何道宽译:《理解媒介:论人的延伸》,译林出版社 2019 年,第 71 页。
② 　[加]马歇尔·麦克卢汉著,何道宽译:《理解媒介:论人的延伸》,译林出版社 2019 年,第 69、78 页。

官与神经中枢系统上的深度延伸，在某种意义上再度印证了麦克卢汉"媒介即人的延伸"的著名观点。"元宇宙"概念本身指向一种通过高度发达的各种数字技术实现虚实融合的未来愿景，可视作各种数字技术引发媒介深度融合的未来演化形态，表现了人在新技术形态中遭遇到的各种延伸，由此还有可能会引发人的催眠状态和自恋情结。"我们正在迅速逼近人类延伸的最后一个阶段——从技术上模拟意识的阶段。在这个阶段，创造性的认识过程将会在群体中和在总体上得到延伸，并进入人类社会的一切领域，正像我们的感觉器官和神经系统凭借各种媒介而得以延伸一样。"①目前 VR 目镜是眼睛的延伸，耳机是耳朵的延伸，VR 手套是手的延伸，体感制服是皮肤的延伸，机器人、人工智能、脑机接口等技术是人脑的延伸……"一切技术都是肉体和神经系统增加力量和速度的延伸。"②"元宇宙"试图利用和开发各种数字技术促进媒介的深度融合，力图最大化地提升眼、耳、鼻、舌、身、意的感知能力和认知水平，实现麦克卢汉意义上的人的感官延伸与神经系统延伸，这将会在互联网的演化中加速人类重返部落化和深度媒介化的进程。随着数字孪生、扩展现实、脑机接口、人工智能等技术的迭代升级，"元宇宙"实现现实世界与虚拟世界的无障碍连接，有助于让我们从自恋与麻木的状态中惊醒过来，改变大众传播媒介的感官分裂状态，促进视觉、听觉、触觉、味觉、嗅觉的全面发展，实现眼、耳、舌、鼻、身、意之间的和谐平衡。"技术的影响不是发生在意见和观念的层面上，而是坚定不移、不可抗拒地改变人的感官比率和感知模式。只有能泰然自若地对待技术的人，才是严肃的艺术家，因为他在觉察感知的变化方面够得上被称为专家。"③"元宇宙"必将通过各种数字技术改变人的感官比率和感知模式，促使人类感官之间平衡发展，并借此实现具身性传播。在"元宇宙"中，作为媒介的身体本身，能够生产、接收和传播信息，身体的各个器官连接着传感器和终端设备，也成为信息传播的组成部分。"元宇宙"的这种具身性传播强调心智、感官与场景的互动融合，注重高度沉浸式的全感官体验，进一步重返感官深度整合的再部落化时代。多人在线电子游戏被视作目前最接近"元宇宙"的应用形

---

① ［加］马歇尔·麦克卢汉著，何道宽译：《理解媒介：论人的延伸》，译林出版社 2019 年，第 4 页。
② ［加］马歇尔·麦克卢汉著，何道宽译：《理解媒介：论人的延伸》，译林出版社 2019 年，第118 页。
③ ［加］马歇尔·麦克卢汉著，何道宽译：《理解媒介：论人的延伸》，译林出版社 2019 年，第30—31 页。

态，像 Roblox 等游戏平台就致力于开发和打造一个用户自主的、强交互性的、深度沉浸的虚拟空间，用户可以模拟真实世界的声音，重现真实世界的景观，可以自主选择头发、体型、服饰，可以自由地表达自我和展现自我。

余　论

按照技术的演化逻辑，"元宇宙"是人类基于数字革命对未来技术发展的新展望，被视作互联网的新形态，被视作互联网演化的新方向。它涉及众多技术、多元主体，关系错综复杂，为科幻作品与技术革新提供了广阔的想象空间。尽管"元宇宙"目前尚处于起步阶段，存在着种种弊端，例如 VR 眼镜存在眩晕感、延迟性、分辨率低等问题。而且人们对"元宇宙"的现状与未来也褒贬不一，莫衷一是。不过从《黑客帝国》到"元宇宙"的演变进程中，我们亦看到"元宇宙"正不断突破技术实现的种种壁垒，从"科学幻想"走向可预见的未来，而且虚拟真实也逐渐被接受为一种与物理现实一样的存在形态，拓展人类的生存空间与认知维度，抵达虚实共生的终极状态。

在麦克卢汉的意义上，人类借助技术实现身体器官和神经系统的延伸，"元宇宙"通过各种数字技术实现深度的媒介裂变与融合，促进感官的整合与平衡，强化人类重返部落化的广度与深度。为了实现虚拟真实，"元宇宙"在技术与资本的双重驱动下可谓竭尽全力，力图实现人的感官官能与神经系统效能最大化，全方位、多维度地开发人的身体潜能。然而，身体不仅使自身变成媒介，而且也被变成媒介技术的载体，有可能重新为各种数字技术所殖民，变得支离破碎、残缺不全。我们不得不反思的是，这种深度的再部落化会不会导致新的自恋情结与麻木状态，人是不是会沉浸于元宇宙所构造的、高清高保真的、高互动性的、高沉浸式的虚拟空间而不能自拔，导致重度的虚拟成瘾与沉湎？那么又该如何从人类心理承受范围与强度上做出科学的限定与判断，促使"元宇宙"不会因技术与资本的挟持而丧失合理性和前瞻性，促使"元宇宙"不会迷失正确的发展方向？

对于"元宇宙"目前所引发的技术变革与社会问题，我们不妨回到海德格尔"对技术世界既说'是'也说'不'的态度：对于物的泰然处之"①。我们可以对技术对象的必要利用说"是"，因为它们促使我们不断做出精益求精的改进；我们同时也可以说"不"，防止我们被技术对象奴役，拒斥它们对我们的独断要求以及对我们生命本质的压迫和挤压。"泰然任之"就是对技术世界保持着既开放又抵抗的"中道"姿态。"我们对技术世界既要说'是'，又要说'不'，这种想法和态度可以说是采取了'中道'姿态。现在人文学界有许多'假人'，他们一方面反技术，另一方面又享受着技术。今天谁真的能回避和否定技术呢？"②

（董树宝，北方工业大学中文系教授）

From *The Matrix* to Metaverse:
A Study of Media Convergence Based on Virtual-real Symbiosis

Dong Shubao

Abstract: From *The Matrix* to the Metaverse, extended reality (XR) technologies like VR, AR, MR have changed the relationship between the virtual and the real. Virtual reality is gradually accepted as a form of existence just like physical reality. The interaction, convergence and symbiosis between the virtual and the real world are the key elements for the formation of the Metaverse. The virtual world will form a set of autonomous self-referential operating system, which is parallel with the real world and shows continuous interaction, directly or indirectly influencing the reality. Deep integration of various digital technologies encourages the Metaverse to create a highly immersive and interactive virtual space, which forms a dynamic assembly of continuous interaction, self-creation and process between the virtual and the real, and between the virtual image and the real image. Metaverse promotes the deep integration of media based on the symbiosis of the

---

① ［德］马丁·海德格尔著，孙周兴、张柯、王宏健译：《讲话与生平证词》，商务印书馆 2018 年，第629 页。

② 孙周兴：《海德格尔与技术命运论》，《世界哲学》2020 年第 5 期，第 86 页。

virtual and the real. It tries to maximize the perception ability and cognitive level of eyes, ears, nose, tongue, body and mind, realizing the extension of human sensory and nervous system in the sense of McLuhan. Moreover, the Metaverse will accelerate the progress of humanity's return to tribalization and deep mediatization in the evolution of the Internet.

Keywords: Metaverse; Virtual Reality; Virtual-real Symbiosis; Media Convergence

社交网络"意见典范"及其趋同性

——基于 LSA 的微博用户分析①

徐翔

摘要：在开放、自主的社交网络系统及其用户内容生产中，用户是否走向相似与同化，以及在何种条件下走向相似与同化，是潜藏于社会化媒体中的异化风险。本文提出和探讨社交网络信息生产中"意见典范"的理论内涵及其趋同性，结合微博实证数据和 LSA 等研究手段加以分析，有助于丰富从内容模因到用户模因、从意见领袖到意见典范的研究视域延拓。用户作为意见典范的程度越高，则其相似于 k 个同典范度层级用户的程度也越高；用户作为意见典范的程度越高，则其趋同于顶部最高"意见典范"的程度也越高；任意两个意见典范之间的互典范程度和这两者的典范度之和成正相关。在意见典范作用传导和扩散至全局的条件下，全体用户相似于某意见典范的程度和该用户的典范度成正比，表现出社交网络趋向于意见典范的用户同化与增长的社会窄化。

① 本文系国家自然科学基金项目（项目号：71804126）、上海市级科技重大专项（项目号：2021SHZDZX0100）的阶段研究成果。

关键词：意见典范；社交网络；用户相似性；意见领袖；潜在语义分析

一、研究回顾与问题分析

对于网络"意见领袖"的研究已成为传播学、社会学、管理学、营销学等诸多学科高度关注的领域。[①] 拉扎斯菲尔德等人提出"意见领袖"的概念，认为"意见领袖"指构成信息和影响的重要来源，并能左右多数人态度倾向的少数人。[②] 在"意见领袖"的影响力之外，还有一种"意见典范"的影响力模式，后者缺乏前者那样的充分理论自觉。如果说在社交网络中，意见领袖强调的是用户承担着讯息、意见、消息、内容、态度传递的功能，那么意见典范则强调用户作为内容整体的传递和流动。本节从以下层面依次提出现象并展开分析：（一）意见典范（P0）；（二）意见典范的相似关系；（三）意见典范的相似关系所表现的趋同性（P1、P2、P3）。

（一）意见典范

用户在 UGC（用户生产内容）的自由广阔空间中，是否能成为"初心"中的自己，抑或"终将成为自己所讨厌的人"？在看似自主的自媒体表达和"人人时代"的社交网络言说中，通过言说而成为怎样的用户，是否并非自己的设定，而是为社交网络所"设置"？在此意义上，社交网络媒介不仅产生着经典理论中的"议程设置"[③]效果，还可能产生着"用户设置"的效果：它不一定能影响用户怎么言说，但可以在一定程度上影响用户言说什么，以及用户通过言说而成为怎样的"作者"与用户。用户成为什么样的用户受到其他用户的影响或"设置"，或高或低地与一些"范本""典范"用户产生相似性。

社交网络中的高影响力用户与其他用户之间的"发布信息—接受或反馈""圈粉—被圈粉"之间的关系，使其用户曝光度和影响势能更为强大。松村直弘（Matsumura）等提出的识别意见领袖的影响力扩散模型（Influence

---

① 朱洁：《中西方"意见领袖"理论研究综述》，《当代传播》2010 年第 6 期，第 34—37 页。

② Lazarsfeld, Paul F., Bernard Berelson, and Hazel Gaudet. *The People's Choice: How the Voter Makes Up His Mind in a Presidential Campaign*. New York: Columbia University Press. 1948.

③ Cohen, B. *The Press and Foreign Policy*. Princeton, NJ: Princeton University Press, 1963, p. 13.

Diffusion Model,IDM)①,通过用户对博主微博内容的评论及转发的语义相似度,描述博主的内容扩散及其对其他用户的影响。布拉沃(Bravo)等人分析了政治意见领袖在推特中被追随、转推、提及的扩散能力。② 王晓光将博客用户分为核心博客与普通博客,博客用户的关注对象常常集中在特定的核心博客上,在线上容易陷入特定主题的交流社区。③ 翁(Weng)等人对推特的研究指出,用户和她/他的直接粉丝之间,存在着信息内容和主题上的同质现象。④ 这些会导致用户发生与高影响力用户的同化,为用户的典范化与高影响力用户的信息相似性传递提供一定的实证基础。但是意见、帖子、主题等具体信息内容的传递,和用户内容整体特质构成的"用户内容样态"的传递是不同的范畴:前者的基本单位是帖子、意见等具体的内容;后者的基本单位则是把具体的内容按照用户个体整合后,显现出的因人而异的整体特征、内容气质。

　　社交媒体的高影响力用户具有内容特征类型窄化的特征,吸引着意见领袖用户朝向特定方向与模式、类型偏转。⑤ 例如张志安等人的研究显示,微博中公共讨论弱化,而营销类、娱乐类用户成为微博意见领袖群体的主流。⑥ 有研究将新浪微博名人用户分为七类,并指出文化传媒类、商业财经类、文体明星类占据着最大的比重。⑦ 关于微博意见领袖的分析指出,他们"在个人兴趣标签中,读书、新闻、股票这几项比例最高"⑧。这些显现出意见领袖发布的内

　　①　Matsumura,N.,Ohsawa,Y.,Ishizuka,M.."Influence diffusion model in text based communication". *Transactions of the Japanese Society for Artificial Intelligence*,2002,17(3),pp. 259—267.

　　②　Bravo,R.B. & Marc,E.D.V.."Opinion leadership in parliamentary Twitter networks: A matter of layers of interaction?". *Journal of Information Technology & Politics*,2017,14(3),pp. 1—14.

　　③　王晓光:《博客社区内的非正式交流:基于网络链接的实证分析》,《情报学报》2009 年第 2 期,第 248—256 页。

　　④　Weng,J.,Lim,E.P.,Jiang,J. & et al.."Twitterrank: finding topic-sensitive influential twitterers". *Proceedings of the third ACM international conference on Web search and data mining*,New York,USA,2010,pp. 261—270.

　　⑤　王国华、张勇波、王雅蕾、刘炼:《微博意见领袖的类型特征与内容指向研究》,《电子政务》2014 年第 8 期,第 69—75 页。

　　⑥　曹洵、张志安:《社交媒体意见群体的特征、变化和影响力研究》,《新闻界》2017 年第 7 期,第 24—30 页。

　　⑦　佟力强主编:《中国微博发展报告(2012)》,人民出版社 2013 年,第 27—28 页。

　　⑧　曹洵、张志安:《基于媒介权力结构的微博意见领袖影响力研究》,《新闻界》2016 年第 9 期,第 43—49 页。

容中模板化的意味会得到加强。微博等社交网络中的用户并非宽泛与多样化的,而是有着限定性的、处于有限范围内的内容类型[①]。社交网络中具有影响力的用户类型以及传播内容的偏倚,使得用户内容生产的形态表现出向某些优势类型、优势"样本"集中的趋势,为用户的同化提供着佐证与支持。

基于社交网络用户在内容相似性方面的传导,本文聚焦社交网络"意见典范"的角色与现象,并由"意见典范"的内涵出发而进一步考察"意见典范"之间的关系以及"意见典范"角色对于微博用户整体构成的影响。对"意见典范"的界定如下(P0):意见典范指的是社交网络内容生产中具有"范本"属性的用户;与他们在整体内容上越是相似和趋同的用户,则越可能具有在该社交网络中的高影响力;与他们在整体内容上越是趋异或不相似的用户,在社交网络中的影响力就越低。从内涵 P0 引申出其更为具体的内涵(代称 P01):设某用户 M 具有"意见典范"的角色属性,则对于其他任意一个用户 u_y 而言,u_y 和 M 在内容整体特质上越相似,则 u_y 的影响力就越大;反之,u_y 和 M 在内容整体特质上的相似度越低,则 u_y 的影响力就越小。

(二)意见典范的相似关系

与"意见典范"高度关联而自然延伸的问题是:作为"意见典范",他们是多样化的、各有千秋、"各领风骚"的范本,还是单一化和趋同化的范本?

在提出、检验"意见典范"(P0)概念和效应的基础上,审视和分析其对于用户增强同化和封闭、消减多样异质性的作用,可以将其简称为趋同性。这里所指的趋同性强调:意见典范用户的内容特征不是发散的、多样化的,而是朝着特定的个体内容特征或用户"范本"发生趋同化,这个过程中出现用户的异质性不断消减、同质性不断增强的趋势。

用户是否为多样化和去中心化的,或者说是否为趋同化的,是关系到社交网络用户的一个结构性的特征,也易引起激烈论争。本文从意见典范的相似性传导和 P1、P2、P3 这三个方面,检验意见典范所表现出的这种趋同性。该结果和一些流行观点、常识观感有相悖之处,但这正是其必要性所在。

---

① 张玉晨、翟姗姗、许鑫等:《微博"中 V"用户的传播特征及其引导力研究——以罗一笑事件为例》,《图书情报工作》,2018 年第 11 期,第 79—87 页;生奇志、高淼宇:《中国微博意见领袖:特征、类型与发展趋势》,《东北大学学报(社会科学版)》2013 年第 4 期,第 381—385 页;王国华、张剑、毕帅辉:《突发事件网络舆情演变中意见领袖研究——以药家鑫事件为例》,《情报杂志》2011 年第 12 期,第 1—5 页。

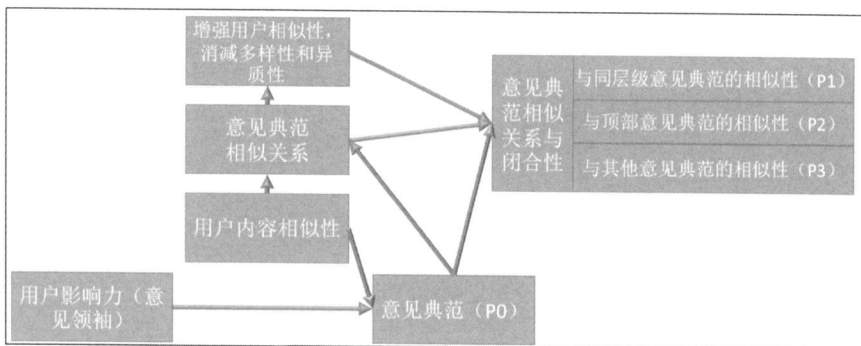

图1　用户意见典范的内涵与用户内容相似性、意见典范相似关系

(三)意见典范的相似关系及其趋同性:P1、P2、P3 的提出

对于任何一个具有"意见典范程度"的用户 U_x,设该用户的意见典范程度排序为 m;全体最低序位为 1,最高序位为 Max。考察他在意见典范的作用机制下,所发生和增强的与各种"标的"的相似性和趋同性。存在以下基本"标的":a.和 U_x 自身具有同典范度的用户,可称之为意见典范的同层级用户(意见典范程度的序位最接近于 m 的 k 用户)。此外是不同典范度的用户,这又包括两种:b.具有特殊性的一种用户,他们在典范度上居于全局的顶部,具有最高的意见典范程度序位,也可称之为顶部意见典范;c.未被包含在 a 或 b 之内的普通意见典范,他具有某个任意的意见典范程度。那么,对于任意的意见典范用户 U_x 而言(设其任意的意见典范程度的序位为 m),他与 a、b、c 三种用户的相似关系如下图(图2)所示,这恰构成图1中分析意见典范用户趋同性的子问题向度。

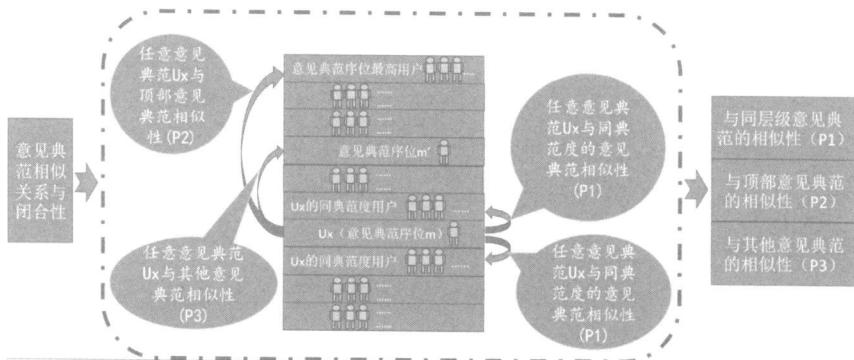

图2　意见典范的相似关系与假设 P1、P2、P3

基于"意见典范"自身的内涵与属性以及意见典范用户和上述三种"标的"的相似关系，本文的分析从①朝向意见典范同层级用户的相似关系，②意见典范朝向顶部意见典范的相似关系，③意见典范之间的叠加相似关系，这三个连贯的方面依次展开。为行文简便，这三个方面的相似关系，依次简称为意见典范的层级趋同性、趋顶趋同性、相互趋同性，下面分别就这三方面进一步展开假设：分别为P1（意见典范的层级趋同性），P2（意见典范的趋顶趋同性），P3（意见典范的相互趋同性）。

1. P1的提出与内涵：意见典范的相似关系与层级趋同性

关于意见典范的相似化与趋同性，首先需要关注的一个方面是：越是高程度的意见典范，他们是否越能保持异质化与多样化？抑或越加趋向同化、重复化？对此容易产生两种误解。①一种观点是，意见典范是多种多样的，大家似乎可以照着各种"范本"来"书写自我"；现实中，由于高影响力用户是多种多样的，也容易助长"高程度的意见典范是趋于多样化的"这种误判。②另一种也很容易让人迷惑的观点是：即使高程度的意见典范不是趋于多样化的，它的多样程度至少是和中、低意见典范差不多的，也即分布和变化没有什么趋向性。

根据P0，意见典范是与他们越相似则影响力越高，与他们越不相似则影响力越低的用户。这样，对于高程度的任意两个意见典范 M_x 和 M_y，虽然我们希望他们是足够差异化的，从而可以为微博社会提供更为多样化的生态；但是如果 M_x 和 M_y 的差异较大，则意味着：其他用户，在和 M_x 高度相似时，就不能同时和 M_y 也高度相似。只有在 M_x 和 M_y 也高度相似的情况下，这种相似性才会有效地传递，也即才能意味着和 M_x 高度相似时也和 M_y 高度相似。这就意味着，越是高典范度的意见典范就必须越相似，其中高程度意见典范通过与其他用户间的相似关系，显现对于其他用户影响力的"标杆"意义；或者说，通过与"范本"的相似度比对而形成的对于其他用户影响力的判定、预测能力（结合P0、P01，以及后文 M2）。例如极端情况下，典范度最高、具有完全的典范性的各个用户（"完全意见典范"），必须是完全相同的；因为如果其中哪个"完全意见典范" u_t 和其他的"完全意见典范"不同，就会造成：对于其他任意的某个用户 u_x 而言，如果 u_x 和 u_t 完全相同（相似度等于1），则由于 u_t 是"完全意见典范"，所以 u_x 的影响力必须是最高的；但是另一方面就会出现：u_x 和不包括 u_t 的其他"完全意见典范"并不充分相似(甚至相似度很低),但是依然存在 u_x 的影响力是最高的情况——这就和 P0 及其内蕴的"完全意见典范"是矛盾的。

当然,误解中的观点①和观点②也是很有市场的。有效反驳这两种观点的方法是实践检验,提出假设 P1:程度越高的同典范度用户,相互之间的相似程度越高,两者具有显著的正相关性。可将 P1 的内容称为"意见典范的层级趋同性"。

2. P2 的提出与内涵:意见典范的相似关系与趋顶趋同性

在用户的典范度越来越高的情况下,他们会朝怎样的用户、以怎样的程度,发生越来越趋似、收敛、窄化的情况呢? 对于由多行动者(agent)构成的系统而言,其趋同策略包括平滑扩散趋同(flat diffusion convergence)和非平滑扩散趋同。① 在非平滑的扩散趋同中,存在着具有优越性的趋同策略,使得系统最后的趋同结果会聚集于这些高地位的行动者的策略值②。对于意见典范的扩散传导系统而言,是否存在这些具有更高优先性的趋同方向和趋同标的?

结合 P1,用户典范程度越高,则他和最高的"完全意见典范"就必须有越高的相似度,从而保障自己在 P0 中对其他任意用户的影响力的"丈量"和预测能力。典范度越高的用户,就越不能"随心所欲"地任意长成自己想要的样子,而是必须和最高意见典范保持在一定的相似度范围内。对于其他非顶部的最高典范力用户而言,他们要想具有 P0 中更强的典范力,就只能向最强的意见典范"看齐"。和最强的意见典范越近似,其可预测性的典范力就越强,也即使得"和自己越相似的用户,就影响力越大;和自己越不相似的用户,就影响力越小"。如果一个用户任意野蛮"生长"成和最顶部意见典范非常不同的样子,那么,其他用户在和最强意见典范相似的情况下,就无法同时和这个迥异于他人的另一个人也相似。而根据 P0,和最强意见典范高度相似的那批用户,也会是强影响力的用户;但是如果一个想成为强意见典范的用户,却和一批强影响力用户只有低度相似,这和 P0 是矛盾的。从而也就意味着:要想成为强意见

---

① Lin, Z., Broucke, M., Francis, B.. "Local Control Strategies for Groups of Mobile Autonomous Agents". *IEEE Transactions on Automatic Control*, 2004, 49(4), pp. 622—629.

② Jiang, J., Xia, X.. "Prominence Convergence In The Collective Synchronization Of Situated Multi-agents". *Information Processing Letters*, 2009, 109(5), pp. 278—285.

典范,就必须尽可能"长得像"最强的意见典范;越是长得像最强的意见典范,其对于其他用户影响力的可预测性就越强。

因此值得继续求证的问题是:用户作为意见典范的程度和他趋同于最顶部意见典范的程度,是否具有正相关性? 提出假设 P2:用户作为意见典范的程度越高,则和顶部意见典范的相似程度也越高,两者具有正相关性。可将 P2 的内容称为"意见典范的趋顶趋同性",意指意见典范随着自身典范度的增加而越来越趋同于最顶部意见典范。

3. P3 的提出与内涵:意见典范的相似关系与相互趋同性

任意两个微博用户之间的似同程度,是否和他们各自作为意见典范的程度,具有正相关性? 这涉及用户之间的"互典范"问题。

如果一个用户(设为 u_x)具有高典范度,意味着其他的任意某个高典范用户(设为 u_y)不能和该用户有着任意大的差异,而需要保持比较高的相似度范围,尽管可以不完全相同;而且该用户 u_x 的典范度越大,这种差异的弹性和自由度越小。

反过来也一样,u_y 的典范度越大,则 u_x 和 u_y 同样也不能有任意大的差异,而是需要把相似度保持在一定的范围以内。这样,u_x 和 u_y 两个典范之间的相似度,就既和 u_x 的典范度具有正相关性,又和 u_y 的典范度具有正相关性。

基于此,提出假设 P3:u_x 和 u_y 之间的相似度,和 u_x 的典范度加 u_y 的典范度之和,具有正相关性。可将 P3 的内容称为"意见典范的相互趋同性",意指不同的意见典范之间会发生相互的似同,而且这种似同程度和两者各自的典范度都具有正相关性。

二、研究设计与实施

我们在此以新浪微博为对象,检验分析社交网络意见典范的现象及其是否、如何导向用户的趋同性。

(一)关于"意见典范"和"意见典范程度"的概念界定

1.意见典范程度/典范度

假设某个用户 M 具有"意见典范"的属性,则 M 会表现出以下效应(代称为 M1)：对于用户 M 而言，设其他任意用户有序地集合构成序列 $U=[u_1, u_2,$ $u_3, \cdots\cdots, u_n]$，U 中每个用户和 M 的内容相似度依次标为序列 $S=[s_1, s_2,$ $s_3, \cdots\cdots, s_n]$，U 中每个用户的影响力依次标为序列 $H=[h_1, h_2, h_3, \cdots\cdots, h_n]$，其中序列 U 和 S、H 中的每个元素顺序是严格一一对应的；那么可知，如果序列 S 和序列 H 的正向相关性、对应程度越强，则表示用户 M 的"意见典范程度"越强。

用皮尔逊相关系数即可以简单而有效地反映 S 和 H 这两个数值序列之间的正向相关程度。其值在 $[-1,1]$ 之间。如果该相关系数不显著，则表示 S 和 H 缺乏明显的正向相关性，此时将相关系数值替换为 0。

对于任意一个用户，都可以用上述方法得到一个皮尔逊相关系数(设为 P_x)。这个值 P_x 为正值且越是接近于 1 时，表明用户 x 的"意见典范"的角色越鲜明、所产生的典范效应越强烈。而当 $P_x=1$ 时，用户 x 此时表现为"完全意见典范"，也即它会产生必然的、完全线性对应的、完全可预测的典范效应，而不会带有"时灵时不灵"或"多数时灵但仍有少数时不灵"的波动与误差。结合 P0、P01 和 M1，将此种由 P_x 反映出的程度，作为用户"意见典范程度"的测量方式(代称 M2)。

对于任一用户 M，其意见典范程度的测量方式见图 3。

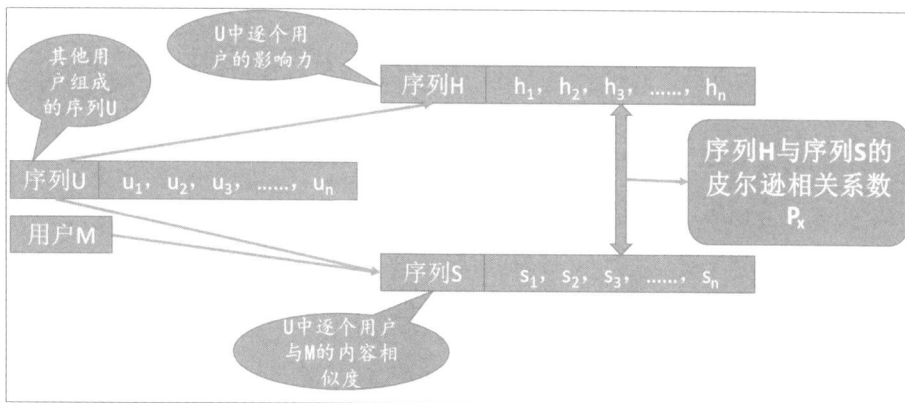

图 3　对于用户"意见典范程度/典范度"的测量方式

2."意见典范"和"意见典范程度"之间的关系

结合"意见典范程度"的计算方式，任一用户都可以最终得到一个用于反映其"意见典范程度"的数值 P_x,这个数值介于[-1,1]之间。该值越大,表示用户对于全体任意用户所体现和发挥出来的"典范效应"越强烈,距离"完全意见典范"越接近,其作为"意见典范"的角色也越鲜明和越凸显。

任何用户都可以得到其"意见典范程度",正如任何用户都可以得到其"影响力程度"。我们不采取某个"门槛"值来二元划分"是不是"意见典范,而是根据"意见典范程度"值显示用户在"完全意见典范"(意见典范程度为1)和"完全不是意见典范"(意见典范程度为-1)这个"两极"之中的游离。这个游标处于低值和负值的时候也是有意义的。

(二)其他关键概念和指标的界定

1.用户内容相似度

把某个用户生产发布的 n 条帖子,组合为一个整体,来考察、提取其内容特征,并进而计算用户和其他用户之间的相似程度。对于用户整体内容,量化其特征的方式有很多种,例如 VSM 模型、LDA 主题模型等。本研究选择潜在语义分析(latent semantic analysis),把每个用户根据其内容转化为一个若干维的向量。

2.用户影响力程度的测量指标

选择最为常见、具有代表性的"粉丝数"反映用户作为"意见领袖""大咖"的程度。用粗糙集理论发现,"粉丝数对能否成为意见领袖至关重要"。[1] 在实际操作中,由于用户粉丝量悬殊,因此采取对数函数转换后的形式:$x_{new}=\log_2(x+1)$。

(三)样本选取与数据预处理

根据新浪微博数据中心发布的《2018 微博用户发展报告》,新浪微博月活跃用户达 4.62 亿,月阅读量过百亿领域达 32 个。[2] 限于研究规模和巨量帖子抓取成本,本文未采取随机漫步等抽样方法,而是采取广覆盖、成本相对较低的多阶段抽样。

---

① 刘志明、刘鲁:《微博网络舆情中的意见领袖识别及分析》,《系统工程》2011 年第 6 期,第 8—16 页。

② 新浪微博数据中心:《2018 微博用户发展报告》,https://data.weibo.com/report/reportDetail?id=433. 2019 年 3 月 15 日。

　　我们从新浪微博首页 47 个内容版块(分别是:社会、国际、科技、科普、数码、财经、股市、明星、综艺、电视剧、电影、音乐、汽车、体育、运动健身、健康、瘦身、养生、军事、历史、美女模特、美图、情感、搞笑、辟谣、正能量、政务、游戏、旅游、育儿、校园、美食、房产、家居、星座、读书、三农、设计、艺术、时尚、美妆、动漫、宗教、萌宠、法律、视频、上海)中,获取其发布者和评论者共 3 501 153 个用户的数据,从中最终抓取到具有有效个人资料的、发帖数不少于 500 条的88 739 个有效用户,以及每人所发的最多 4500 条帖子;对这些有效用户抓取每人的前 5 页关注者资料(因为新浪微博对每个用户最多只公开显示 5 页、每页 20 个的关注者;若不足 5 页则全部抓取)。选取发帖数不少于 500 条的用户,再经过去重等清洗环节,从这些被关注者中最终选取到有效用户130 082 个。

　　我们对用户进行统一横向比较。(1)时间段的统一,每个用户的帖子一律选取在 2017 年 1 月 1 日到 2018 年 12 月 31 日这两年间的。(2)帖子数量的统一,每个用户一律随机选取在上述两年间发布的 500 条帖子,少于该数量的用户不纳入比较范围。

　　最后剩下的用于计算的用户为 40 931 个,粉丝量、发博量、关注数等主要指标都包含从数十到数万乃至数千万的大范围,各种重度/轻度用户、活跃/不活跃用户都得到良好的覆盖(图 4)。

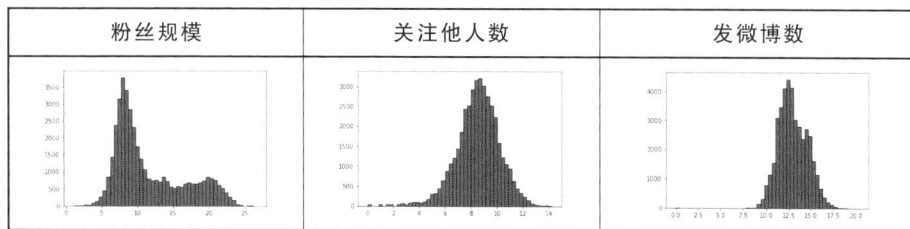

图 4　样本用户的特征分布柱状图

附注:粉丝数、关注数、微博数均为官方原始数值由 $\log_2(x+1)$ 转换得到

(四)用户的内容特征提取与向量化:基于潜在语义分析的方法

　　我们把单个用户的各条帖子无顺序拼接为一个长文本,先通过向量空间模型(VSM)得到每个用户的词频矩阵。在词频矩阵的获取中,最低词频数设

为 30,最大文档频率设为 0.2,只采用一元词。得到的词频矩阵有 212 892 个不同的词,也即 40 931 个用户形成的 40 931 行×212 892 列的矩阵;并转为经 L1 规范化的 TFIDF 矩阵 X,转换函数为 sklearn.TfidfTransformer(norm='l1')。

然后对于矩阵 X,采取潜在语义分析(LSA)进行降维和内容特征的提取。[①] 其中,对于矩阵 X,进行奇异值分解可得:$X = T\Sigma D^{\mathrm{T}}$。LSA 保留前 k 个最大的奇异值,也即通过 $T_k \Sigma_k D_k^{\mathrm{T}}$ 来近似地表示原用户词项矩阵 X。采用 LSA 把 40 931×212892 的矩阵降维到 40 931×1000,保留原信息的解释方差比(explained variance ratio)为 0.74,保留了原有的 21 万余维矩阵的大部分信息。保留不同维度下的解释方差比见图 5。

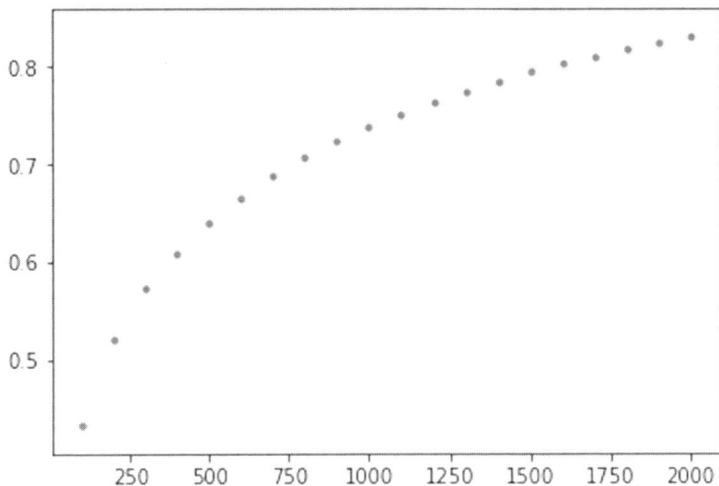

图 5　潜在语义分析(LSA)的误差变化(explained variance ratio)

(五)用户的内容相似度计算

根据 LSA 方法将每个用户根据其内容提取为 1000 维的向量之后,进行用户相似度计算。任意两个用户 U_m 和 U_n 之间的内容余弦相似度范围在 $[-1,1]$,数值越大表明越相似,计算方式表示为:

$$R(U_m, U_n) \tag{1}$$

---

① Dumais, S, T.. "Latent semantic analysis". *Annual Review of Information Science and Technology*, 2004, (1), pp. 188—230.

在式(1)的基础上进行扩展,采用"类平均法"(或称"簇平均法",average group linkage),从 1 对 1 的用户相似度扩展到 n 对 n 的两组用户(每组中用户数量 n≥1)之间的相似度。也即,任意一组用户 G_1(包含 n_1 个用户)和另一组用户 G_2(包含 n_2 个用户)的内容相似度表示为:

$$H(G_1, G_2) = \frac{1}{n_1 n_2} \sum_{xi \in G_1} \sum_{xk \in G_2} R(U_{xi}, U_{xk}) \tag{2}$$

(六)意见典范测度与微博意见典范分布的预调研

我们对前述的 40 931 个微博用户样本,进行预调研准备,其典范度分布见图 6:

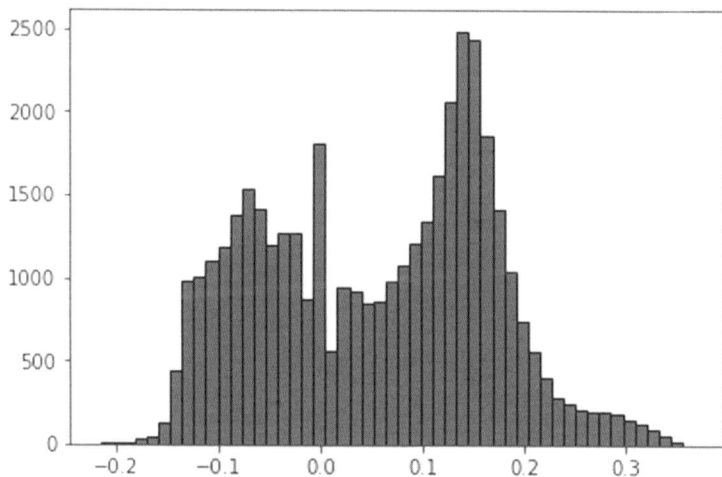

图 6 用户的意见典范程度分布柱状图

从中可以得出的结论有:其一,意见典范分布较为广泛。其二,具有显著的且为正的皮尔逊相关系数的用户数量还是较多的,说明意见典范现象是客观存在的,不是一种纯粹虚拟的理论"构造";其三,从意见典范的程度来说,微博中的"顶级意见典范"还是很稀少的。最高程度的意见典范,其指标值为0.37。说明微博中虽然具有中、低程度的意见典范数量不少,但是指标值接近于 1 的顶级意见典范乃至"完全意见典范"还未显现。

三、意见典范及其趋同性的实证检验

前文的三个假设 P1、P2、P3，自变量和因变量见下表概览（表 1）。

表 1:意见典范相似关系的假设 P1、P2、P3:自变量和因变量

意见典范相似关系的三方面假设(P1、P2、P3)	自变量	因变量	因变量计算方式
假设 P1:意见典范同层级用户的同化与闭合	用户 u_x 的意见典范程度	设与用户 u_x 在意见典范程度上相同或最为相近的 k 个用户为 u_k,因变量为:u_x 与 u_k 的用户内容相似度	式(2)
假设 P2:意见典范朝向顶部意见典范的同化与闭合	用户 u_x 的意见典范程度	设意见典范程度最高的 k 个意见典范为 u_k,因变量为:u_x 与 u_k 的用户内容相似度	式(2)
假设 P3:意见典范之间的叠加同化与闭合	任意两个用户 u_x 和 u_y,两者分别的意见典范程度之和	用户 u_x 和 u_y,两者之间的用户内容相似度	式(2)

(一)P1 的检验

对于 P1 的验证方法如下:用户 x 的典范度越高,则与 x 的典范度最接近的 k 个用户与 x 的用户相似度越高,两者具有正相关性。

计算 k 取值[1,11,21,……,1001]的范围内,P1 全部成立。在 k 取上述 100 种不同参数的全部情况下,P<0.001,样本数 N=40 931。且斯皮尔曼相关系数全部稳定在 0.44—0.46 的区间内;而皮尔逊相关系数除了当 k 的个数为 1 和 11 时低于 0.4(分别为 0.26 和 0.39),其他全部情况,都稳定在 0.4—0.42 区间内。(图 7)

相关系数：用户典范度&该用户与k个典范度最近邻的相似度

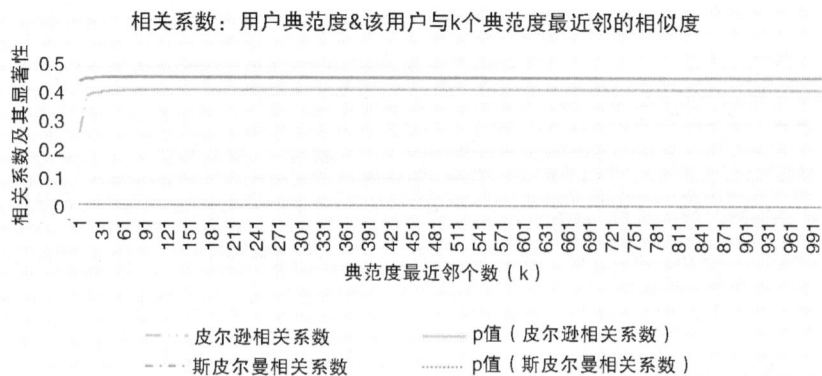

图 7　P1 检验结果

结论：P1 是成立的，同典范度的用户会随着典范度的增大而越来越增强彼此的相似度，发生消减多样性的趋同。

(二)P2 的检验

选取用户中意见典范程度最高的顶部 k 个用户（选取 k=30）。如果用户恰好也是这 30 个顶部用户群中的一个，则剔除自身后计算和顶部群体的相似度。一个用户和一群顶部用户的相似度，同样通过式(2)计算。

用户的典范程度和该用户与最顶部典范用户的平均相似度之间，两者皮尔逊相关系数为 0.72（p<0.001，n=40 931），斯皮尔曼相关系数为 0.77（p<0.001，n=40 931），见下图(图 8)。

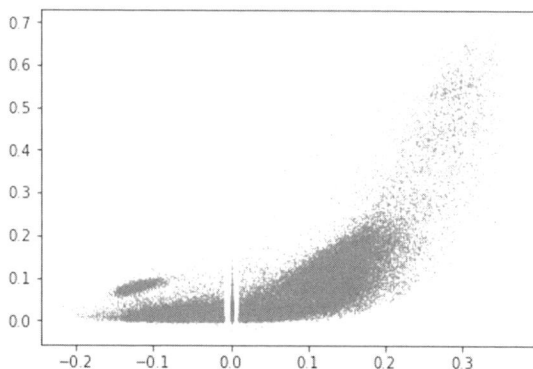

图 8　不同典范度的用户与顶部 k 个典范程度最高用户的平均相似度
（横轴为用户的典范度，纵轴为用户与顶部 k 个典范程度最高用户的平均相似度[k=30]）

结论：P2 成立，用户趋同于顶部典范，而且越是典范度高的用户，这种趋同的程度也越高。

(三)P3 的检验

首先，计算每个用户和其他每个用户的相似度（不包含用户和自身的相似度），将得到的相似度序列命名为 S_{inter}，长度为 $40\,931 \times (40\,931 - 1) = 1\,675\,305\,830$ 个数值。然后按照同样的用户顺序，计算每个用户和其他每个用户的典范度之和（不包含用户和自身的典范度之和），得到典范度之和的序列命名为 M_{inter}，长度也为 $1\,675\,305\,830$ 个数值。S_{inter} 和 M_{inter} 中的每个数值，都是严格对应着相同一对用户之间的典范度之和或相似度：S_{inter} 和 M_{inter} 具有正相关性，才意味着 P3 是有统计显著性的。

S_{inter} 和 M_{inter} 之间的皮尔逊相关系数为 $0.33（p < 0.001，N = 1\,675\,305\,830）$，P3 可以得到支持。

结论：意见典范用户会发生相互之间的趋同与闭合，而且两者的相似程度和两者的典范度之和成正相关，而非负相关或无相关。用户个体不是随意、任意"生长"的。用户长成什么样子，受到他所处的媒介场中的其他用户的制约，并且自身也作为一环，再度介入这个用户相似性传递之中。这最终影响到整个社交网络的同化，带来社交网络用户的重复和趋同。

四、结语：意见典范的意味与延拓

本研究集中验证了微博"意见典范"减少用户多样性和丰富性、增强重复的趋同性，有助于丰富对社交网络中的影响力流动，从内容模因到用户模因、从意见领袖到意见典范的研究视域延拓。用户随着典范度的提升，而展现出自我层级同化、典范相互趋同、朝向顶部的趋同化。

(一)从开放性到趋同性

社交网络用户是内容相似化和趋同化的，还是内容多样化、异质化的？一些较为主流的观点纷纷支持社交网络的用户多样性。在此背景下，社交网络的"意见典范"似乎很容易和多样化关联起来：他们看起来似乎是多种多样的典范，是各个细分领域的范本。但是本研究基于意见典范的趋同性及其实证检验导向用户的趋同化与去多样化,而不是在"人人都有麦克风"语境下的多样话语主体。处于趋同中心的是最高程度的"意见典范",而由中心向边缘的则是程度逐渐减弱的意见典范;越是靠近中心圈的用户,彼此之间越是趋同,和中心越是趋同;越是远离中心的外圈用户,彼此之间的相似度越低,和中心用户的相似度也越低。

(二)从意见典范到意见领袖

一些观点会质疑,由于意见典范并不是现实中直接可感的对象,而只是我们抽象出来的一个理论对象和概念而已,是否和具体的实践缺乏紧密联系呢?这个问题并没有构成实质影响。除了理论探索的意义和价值外,意见典范还可以在实际的微博或其他社交网络中转化为实际对象。谁在某种程度上是意见典范或具有意见领袖的角色加持,谁就会在某种程度上具有和展现意见典范的闭合逻辑。

由于意见典范涉及影响力的预测,在这个过程中,每个用户是和自己完全相似的,因此如果自己的意见典范程度越高,相应地其粉丝规模也理应越高,两者需要有正相关性。经计算,用户的意见典范程度和用户粉丝量体现出显著的正相关性,皮尔逊相关系数为 $0.524(p<0.001,n=40\ 931)$。这说明,意见领袖同时也是意见典范。而后者是前者经常被忽视的一个角色和功能。

同时,这也意味着意见典范在 P1、P2、P3 中的趋同性,也会通过意见领袖的属性而传导与呈现,下文分别将其命名为 PL1、PL2、PL3。见图 9:

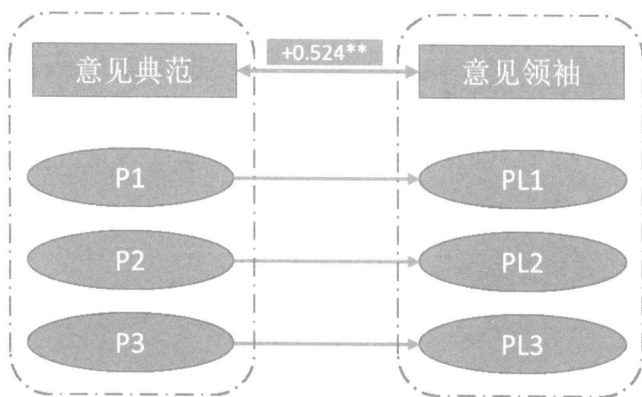

图 9　意见领袖的相似关系与趋同性的假设

关于假设 PL1、PL2、PL3 中自变量和因变量的内涵，见下表（表 2），同时也可参考表 1：

表 2：意见领袖趋同关系的假设 PL1、PL2、PL3 中的自变量与因变量

意见领袖相似关系的三方面假设	对应的关于意见典范相似关系的假设	自变量	因变量	因变量的计算方式
PL1:意见领袖同层级用户的同化	←P1:意见典范同层级用户的同化	用户 u_x 作为意见领袖的程度	设与用户 u_x 在意见领袖程度上相同或最为相近的 k 个用户为 u_k，因变量为：u_x 与 u_k 的用户内容相似度	式(2)
PL2:意见领袖朝向顶部意见领袖的同化	←P2:意见典范朝向顶部意见典范的同化	用户 u_x 作为意见领袖的程度	设意见领袖程度最高的 k 个用户为 u_k，因变量为：u_x 与 u_k 的用户内容相似度	式(2)
PL3:意见领袖之间的叠加同化	←P3:意见典范之间的迭加同化	任意两个用户 u_x 和 u_y，两者分别作为意见领袖程度之和	用户 u_x 和 u_y，两者之间的用户内容相似度	式(2)

基于同一批数据的验证结果支持了该判断：

1. PL1:对于用户 u_x，如果 u_x 的粉丝规模越大，则他和粉丝规模相同或最接近的"同层级"的 k 个用户之间的平均相似度也越大。

下图（图 10）显示，k 取值在［1，11，21，……，1001］的范围，PL1 都是成立的；全部相关系数 P＜0.001，N＝40 391。

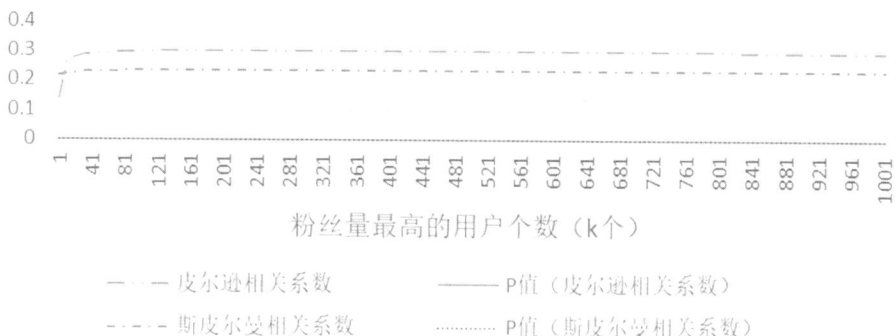

图 10 各种粉丝量"最接近"用户个数 k 值下 PL1 检验结果

附注:图横轴为粉丝量最高的用户个数(K),纵轴为用户典范度 & 该用户与 K 个粉丝规模最接近用户的相似度之间的相关系数及其 P 值

2. PL2:对于任意一个用户 u_x,如果 u_x 的粉丝规模越大,则他和全体用户中粉丝规模最大的"顶部"k 个用户之间的平均相似度也越大。

下图(图 11)显示,k 取值从 $[1, 11, 21, \cdots\cdots, 1001]$ 的范围,PL2 都是成立的;相关系数的 p 值全部小于 0.001。此时计算的样本数 n 全部等于 40 931。

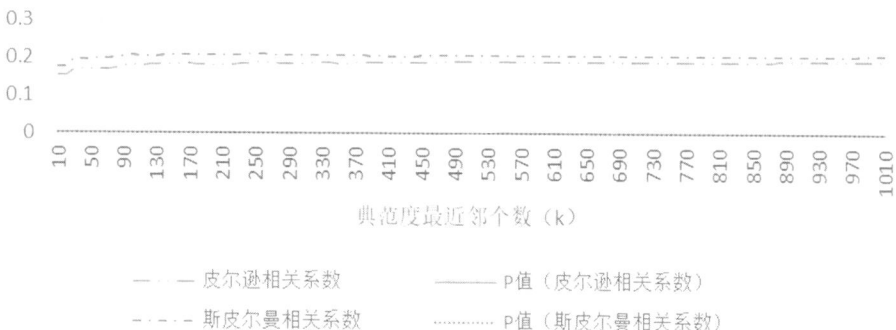

图 11 前 k 个最高粉丝量用户个数下 PL2 检验结果

附注:图横轴为典范度最接近用户个数(K),纵轴为用户典范度 & 该用户与 K 个粉丝规模最高用户的相似度之间的相关系数及其 P 值

3. PL3:对于任意两个用户 u_x 和 u_y,两者的粉丝规模之和越大,则两者的相似度也越大。

采取和前文 P3 类似的检验方法,但是把典范度指标替换为粉丝量指标,其他不变。也即,得到的两组变量,一组是全体用户两两之间的相似度序列(不包含用户和自身的相似度),此处和 P3 的检验中是相同的,仍然为 S_{inter};另一组是用户两两之间的粉丝数规模之和(不包含用户和自身的粉丝规模之和),用户的顺序和 P3 检验中的 M_{inter} 以及 S_{inter} 完全相同,可称之为 F_{inter}。则 F_{inter} 和 S_{inter} 的皮尔逊相关系数为 $0.09(p<0.001, N=40\ 931 \times 40\ 930)$。此处得到的相关系数较之其他假设要低,原因可能是相互趋同的作用机制较之PL1、PL2 更复杂,受到的复杂干扰因素更多,经由传导之后发生了更大的衰减。但总体上,PL3 并未否定这种"相互趋同性"的显著性及其方向,未得到负相关或不相关的结论。

如果意见领袖有着被忽视的"意见典范"的角色,那么它们就会被传导意见典范的同化逻辑,其结果就是意见领袖用户的封闭。实证结果明显地支持了这一点。现实中,这种角色传导还会有其他的向度,这增添了社交网络用户同化闭合的多种路径与潜在空间。

(三)从微观到全局

意见典范的相似关系及其最终表现出的闭合容易引起的一个疑问是,分析这些"细碎"的用户,还有什么更深层次的意义? 其中的一个意义,是这些微观机制对于宏观网络的影响。根据前文已验证的结果,越强的意见典范和其他的典范度相同或不相同、典范度高或低的用户,都具有更强的相似性。由此,将之扩展到宏观层面,尝试提出拓展性的假设 E1:用户的意见典范程度越高,则用户和其他用户的总相似度越高,两者具有正相关。从意见典范的内涵(P0)本身,难以直接推断出 E1 是否成立。但是 P1、P2、P3 的实证结果的成立,给了推测 E1 的一定基础。参照前文方式继续检验。对每个用户 u_x,结合式(2)计算他和其他全体用户(G_x)的总相似度,由于式 2 计算出来的只是 u_x 和 G_x 的平均相似度,因此再乘以 G_x 中的总人数(本案例为 40 930 人)即可得:$H(u_x, G_x) \times 40\ 930$。统计检验结果是支持 E1 的:用户的意见典范指标,和用户与其他全体用户的相似度之和,两者的皮尔逊相关系数为 $0.48(p<0.001, N=40\ 931)$,斯皮尔曼相关系数为 $0.51(p<0.001, N=40\ 931)$。全体用户在和意见典范变得越来越像,而且这种相像的程度,和意见典范本身的典范度是正相关的,表现为宏观意义的社交网络典范化机制。不仅意见典范自身越来越趋

同化,全局用户也在变得越来越向意见典范趋同。

（徐翔,博士,同济大学艺术与传媒学院教授）

Social Network "OpinionModel" and Its Convergence
—Analysis of Microblog Users Based on LSA

Xu Xiang

Abstract: In the open and autonomous social network system and its user generated content, whether and under what conditions the users will move towards the convergence of similarity and assimilation is the alienation risk hidden in social media. This paper proposes and discusses the theoretical connotation of "opinion model" in the production and dissemination of social network information, and analyzes it with microblog empirical data and LSA, which is helpful to enrich the research horizon extension from content meme to user meme, from opinion leader to opinion model. The higher the degree of users as opinion models, the higher their degree of similarity to K users of the same canonical level; the higher the degree of users as opinion models, the higher the degree of similarity to the top highest opinion model; The degree of mutual typicality between any two opinion models is positively correlated with the sum of the two. The role of opinion model is transmitted and diffused to the whole system, and the degree of all users similar to a certain opinion model is directly proportional to the degree of the user's paradigm, which shows that the social network tends to be assimilation of opinion model and growth of social narrowing.

Keywords: Opinion Model; Social Network; User Similarity; Opinion Leader; Latent Semantic Analysis

短视频评论"书写互动"与品牌创意传播"议事共同体"建构①

魏宝涛

摘要: 当前短视频已成为品牌创意营销与传播领域内不可或缺的重要平台工具。在对众多品牌短视频的具体文本内容进行详细梳理后,文章总结出短视频评论与品牌创意传播层面的一些典型规律及特质。短视频作为品牌传播风口的特质主要表现在规约社交属性、有效内容内核及场景配置、故事化讲述上。短视频评论"书写互动"为品牌营销传播提供新的空间与机会,它主要源于注意力稀缺,有着一定的类型化呈现及内在理路。品牌自播需达成品牌、用户和创意传播管理人员"协同创意"的理想"议事共同体"状态,它并非传统虚拟状态的"想象共同体",而是一种参与互动的现实感极强的"议事共同体",此种"议事共同体"能将用户与受众的认知、感受、体验和认同感较好地传递出

① 本文系辽宁省社会科学规划基金一般项目"辽宁文创产品与旅游产业深度融合发展研究"(项目号:L19BGL043)、沈阳市哲学社会科学规划基金一般项目"沈阳文创产品与旅游产业深度融合发展研究"(项目号:SY202010L)共同资助的系列研究成果。

来,从而有效增强品牌创意传播的现实效果和影响力、说服力。

关键词:短视频评论;书写互动;创意传播管理;注意力稀缺;协同创意

英国学者乔恩·莫瓦特在《视频营销:从规划、创意、内容、制作到发布的视频营销策略》一书"前言"中说到:"我们正在进入一个视频第一的世界,背后有最大的品牌和社交媒体平台做后盾。事实证明,视频已经成为能够影响人们行为方式的令人难以置信的有力方式,而技术也发展到了视频可以跃居首位的水平。视频影响着营销和销售的每个部分,并对整个社会都具有巨大的影响力。"[①]似乎也可以理解,目前视频已经成为具有战略性和专注性的稀缺资源,特别是在品牌营销与创意传播领域内,在多数情形下视频已经成为品牌获取成功的重要驱动力之一。

国内短视频行业目前发展势头迅猛,已经成为社交媒体平台中冉冉升起的新星。相关研究报告及研究数据显示,短视频已成为品牌营销传播推广必须正视和重点依托的渠道。品牌营销沟通创意其实带有明确目标指向,其提出问题、分析问题和解决问题的立场与出发点也就自然而然地带有鲜明战略导向。品牌作为商业系统中比较重要的支撑元素,主要依托行业数据和详尽的用户分析及深度挖掘,诉诸包括记忆呈现、体验驱动以及传播沟通交流等层面的综合考量来为企业的增长和壮大贡献独特而典型的力量。如果从品牌传播管理的视角出发,人们可能会最终理解和把握住品牌的本质,就是能够在商业传播中传递更多的美好,能够带给人们(主要是目标用户群体)更为丰富的体验和感悟、特殊的心灵感受等。现在回到短视频层面上来,抖音也好,快手也罢,乃至小红书以及B站等,由于其吸附和黏连的用户日益增多,用户的注意力和互动沟通需求也主要转移到短视频平台上来。于是如何有效利用短视频文本来讲述品牌相关故事就成为品牌营销策划与创意传播人员首先要面对与解决的关键问题。

短视频文本经过平台推送之后,会经历一个不断被阐释、不断被理解的关

---

① [英]乔恩·莫瓦特著,耿聃聃、吕侠译:《视频营销:从规划、创意、内容、制作到发布的视频营销策略》,中国商业出版社2020年,第1页。

键程序,品牌故事要有效融入短视频文本讲述中。品牌故事讲述不能"自说自话",是需要有交流互动层面的呼应、反馈的。与文字相比,品牌短视频的故事讲述需要有一定牵引和引流预设,需要在相关短视频文本中埋入槽点和精心设计的情节。这一方面是因为短视频故事讲述本身不同于人与人的面对面讲述,其反馈效果和具体表现并非能够直接捕捉和把握,这就需要在品牌短视频故事创意传播中设计好相应的"对话互动"触点,此种触点能够起到监测效果和推进故事文本理解与多次分享转发的关键驱动作用。这也可以理解为隐藏在品牌短视频创意策划与传播管理背后的"顶层设计"。

一般来讲,处于此种特定程序状态中的短视频具体文本,不仅承担传递品牌自身价值观、品牌人格、品牌形象的任务,而且会对受众的品牌接受产生直接影响。不同传播基因决定不同的人格表现,而不同人格也就决定不同的传播调性。品牌短视频创意传播需要在前期基础阶段做好科学规划,在内容定位上注重"人格碎片"的呈现,这里的人格碎片不是新的分发,而是一种新的场景。正确把握和理解、认知"人格"关乎后续品牌短视频创意传播的成功率与完成率。短视频中的"人格"就是和他人相区别的一种较为稳定的思维方式或行为风格。综合来看,品牌短视频创意传播主要依托呈现生活片段以及将生活方式传递给目标用户展开。相对于传统广告和微电影等形式来说,采用 15秒、1 分钟呈现完整的、完全的人格在时间上是不够的,因此品牌短视频只能选取呈现人格的基本碎片。

一、短视频特质:社交属性、有效内容内核及场景配置、故事化讲述

整体上来看,品牌在短视频平台的传播推广,实际上对应一种关于"即时反映""消费观念"以及"受众"的内在逻辑理路。这里的"即时反映"说的是人格碎片的显现,而"消费观念"对应具体生活方式引导及扩散,在"受众"方则是有意凸显"表演型人格",因为没有足够时间来完整呈现,这就在整体上明显加大了短视频内容策划与制作的难度。在新的场景下,品牌及产品目标市场用户正在发生改变,于是"有效的内容内核的颗粒度变细"成为短视频主要遵循的创作逻辑及参考规律。这里的"有效的内容内核"能够提升视频完播率。一

般来看,常见的颗粒度分为"一见倾心"的颜值类的呈现,可使用较低成本进行流量转化;再有就是"治愈类"的颗粒度呈现,主要风格为"萌值""机缘巧合"和"声音"等,有着治愈用户内心的精准目标;第三种颗粒度就是"搞笑",其基本逻辑是利用用户的点赞为品牌短视频的"趣味"买单,主要借助表情力和即时反映,使用"由衷佩服的用户视角"来开展专业化内容输出是目前常用的路径之一。此外较为典型的颗粒度要数"价值观的胜利",这也是一种较为有效的内容内核,当然其中一定要结合"人格碎片",要能够清晰把握抖音短视频运营的神奇魔力,即"操作简单""即时反馈""成就感明显"。当然站在用户视角和落地化也是衡量用户变化的重要参照。

总体看来,具备人格化的内容设定,有助于塑造完备的人格三观。依托消费观引领粉丝及用户的价值观,善于用产品经理的视角来编排设计、出版传播内容,善于使用颗粒度更细的人设,采用用户视角打造人设标签,应该是目前品牌创意传播管理人员需要共同掌握的关键技能。目前的一个关键节点就是用户注意力稀缺而且严重过载,尤其是在竞争日益激烈的形势下,传统意义上的影响模式已逐渐呈现出式微态势,品牌短视频传播影响力也在向着更为科学、更为精准的"精耕细作"方向发展。

抖音短视频平台上的品牌创意传播,还是遵循抖音短视频的内在实质,它其实是一种品牌的"精细化"和"人格化"碎片呈现。实际上这种"碎片化"场景是一种崭新的场景,整体上遵循着"始于颜值,陷于才华,忠于人品"的基本逻辑。能否有效构建具有丰富品牌文化的内核,乃至于构建有效内容内核的具有精细颗粒度的人格化、人设标签,是解决与处理相关要点、节点的突破口之一。站在用户立场及用户视角来有效获取用户在情感上的认同,需要依托"用户思维",借助短视频来与用户建立有效连接,打造与用户社交的通道。短视频账号本身是目前企业自媒体框架中的典型代表之一,短视频中彰显的是品牌独特文化传播扩散的过程,其实也是品牌IP创造与维护的过程。品牌不能直接与人发生特定的关联,它应该依靠拟人化的处理,将账号打造成一个带有精细颗粒度的人格标签的独特存在来与特定目标用户进行沟通、交流。

在品牌短视频创意传播程序中,一个最为重要的原则就是有效讲述品牌故事。品牌故事讲述需要品牌在传播进程中有效整合企业形象以及相关产品信息等要素。其中包括地点、时间、人物以及更多关联信息元素，主要诉求于以较为完整、较为集中的叙事结构及较为感性的表现形式来进行传播推广。短视频文本中呈现出来的品牌故事主要利用较为生动、有趣和富于感染力的方式来阐释品牌自身的背景、理念和定位等关联信息，进而激发消费者的内在情感共鸣。企业品牌在自媒体运营过程中首先要分析用户的需求以及期待，从而选取适合自身现实状态的自媒体运营路径，这可以帮助企业以及品牌获得更好的营销推广效果。事实上，目前国内多数企业机构的品牌恰恰缺少这个层面的精细化运营效果呈现。

梳理近期研究成果可知，用户在接收相关品牌传播信息时，应该预先针对受众的决策和评估特点而有所侧重。品牌短视频广告或品牌创意短视频因为自身在时间长度上的固有局限，不可能开展完整的故事讲述，较为习惯性的做法是选择那些引人入胜的，并且也极具品牌吸引力、品牌感召力的表述或呈现来讲述相关观念、理念以及价值观等。这在本质上也是契合短视频行业促进和驱动品牌传播线下场景向线上有效转移的生态需求的。传统线下广告受到短视频的冲击，更多的企业对品牌线上影响力给予特殊的关注。品牌与用户、用户与用户间的沟通交流模式在很大程度上受制于新颖的连接方式、触觉维度以及参与形式等因素。

相比较而言，品牌短视频可以体现产品自身独有的特点，同时配以传播推广企业文化和企业精神的正面形象，就有机会引发用户深层次购买欲望。借助品牌短视频来全面展示产品的特点及属性，能够有效弥补"信息不对称"。在今天的时代背景下，品牌创意传播管理人员尤其要认知和把握在"注意力"成为唯一稀缺资源的状态下如何开展品牌营销传播活动，把握创造具有稀缺性的内容是核心要义。其中关联较为密切的相关技巧、方法和策略、路径将会深度影响传播效果、营销效果和转化效果。

二、短视频评论"书写互动"：源于注意力稀缺的类型化呈现及内在理路

回到我们研究和关注的焦点，品牌创意短视频中的评论书写文本究竟与品牌创意短视频接受效果有哪些关联，是一个值得探索、挖掘和分析的关键问

题。抖音短视频平台的基础运营中有着一定前期准备和预设,其背后是有着一定设计套路的,诸如一些所谓"神评论"会对抖音短视频的运营起到较好的驱动作用。在某些评论书写较多的品牌创意短视频文本中,不乏事先安排好的团队内运营人员以"评论者"身份发表相关评论内容,这也可以被称为事先安排好的评论方向的引导语。此种评论更多以"神评论"形式出现,这些评论表面上看有趣味、有看点,但并非随意就可以表述出来的,此种"神评论"同样也是品牌故事讲述过程中需要加以冷静处理的泛叙事文本。

可以说,评论"书写互动"实际上还是争夺用户和消费者对品牌信息和品牌诉求的注意力与接受力的问题;同时也是积极干预和引导、塑造用户的认知效果和价值评估指向。借助行为心理学、市场心理学经验来参考,可知在"快速粗评"阶段品牌创意传播人员要有效引导和激发用户在第一时间注意品牌和产品信息,其中要注重让用户容易判断好与坏,不能有太高难度,这在实质上能匹配对位的是品牌创意传播管理的初级阶段;此外需要注重的是"个性化评估"阶段,这一阶段主要是激发和引导用户在自我观念及意识上能够获取品牌及产品什么样的价值效用,在自我层面能够获取什么样的收获和益处,这也是评论"书写互动"的最佳匹配阶段,它考验着品牌创意传播管理人员如何设定与用户产生关联的技巧和操作路径。

目前在这些较为典型的评论书写模式中,更为有功力、有策略的评论书写还要数"故事化评论"和"搞笑式评论""情景式评论"。首先,"故事化评论"主要借助人们已有的故事经历和惯性思维方式,将短视频文本中的人物、主题、情节、对话等明确标签填入某个故事情节的角色,从而深度演绎和延伸短视频的故事讲述。从本质上来说,这是一种评论书写"再创作",常用的就是利用已经积累的经验和习惯性思维来将品牌短视频内容中的人物、主题、对话和情节等填充进新的框架和流程中,形成新的故事讲述效果。这是一种原有品牌短视频故事文本的新渠道拓展,是一种影响力延续。例如国货品牌鸿星尔克抖音官方账号中的一则短视频评论写道:"昨天去逛鸿星尔克,架子上已经没有衣服了,我看了一眼店员身上的衣服,她当时害怕极了。"目前此类评论正萌发出由评论、文案等向剧本进化的趋势,可以理解为品牌方、广告商有目的地将他们想要人们消费和使用的产品或服务隐身植入一个特定空间,这同时考验着创意传播人员自身的空间创造和场景叙事创造"双能力"素养。

其次,"搞笑式评论"就是使用常见的搞笑形式发表评论,包括不精准、不恰当的处理,有意出错或者无心出错,暴露自身的弱点与不足,吹牛皮或者"侃大山"等。此类评论书写文本内含趣味感和幽默感,善于利用"错位""喜剧化"等处理方式来激发用户的娱乐体验,常见的就是通过在评论区引导和激励用户发表搞笑式评论,营造品牌和用户之间的亲密感,这也有助于积极社交互动效果的涌现。在社会学家塔尔德看来,模仿就是传播。此种描述能够帮助人们理解和认知上述多数短视频评论书写的"引导"和"示范"角色。

最后,"情景式评论"则是指依托品牌短视频文本内容的场景匹配设置,截取和选择一定情景片段,同时加入自己的评论书写。诸如《悬崖之上》电影抖音官方账号短视频推送中的评论文本书写互动,即"在他颤抖的一刹那,我的心也跟着颤抖起来,仅用一赞,献给用演技诠释演员的表演者"。其典型路径是将用户观影感受植入具体情景中,类似爆款短视频能收获较多的点赞,有力促进电影口碑传播。此类评论书写互动在电影品牌及产品传播推广中较为多见。对短视频内容的点赞、评论和转发、分享,都是评论的一种书写形式,能够有效提升品牌自身传播度和口碑喜爱度、认可度,此种评论书写互动指标更是品牌创意传播管理人员不可或缺的有效参照坐标之一。

到这里,作为读者的人们似乎恍然大悟,原来品牌短视频创意传播过程中的品牌短视频文本自身需要精心创意设计与构建呈现,与品牌短视频文本息息相关的评论书写也是需要精耕细作的。表面上看似可以任意发言、随意评论书写的"评论区",也是需要提前谋篇布局和细心谋划安排的。多数爆款品牌短视频推送中,评论书写中就埋有一定深度的"梗",这个"梗"依赖互动沟通中短视频相关文本的"互文互阅"才可以被理解与认知。账号自身已有一定粉丝量与口碑影响力,这是基础条件,惯常做法是在短视频文本评论书写互动中借助点赞、相互打招呼、恭维的做法,或者是植入不同品牌产品广告语,能起到触碰受众兴奋点,进而推动受众深层次探讨短视频文本内容的驱动作用。

总体来说,品牌短视频创意传播过程中应注重短视频文本评论书写的策略性设计与运营、维护。品牌创意传播管理团队在编码信息和内容创意时将相关能吸引用户注意力的细节要素埋入短视频文本中,为随后的评论书写文本来延展聚焦和评论演绎的触点;另外,品牌短视频创意传播整体架构离不开对品牌故事讲述的全方位、多角度把握。其中尤为需要品牌创意短视频基于一定用户思维、产品思维和服务思维,指导品牌短视频创意传播实际业务流程。

需要明确,此种短视频思维具体出发点是用户,而传统视频广告出发点和基础视角是企业机构自身。传统视频广告都是企业机构擅长并且热衷的常见形式,而短视频则不然,它是用户最为期待和喜欢的选项,这也是有效区分传统视频广告和品牌短视频的主要着力点之一。今天人们所看到的多数品牌短视频创意传播文本,创作者或者传播者的创作及思维展现是很重要的,它们决定品牌短视频创意传播人员在实际操作中的具体认知和具体行动准则。

三、"议事共同体":品牌自播需达成品牌、用户和创意传播管理人员的"协同创意"

前文提过,品牌故事是品牌短视频创意传播主要依托精神主旨和灵魂指引的"中介物",在短视频创意传播进程中随时面临能否有效、准确传递品牌相关内容要素和重点、焦点的问题。有效的品牌故事讲述、品牌故事创意传播需要具备内容真实可信,故事呈现信息能够强化品牌定位,故事情节生动感人,有冲击力与感染力,以及品牌故事具体讲述能有效推动品牌相关使命呈现等关键要素。传统广告更多的是从企业视角、企业出发点来开展品牌传播推广,而品牌短视频则是以客户、用户的需求为出发点,这是必须要有效区分的。品牌短视频在故事讲述过程中并非能够完全理想化呈现,它也面临品牌传播效果"不确定"的潜在威胁,好的品牌故事也不一定就能借助一次传播和推广达到目标,它还需依赖其他更多传播渠道的辅助。这其中品牌短视频评论书写互动从本质上来讲能助推品牌短视频传播散和观念认知的传递。从这个角度出发,人们能理解品牌创意传播管理人员在评论区这个类似"公共领域"的空间内使用相关技术手段或工具来推进用户对品牌自身理解的实际构建效果。品牌短视频文本中的评论书写扮演着某种补偿和校正意义符码理解指向的关键角色。综合目前笔者能够收集、汇总到的短视频典型评论书写文本来看,在多数情形下品牌短视频文本中的评论书写能起到防止理解偏失情况出现,或者是及时拉回错误和偏颇理解的抢救性处理的关键角色作用。

品牌短视频创意传播过程中,适时利用评论书写互动文本连接一定的社会问题或热点话题,借助反映社会问题及带有社会情绪的评论书写文本,或是带有社会情绪、网络情绪的评论书写话语,更能吸引用户注意力。短视频形式的故事讲述,说到底还是依托视听语言来传情达意,它也同样面临一种理解和认知指向上的多义性挑战。于是对应品牌短视频创意传播文本中的情绪和共鸣,就需要在评论区的"评论书写互动"这个特定沟通空间内适时回应或释放短视频文本中的情绪累积,进而产生共鸣,这是一种典型的"同频律动"的信息处理过程。通过品牌故事以及符合品牌定位的情感、情绪诉求,引发用户(受众)与品牌之间的共鸣与关联,这是品牌故事真正发挥其营销沟通、营销传播角色功能的主要手段。品牌故事在一定程度上能实现将品牌某种特殊品质、特定的属性"拟人化"的功效,品牌短视频故事文本中一定会带有某种价值观、某种人设,这些传播要素也就为品牌传播的诉求或者品牌共鸣的最终呈现提供了必要基础支撑。同时也能看到品牌短视频创意传播更多倾向于以某一特定品牌故事,或者某一特定调性品牌系列故事为依托,这有助于在品牌短视频评论书写环节更好地整合评论书写文本资源来集中开展一个关键活动,品牌自身期待通过带有浓郁而强烈的情感、情绪共鸣的故事讲述来有效占据用户(消费者)心智。

似乎也能从另外一个视角来理解和认知品牌短视频创意传播中的"病毒式传播"实践操作的方法与路径。其中最为明显的就是"诱因"的设计构建与实践。此种"诱因"往往隐含于品牌短视频创意传播故事讲述中,常见应用方法就是有效引导用户(受众)联想到品牌自身相关介质,其主要技术路径为借助瞬间记忆有效激发用户对美好生活的渴望与向往,进而有针对性地产生品牌联想和延伸,以便在获取用户某种认同的基础上引发深层次自发分享传播。品牌短视频评论书写文本不仅包括对品牌短视频文本中隐含重要传播元素的提示和引导性评论,而且带有"协同创意"性质的补偿、文本填充书写;再有就是评论书写更多涉及品牌故事讲述中情感、情绪的共鸣,此多为品牌故事勾连起一定社会问题、社会情绪,从而引发用户强烈的参与兴趣和围观欲望,其中就包含依托用户自我感知相关要素来开展相关运营及维护活动,主要包括"社交货币"和"情绪""公共性"三个层面。依托类似"谈资"这样的"社交货币",利用人们天生喜欢分享的社交需求心理,有效唤起用户的生理情绪以及无处不在的从众心理,此种从众心理恰恰就是群居属性者的典型心理特征。

从目前国内品牌短视频创意传播具体实践来看,多数品牌在自媒体平台上投放广告和营销推广较多。粉丝量较多的自媒体优质内容生产者,能利用短视频创意传播及呈现套路不断彰显营销推广传播角色。一个较为尴尬的现状是目前大多数国内品牌并未形成一个较为系统的品牌"自传播"短视频创意传播框架体系,常见做法还是将原有广告视频、品牌宣传片,甚至是品牌介绍视频重新剪辑编排发布出来,本质还是以企业品牌营销传播为出发点,而并非以用户或消费者需求视角来编排和呈现。例如长安汽车官方抖音账号发布的多为汽车性能测试、节省挑战和旅游伴侣的特定性能、属性、优势介绍,宣传推广的调性较浓郁,多以品牌产品自身宣传推广介绍为主基调,在评论书写环节缺少回复反馈,以及彰显品牌官方姿态和声音、立场的动作。在单条短视频文本评论区域内多数评论也都集中在"订货之后未及时交车""实测油耗对比反馈"以及"相关吐槽""质疑某种说法"等,这些会严重干扰和妨碍品牌自有特定卖点、特有属性的正常传播。品牌官方必须要在"评论书写"范围内力争掌握舆论主动权和口碑传播主导意向。这也是国内多数汽车品牌短视频创意传播环节必须要正视的问题之一。再如国内地产品牌万科的官方抖音账号"万科南方区域"推送的短视频文本评论中就包括"爸爸妈妈在澳门旁买房啦!给大家看看我们的家"以及"今年在珠海过冬,澳门旁旅居大盘,冬天太棒了!"这样的短视频标题,还是具备从用户视角呈现意向的效果的。品牌短视频创意传播要密切关注"评论书写"领域的信息传播倾向与传播基调,不能没有任何的回复或放任评论氛围和基调泛滥扩散。

品牌短视频创意传播必须要在科学系统的创意思维指导下来开展以视觉修辞、视觉说服为主的说服性推广。其中难免在观念呈现、爆点突破、说服并培养用户认同感等领域出现一些问题,如叙事不清、词不达意、繁杂冗余等。综合来看,可以归结为没有达到清晰简练表现和传递品牌自身价值和品牌观念的效果。当然上述目标实现的根本前提是让用户或目标消费者对你感兴趣,想要认识和了解你,有继续了解的这个想法或冲动,否则有效说服消费者和用户就成为一种奢望。品牌创意传播最基本的表达与阐释说明就是要让用户和消费者清晰把握其真实含义。在实际业务运作中，这也因品牌营销策划及创意人员的功力、能力差异而有所区别。品牌短视频创意传播中的"评论书写"恰恰就是社交媒体平台能够提供给短视频用户交流短视频收看效果或者传播效果的一个传播触点所在。它可以及时纠正和调整理解上的偏离或误差，当然这就需要品牌方客服人员（或代理客服）及时跟进和事先设计安排及组织相关人员积极参与到此种品牌短视频文本"评论书写"的"议事共同体"构建中来。这也是目前多数品牌在自播领域开展短视频创意传播时亟待跟进的主要节点之一。

短视频评论文本"书写互动"作为品牌短视频创意传播注重的特殊领域，能够有力助推品牌传播诉求与传播推广的"议事共同体"传播触点融合和深度构建。表面上来看此种"议事共同体"给人的印象类似"公共场域"，可以在评论区内自由发表和展示相关意见及感受，但实质上此"议事共同体"并非"飞地"，要遵守相关法律、法规和伦理、道德底线。此"议事共同体"能发挥影响、强调某种意见和议题的角色作用，尤其需要创意传播管理专业人员以及客户售后服务人员及时关注和反馈，对评论区的评论文本"书写互动"给予足够重视。品牌短视频创意传播过程中，及时在点赞、评论区发表评论互动是较为常见的必要动作，此种评论文本"书写互动"实际上承担着激发和吸引用户从"闲逛""散步式"刷视频进入对品牌短视频创意传播文本的深度了解和认知阶段的作用。需要注意，此环节是不能随意忽略的，此种评论文本"书写互动"能够召唤"志同道合"的相关人群进入讨论区及评论区的场景中。这是不同于过去虚拟"想象共同体"的状态[1]，是一种参与互动现实感极强的"议事共同体"，此种"议事共同体"更能将用户与受众的认知、感受、体验和认同感较好地分享、传递出来。

（魏宝涛，文学博士，辽宁大学新闻与传播学院副教授、硕士生导师）

---

[1]　陈龙：《转帖、书写互动与社交媒体的"议事共同体"重构》，《国际新闻界》2015 年第 10 期，第12 页。

Short Video Commentary "Writing Interaction" and the Construction of "Deliberative Community" of Brand Creative Communication

Wei Baotao

Abstract: At present, short video has become an indispensable platform tool in the field of brand creative marketing and communication. After combing the specific text content of many brand short videos in detail, this paper summarizes some typical rules and characteristics of short video reviews and brand creative communication. The characteristics of short video as the outlet of brand communication are mainly manifested in the regulation of social attributes, effective content core and scene configuration, and storytelling. The short video commentary "writing interaction" provides new space and opportunities for brand marketing communication, which is mainly due to the scarcity of attention, and has certain typed presentation and internal logic. Brand self-broadcasting needs to achieve the ideal "deliberative community" state of "collaborative creativity" among brands, users and creative communication managers. It is not a traditional virtual state "imaginary community", but a deliberative community with a strong sense of participation and interaction. This deliberative community can better convey the cognition, feeling, experience and identity of users and audiences, thus effectively enhances the realistic effect, influence and persuasiveness of brand creative communication.

Keywords: Short Video Review; Writing Interaction; Creative Communication Management; Scarcity of Attention; Negotiation Creative

社会性别弯曲：男性美妆博主的风格呈现与性别操演①

曾丽红　陈雨莹

摘要：随着社会、经济和文化的多元化发展，男性的媒介形象较之以往的阳刚威猛与孔武有力，发生了较大转变，其媒介呈现风格也朝着多元化的方向发展。譬如男性美妆博主的出现，就颠覆了传统社会对男性形象的单一认知。在消费主义狂欢语境下，男性美妆博主参与到原本专属于女性生活空间的话题领域中，从而进一步改变了由传统文化认知所带来的性别区隔差异。本文以男性美妆博主为研究对象，结合媒介镜像与性别操演理论，探究性别风格呈现与性别身份建构及其深层次的社会意涵。研究发现，男性美妆博主性别杂糅式的风格呈现，实乃通过性别操演完成了一次短暂的社会性别交换之旅，这是一种"社会性别弯曲"的媒介镜像展现。

关键词：男性；美妆博主；风格呈现；性别操演；社会性别弯曲

① 本文系国家社科基金一般项目"社会性别视角下女性媒体工作者的职业发展研究"（项目号：18BXW034）的阶段性成果。

近年来随着人们的审美观念和消费理念的转变，美妆经济占国民经济的比重不断提升。2019 年，中国化妆品行业市场零售额达 2992 亿元，年累计增长率 12.6％。预计 2019—2023 年，我国化妆品行业将维持 8.3％的复合增速。① 显然，短视频是带动美妆行业增速发展的营销引擎与驱动媒介，在 UGC/PGC/MCN 的助力与 KOL 引领的粉丝经济推动下，美妆博主直播带货成为消费行业的营销风口。当下一些活跃的 ACG 平台如 Bilibili 弹幕视频网站（以下简称 B 站）等，作为年轻人高度聚集的多元文化社区，为各种特定社群如美妆趣缘群体提供了充分活跃的媒介展示舞台。在社交媒体平台上，男性美妆博主的形象风格各异、多姿多彩。有学者从传播学角度对男性美妆博主展开研究，认为其是资本和商业力量为迎合女性对"他者"的审美需求而衍生出来的消费符号。② 另有学者通过分析女性消费男性美妆博主的心理动因，深刻揭示"他者凝视"路径更有利于女性用户积极规训自身。③ 也有学者结合"性别戏仿"的理论视角，指明男性美妆博主实则在利用自己的性别优势审视打量着女性世界，而其根本塑造的是男性眼中的幻想女性。④ 概言之，男性美妆博主的出现，打破了传统社会对性别印象的单一认知。在消费主义狂欢语境下，男性参与到原本专属于女性生活空间的美妆领域之中，从而进一步改变了由传统文化认知所带来的性别区隔差异。那么，男性美妆博主的媒介形象风格如何呈现？ 其如何以及为何会进行性别操演？⑤ 本文尝试结合媒介镜像与性别操演视角，在现实和理论层面回应在混杂情境下由社会性别建构所带来的深层次的社会意涵。

---

① 产业信息网：《2018—2019 年上半年中国化妆品行业市场规模、化妆品销售情况及未来发展趋势分析（图）》，2019 年 9 月 3 日，https://www.chyxx.com/industry/201909/778690.html.

② 马金龙：《男性美妆博主兴起的传播学解读——以李佳琦为例》，《新闻研究导刊》2019 年第 13 期，第 48—49 页。

③ 钟楚怡：《女性消费男性美妆博主的动因研究》，《视听》2020 年第 1 期，第 147—149 页。

④ 董娃：《"中区"场景下男性美妆博主的性别戏仿行为研究》，中央民族大学硕士学位论文，2020 年。

⑤ 真正跨性别的男性美妆博主不在本文讨论之列。

一、媒介镜像:性别杂糅的风格呈现

从古代宗教祭祀者身上的彩色图纹,到秦朝时的"红妆翠眉",再到如今商场柜台上琳琅满目的化妆品,美妆作为一种历史悠久的人类文化实践,代表着不同时代人们的审美趣味和文化品格。当下我国的经济已由高速发展阶段转向了高质量发展阶段,人们对消费的追求更趋向多样化、风格化与审美化。除了基本的物质需求,人们对身体的审美追求也开始从物质消费中苏醒萌芽。美妆领域逐渐成为人们追求物质与精神满足的高级消费领域,而作为可以"改造"身体、提升身体美感的介质,美妆护肤产品正受到人们的青睐。尽管美妆产品不是所有人的生活必需品,但对于有个人形象需求的消费者来说,美妆产品正逐渐成为日常用品。① 在人们的固有性别认知中,美妆是女性的专利,男性与美妆之间有一道性别鸿沟。但事实上,美妆并不是女性的专利,在我国,男性美妆也有着悠久的历史文化传统。早在汉朝孝惠年间,"不敷粉不得上值"的规定就已出现,官员必须带妆上班。据《汉书·佞幸传》记载,"郎侍中皆冠、贝带、傅脂粉",意思就是郎中和侍中等官员,戴着插有雉鸡羽翎、贝壳装饰飘带的帽子,脸上还涂着白色薄粉。② 魏晋时期,阴柔之风成为审美主流,人们对于娇弱美男的推崇可谓是登峰造极。晋朝对于美男是这样描述的:"肤如凝脂,唇赛点朱,面似月下白玉,腰如风中杨柳,口嘘兰麝,体溢芳香,端的一个好皮囊!"③如"掷果盈车"的潘安,"傅粉何郎"的何晏,都可称得上是古时的"美妆达人"。唐朝时,男性除了化妆,还会经常在发髻上佩戴牡丹之类的饰品"招摇过市",这种流行风尚直到宋朝时才开始慢慢消退。

时尚与审美一直在历史的车轮下摇摆与轮回,近年来"颜值正义"与"美貌溢价"等网络热词不断通过媒介文化渠道反渗到现代人的日常生活结构当中,各种身材与容貌焦虑正在吞噬和浸染着当代社会大众的审美文化意识。而在

---

① 汤露敏:《美妆博主李佳琦短视频传播策略研究》,河北大学硕士学位论文,2020年。
② 闫瑞:《〈明史·佞幸传〉研究》,东北师范大学硕士学位论文,2013年。
③ 李建国:《论张翰〈周小史〉的诗史意义——以同性恋和宫体诗为线索》,《三峡大学学报(人文社会科学版)》2012年第3期,第45—48页。

此过程中,催生出由"她经济"衍化而来的一系列医疗美容、偶像养成类节目等颜值产业,与颜值密切相关的"美妆"也成为人们为之疯狂的一个消费领域。尽管美妆在人们的传统性别认知中是属于女性的专利,但随着颜值经济的崛起,社会对男性的审美标准也发生了变化与偏移。人们对男性的审美要求不再拘囿于"阳刚""坚毅"等硬汉风格,许多中性化的男性形象开始大受欢迎,乃至于形成了一种"男色审美"风暴,"小鲜肉""阴柔"等类型的男性形象开始在媒体上大行其道。伴随着自媒体时代短视频的风行,男性美妆博主也相继涌现,他们凭借着精湛的化妆技能、风格化的内容表达以及干货型妆教分享,吸引着众多粉丝们送出"小心心",或为其投币、充电,具有极高的粉丝粘性和圈层号召力。如 B 站知名的"千户长生""毛戈平""海男 Rex""吉阿星""莲龙青"等男性美妆博主,凭借其个人特色与妆教风格,一时间圈粉无数。男性美妆博主群体的浮现,显然与盛行的"阴柔之风"息息相关。在当下的电视节目和影视作品中,容貌秀气、妆容精致的男性更容易受到观众的欢迎。[①]

媒介镜像是指"作为社会有机组成部分的媒介,如镜子一样在主体和他者之间充当着介体的作用,媒介这面镜子呈现出来的图像充满了强烈的隐喻色彩,其作用是帮助人们认知世界从而认知自我和所处的社会"[②]。在传统社会中,字正腔圆、掷地有声的刚硬声线被默认为男性的气质标签。而在男性美妆博主的媒介镜像呈现中,这种性别认知正在被打破:男性美妆博主在视频中的话语叙述呈现出女子般的似水柔情与娇媚细腻,譬如通过改变发声习惯(提高声线)、放慢讲话语速、放缓讲话语调,反复呢喃某一关键要点,等等。因而在听觉上,男性美妆博主的声音大多比较温柔,注重细节,偏向女性化的柔美细腻,并且大多会结合"本仙女"等不经意间流露出的女性化词语,也有部分是特意的变声或者伪造的声音。譬如他们在美妆视频中会以"本仙子""本宫"等女性化的命名来自称,或者以"我们女孩子""我们这种仙女""我们集美"来表达对自身性别的定位。千户长生号称 B 站第一男性美妆博主,拥有 143 万粉丝,

① 陈雪:《从传播学视角分析以李佳琦为典型的男性美妆博主的兴起》,《视听》2020 年第 4 期,第 136—137 页。

② 霍一雯:《论媒介镜像及其对意义的建构》,《西北大学学报(哲学社会科学版)》2021 年第 2 期,第 161 页。

并获得 B 站官方颁发的"bilibili 2018 百大 UP 主"称号,他于 2017 年开创飞人独立美妆品牌 Croxx,该品牌获得了较高的知名度。千户长生以毒舌语言风格而著名,他常常带着夸张的语调并以"本仙女""本宫"自称,表达出对自身性别的专属定位,用以拉近与女性之间的距离。再如吉阿星的声音乍一听非常的柔美细腻,他将自己的声线直接包装成为细腻女声。而另一男性美妆博主仙姆 SamChak 在视频中分享其美妆小技巧时则会使用柔声细气的口吻进行"说教"……

在视频媒介的视觉呈现与视觉修辞上,男性美妆博主会以不同的妆容以及颜色搭配来展示自己独特的风格路线。譬如他们经常会通过眉毛的造型来提升他们的精神气质并增强个人风格,一些男性美妆博主喜欢以日常的淡妆出镜,搭配相对平缓的剑眉,给人一种明朗而又不失亲切的温柔感,如田逾欢 sirius 和毛戈平。另一些喜欢扮女装和化欧美妆容的男性博主则选择画细眉和挑眉,这些博主大多以性别反串形象出现,如千户长生经常有意无意地透露自己的女性性别取向。用户们对博主的女性化印象认知进而得到强化,来自"同性关怀"的"姐妹情谊"也会进一步得到提升。作为点睛之笔的口红,男性美妆博主一般会选择裸色系以搭配日常的视频妆容,但也有少数时候男性博主会使用出挑鲜艳的色系来完成仿妆或烟熏妆等妆容尝试。与此同时,适当搭配唇膏、眉毛、睫毛、眼线、底妆,甚至美瞳的使用也会增加男性美妆博主的形象魅力指数,使其更加增添性别魅惑之感。此外,他们还会在面部表情、行为动作、肢体语言等方面表现出鲜明浓烈的女性化气质,譬如在视频中会夹杂一系列如撩头发、眨眼睛、嘟嘴、兰花指等刻意消解男性气质并有意凸显女性气质的性别风格呈现。

总之,男性美妆博主"恣越肆意"的身体风格呈现,彰显出一种跨性别的混杂性和跨情境的现代性体验。这种性别杂糅的风格呈现不但契合了碎片化时代媒介实践主体的审美风格和审美需求,也是当代性别文化主体媒介镜像的集中展现。诚然,"媒介所呈现出来的镜像在人们的认知过程中充当着主、客体之间的介质"①，通过媒介实践建构他者形象来实现自我认知，媒介镜像在整体上形成了当下再现社会/文化主体的特殊机制。它一方面是社会、政治、经济、文化等因素综合形成的结果，另一方面也是媒介文化主体（男性美妆博主）自我情感、性别意识和精神信仰的欲望投射和他者再现。

二、"社会性别弯曲"：流动不居的"性别操演"

"性别操演"的概念是由后现代主义女性学者朱迪斯·巴特勒提出来的，她认为，主体的性别身份不是既定的和固定不变的，而是不确定和不稳定的，亦即表演性的。在开放性的社会历史语境下，性别能动跨越了主体性的界限，性别不再被看作是一种稳定的身份，而是被视为一种身体风格，因而具有流动性。巴特勒继而指出，不是主体创造了制度、话语和实践，而是通过确定主体的生理性别、社会性别和性欲倾向来创造主体，性别在此基础上不再是固定不变的，而是生动多样的。"它是使各种不同形态的身体姿态、动作和风格得以构建一个持久不变的性别化自我的假象的世俗方式。"②换言之，对性别的表达通过身体姿态和动作的个体塑造来完成，性别划分只是一种社会规则，它在重复操演的过程中产生出不同性别气质的呈现风格。至于"性别弯曲"，最初来自酷儿理论所提出的"弯曲的直线"一词，一些酷儿幽默地自称为"弯曲的直线"，这种说法充分揭示了各种性别分类界限之间正在变得模糊起来的新趋势。③ 社会性别的构建不仅仅是生理学、荷尔蒙和人类天性造成的，它还包括内化后天的社会性别规范的要求而表达出的性别模式。④ 在"男性"和"女性"这两条平行二维直线的基础上，社会性别因工作关系、社会结构、文化产品而跨越生理性别的边界，出现所谓的"社会性别角色的弯曲"现象，即社会性别弯

---

① 霍一雯：《论媒介镜像及其对意义的建构》，《西北大学学报（哲学社会科学版）》2021年第2期，第160页。

② ［美］朱迪斯·巴特勒著，宋素凤译：《性别麻烦：女性主义与身份的颠覆》，上海三联书店2009年，第184页。

③ 李银河：《酷儿理论面面观》，《国外社会科学》2002年第2期，第23—29页。

④ ［美］朱迪思·洛伯著，郑丹丹译：《"黑夜与它的白天"：社会性别的社会建构》，载佟宁平、杜芳琴主编《不守规矩的知识》，天津人民出版社2003年版，第245—282页。

曲（gender bending）。"社会性别是通过人类的互动、社会生活而被不断地创造和再造的——正像文化一样，社会性别确实是我们每个人持续不断地'做'出来的一种产品。"①男性美妆博主的风格呈现，亦即在商业情境下通过性别操演实践完成了一次短暂的性别交换之旅，这正是一种"社会性别弯曲"的媒介镜像展现。

在世界文化史上，女性一直被视为男权文化消费的对象，从对女性身体的占有，到文化上的占有，最终形成了男性中心主义的性别统治。作为强势性别，男性拥有天然的心理优越感。在中国文化史上，女仿男成为经典（如女驸马、花木兰），而男仿女通常被视为不入流的行为。当然也有特殊情况，譬如在中国戏曲中，就有所谓的"乾旦坤生"之说，乾指男性，坤指女性，如京剧中的四大名旦和四小童伶。古时的男旦艺术就是男扮女装、男唱女腔，这是因为那时的职业戏班中是不允许女性登台的。在明清时期，这种戏曲艺术中的性别隔离制度变得愈发严苛。男女合演通常被认为是有伤风化的，因此男演女在戏剧舞台上非常流行。国学大师陈寅恪赋诗《男旦》有云："改男造女态全新，鞠部精华旧绝伦。"然而，男旦一统戏剧界的局面在清末很快被打破，一些租界城市开始出现女性登台唱戏的状况。这种男演女的跨性别艺术表演实则是一种典型的商业性别操演活动，它的出现并非纯然艺术的选择，而是基于社会性别规范的要求以及职业性别选择的底层逻辑。在具体的历史情境下，性别操演实践被重新接合与重新安置。通过对性别的反转、反串与角色表演，曲艺实践将性别身份视为一种流动的社会建构性的存在，而这种性别身份的流动性来自性别身份的超越性和反身性。

在巴特勒看来，被赋予性别的身体及其行为，并不具有本体性，没有真实的性别，也没有虚假的性别，"性别"只是一套关于"身份"的话语效果，②社会性别的建构条件就是行为和身体。男性美妆博主通常凭借姣美出众的外表和娴熟的美妆技术经验来吸引女性用户的目光。男色消费被纳入其性别操演程序，并接受来自女性目光的审视。譬如作为清新小鲜肉代表的"欢妹"田逾欢

---

① West, C., D. H. Zimmerman. "Doing Gender". *Gender & Society*, 1987, 1(2), pp. 125—151.

② Judith Butler. *Gender Trouble: Feminism and the Subversion of Identity*. London: Routledge, 1990, p. 136.

sirius 拥有 89.1 万粉丝，他的视频作品以分享穿搭、日常妆容推荐为主，同时也会实时跟进热点影视作品的仿妆。仙姆 SamChak 的短视频作品则包含大量女性化妆教程，大到整个脸部的底妆，小到眼妆的画法，讲解都非常耐心细致，使用的都是女性化的语言。事实上，"话语塑造了一种可能性的环境，话语是可能性与想象的虚拟空间"①。除了传授美妆技巧，仙姆 SamChak 还在美妆视频中进行当红妆容仿妆，吸引了大批女性观看模仿。在美妆视频中，扮演女性角色已经成为男性美妆博主热捧的类型，他们通过化妆和服装配饰将自己装扮成女性，或者通过跨性别形象给用户带来新奇感。例如男性博主吉阿星除了分享展现日常化妆视频，还会经常发布生活视频与观众交流互动，并勇敢与粉丝分享自己的性别感受，与粉丝之间展开深层互动。概言之，男性美妆博主在视频作品中可以根据自己的需求和意愿来切换性别身份，从而尽情展现出个人风格与性别偏好。

戈夫曼认为，人的日常生活就是各种表演，人们总是通过行为来表现自己并给他人以印象认知，即用各种语言符号或它们的代替物作为明显的表达来建构他人眼中的自己，并在日常生活不同情境中"扮演"不同的角色，在表演中呈现自我，进而得到自我认同。② 人们在不断提升的社会包容性之下寻找更加自由开放的自我，追求自我认同与他人认同，实现心灵寄托与职业选择下的自由。当下大众对女性博主已经出现了审美疲劳，而男性美妆博主则可以利用其性别身份的错位展演来收割商业流量和社会能见度。他们依托互联网的虚拟性，对性别身份进行虚拟化包装。在消费语境下，人设可以虚拟化，性别也可以被虚拟化。换言之，男性美妆博主通过特效、滤镜、面部妆容、表情声音、肢体动作等视听符号的包装，将女性化特质尽情操演出来。在美颜滤镜的技术加持下，性别身份可以在虚拟与现实情境中自由切换、尽情展演。其性别操演风格成熟多变，如"反串"性别气质，使表演增添泛娱乐化色彩。男性美妆博主还会尝试结合女性妆容与娱乐搞笑的内涵段子，刻意打造热门仿妆，并结合

---

① ［美］劳伦斯·格罗斯伯格著，庄鹏涛、王林生、刘林德译，金元浦审校：《文化研究的未来》，中国人民大学出版社 2017 年，第 195 页。
② 陈雪：《从传播学视角分析以李佳琦为典型的男性美妆博主的兴起》，《视听》2020 年第 4 期，第 136—137 页。

视频剪辑如鬼畜、声音处理、定帧、搞笑配乐或选取搞笑画面作为封面,对视频标题进行戏剧化渲染以增添其趣味性。用户们在观看娱乐化的性别表演过程中收获心理愉悦与情感满足,在正面的愉悦感身体管理机制的运作下,女性不再将美妆视频中高度细节化和烦琐化的身体实践视为负担,而是将这一媒介消费实践视为文化之旅或开心游戏。于是,性别操演作为一种话语表达和情感调试的中介机制,使男性美妆博主的日常工作实践被商业逻辑不断地改造、建构与再生产化。

三、性别凝视:消费语境下的身份置换

凝视,意为"长时间的观看"或"延长的观看",这一词语在 20 世纪后成为西方文化研究和批评的重要概念。拉康的镜像理论认为,"凝视"是作为欲望对象的他者对主体的注视,是主体的看与他者的注视的一种相互作用。① 当下短视频的迅猛发展成为媒介技术实践中视觉文化传播的重要助推力,"看"与"被看"的指向关系在多重"屏幕"的流转之间变得更加明确。在美妆视频的动态播放过程中,男性美妆博主的身体和形象成为流动的商业景观和被凝视的客体,从化妆、美颜到言行举止,男性美妆博主在穿透屏幕的重重目光中不断接受女性的审视与检阅,并随时调整自我形象。譬如其和用户在投币、点赞、评论、弹幕等机制下相互交流和反馈,创造专属于自己的性别意义和风格实践。张蔷曾经将粉丝经济解读为"以粉丝社区为营销手段增值的情绪资本"。② 显然,男性美妆博主的观众对其进行关注投币充电的行为从本质上来说也是一种粉丝经济,其实质是建立在粉丝和博主之间的一种经营营利行为。对于男性美妆博主来说,美妆视频不仅是其获得物质收入的渠道,也是其与志同道合的网络趣缘群体建立、延伸和巩固情感资本(情绪资本)的桥梁,这是一种心灵和精神的寄托。在职业选择愈发多元化的当下,男性美妆博主成为一种性别差异化的职业入选捷径。他们凭借"性别差异优势"与"物以稀为贵"的

---

① [法]克里斯蒂安·麦茨等著,吴琼编:《凝视的快感——电影文本的精神分析》,中国人民大学出版社 2005 年,第 8—9 页。

② 李晗:《推动"粉丝经济"良性发展的思考》,《时代金融》2017 年第 8 期,第 258—259 页。

商业运作逻辑,在经济场域中拥有更多社会资本与使商业流量变现的机会。作为美妆领域的职业入场券,男性美妆博主可以通过网络视频平台分成、参加线下活动以及与化妆品牌合作推广等方式来获得直接或间接的经济收益。

波德里亚在《消费社会》中一针见血地指出,人们对待商品的心态已经不仅仅满足于最初意义的对其消费物的使用价值,更是对其商品附加值,即背后带来的意义,如给人带来的社会地位、精神满足、财富等个性展现的渴望,这种心态正催生出一种新的消费趋势:商品不仅是作为消费品而存在,还正因为需求而被制造出来。[①] 在当下高度商品化的消费语境中,一切皆可成为商品,女性的身体可以成为被消费的符码,反观男性身体亦然。从男性明星的广告代言、小鲜肉追捧、男子阴柔化现象以及男性美妆博主的兴盛等传播现象来看,无孔不入的情色消费无不呈现出"看"与"被看"的性别置换关系。在这里:男性的身体和容貌变成了一种符号,被消费;变成了一个客体,被凝视。在女性欣赏男性美妆博主发布的视频的过程中,男性的身体置换了女性身体的"被看"位置,"凝视"与"被凝视"的反向关系投射为观众注入了新的情感势能和性别想象空间。在性别凝视的过程中,男性成为女性目光凝视的客体和视觉愉悦的对象。在消费主义狂欢语境下,女性从"被凝视"的性别表征装置中胜利出逃,而传统意义上性别观看的主客体位置发生了根本性的颠覆与置换。

波德里亚揭示,"在消费的一整套装备中,有一种比其他所有的都更珍贵、美丽、光彩夺目的物品——这就是身体"[②]。在巴特勒看来,性别述行和身体述行是一体化的同构进程。在商品拜物教逻辑下,商业资本与流量经济也在竞逐与操控男性美妆博主的身体呈现风格。布迪厄曾经精辟地指出,社会资本是实际的或潜在的资源的集合体,那些资源是同对某些持久的网络的占有密不可分的。这是一种体制化的网络,这一网络是同某团体的会员制相联系的,它从集体性拥有资本的角度为每个会员提供支持,提供为他们赢得声望的凭证[③]。当下互联网充当了一种新型的关系渠道即社会资本网络,建构了一种全新的社会关系融入规则,它将现实中的社会资本转换成网络上的关系渠道,以

---

① ［法］让·波德里亚著,刘成富、全志钢译:《消费社会》,南京大学出版社2001年。
② ［法］让·波德里亚著,刘成富、全志钢译:《消费社会》,南京大学出版社2001年,第98—99页。
③ 苏海潮:《图书馆的社会资本随笔》,《图书与情报》2007年第2期,第23—26页。

供用户随时提取与交换。换言之，男性美妆博主通过发布视频作品来吸引用户的注意力，久而久之这些虚拟的关系网络最终会以社会资本的形式反馈给博主自身。① 正如弗雷德里克·杰姆逊所言，"文化已从过去那种特定的'文化圈层'中扩张出来，进入了人们的日常生活，成为消费品"②。男性美妆博主通过性别脱嵌与生活入嵌的性别操演方式来展现自我，吸纳流量并聚集人气与关系网络。在特定的网络空间关系构型中，性别从主体身份中脱嵌出来，这种流动性、虚拟性和表演性的社会性别在商业情境中得到淋漓尽致的展现。当性别可以被改变、被虚拟，性别气质也可以被模仿、伪造和替换时，正如巴特勒所言的"没有实体，只有行为"一般，性别抽离进入主体身份的原初状态。为了打捞与收割社会资本与商业红利，在"性别凝视"的消费语境中，男性美妆博主会寻求利益最大化的身份切换与资本转化逻辑。

　　萨特的存在主义理论认为，"凝视"是一种可能存在的他人目光，凝视充当着将"我"推向"我本身"的中介作用。③ 拉康则从精神分析的角度出发，揭示出凝视的目光始终是来自他者的，主体的认证来自他者目光的凝视。④ 尽管从性别操演的施动逻辑来看，男性美妆博主一直处于"被凝视"的位置，女性用户貌似拥有了主动的性别观看权力，然而其背后依旧隐藏着来自男权世界的凝视目光——男性依然在利用自己的性别优势居高临下地审视与打量着女性的生活世界。拉康继而指出，可见世界中的外部"凝视"在决定着我们自身的存在，人们会通过"凝视"将记忆中的"他者"和镜像中的"我者"形成对比，进而确认自我的"存在"。⑤ 在"惩戒凝视"之下，女性总是根据他者的凝视来调节自己对世界以及对自己的观看。⑥ 女性关心自己的身体和妆容，"就像圆形监狱里的

　　① 贺佐成：《论城市虚拟社区中社会资本的转换和投资》，《商业时代》2013 年第 15 期，第 51—53 页。

　　② ［美］弗雷德里克·杰姆逊讲演，唐小兵译：《后现代主义与文化理论》，北京大学出版社 2005 年，第 68—74 页。

　　③ ［法］让-保罗·萨特著，黄忠晶、黄巍编译：《萨特自述》，天津人民出版社 2008 年。

　　④ Jacques Lacan. *The Seminar of Jacques Lacan, Book XI : The Four Fundamental Concepts of Psycho-analysis.* London: Hogarth Press and the Institute of Psychoanalysis, 1977.

　　⑤ Jacques Lacan. *The Seminar of Jacques Lacan, Book XI : The Four Fundamental Concepts of Psycho-analysis.* London: Hogarth Press and the Institute of Psychoanalysis, 1977.

　　⑥ 马元龙：《拉康论凝视》，《文艺研究》2012 年第 9 期，第 23—32 页。

犯人,变成了自我监控的主体,残酷地监视着自我"①。尽管有女性表明美妆是为了愉悦自己,但事实上某种程度的"愉悦"是需要通过他人的认可而存在的,女性在愉悦自己的同时也会受到来自男性目光的限制。譬如为了得到更加客观全面的评价,女性用户会在潜意识中倾听和接受男性美妆博主提出的建议,而这种错位的性别迷思中依然渗透着男权社会对女性的严苛审视——男性凝视。

结论

福柯曾经提出过"规训"的概念,用来说明社会通过一套复杂而精巧的制度来实现权力对身体的控制②;他继而指出,媒介"可见性"作为一种权力,会进而规训人们的行为。跟女性博主相比,男性美妆博主这面"凸透镜"或多或少地代表着男权社会性别装置中的男性视野,女性在观看美妆视频的同时往往会反观自身去迎合男性的审美取向。在这种性别弱势心理下,女性受到男性目光的规训,她们不断地对自我的身体进行相应的调整,力求达到男性目光中的"理想自我",于是男性中心主义反向在女性的潜意识中得到潜移默化与滋荣生长。男性美妆博主审视的不仅仅是媒介镜像中的理想女性,也是男性幻想中的理想女性。在观看男性美妆博主的视频这一消费过程中,女性的社会性别意识被再度折叠与弯曲,其间又遭遇到男权之眼与媒介之镜的双重规训。正如巴特勒所言,性别身份和欲望不是与生俱来的,而是通过不断地重复成文规定以及规训而得到的身份。③ 在消费语境下,男权文化被成功地灌输给了正在媒介消费过程中的女性,女性化气质在男性凝视的目光下被规训和内化,媒介技术、性别文化以及主流意识形态达成合谋,共同规约建构着女性的媒介性别特征与社会性别意识。

---

① Bartky S L. *Femininity and domination: Studies in the phenomenology of oppression*, London: Routledge Press, 1990.

② [法]米歇尔·福柯著,刘北成、杨远婴译:《规训与惩罚:监狱的诞生》,生活·读书·新知三联书店 1999 年,第 27—32 页。

③ [美]朱迪斯·巴特勒著,宋素凤译:《性别麻烦:女性主义与身份的颠覆》,上海三联书店 2009 年。

在观赏男性美妆博主的性别操演过程中,女性的性别主体身份貌似完成了对男性性别的反制与歼灭,但其实质上并没有跳脱出男权社会话语体系的凝视与规训。正如弗洛伊德的"阉割焦虑"所提及的,人类有一种性别身份,它由俄狄浦斯情结和阉割情结两种情结构成,而女性则是被阉割的身份——女性的目光永远在焦虑地寻找缺失的自我,因此无法像男性那样表达欲望和权力,更无力回应男性的目光。① 换言之,女性在追求身体美的同时往往会参照男性的审美定义及审美标准来刻画、调节及表达自己,这其实是女性在社会性别意识上的再度折叠与弯曲。事实上,以男性美妆博主为代表的身体奇观折射出商业消费语境下的代理凝视,映射出"社会性别"的混合式折叠与情境式弯曲。当下美妆资本和流量经济企图将男性美妆博主物化为性别消费符码,进而将其流动的性别操演策略与置换的社会性别身份收编到消费社会的话语体系之中。

由此可见,在当下的数字媒介环境中,始源性的、稳固不变的性别身份认同不复存在。性别身份的边界往往并非由其自身独立决定,而必然要在与其他商业文化的交汇和冲突过程中不断形成又不断消解,因而一直处于变动和调适的过程中,这是一种有罅隙的、混杂的阈限空间(liminal space)与互动文化生成机制。换言之,在消费社会语境下,即便是流动不居的"社会性别"也仍然难以逃脱被物化和操控的命运,最终依然会以混合复杂的情境面貌艰难呈现。正如学者对拉康镜像理论的阐述,拉康"是用带有超现实主义色彩的镜子映射关系取代黑格尔的现实(劳动)关系"②。研究发现,男性美妆博主性别杂糅的风格呈现实乃媒介镜像、职业选择、商业资本与性别凝视等多重结构视野下的"社会性别弯曲"。显然,这也是性别文化主体在商业实践活动中"能动"的适应性与策略性的集中体现。

(曾丽红,广州大学新闻与传播学院教授;陈雨莹,广州大学新闻与传播学院学生)

---

① 尹翠芳:《试论精神分析理论框架下的女性认同问题》,《知识经济》2009 年第 7 期,第 163 页。
② 张一兵:《拉康镜像理论的哲学本相》,《福建论坛(人文社科版)》2004 年第 10 期,第 36—38 页。

Gender Bending: The style presentation and
gender performance of male beauty bloggers

Zeng Lihong　Chen Yuying

Abstract: With the diversified development of society, economy and culture, the media image of men has undergone a great change compared with the previous masculine and powerful, and its media presentation style is developing towards a diversified direction. For example, the emergence of male beauty bloggers has overturned the traditional society's single cognition of male images. In the context of consumerism carnival, male beauty bloggers participate in the topic field that was originally exclusive to women's living space, thus further changing the gender gap caused by traditional cultural cognition. This paper takes male beauty bloggers as the research object, and combine medium mirror image and gender performativity to explore the presentation of gender style and the construction of gender identity and its deep social implications. The research found that the male beauty blogger's hybrid style presentation of gender is actually a short journey of social gender exchange through gender practice, which is a media mirror display of "gender bending".

Keywords: Male; Beauty Blogger; Style Presentation; Gender Performativity; Gender Bending

助推理论视域下移动交互界面中的
黑暗模式研究

——基于对 130 款移动 APP 的调查

蔡涛　汪靖

摘要：移动端 APP 界面中的黑暗模式以派发广告、收集信息、滞留用户为目的，以自然且隐蔽的形态镶嵌于交互行为之中，诱导用户做出违背其自身意愿的决策，使用户的个人利益受到侵害。针对此问题，我们调查了国内移动端市场中的 130 款主流 APP。基于助推和黑暗模式的文献分析，我们以助推理论为框架调整了黑暗模式的分类，新增了特殊场景元素、虚假警示信号、增效元素、歧义反馈四个类型，借此分类，按不同行业进行调查。研究发现国内主流 APP 中普遍存在界面黑暗模式，与购物、社交、直播相关的 APP 是黑暗模式分布最密集的地方。使用较多的形态是美学强化和弱化、默认预设、界面信息干扰和反复提醒。使用得较多的黑暗模式，其形态也更隐蔽。黑暗模式的形态也随着技术的进步呈现多种新变化，新形态的使用率呈增长趋势。同行业 APP 之间对设计形态的互相效仿是黑暗模式蔓延的一个重要原因。我们的研究也印证了黑暗模式与助推的对应关系，并认为对黑暗模式的研究应回到其本源，从认知学入手，探索能让用户、设计师和利益相关者实现价值平衡的方法。

关键词：助推理论；界面设计；黑暗模式；APP 调查

引言

由于触屏尺寸的限制，移动端 APP 舍弃了很多冗余设计，让界面更简洁，从而减轻了信息负载，加上运用了较多无意识设计和隐式交互的理念，使用户对交互过程本身的关注越来越少，"而是由设备或者系统主动地、隐式地识别和理解用户行为，并将理解后的信息作用于人机交互过程"①，这使交互更自然，给用户带来了前所未有的便捷体验。但无意识交互也给逐利的设计制造了更多机会，用户的不经意操作往往伴随着隐私泄露、广告浏览、推送纠缠等负面体验。这些专门针对潜意识的小花招是如此隐蔽且普遍，以至于我们不得不接受这些界面中的"潜规则"，甚至有人将它们理解为辅助用户操作、维持 APP 运营的必要手段。然而，如果与那些不包含商业利益的 APP 对比（如交警 APP），我们会发现，没有这些小花招的界面有着更好的操作体验。这些为商业利益而设计的小花招就是所谓的黑暗模式设计。它们在网页界面中就已广泛存在，在商业利益的驱使下又被沿用到移动界面中。

本文将助推理论引入黑暗模式的研究，结合对国内移动端市场中的主流 APP 的调查，尝试发现黑暗模式在国内主流 APP 中的分布情况，以及其背后隐含的认知学规律，以期给致力于界面创新设计的研究者带来启发和实证参考，激发出更多富有创意的解决方案。

一、文献回顾和相关研究

助推（Nudge）理论源自诺贝尔经济学奖获得者理查德·塞勒（Richard H.

---

① 邓力源、蒋晓：《基于行为逻辑的隐式交互设计研究》，《装饰》2019 第 6 期，第 87—89 页。

Thaler)和哈佛大学法学院教授卡斯·桑斯坦(Cass R. Sunstein)合著的《助推：如何做出有关健康、财富与幸福的最佳决策》一书(2008)①，是指在保证人们选择自由的前提下，通过选择架构的优化，让人们的行为向可预期的方向改变，推动人们做出更好的决策。助推理论所包含的启动、默认选项、社会规范、符号信息等助推策略已被广泛应用于经济、政治等领域，对交互设计也产生了深刻的影响。

黑暗模式是一个界面设计术语，由用户体验设计师 Harry Brignull 在2010年首次提出，是指软件开发者为了更多吸引用户，用心理学结合界面设计技巧，通过影响用户的非理性行为来改变其主观决策，是"一种精透人类行为的诱骗性用户界面，用以欺骗用户做出非其意愿的行为和诱使人们采取违背自己利益的决策，是对用户利益的损害"②。黑暗模式一般使用诱导性、情感化的设计或借助语言的多义性操控用户的交互行为，以达到开发者的目的、实现开发者单方面的价值。

助推和黑暗模式都是利用个人行为决策中的失误或缺陷产生作用，我们可以把黑暗模式看作一种特殊形式的助推，但前者是为了让人们在自由的状态下做出更好的抉择，后者则是为了操控用户的选择。二者共同的基点就是对人类非理性行为的深刻理解。

对非理性行为的研究可以溯源到三重脑理论和双系统论。20世纪60年代，保罗·麦克莱恩提出的"三重脑"假说将人类非理性行为的研究带入了新阶段。③ 70年代，丹尼尔·卡尼曼提出的直觉和理性双系统思维模型，以及经验启示理论给人机交互的行为学研究提供了很大的启示。④ 在此后的启发式和偏见研究中，人们认识到非理性行为不仅可以解释，甚至还可以预测。这个时期的人机交互设计也开始确立以用户为中心的理念，设法摆脱复杂的交互

① Thaler R. H., Sunstein C. R. Nudge. *Improving Decisions about Health, Wealth, and Happiness*. New Haven: Yale University Press, 2008.

② Harry Brignull. *Dark Patterns: inside the interfaces designed to trick you*. The Verge, https://www.darkpatterns.org.

③ MacLean, Paul D. *The triune brain in evolution: role in paleocerebral functions*. New York: Plenum Press,1990.

④ [美]丹尼尔·卡尼曼著,胡晓姣等译:《思考,快与慢》,中信出版社 2012 年,第56—58 页。

命令,转向不太需要理性思考的直觉交互。

　　基于对用户行为表征的研究,90 年代尼尔森提出了 9 项增强交互可用性的启示性评估原则。[①] 而唐纳德·诺将心理学家詹姆斯·吉布森提出的能供性(Affordance)引入设计领域,旨在引发用户自然而然的交互行为,从而提升用户在使用过程中的情感体验。[②] 福格的行为学研究则让说服设计更加完善。他的"福格行为模型"(FBM)为设计师和研究人员提供了一种系统的方式来思考潜在的行为改变的因素。他认为有效的说服设计将提高动机或能力。[③]

　　到了 21 世纪的互联网繁荣期,人们认识到人机交互对认知的重视无意中忽视了情感交互,并着力开发将用户情绪的敏感性引入界面设计的方法。[④] 人机交互领域开始以生活场景为主要研究对象,提倡趣味性的交互设计。[⑤] 帮助用户以非理性模式进行交互的启示设计、情感化设计、说服设计日渐成熟。"不要让用户思考"成为界面设计的主导思想。[⑥] 随着应用程序和消费网页的激增,市场营销的理念融入交互设计中,诱惑设计被广泛应用。作为说服设计的变体,此时的诱惑设计被认为"让交互体验更生活化、更有娱乐性。……所有软件都应运用此技术来提高竞争力"[⑦]。随后出现的助推理论让说服设计、诱惑设计找到了认知学的理论基础。

　　助推理论认为非理性行为往往会妨碍人们做出利益最大化的决策,即所谓的"行为性市场失灵"(behavioral market failures)。而适当的助推辅助则能帮助我们做出更好的选择。对设计而言,助推有两方面的作用。一是利用助推策略帮助用户在使用人造物时避免非理性的干扰,理性判断行为结果,以提

　　① Jakob Nielsen. *Enhancing the Explanatory Power of Usability*. Heuristics. 1994, 4, pp. 152—158.

　　② [美]唐纳德·A. 诺曼著,小柯译:《设计心理学:日常的设计》,中信出版社 2015 年,第 176—177 页。

　　③ BJ Fogg. *A behavior model for persuasive design*. Persuasive 09: Proceedings of the 4th International Conference on Persuasive Technology , 2009, 4(40), pp .1—7.

　　④ Picard, R.W. *Affective Computing*. MIT Press, 2000.

　　⑤ Blythe, M., Overbeeke, K., Monk, A., Wright, P. (eds). *Funology: From Usability to Enjoyment*. Kluwer Academic Publishers, 2003.

　　⑥ [美]克鲁格(Krug,S.)著·蒋芳译:《点石成金:访客至上的 Web 和移动可用性设计秘笈》,机械工业出版社 2006 年。

　　⑦ Julie Khaslavsky, Nathan Shedroff. "Understanding the Seductive Experience". *Communications of the ACM (CACM)* , 1999, 42(5), pp. 45—49.

升用户体验。二是用助推策略调整人的情绪、形成某种氛围，以及借助用户的社会从属性使用户利益最大化。[①] 但这些策略并不是用强制手段操控用户的行为，而是通过提供潜意识的线索修正人们的选择，以启示、诱导等手段影响用户的态度，或是对用户的非理性操作做出恰当的提醒。这些手段借助提升人造物的可见性、可及性、易得性来影响人们的选择行为，与启示设计、情感化设计所追求的目标恰相契合。助推的优势引发了学界多种多样的研究，但目前对助推的类型和策略并没有明确的归纳，致使其内涵多有重叠。梳理文献中的助推类型和相应的策略，我们概括出如下八个大类[②]，见表1：

表 1　助推类型和策略

助推类型	具体策略
启动型	背景启动，如视听环境塑造 情感启动，如损失厌恶情绪 情景启动，制造某种氛围 诱因启动，给出行为的诱导线索
显著型	发送失误警示、推送关键信息 让人明确地看到动机、目的 明确参照点
默认型	针对人们的行为惯性，用默认选项对抗惰性、 避免错误决策
社会型	社会规范信息、时尚潮流
温和家长式	有自由选择权、有退出选项前提下的强制行为
提供反馈	及时公开行为绩效结果
重构复杂选择	简化内容和流程
激励机制	用乐趣、较少的钱财等鼓励人的行为

然而，助推理论所支持的说服设计和诱惑设计也在无形中促进了欺骗、误

[①]　贾浩然：《助推及其对技术设计的启示》，《自然辩证法研究》2018 年第 6 期，第 44—50 页。

[②]　贾浩然：《助推及其对技术设计的启示》，《自然辩证法研究》2018 年第 6 期，第 44—50 页；周延风、张婷：《助推理论及其应用研究述评与未来展望》，《财经论丛》2019 年第 10 期，第 94—103 页；N. Bonini，C. Hadjichristidis，M. Graffeo：《绿色助推》，《心理学报》2018 年第 8 期，第 814—826 页。

导等黑暗设计的蔓延。在用户体验的设计理念中,感官体验层面的价值与潜力得以充分发挥。当用户只用感性思维做出快速判断时,黑暗模式也就有了存在空间。由于理性思维的退位,一些浅显的欺骗手段就能轻易地蒙蔽用户。也有人建议,用法规限制利用助推手段鼓励用户做出不利于其自身利益的决策的行为[①],但界面新形态的进化总是先于法规的完善。因此,交互技术的伦理问题越来越受关注。很多研究者将价值敏感设计作为进入伦理权衡领域的重要入口[②],同时兼顾批判设计和反思设计[③]。2010 年黑暗模式的概念被提出之后,研究者们注意到说服设计和情感化设计在交互界面中的负面作用的广泛性,开始反思其本源,寻求解决之道。

　　Geronimo 等人通过调查发现,95%被分析的应用程序中包含一种或多种形式的黑暗模式。[④] Mathur 等人通过自动化软件对 1.1 万个购物网站进行分析,他们发现 11%的界面含有黑暗模式。[⑤] Chivukula 等人认为福格所制定的说服力原则和黑暗模式的特征有着紧密的关联,设计师有过度使用说服设计从而倒向黑暗模式的倾向。[⑥] Narayanan 等人也认为黑暗模式是对设计师手中巨大力量的滥用,并归纳了形成黑暗模式的三种源头:市场营销中的欺骗手段、行为经济学中的"助推"、网络黑客的壮大。[⑦] Gray 等人认为原本善意的说

　　① 汪全胜、王新鹏:《数据治理的行为法经济学转向:助推理论实现个人信息保护》,《哈尔滨工业大学学报(社会科学版)》2022 年第 4 期,第 53—59 页。

　　② Friedman. "Value Sensitive Design". *interactions* (*INTERACTIONS*) , 1996, 6(3). pp. 16—23.

　　③ Jeffrey Bardzell, Shaowen Bardzell. "What is 'Critical' about Critical Design?". *CHI 13: Proceedings of the SIGCHI Conference on Human Factors in Computing Systems*, April 2013, pp. 3297—3306; Phoebe Sengers, et al. "Reflective Design". *CC 05: Proceedings of the 4th decennial conference on Critical computing: between sense and sensibility*, August 2005, pp. 49—58.

　　④ Linda Di Geronimo, et al. "UI Dark Patterns and Where to Find Them: A Study on Mobile Applications and User Perception". *CHI 20: Proceedings of the 2020 CHI Conference on Human Factors in Computing Systems*, April 2020, pp. 1—14.

　　⑤ Arunesh Mathur, et al. "Dark Patterns at Scale: Findings from a Crawl of 11K". *Proceedings of the ACM on Human-Computer InteractionVolume 3Issue CSCW*, November 2019(81), pp. 1—32.

　　⑥ Shruthi Sai Chivukula, Jason Brier, Colin M. Gray. "Dark Intentions or Persuasion? UX Designers' Activation of Stakeholder and User Values". *The 2018 ACM Conference Companion Publication on Designing Interactive Systems*, May 2018, pp. 87—91.

　　⑦ Arvind Narayanan, et al."Dark Patterns: Past, Present, and Future: The evolution of tricky user interfaces". *ACM Queue*, May 17, 2020 , 18(2) ,p. 10, pp. 7—92.

服设计被用来操控用户。黑暗模式主要是由从业者主导的,用户体验设计师很容易成为操纵不合理的说服实践的同谋。[1] Greenberg 等人认为保护用户的利益需要借助法规的力量。[2] 但 Nouwens 等人的研究表明法规的约束力是有限的,建议通过技术手段控制黑暗模式。[3]

表 2 黑暗模式的分类

黑暗模式形态分类		具体表现
反复提醒		不断提醒用户执行对开发者有利的操作
阻断流程	界面干扰信息	界面中出现广告等干扰信息
	防止价格比较	产品名称不可复制,以防用户比价
	捕蟑笼式设计	容易进入不易退出的界面设计
隐匿信息	诱饵切换界面	以红包等诱饵把用户转移到对开发者有利的界面
	隐藏成本	界面标价不包含快递费等附加成本
	潜入购物车	购物车结算时多出额外的商品
	隐藏自动续费	在免费试用期满后不通知用户自动续费
界面干扰	弱化界面信息	弱化(灰色字体)不想让用户选择的界面信息
	预选项	默认预选对开发者有利的选项
	UI 美学操控	用色彩、字体等美学手段增强开发者获益选项的显著性,隐藏或弱化不利于用户的选项
	情绪操控	用情绪化的用语操控用户情绪
	虚假层级	已有预选项却虚设层级诱导用户确认
	伪装广告	用户误认为是交互流程或界面组成部分的广告
	文字技巧选项	用意思接近的选项迫使用户做出对开发者有利的选择

---

[1] Colin M. Gray, et al. "The Dark (Patterns) Side of UX Design". *CHI'18 : Proceedings of the 2018 CHI Conference on Human Factors in Computing Systems*, April 2018, p. 534, pp. 1—14.

[2] Saul Greenberg, et al. "Dark Patterns in Proxemic Interactions: A Critical Perspective". *DIS 14 : Proceedings of the 2014 conference on Designing interactive systems*, pp. 523—532.

[3] Midas Nouwens. et al. "Dark Patterns after the GDPR". *CHI 20 : Proceedings of the 2020 CHI Conference on Human Factors in Computing Systems*, pp. 1—13.

续表

黑暗模式形态分类		具体表现
强制行动	社交金字塔	拉朋友加入以获得利益或被朋友影响而参与
	扎克伯格式隐私共享	指共享比用户预期更多的个人数据
	伪装互动游戏	强行延展任务增加额外花费

　　黑暗模式的分类是众多文献提及的重要内容。在 Brignull 提出的分类基础上，Gray 和 Geronimo 等人将黑暗模式概括为五大类①（见表 2）。这种分类法从体验设计的视角出发，本着以用户为中心的理念，很好地归纳了黑暗模式在交互界面中的负面表现。但这种分法仅是表象上的形态区别，未能揭示出这些黑暗手法在认知学上的本源差异。

　　综上可见，现有文献展示了黑暗模式存在的普遍性，多数研究集中在揭示黑暗模式对用户体验的负面影响方面，但这些将以用户为中心作为主导理念的研究可能导致我们过度关注用户价值，却忽略了开发者和利益相关者的价值，致使交互界面的开发和设计失去商业活力，最终影响到用户的利益，从而背离构建网络空间命运共同体的初衷。再者，这些成系统的黑暗模式背后必有其策略依据，而相关研究却更关注其形态和危害结果，较少涉及其认知学成因。另一方面，对于助推设计策略的研究还停留在理论层面，且多是关于助推对用户体验设计的正面影响的研究，助推策略在设计中的负面作用却鲜有提及。另外，这些研究都来自欧美国家，其研究对象是适应当地市场的应用软件，用户的文化背景和法规环境与我国有较大区别。

　　鉴于上述研究缺憾，本文以中国的移动端主流 APP 为研究对象，将助推的类型和策略框架带入黑暗模式的研究中，逐本溯源，以助推的视角重新审视这些黑暗手法背后隐藏的认知学逻辑，挖掘黑暗模式负面作用的隐蔽性和新形态，为研究者和设计师提供实证参考。

---

① Phoebe Sengers, et al. "Reflective Design". *CC 05: Proceedings of the 4th decennial conference on Critical computing: between sense and sensibility*, August 2005, pp. 49—58; Arvind Narayanan, et al. "Dark Patterns: Past, Present, and Future: The evolution of tricky user interfaces". *ACM Queue*, May 17, 2020, 18(2), p. 10, pp. 7—92.

我们试图通过调查了解三方面的情况：一是国内移动端 APP 的黑暗模式现状以及黑暗模式当前有哪些新形态；二是在国内移动端 APP 中哪些种类的黑暗模式使用较多；三是在国内移动端 APP 中黑暗模式的行业分布情况如何。

二、对移动端主流 APP 界面黑暗模式的调查

(一)调查方法

通过查询苹果、安卓、华为应用市场和买购网的移动端 APP 分类排名，我们选择了 10 个常用类别，共 130 款中国市场上用户下载量较大的 APP，每个类别包含 10—20 款。为了保证调查结果的普遍性和代表性，在选择 APP 类别时我们尽量选取与大众生活密切相关且涉及面广泛的类别，并兼顾行业分布的均衡。由于现在很多 APP 的功能跨界，社交应用电商化、购物应用社交化，使它们的分类界限模糊；对于这些 APP，我们则依据其初始功能分类，如抖音也有购物功能但仍被划为社交应用。

我们对这些 APP 逐一试用，包括至少 1 次下载安装和卸载、典型界面测试、执行常规任务等操作，付费项目的 APP 操作至付款阶段，记录每个 APP 的使用时间和频次，每个 APP 的累计使用时长不少于 60 分钟，隔天使用次数不少于 3 次，测试 APP 的每个界面，依照黑暗模式类型库筛查交互界面中所包含的黑暗模式并获取截图，归类整理。本调查主要收集黑暗模式的种类和形态，所以对于在类似场景中重复出现的同类型黑暗模式只做一次记录。

以上调查共进行了三遍。第一遍调查以文献中的 5 大类及 17 个子类黑暗模式为线索，调查这些分类形态在国内应用中的存在情况，结果未发现 2 种黑暗设计(扎克伯格式隐私共享、伪装互动游戏)，并发现了 4 种新的类型(特殊场景元素、虚假警示信号、增效元素、歧义反馈)。随后，我们以助推理论为依据建立了一个新的分类框架，将新类型编入其中，扩充至 8 个大类和 25 个子类，见表 3。第二遍调查以新的分类框架为依据，记录调查结果。第三次调查是为了观察黑暗模式使用策略的变化，所以与前两遍之间有较长的时间间隔。前两遍调查于 2021 年 11 月完成，第三遍是在次年的 6 月，这两个月正是

"双十一"和"6·18"促销季,多数应用的界面会有相应的变化。

(二)依据助推理论建立的黑暗模式分类框架

　　新的分类框架增加了特殊场景元素、虚假警示信号、增效元素、歧义反馈四个种类,也细化了一些旧的类别:从界面干扰信息中拆分出软件开启广告和拦路广告;从情绪操控中拆分出制造紧张气氛;将社交金字塔拆分为用他人参与影响用户和拉朋友参与以获利。同时,合并了文献中一些名称不同但内涵重叠的内容:弱化界面信息和 UI 美学操控合并为美学加强与弱化;虚假层级归为默认预设(本质上它也是一种默认预设)。

表 3　以助推策略为框架的黑暗模式分类

助推类型	助推策略	助推策略衍变的黑暗模式	对应的黑暗模式例证
启动型	背景启动	界面干扰信息	界面旗标广告
	情感启动	情绪操控:以更情感化的措辞调动用户的情绪以控制他们的选择	"你将失去一个……的机会" 用"狠心离开"代替退出键
	情景启动	制造紧张气氛	优惠倒计时钟,见图 9
	诱因启动	特殊场景元素:在相应场景中用特殊的视觉元素作为诱因,吸引用户点击观看广告或进入其他界面	浮动推销图标 卸载挽留诱导,见图 1、图 9、图 10
显著型	发送警示	虚假警示信号:以提示用户误操作的方式吸引用户关注推销对象	"你有一个未领取的红包""你将错过一个打折的机会"
		隐藏自动付费:故意不使用警示	影音 APP 的隐藏自动续费
	推送信息	反复提醒	反复提醒用户打开消息推送
	明确动机	美学加强与弱化:突出获益选项,隐藏或弱化不利于用户的选项	见图 2、图 9
		隐藏成本:以明确的省钱动机为诱饵,隐藏结算信息	购票 APP 隐藏机票附加费、购物平台隐藏邮费
	明确参照点	虚构的对比参照:提供折扣比较、销售排行等促销参照	见图 9、图 10

续表

助推类型	助推策略	助推策略衍变的黑暗模式	对应的黑暗模式例证
默认型	针对行为惯性,对抗懒惰、避免错误决策	默认预设:默认有利于开发者却不利于用户的预选项,而非有助于避免误操作的选项	预选知情同意协议,见图10
		伪装广告:混入流程中的广告,用户默认为流程的一部分	微信朋友圈插入广告,用户默认为朋友信息
		潜入购物车:用户默认结算不会有欺诈	未选择商品计入结算程序,见图3
社会型	社会规范信息、时尚潮流	用他人参与影响用户	"你的朋友也观看了此视频""某用户也在下单"
		拉朋友参与以获利	喊好友砍价,见图4
激励	用乐趣、较少的钱财等鼓励人的行为	诱饵切换界面:欺骗性红包	抽奖红包、空头红包
		微利优惠:用微利换取用户注册等复杂操作	生鲜购物平台的少量折扣或小额红包
		增效元素:用视觉增效元素促销	直播现场虚拟礼物,见图5
重构复杂选择	简化内容和流程	恶意简化流程:简化步骤让用户没有机会理性思考和发现隐藏问题	用简单预选项诱导最高消费、一键试用、一键抢购,见图6
自由主义温和的家长式助推	有自由选择权、有退出选项的强制行为	软件开启广告:可关闭的开启广告	抖音的开启广告
		拦路广告:没有自主权的强制阅读	读图识字APP看完广告才能继续使用
		捕蟑笼式设计	"6·18"直播浮标,点击后找不到返回或退出路径
		文字技巧选项:没有自由选择权的选项框	用双重肯定或双重否定对话框,见图7;用稍后再试代替退出键
		强制收集信息:不填信息没法使用	某些招聘类应用的信息填写
提供反馈	公开绩效结果	歧义反馈:以广告或虚假红包作为成功完成操作的反馈,将用户引入新的产品	收付款完成反馈,见图10

图 1　特殊场景元素

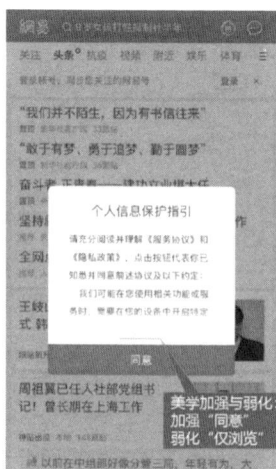

图 2　美学加强与弱化

图 3　潜入购物车

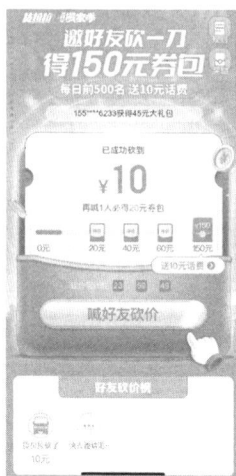

图 4　喊好友砍价吸引
用户购买虚拟礼物

图 5　用气球等增效元素

图 6　恶意简化流程，不让用户阅
读详情的一键关注

图7　意思接近的两个选项　　图8　微信和京东的完成反馈界面,绿方块让用户误以为还需一次点击动作,其实是广告产品的入口

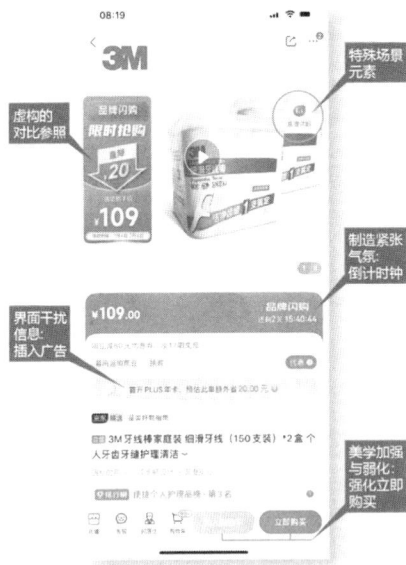

图9　同一界面中的多个黑暗模式　　图10　同一界面中的多个黑暗模式

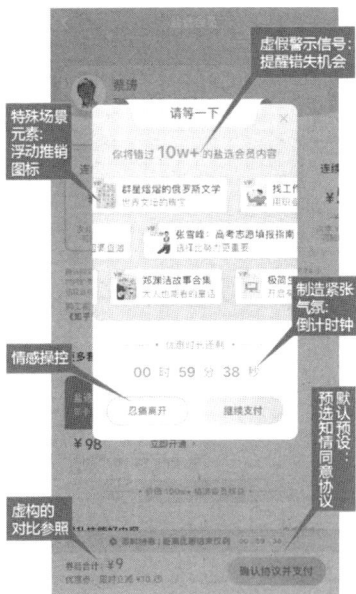

(三)调查结果

在这项持续8个月的调查中,我们发现所有黑暗模式的使用都围绕三个目的:派发广告、收集信息、滞留用户。在被研究的130款应用中,95.4%的应

用界面中包含了一个或多个黑暗模式。在所有的应用程序中共发现 1199 个黑暗设计。只有 4.6％ 的应用没有包含任何黑暗设计（N＝6），约 11.5％ 的应用包含 1—3 种形态的黑暗模式（N＝15），包含 4—6 种的约占 25.4％（N＝33），包含 7—9 种的约占 31.5％（N＝41），而包含 10 种形态以上的黑暗设计应用占约 26.9％（N＝35）。

从使用种类看，最常出现的黑暗模式是美学加强与弱化（69.2％），其次是默认预设（62.3％）和反复提醒（61.5％），最后是界面干扰信息（60.8％）。拦路广告（7.7％）是被使用得最少的类型，其次是隐藏自动付费（8.5％）和潜入购物车（8.5％）。使用较多的黑暗模式基本归属于四种助推方式：启动型、显著型、默认型和社会型，见图 11。

从行业分布看，使用黑暗模式种类最多的是电商购物类（平均每个 APP 包含 14.7 个），其次是视频直播类（平均包含 10.5 个）和在线影视类（平均包含 10.5 个），随后是综合社交类（平均包含 10.2 个）和便捷生活类（平均包含 9.6 个）的 APP，最少的是新闻资讯类（平均包含 4 个），见图 12。

三遍调查中，第一遍是为了收集并丰富黑暗模式的类型，未统计数据；第二遍和第三遍统计中有两个项目的相关数据发生了变化，即增效图标和特殊场景元素的使用总数，分别增加了 5 个和 8 个。图表呈现的结果是第三遍的数据。

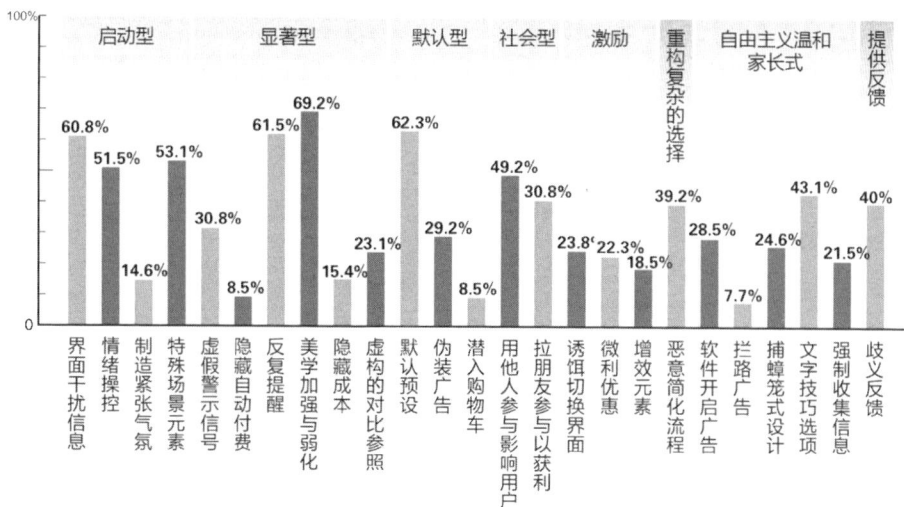

图 11　25 种黑暗模式的使用比例

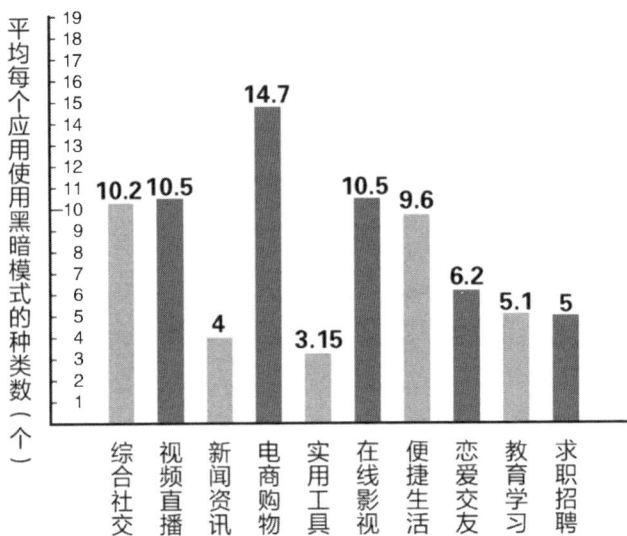

图 12 不同行业平均每个 APP 使用黑暗模式的种类数

表 4 使用率在 40％以上的 9 种黑暗模式在各行业 APP 中的分布情况(％)

	综合社交 N＝10	视频直播 N＝10	新闻资讯 N＝10	电商购物 N＝20	实用工具 N＝20	在线影视 N＝10	便捷生活 N＝20	恋爱交友 N＝10	学习教育 N＝10	求职招聘 N＝10	所有APP N＝130
界面干扰信息	90	80	100	95	5	80	65	30	30	50	60.8
操控用户情绪	60	30	10	90	0	80	90	80	10	40	51.5
特殊场景元素	70	90	30	85	0	90	45	40	20	70	53.1
反复提醒	80	80	70	85	25	70	55	60	40	70	61.5
美学加强与弱化	80	80	70	90	40	90	50	90	60	70	69.2
默认预设	80	70	40	85	45	90	65	80	40	20	62.3
用他人参与影响用户	60	70	30	80	15	80	50	70	30	10	49.2
文字技巧选项	60	60	20	45	50	50	35	40	30	40	43.1
歧义反馈	50	50	0	85	15	30	55	30	30	0	40

(四)讨论

我们设计这种以助推为框架的分类方式,是为了让人更好地理解黑暗模式与助推策略对应的关系。从调查结果我们可以看出,使用较多的黑暗模式主要分布在四种助推方式中,即启动型、显著型、默认型和社会型,这四种助推方式也是文献记载在其他领域使用较多的策略。相比之下,黑暗模式更倾向于启动型和默认型,因为这两种类型更适合以影响潜意识的形式发挥作用。启动型的黑暗模式,通过调节视觉背景、交互情绪、氛围等周边因素影响用户,使其不必调动理性思维(系统 2)就能完成任务,不易引发抵制或防范。默认型的黑暗模式则顺应惰性,以省略的方式故意屏蔽用户的思考,这与默认助推的本意(以默认纠偏)恰好相反。

黑暗模式的设计者极力放大这些助推策略的隐蔽性,以便掩盖其真实目的。而交互界面的平面化特质为这种隐蔽性提供了方便,比如同样的背景启动助推,界面图标比政令宣传标语和促销实物展示更不易激活系统 2 的活动。这种隐蔽性的另一个立足点就是用户交互行为和思维的惯性,黑暗模式的设计多是顺应这些惯性的,使其危害性不被用户感知,比如用户会下意识地按下立体感强的按钮、习惯以最方便的方式继续流程,而不会仔细观察动作的因果关系。

黑暗模式也会用引发注意的设计阻断用户的流程,即用醒目的提示转移行动方向。在这种显性的设计中,黑暗模式会为转移寻找合适的借口,以使用户忽略转移的真正目的。在这方面,黑暗模式也充分利用了界面中显著型助推的优势。界面显著助推原本是为了优化交互体验,防止错误操作,用户往往会把提示框、警示符号、图标动态理解为辅助操作的手段,将色彩、图形及字体的变化归为美学问题,所以当黑暗模式借此实现开发者的目标时,用户不易发现其真实意图。比如使用率最高的美学加强与弱化就是这样的设计,它通过色彩、字体大小等明确改变了用户的判断,而他们却单纯地认为这些变化只是装饰风格,这种隐蔽性自然受到开发者的青睐。特殊场景元素虽被归入启动助推(属于诱因启动),但在形式上也是一种引发注意的设计,它以动态或突兀于场景的元素诱导用户改变操作目标。由于它的形态与流程紧密契合,用户一般将它理解为操作暗示。反复提醒是一种很简陋的注意力设计,频繁出现、不达目的不罢休的对话框带给用户较多负面体验，但这种纠缠式设计也很容易实现目标，所以仍被大量使用。

与文献中的记录相比，社会型的黑暗模式也有较高的使用比例（30.8%—49.2%，文献中社交金字塔的使用率仅有 6%[①]，这可能与我国的文化环境有关。集体主义主导的社会意识中，从众、合群的观念使用户容易接受社会型助推，对与之关联的黑暗模式的免疫力也相对较低。激励和温和家长式相对较少，因为这两种方式带有比较明显的人工痕迹，会引发用户更多理性的判断，而且多数用户对各种激励红包背后隐藏的套路已很熟悉，会直接忽略。温和家长式中的文字技巧选项是个例外，虽然它本质上属于柔性强制措施，但其选项设计带有很大的迷惑性，貌似给人自由选择权，实则控制行为方向，其负面作用的隐蔽性依然很强。

使用最少的拦路广告是一种早期的黑暗设计，易引发用户的明显反感，现只出现在少数免费的工具性应用中，大型的平台型应用中已无踪迹。其他两种模式潜入购物车和隐藏自动付费，因其负面影响已为大众熟知且带有较高的违规风险，也在较少使用之列。2016 年出台的《中华人民共和国网络安全法》对应用软件设置恶意程序和信息收集的管理都有了明确的规定，尽管法规并未对恶意程序做出清晰界定，但那些形式陈旧、目的性明显的黑暗模式逐渐受到更多的抵制。拦路广告、强制收集信息和捕蝉笼式设计也属此类，它们带有明显的负面用意，在调查结果中也显示出较低的使用率。

有些新型的黑暗模式以视觉效果和趣味动态吸引人，用户对此类新形态尚未形成抵触，出于好奇往往乐于尝试，这使得此类设计的被采用率呈上升的势头。对比我们间隔 6 个月的后两次调查结果，发现增效图标和特殊场景元素这两种类型的使用率分别有不同程度的提高。可见黑暗模式的形态同其他界面设计样式一样，也有流行趋势。开发者并没有把它作为一种负面设计形态，而是作为促销和提升影响力的有效手段。这使得黑暗模式在同行间的互相效仿、互相抄袭较为普遍，当一款黑暗设计在某种应用中产生一定影响时，

① Phoebe Sengers, et al. "Reflective Design". *CC 05 : Proceedings of the 4th decennial conference on Critical computing : between sense and sensibility*. August 2005. pp. 49—58.

它就会在同类应用中蔓延出多个复刻版本,如图 8 所示,两款应用的歧义反馈的形式和位置几乎一样。

从行业分布方面看,使用黑暗模式最多的是电商购物类 APP。交友、直播和购物是目前 APP 的三大热门功能,对开发者来说它们分别对应着扩大用户群、生动展示产品和变现,很多 APP 正变成复合体,即集直播、交友和购物于一体,自然也将原本分布在交友、直播和购物三个方面的黑暗模式交叉呈现在同一款应用中。实用工具类包含了非商业性的应用(如交警 APP)和硬件操控应用(如无人机操控),所以成为使用黑暗模式最少的一类。新闻类 APP 的黑暗模式也相对较少,因为太多的广告和信息收集显然不利于保持客观公正的媒体形象。界面干扰信息是新闻类 APP 普遍使用的类型,所有被测的新闻类 APP 都有使用,在新闻中夹带适量广告不会引起读者的太大反感。

在 4.6% 未使用任何黑暗模式的应用中(6 款,N＝130),有 2 款是公益性或政务服务类的 APP(如个税申报),2 款是硬件操控应用,还有 2 款商业应用为房地产中介。公益和政务性应用需树立公信力,也没有添加黑暗模式的商业动机;硬件操控应用是已售出产品的附件,如带有黑暗模式会影响操作效率;我们不能确定房产中介应用不包含黑暗模式的原因,只能推测为进行大数额交易的用户会相对谨慎,在交互时较多运用理性思维,黑暗模式反而影响诚信度。

在我们的调查中也发现了很多与黑暗模式形态相似的助推手段,被用来维护用户的利益,如视频直播 APP 中强迫用户休息的拦截警示、工具性 APP 中教人如何操作的操作提醒等。这些设计也是对用户行为流的干扰和阻断,但目的却是让他们做出更好的选择。这从一个侧面说明了黑暗模式所用的语言设计本身是中性的,问题的根源还是用户和开发者的价值冲突。如果设计师多从价值平衡的角度思考,在界面中设置更多的正面助推,而不是一味用目光短浅的负面形式换取暂时的利益,是否更有利于企业的长远利益呢?

三、结论与展望

国内主流 APP 中普遍存在界面黑暗模式,与购物、社交、直播相关的 APP

是黑暗模式分布最密集的地方,即公众日常生活接触越密切的界面,黑暗模式越集中。而在公益和行政性应用中未发现黑暗模式,因此商业利益是其存在的根本原因。

由启动型、显著型、默认型和社会型助推衍化的黑暗模式是使用较多的类型,其中最突出的是美学强化和弱化、默认预设、界面信息干扰和反复提醒四种形态。与欧美市场的 APP 相比,我国的社会型黑暗模式有更高的使用率。那些形态含蓄、负面作用比较隐蔽的黑暗模式的使用率较高,而形式陈旧、易引发用户注意的类型的使用率较低。即使在显性的设计形态中,黑暗模式也会用巧妙的方式隐藏真实目的。

黑暗模式的形态也随着技术的进步呈现多种新变化,新形态的使用率呈增长趋势。同行业 APP 之间对设计形态的互相效仿是黑暗模式蔓延的一个重要因素。

由助推策略衍化而来的黑暗模式模糊了用户正、负体验的界限,这种模糊关系让用户误以为界面中的各种提醒和引导都是对操作的辅助,也让我们在规避黑暗模式时投鼠忌器,怕伤害到有益的助推设计。因此,我们认为对黑暗模式的研究还应回到其本源——从认知学入手,通过对用户行为规律的研究寻求具有实用性的解决方案,探索能让用户、设计师和利益相关者实现价值平衡的方法。关于对助推和黑暗模式的进一步研究,我们有两方面的思考:一方面,技术的进步不应只用于怎样让助推手段更隐蔽、更潜移默化,这样可能也同时助长了黑暗模式的能力,还应将技术的力量用作平衡用户和开发者的利益。比如尝试以道德物化[①]的方式约束 APP 开发者将助推手段演变成黑暗模式。已有企业做了这方面的尝试,如苹果的最新 IOS 系统配备了广告推送、信息收集侦测系统,用户在安装具有潜在黑暗模式设计的 APP 时,系统会询问用户是否接受广告或同意信息收集。另一方面的努力应该是社会层面的,从上文的调查可以看出,国内 APP 业界的同行影响作用较大。如果在同行业间形成正向助推设计的风气,黑暗模式自然也会消失。这要靠设计师、开发者伦理意识的提高,也有赖于用户对黑暗模式的警醒意识的提高。当整个社会对

---

① 　史晨:《技术哲学的第三次转向》,《科学技术哲学研究》2020 年第 5 期,第 67—73 页。

黑暗模式的排斥度提高时,黑暗模式自然没有了生存的土壤。

(蔡涛,同济大学艺术与传媒学院副教授;汪靖,同济大学艺术与传媒学院讲师)

Research on Dark Pattern in Mobile Interactive Interface from the Perspective of Nudge Theory
—Based on a Survey of 130 Mobile Apps

Cai Tao　Wang Jing

Abstract: The dark pattern in the mobile app interface aims to distribute advertisements, collect personal information and detain users. It is embedded in the interaction behavior in a natural and hidden form, inducing users to make decisions against their own will, and causing the personal value of users to be infringed. We investigated 130 mainstream apps in the domestic mobile market. Based on the nudge theory and research on the dark pattern, we adjusted the classification of dark pattern, adding four types of special scene elements, false warning signals, efficiency enhancing elements and ambiguous feedback, so as to classify and investigate according to different industries. The results show that there is a dark pattern in mainstream domestic apps, and apps related to shopping, social networking and live broadcasting are the places where the dark pattern is most densely distributed. The most frequently used forms are aesthetic enhancement and weakening, default preset, interface information interference and repeated reminders. The dark pattern is more used, the more hidden it is. The form of the dark pattern also presents a variety of new changes with the progress of technology, and the utilization rate of the new form is increasing. The mutual imitation of design forms among apps in the same industry is an important reason for the spread of the dark pattern. Our research also confirms the corresponding relationship between the dark pattern and nudge theory, and believes that the research on the dark pattern should return to its original source and explore the methods that can enable users, designers and stakeholders to achieve value balance from the perspective of cognition.

Keywords: Nudge Theory; Interface Design; Dark Pattern; APP Investigation

新媒体时代地域歧视现象的传播与新变①

赵寰　王永欢

摘要：地域歧视现象由来已久，社会记忆、文化定型以及媒介偏见使得地域歧视现象在传统媒体时代不断被强化并延续至今。新媒体时代地域歧视的传播呈现出新特质，歧视话语表达的复杂多元使得不同群体之间的群际裂痕有了进一步加深的可能，但新媒介特性也赋予人们消解地域刻板印象的可能性，依托新媒体特性多举措积极引导或可成为解决问题的关键。

关键词：新媒体；地域歧视；刻板印象；建构；消融

一、地域歧视：一个不容忽视的现实问题

2022 年 1 月 9 日，在 CBA 常规赛第二十轮比赛中，一名现场记者与篮球运动员周琦发生冲突，随后在社交平台发布言论，认为"周琦把河南人那点算计发挥到了极致"，有关地域歧视的讨论迅速在网络平台发酵。事实上，地域

① 本文系 2020 年辽宁省教育厅科学研究项目（项目号：LN2020J38）的阶段性研究成果。

歧视现象由来已久,早在先秦时期便有宋人"揠苗助长"、楚人"刻舟求剑"以及郑人"买椟还珠"的故事。当代生活中,类似"东北人都是黑社会""某某地区的人都是贼"等带有明显地域歧视或偏见色彩的话语更是随处可见。

郭宏斌把地域歧视界定为"基于地域差异之上而形成的一种'区别对待'的行为取向"①。张爱玲、逯杉楠则认为除区别对待外,地域歧视还具有否定性、排斥性特征,其并非个体偶然为之,而是"公众的群体性惯常态度和行为"②。这一理解与李普曼的"刻板印象"概念有着某种内在联系。李普曼在《公共舆论》中首次提出"刻板印象"这一概念,他认为刻板印象是"按照性别、种族、年龄或职业等进行社会分类而形成的关于某类人的固定印象"③。可以说,地域歧视从本质上而言是长久以来在不同群体内部所形成的刻板印象的外化表现,而且这种印象具有长期稳定性。

那么,地域歧视是如何被建构的? 其背后的发生机制为何,媒介在其中承担了怎样的功能? 新媒体时代,地域歧视相对以往又呈现出何种新样态,为地域偏见的消解提供怎样的新可能? 本文尝试对以上内容进行挖掘与探析,重在探讨如何借用新媒体的自身特性来促进沟通与理解,消融地域歧视与偏见,进而达至努力弥合群际裂痕的目的。

二、地域歧视的建构与固化

(一)社会记忆建构地域歧视

地域歧视作为一种基于社会认知上的偏差而产生的社会刻板印象,其形成首先源自社会记忆的建构。记忆并非一种理性的活动,人们在回忆的时候必然会受到社会文化的影响④,而文化是"习惯的、累积的社会生活的产物"⑤,

---

① 郭宏斌:《地域歧视形象的社会建构分析》,《甘肃社会科学》2010 年第 2 期,第 74—77 页。

② 张爱玲、逯杉楠:《"后真相时代"的地域歧视传播——以东北人的形象传播为例》,《传媒》2018年第 13 期,第 67—69 页。

③ 张洪英、高丽娟:《刻板印象稳定性的理论分析》,《理论学刊》2005 年第 3 期,第 106—108 页。

④ 王明珂:《历史事实、历史记忆与历史心性》,《历史研究》2001 年第 5 期.第 136—147 页,191 页。

⑤ 管健、方航、赵礼、陈姝羽:《群际态度与群际信念:耦合还是分离?》,《心理学探新》2021 年第 2期.第 149—154 页。

从先秦时期歧视宋人的成语典故到近现代以来基于经济发展水平差异和人口的大规模流动,涉及不同地域的负面信息不断涌入大众视野,长期的历史积淀以及各种权力因素交织使得地域歧视现象在现代社会广泛存在,而对某一地区长期存在的负面刻板印象不断在公众头脑中累积,进而形成一种具有偏见特征的文化现象。这种文化现象在不同程度上改变着人们的认知、思考和行为模式,同时通过言语交流、行为展示等方式在群体内部形成社会记忆,该社会记忆会随着某一具体事件的发生而得到激活。

例如 2021 年 6 月 6 日微博博主"特斯拉车主温先生"发布了一则特斯拉维权视频声明,车主本来是受害方,但当博主自称为郑州温先生时,视频弹幕竟然接连涌现"诈骗犯回到了精神故乡"等莫名其妙的评论。显然,此时"郑州温先生"的文本叙事成为激发受众原有社会记忆的关键因素,进而导致了有关河南地域歧视的负面言论再次出现。因此社会记忆在激发受众原有认知的基础上,也在不断建构着现代社会的地域歧视。

(二)文化定型推动歧视沿袭

美国人本主义心理学家奥尔波特把文化定型界定为"一个文化群体成员对另一个群体成员的简单化看法"[①]。管健、方航等人认为,"文化定型以认知简化为图示,对群体特征进行综合性分类,它是文化认知和文化互动的基准"[②]。地域刻板印象是公众对某一群体或地域片面而非理性的看法,这种看法体现了人们认知简化的思维模式,即越是简单的内容或观点,越容易被人们接受或理解,它"反映了群体'去繁就简'的知觉模式"[③],尤其是在媒介资源不发达的年代,有关地域的片面看法更容易在群体内部存在,同时限于彼时认知资源的有限性,个体为解决问题而获取信息的主要方式源自父辈经验的传承以及群体内部成员之间的信息共享。当片面信息能够有效解决自身关于类似"东北人是怎样的"的认知疑惑时,简单化的观点和思维模式更容易为个体

---

① 转引自郑萱、冯硕、张泽宙、徐彤《新冠肺炎对地域文化定型的影响——"武汉"心理意义考察》,《天津外国语大学学报》2020 年第 4 期,第 107—122、161 页。
② 管健、方航、赵礼、陈姝羽:《群际态度与群际信念:耦合还是分离?》,《心理学探新》2021 年第 2 期,第 149—154 页。
③ 王秀艳:《地域形象媒介建构与东北刻板印象的历时传播》,《社会科学战线》2021 年第 2 期,第 267—273 页。

所接纳,而这往往也容易导致地域歧视现象的形成,进而使得地域刻板印象有了进一步扩散和沿袭的基础。

(三)媒介偏见固化受众认知

现代社会交往空间愈加扩大,人们无法亲历世界的每一个事件,传统大众媒介兴起,代替人本身成为塑造并帮助人们认识现实世界的主要方式。但此种塑造并非镜子式的再现,而是受媒介和内容发布者主客观条件制约而形成的片面看法,但受众对媒介的依赖决定受众的言说总是以媒介的指称为蓝本,并从媒介的叙述中获取对个人认知的确信性证明。在传统大众媒体盛行的时代,"地域形象确立与刻板印象的生成一般通过媒介传播(尤其是新闻报道)来实现"①。

以河南人和东北人形象为例。中华人民共和国成立之初,河南涌现出焦裕禄精神、红旗渠精神,河南人在媒体中常被塑造为吃苦耐劳、不惧困难的形象。东北也因其为重工业基地被誉为共和国长子,东北人豪放不羁、甘于奉献的精神备受舆论称赞。但进入改革开放之后,在市场经济背景下,河南、东北两地与东南沿海地区的经济发展差距愈加明显,经济发达与欠发达地区的人口流动速度也不断加快。人口流动给不同地域群体带来前所未有的交往体验,而地域偏见恰恰"源于人与人之间真实互动以及在此基础上的社会交往"②。在外出打工的过程中,部分经济欠发达地区的人的行为或曾给经济发达地区带来不稳定因素,但"个人生活的叙述,是相互关联的一组叙述的一部分;它被镶嵌在个人从中获得身份的那些群体的故事中"③。此时,中国文化中的类型化倾向发挥了作用,经由媒体的报道,该地域的人成为被人们诟病的"一类人"。此时外界对河南人和东北人的印象出现大逆转,河南人成为"偷蒙拐骗"的代名词,而东北人也常被冠以"黑社会"的称号。崔书颖的一项研究发现,2003年12月到2004年11月,《南方都市报》共发布了76篇有关河南的报

---

① 王秀艳:《地域形象媒介建构与东北刻板印象的历时传播》,《社会科学战线》2021年第2期,第267—273页。

② 柯泽、宋小康:《从真实互动到虚拟互动:网络社会中地域偏见的重塑》,《新闻与写作》2022年第3期,第56—64页。

③ [美]保罗·康纳顿著,纳日碧力戈译:《社会如何记忆》,上海人民出版社2000年,第102页。

道,其中负面报道 54 篇,占了 71％。而同期,《21 世纪经济报道》共发布了 65 篇有关河南的报道,其中负面报道 42 篇,占比 65％。① 由此,可以看出传统大众媒介在强化受众关于地域形象的刻板认知方面所发挥的重要作用。

三、新媒体时代地域歧视传播的新特征

如果说传统媒体通过新闻报道的方式强化受众片面的认知思维,那么新媒体时代有关地域歧视的刻板印象则借助不同媒介形式呈现出多元的表达意象。在地域歧视的多元化话语建构外,反歧视话语体系表达也展现出不同于传统抵制言论的鲜明特点。

(一)地域歧视话语的多样态表达及强化倾向

传统媒体时代,限于媒介资源的有限性,传统媒体及口头记忆成为地域歧视传播的主要载体,同时媒介渠道的交互性匮乏,使得大多民众只能以接收的方式获得传统媒体关于地域形象的观点与态度,地域歧视话语表达形式较为单一,民众的认知与媒介的报道互相交织、影响。新媒体时代,"自媒体的信息传播已成为塑造地区形象的重要因素之一"②,从微博评论到微信群聊,从 B 站弹幕到短视频吐槽,各平台相继成为地域歧视话语表达的舆论场。不同平台差异化的传播模式也使得地域歧视话语表达具备更加多元化的表达样态,文字、漫画、视频、弹幕、"地域黑"图鉴等不同形式同步在网络空间上演。相较以往的人际传播和媒体报道,当前无论在媒介选择还是在表现形式上,地域歧视话语都呈现出更加多元化的趋势。

此外,步入智能化传播时代后,"推荐算法通过各式应用重新建构人们对周围世界的认识,即便是通过搜索引擎去主动检索某些信息,也难以逃脱搜索引擎设定的算法"③。"猜你喜欢"、提示词关联等智能化推荐方式逐渐被各大平台采用,成为保持用户黏性的重要手段。但值得注意的是,一方面算法的智

---

① 崔书颖:《大众传媒,你有没有门缝里看人?》,《青年记者》2005 年第 10 期,第 39—40 页。
② 于凤静、王文权:《自媒体语境中的东北形象及其塑造机制》,《现代传播(中国传媒大学学报)》2018 年第 6 期,第 20—23、64 页。
③ 吴小坤:《热搜的底层逻辑与社会责任调适》,《人民论坛》2020 年第 28 期,第 107—109 页。

能推荐会进一步固化受众认知,网民极易陷入"信息茧房"之中,另一方面,陷于算法"牢笼"之中的用户更容易形成网络群体极化的现象,地域偏见也更容易在此类信息环境中得到进一步强化。王茜在对百度搜索引擎的考察中发现,"提示词引导用户更多关注中部地区人群的素质品性和西部地区人群的身体特征,所建构的地域形象也更加负面"。由此,百度搜索的自动完成算法继承人类的地域歧视,"其通过自动化和反馈回路的方式将人类的歧视和偏见快速、大范围地传播了出去"①。地域歧视话语传播在技术加持下呈现出一定的强化倾向,反地域歧视建设面临着新的挑战。

（二）社交媒体时代的"去中心化"及多元声音并存

当前网络媒体尤其是社交媒体正在全方位呈现出"去中心化"的传播态势,传统大众媒体一对多的传播模式逐渐被打破,被数字赋权的每个网民均成为个性化的传播节点,受众可以通过发帖、弹幕、视频等多种形式表达自己对地域歧视现象的不同看法。一方面,网民得以借助社交媒体发表对相关事件的个人看法与言论,例如当记者与篮球运动员周琦因地域偏见的争执被报道时,便有网民跟帖评论:"我只想知道为什么那么多地方歧视河南人,而不是其他地方的人,可怜之人必有可恨之处。"另一方面,社交媒体也为反歧视群体提供了更多的发声机会,弱势群体的"失语"状态在社交媒体平台被进一步打破。2022年8月15日一则"你们四川人都读书了,那谁给我们种地去"的言论在网络平台发酵,引发网民关于地域歧视的讨论,四川网民纷纷展示四川历史名迹、川军出川抗战、四川保电停电等予以反击,不同观点相互碰撞,多维度呈现了四川的历史形象和贡献,对地域歧视现象起到了一定的消解作用。社交媒体时代,不同群体的自由发声使得单一化的观点被打破,呈现出不同观点共同言说、书写,相互争鸣的态势。

（三）被歧视者的自我嘲讽式反击

传统对于地域歧视言论的反应往往较为极端,以要么"懒得争辩"要么"对战"等方式来表达漠然态度或展开反击。但前者集体失语的弱势加剧"表达者"的表达强势,后者则因为无法产生共情而难以激发共鸣。杜建强把河南人

---

①　王茜:《搜索引擎自动完成算法的地域歧视考察》,《青年记者》2021年第10期,第38—39页。

受地域歧视困扰时采取的补救性行动策略归纳为叛徒、爱国主义者、自我表扬者、自我反省者、内讧者以及国际主义者六种。在互联网时代,自我嘲讽式反击又成为被歧视者自我保护的一种新策略。

自我嘲讽式反击可以简单理解为对地域歧视者表面赞同,实则反讽的一种戏谑式文本表达策略。该策略通过戏谑式的内容表达体现长期遭受地域歧视困扰人群的无奈性。"因无力感而演化的戏谑表达,往往存在较为明显的指向性,比如自我嘲讽式网络话语、情感支持性网络话语、渴望保护性网络话语等。"①此类表达显然更具有互联网精神,能够契合网络空间愈加呈现出的娱乐化倾向,与此同时基于弱传播的幽默化表达也更容易引发民众共情,减弱地域歧视的负面效应,如"犯我河南者有井无盖""为了培养不好惹的社会气息,我们从小就苦练喊麦和社会摇""我们山东人会用挖掘机炒青岛大虾""谁再说我们穷,我们就用茅台淹死他"等。

四、新媒体传播中地域歧视消融的可能性

有关地域歧视的刻板印象虽然具有长期稳定性,但在外力作用下也具有消解和印象重构的可能,王秀艳在研究东北刻板印象时认为,"刻板印象并非一成不变,在一定条件下,消极刻板印象可以转化为积极刻板印象,反之亦然"②。新媒体时代信息的海量性、公众发声的自由性以及认知的逐渐理性化等特征为改变地域刻板印象提供了前所未有的转换可能。

(一)多平台海量信息促进个体认知调整

关于刻板印象的可变性,社会心理学领域曾提出不同的模型,如簿记模型、联想网络模型等。心理学家 Queller 和 Smith 提出的簿记模型认为:与刻板印象一致和不一致的信息时刻都在为人们所记录,人们根据所获取的信息不断调整刻板印象内容,信息量的多寡成为推动受众调整自我认知的关键因

---

　　① 何云庵、张冀:《戏谑狂欢中的隐性抵抗:网络青年意见表达的话语焦虑及其反思》,《思想教育研究》2019 年第 5 期,第 103—108 页。

　　② 王秀艳:《地域形象媒介建构与东北刻板印象的历时传播》,《社会科学战线》2021 年第 2 期,第 267—273 页。

素。安德森和鲍尔提出的联想网络模型则认为,在具有丰富的认知资源的基础上,与人们头脑中不一致的信息更容易得到详尽加工。[①] 由此可知,信息在改变人们认知方面发挥着举足轻重的作用。充足的信息量可以帮助个体调节自我认知,有效弱化地域刻板印象的负面影响。在"人人都有麦克风"的背景下,主流媒体和自媒体同步发声,伴随着不同形态的反地域歧视表达在网络平台广泛传播,反地域歧视话语体系逐步得以完善。2022 年 6 月 10 日唐山打人事件发生后,对唐山的批评由个体上升到群体,进而产生地域歧视现象,安徽网、"马小跳""一个人的莎士比亚"等主流媒体和网络大 V 以及个体纷纷通过抖音、微博等平台呼吁抵制地域歧视现象。正是新媒体时代各平台的海量信息以及用户获取信息的便利性不断拓展用户认知边界,为个体调整自我认知、改变地域偏见提供可能。

(二)社交媒体交互性搭建对话平台

Pinel 和 Long 提出的主我分享机制认为:"个人与个人之间分享主观经验可以有效改善群际关系,提升对外群体成员的喜爱程度,促进对外群体的积极态度,也可以改变对外群体成员的固化信念。"[②] 社交媒体既为个体分享主观经验提供开放平台,同时也为不同地域群体提供交流机会,成为连接不同群体成员的桥梁和纽带,群体之间的封闭状态被进一步打破,彼此间关系也在互动和交流中得以改善。

此外,与现实社会中的社群不同,网络社群"不再单纯依靠地缘、血缘、情感等因素,而是以不断发展的科技为纽带,将网络用户重新'部落化'"[③]。以科技为纽带,基于个人兴趣和爱好等重新聚集的网络社群使得原有因血缘和情感所形成的"家丑不可外扬"的群体规则被打破。这也促使个体为规避群体内部不同成员之间文化差异可能带来的冲突,而调整自身行为、态度以达成新部落群体的和谐统一。同时,2022 年 3 月份以来各社交平台新上线的展示用户

---

① 张洪英、高丽娟:《刻板印象稳定性的理论分析》,《理论学刊》2005 年第 3 期,第 106—108 页。
② 转引自管健、方航、赵礼、陈姝羽《群际态度与群际信念:耦合还是分离?》,《心理学探新》2021 年第 2 期,第 149—154 页。
③ 金玉萍、刘建状:《新型主流媒体舆论引导力提升的理念革新——网络生态系统视域下》,《中国编辑》2021 年第 12 期,第 27—32 页。

IP 属性功能使得用户匿名性特征被弱化,地缘性特征得以在网络空间延伸,基于对自我和群体形象的维护,网民规范自身态度、行为的自觉性有了进一步增强的可能,有助于消解地域歧视言论在网络的传播与扩散。因此也可以借助不同群体内部的外显和内隐性规则来进一步削弱地域歧视言论传播的可能性。

(三)主流媒体舆论引导强化正面宣传

主流媒体因其与生俱来的公信力、权威性及影响力,在舆论引导方面依然发挥着不可替代的作用。在消解地域歧视方面,需要充分依托主流媒体强化舆论引导,积极弥补不同地域间的群际裂痕,打造全民一家亲的网络环境。事实上,近年来主流媒体通过融媒体平台及时跟进社会热点、积极主动设置话题、多平台联动报道等,在纠正地域歧视问题方面持续发挥着重要作用。例如,2021 年 10 月,北京某家政中介公司在朋友圈发布一则招聘信息,其中"东北河南无缘"的要求迅速引发民众热议,10 月 4 日央视网发布文章《招聘中"地域歧视"依然存在? 专家:这是愚昧落后的表现》,着力对地域歧视现象进行批判,有力地抑制地域偏见的扩大化。

(四)积极创新进行地域形象重塑

"打铁还得自身硬",被歧视群体自身力量的壮大、沟通传播能力的增强是解决地域歧视问题的根本之策。地域形象的重塑需要在地方科学发展的基础上,努力挖掘并创造新的社会价值及社会意义,以此作为人们重新认知与评价的标准。在这方面,近年来的河南文化输出恰好又为我们提供了一个典例。河南卫视通过挖掘当地丰富的历史文化资源,创造出丰富多彩的内容形式,连续推出了《唐宫夜宴》《元宵奇妙夜》《清明奇妙游》《端午奇妙游》等文化类节目并频频火爆出圈,不仅成功展现了河南厚重的文化底蕴,打造出国人心目中的中原文化品牌,其"唐宫少女"形象还让世界看见"国潮河南",推动中国文化和东方意象不断走出中原,走向世界。从传播角度而言,河南媒体也成功实现自我突破,把传统电视、纸媒传播与互联网传播并轨,通过融媒体矩阵组合,达到一种倍数增长的传播效果。传统文化融入科技赋能的创造性活动为民众带来一系列全新的文化盛宴,对改变受众的固有片面认知起到积极作用。

五、结语

地域歧视现象在社会记忆、文化定型及媒介偏见等多重力量的作用下不断影响受众认知。传统媒体时代的地域歧视言论主要以人际传播和媒体报道为主,传播形式单一,扩散范围相对有限,但因为传统媒体对日常生活指导的权威性而生发重要影响。新媒体时代,去中心化的传播趋势使用户自由发声成为可能,媒介技术和社交媒体发展使地域歧视现象愈加呈现出多元化的传播态势,地域歧视话语以不同表现形式出现在公众视野。而新媒体因相较于传统媒体所具有的崭新特性成为消解地域歧视和重构地域形象的重要因素。一方面,海量信息的吸收成为个体调整自我认知的关键驱动力,另一方面,社交媒体平台个体间的经验分享以及"全新部落"的打造在改善双方关系的同时也进一步弱化了地域歧视在网络平台传播的可能性。此外,主流媒体通过正面宣传积极引导舆论朝着良性方向发展,新媒体也为不同地域的自我形象更新与重塑提供新的路径。

正如麦克卢汉所言,"我们塑造工具,工具反过来塑造我们"。尽管新媒体时代地域歧视传播的呈现方式更为复杂多元,但新媒介特性也赋予了人们消解地域刻板印象的可能性。因此,打造更加开放多元的网络环境,多主体全方位立体式展现地域形象或可成为突破地域歧视困扰的有效途径。

(赵寰,东北财经大学人文与传播学院副教授,硕士生导师;王永欢,东北财经大学人文与传播学院硕士研究生)

The Spread and New Change of Regional Discrimination Phenomenon in New Media Era

Zhao Huan   Wang Yonghuan

Abstract: The phenomenon of geographical discrimination has a long history. Social memory, cultural stereotypes and media prejudice have made the phenomenon of geographical discrimination continuously strengthen in the age of traditional media and continue to this day. In the new media era, the phenomenon of regional discrimination shows new characteristics. The complex and diverse expression of discrimination discourse makes it possible to further deepen the rift between different groups, but the characteristics of new media also gives people the possibility of dispelling regional stereotypes. Relying on the characteristics of new media, active guidance may be the key to solve the problem.

Keywords: New Media; Geographical Discrimination; Stereotype; Construct; Dispel

"被困在算法里"的写手、
读者与网络文学平台

——对网络文学平台与用户之间结构性矛盾的反思

高源

摘要:我国的网络文学创作在正当性得到承认、用户不断增加、影响力日益扩大的同时,也面临着更新字数内卷化、创作题材类型化以及作者—读者关系"饭圈化"的困境,这些困境导致了内容质量的下滑、抄袭维权的困难和举报的滥用等问题。矛盾的背后,是平台对利润的攫取和对责任的回避,平台借由算法,以流量倾斜规训作者,以偏好推荐分割读者,又以数据表现为标尺,衡量内容的产出,这种行为也暴露出了平台"技术中心主义"以及只注重当下利润增长、缺乏对长远发展思考的短视问题。不过,面对这些问题,用户也开始通过具身实践对平台的算法进行自下而上的再造,这种积极的尝试也在提醒着平台重新认识人与技术的关系,以免在企图困住他人之时,也被算法困住。

关键词:算法;网络文学;拟像化;粉丝经济

引言

　　我国的商业化网络文学肇始于 2002 年起点文化公司的成立,发展至今已经成为我国文化产业的重要组成部分。[①] 据社科院统计,2021 年,我国网络文学用户总规模达到 5.02 亿,占网民总数的 48.6％。[②] 与此同时,海外受众以及海外创作者也在进一步增加,网络文学甚至成为我国文化输出的窗口之一。[③] 在发展的过程中,网络文学平台规模的扩大、网络写手创作作品的增加造就了网络文学的"繁荣",然而在繁荣之下,平台与写手之间的极不平等的地位正隐藏着一系列结构性的矛盾,[④]这也是依托平台进行营利活动的个体经营者与平台之间的普遍性矛盾。当下,平台掌握着算法,将所有用户都裹挟其中,在"算法工业"之下,写作由个人的生命体验变成了算法引导的一套集体智慧的实践。算法提取了读者与作者的共同合意,在创作实践与阅读实践中,逐渐形成了网络文学平台的各种被称为"套路"的固定创作范式,[⑤]而在"套路"的宏观范式之下,又会存在"萌点"等微观的、"二次元"式的写作技巧。[⑥] 诚然,从文学的角度上,这些可以称得上是欲望的文学化,[⑦]也是一种文学形式上的发

　　① 采薇:《"中国网络文学 30 年"国际高峰论坛在湖南长沙举行》,《中州学刊》2021 年第 10 期,第 173 页。

　　② 北京日报客户端,中国社会科学院发布《2021 中国网络文学发展研究报告》,"Z 世代"为网络文学带来新气象,2022－04－08,https://baijiahao.baidu.com/s? id＝1729505081678963925&.wfr＝spider&.for＝pc.

　　③ 黄杨:《网络作家文化自觉意识的崛起与网络小说海外传播》,《当代作家评论》2022 年第 1 期,第 187—192 页。

　　④ 刺森:《平台经济领域中算法协同行为的治理机制研究》,《经济问题》2022 年第 3 期,第 38—45 页。

　　⑤ ［日］东浩纪著·褚炫初译:《动物化的后现代:御宅族如何影响日本社会》,大鸿艺术股份有限公司 2012 年。

　　⑥ ［日］东浩纪著·褚炫初译:《动物化的后现代:御宅族如何影响日本社会》,大鸿艺术股份有限公司 2012 年。

　　⑦ 邵燕君:《网络文学的"断代史"与"传统网文"的经典化》,《中国现代文学研究丛刊》2019 年第 2 期,第 1—18 页。

明,同时,"套路"的出现,也与网络文学的"金字塔生态系统"相辅相成,①成为网络文学生产的强劲助力;但"金字塔生态系统"背后,并不是一个"野蛮生长"的文学森林,在网络文学平台上,看似人人都拥有发表的自由,但这些自由都掩藏在平台营利机制的规训之中。② 虽然对于头部创作者而言,他们的作品通常具有超越性的意义,而一些研究也会将此作为依据,认为网络文学导向的创作纪元是充满光明的。③ 不过个别不等于一般,如果不能正视平台与作者、作者与作者、作者与读者、读者与读者之间广泛存在的矛盾,无法看到作者在被异化为"数字劳工"过程中所遭遇的一系列问题,仅仅沉浸在网络文学在数据上,尤其是在"IP经济"中优秀的营利表现的话,就会无可避免地坠入"动物化"的危机当中。

一、从"创作者"到"计件工":绩效规训下的数字劳动行为

(一)从"正反馈"到"签约":"流量倾斜"的"温水煮青蛙"

对于网络写手而言,写作行为表面上看是个人化的,然而作者的创作行为并不是自由的,因为平台掌握技术资本,拥有制定算法的权力,④作者与平台之间的关系便天然地存在着不平等。尽管平台并没有明确规定作者一定要遵守某些行为,但在平台根据算法制定的绩效激励机制面前,作者的"坚持自我"常常受到严峻的挑战。第一重挑战就来自是否签约之间的区别,虽然创作这一行为既可以是游戏也可以是劳动,因此对于网络写手而言,营利并不是所有人的第一目的,但可以确定的是,无论哪种行为,都必然会投入时间成本,且都带有获得正反馈的预期。⑤ 通常情况下,签约的作品会获得平台更多的引流,从

---

① 邵燕君:《网络文学的"断代史"与"传统网文"的经典化》,《中国现代文学研究丛刊》2019年第2期,第1—18页。

② 王鑫:《算法批判与人—机社会想象》,《探索与争鸣》2021年第3期,第26—28页。

③ 邵燕君:《网络文学的"断代史"与"传统网文"的经典化》,《中国现代文学研究丛刊》2019年第2期,第1—18页。

④ 陈龙、孙萍:《超级流动、加速循环与离"心"运动——关于互联网平台"流动为生"劳动的反思》,《中国青年研究》2021年第4期,第29—37页。

⑤ 陈进波、孟伟:《谈文学创作的反馈机制》,《兰州大学学报》1999年第2期,第161—166页。

而获得更高的数据表现，由于资源投入的差异，对于同一本作品来说，是否获得引流推荐，其差别是悬殊的，更多的点击、互动作为写作过程中的"正反馈"，会给作者更大的满足感；同时，这也在警示着那些认为自己可以"用爱发电"，不需要从写作过程当中获得经济利润，因此不与平台签约的作者，让作者在比较的过程以及同辈压力之下，选择进入签约写作的"名利场"。

当作者跨过"签约"这道门槛之后，作者的身份就会发生改变，从以个人意志为主导的"自由作者"，变成与平台利益绑定的"数字劳工"。不同平台的签约规则不同，但一般情况下，平台会给出分级式的签约方式，这些签约方式里，与平台绑定越紧，对自己的版权等权利让渡得越彻底，就越会得到平台的资源倾斜，例如起点会将推文的力度与作者的签约深度挂钩，最浅程度的签约得到的帮助几乎跟没有签约相同，而如果是深度合作，那么每天增长的粉丝数甚至可达上千。在签约这个过程中，作者与平台之间形成了一种"供应商与分销商"之间的关系，显而易见的是，作者作为供应商，其讨价还价的能力非常弱，[①]即使是一个平台的头部作者，其意志对于平台而言也并不重要，毕竟对于任何一个平台而言，作者的数量都是数不胜数的，因此单个作者通过与平台之间的谈判，要求平台给出更加优厚的待遇，显然是不可能的情况。另外，作者与平台之间的签约又常常会形成一种"虚拟的平等"，严格意义上来说，两者之间并不构成雇佣关系，劳动法的条款在作者与平台的问题上能起到的作用非常少，作者究竟需要付出多少劳动时间也并不可考，未成年的签约写手究竟是否算作"童工"仍没有定论。在这样的"平等"中，写手，尤其是未成年的写手实际上属于弱势群体，但在维权方面，这些"弱势群体"却并没有得到相应的保护。

（二）"全勤"激励下的"拟像创作"：高强度更新的"潜规则"

作者签约之后，需要面临的第二个问题就是更新字数。作为唯一可以控制的指标，在合同当中，都会有对更新数量的最低要求。不过，平台对作者工作量的真实期望通常更加隐晦，往往寓于"内卷化"的竞争和"同辈压力"以及

---

① 蒋淑媛、黄彬：《当"文艺青年"成为"数字劳工"：对网络作家异化劳动的反思》，《中国青年研究》2020 年第 12 期，第 23—29、37 页。

对读者偏好的规训之中。① 在各个平台中,越是能贯彻"日更万字"的"全勤"作者,越会受到编辑的青睐,其甚至会作为卖点之一,出现在对文章的宣传中。② 对于读者而言,这带来的是一种即时满足,在习惯于这种即时满足之后,作者如果"断更",即使只断更一天,都会流失相当数量的读者,而如果更新字数多,则无疑成为吸引读者的"法宝"。在这种情况下,作者的更新字数甚至出现了"内卷"的现象,为了在市场竞争中获得一席之地,高强度的更新甚至成为平台的"潜规则"。或许平台本身并不认为自己是在"强迫劳动",但当"日更万字"成为一种常态时,很难说平台毫无责任。高强度的更新意味着作者本身只有在保持较快的写作速度时,才能够维持正常的更新节奏,一旦作者的灵感出现枯竭,这一更新速度就得不到满足。因此,新手作者签约时,编辑就会向其推荐模板化、套路化的写作方式,这种方式将需要整体构思的故事拆成了由不同"萌"要素组成的单元,在数据的引导之下,读者的喜好可以清晰地由各种指标量化,例如在人物角色的拟定上,人物的衣着、发式甚至行为举止、生活习惯都会遵循着一定的规律,体现着一些较为成熟的、受欢迎的元素。③ 这种模块化的写作更类似于一种"拟像"的创作,其背后是作者长期受到平台压榨的残酷现实,也是读者在长期即时满足之后的"动物化"趋向。④

这一问题派生出来的,是抄袭的乱象以及维权的困难。在文本书写个人独特生命体验的年代,抄袭是相对好辨识的,然而现在即使出现相似的元素,也并不能认定这就是抄袭,毕竟,由于在各个地方出现得过多,甚至编辑也鼓励作者如此创作,一些文本甚至已经变成了一种"刻板印象"类的"梗"。⑤ 甚至作者起诉进行维权,请第三方专家做出鉴定,也并不能真正打击抄袭行为。另

---

① 蒋淑媛、黄彬:《当"文艺青年"成为"数字劳工":对网络作家异化劳动的反思》,《中国青年研究》2020年第12期,第23—29,37页。

② 蒋淑媛、黄彬:《当"文艺青年"成为"数字劳工":对网络作家异化劳动的反思》,《中国青年研究》2020年第12期,第23—29,37页。

③ [日]东浩纪著,褚炫初译:《动物化的后现代:御宅族如何影响日本社会》,大鸿艺术股份有限公司2012年。

④ [日]东浩纪著,褚炫初译:《动物化的后现代:御宅族如何影响日本社会》,大鸿艺术股份有限公司2012年。

⑤ [日]东浩纪著,褚炫初译:《动物化的后现代:御宅族如何影响日本社会》,大鸿艺术股份有限公司2012年。

外,由于抄袭变得更加隐蔽、更加容易,又因为抄袭者不需要对情节进行过多的思考,其更新速度比原创作者更快,在"更新为王""计件创作"的当下,网络写作也呈现出"劣币驱逐良币"的状态。[①] 抄袭的泛滥和原创得不到保护的问题,使得权益受到侵害的作者和作者粉丝都深受其扰,有时为了维权,作者或者粉丝会自发地制作"调色盘",即把文本中的相似语句、情节用同样颜色标注,公布在网络上,以此来说明对方确实存在抄袭的问题。但依旧是由于相似元素过多等问题,这种调色盘也会被一些作者利用,用来诬陷其他写手。这些写手未必真的是抄袭者,但由于元素相似带来的暧昧性,加之抄袭维权困难的情况,作者的粉丝往往对抄袭普遍抱有一种"义愤"。在情感补偿的驱使下,无论当事人如何辩解,都很难摘掉"抄袭"的帽子,并有可能遭到作为"网络警察"的作者粉丝的网络暴力。[②]

(三)"竭泽而渔"式管理导向的创新困境

作者高强度、高情感付出且难以维权的劳动所得报酬与劳动本身不成比例,一方面,由于平台方对作品版权的"买断",作品所创造的利润中,作者能拿到的只有稿酬的一部分,这是作者所受到的第一次剥削;而另一方面,作者写作的行为是没有时间边界的,在这种"计件工作"的现实之下,作者为了保证更新,经常会付出八小时以外的劳动,但这些劳动都是不可见的,这又是平台对于作者的第二次剥削。在这种剥削的情况下,作者的平均工资并不高,在网络上分享"高收入写作经验"的作者之所以如此之多,是因为网络平台写手的基数本身就比较大,只要有一小部分作者能获得高薪,就可以造成"该行业是高薪行业"的假象。在内容生产平台上这种情况也较为普遍,"为高薪所吸引"和"在低薪中挣扎",正是大部分平台经济中个体经营者的写照。

然而对于平台而言,大基数的内容创作者往往带给平台一种拥有无穷无尽廉价劳动力的错觉,加之网文的生产机制,新的头部作者缔造的"创作神话"似乎也可以一再地被复制。但平台本身并没有意识到,之所以可以在这样的

　　① 肖映萱:《数据库时代的网络写作:如何重新定义"抄袭"?》,《文艺理论与批评》2017 年第 3 期,第 134—142 页。
　　② 肖映萱:《数据库时代的网络写作:如何重新定义"抄袭"?》,《文艺理论与批评》2017 年第 3 期,第 134—142 页。

管理方式之下依旧保持内容创作的"繁荣"，是因为目前的管理方式暂时还未透支作者的产出能力。但平台必须意识到，作者即使现在并没有被彻底透支，但写作不同于机器生产，是一个边际成本递增的过程，对于一个作者而言，从日更三千字到日更六千字的困难程度，要小于从日更六千字到日更九千字的困难程度，而高强度的创作对于作者的折损也是显而易见的。但是，由于之前的头部作者还并未大量退出内容生产市场，而新的作者受到市场发展的吸引正在涌入，目前平台仍旧处于收益向最高点攀升的时期。[①] 这种攀升掩盖了管理存在的问题，也给平台带来了乐观的收益预期，内容生产者的增加也意味着买方市场的形成，在买方市场中，更快的更新速度以及更低廉的价格、更多地让渡版权等要求，也变成了写手必须面对的一个事实，这个事实所导向的未来，则是写手创作灵感在"竭泽而渔"之后的危机；不仅如此，话题的枯竭也是平台在未来不得不面对的另一大挑战，写作本身是一个输入与产出相辅相成的过程，但在网络文学平台上，"输入"与"输出"其实形成了一个闭环，新的网络文学创作者通常就是旧的网络文学的读者，但是对于过去的创作者而言，他们的灵感又是"拟像化"的，[②]也就是说，他们是从读者本身的需求中凝聚灵感，以此作为创作的基础。由于我国的网络文学发展时间并不算很长，从初代作者到新生代作者之间也没有超过一代人的跨度，因此这个闭环还没有完全形成，但依照网络文学的创作逻辑来看，如果不对这一机制进行干预，那么闭环的形成将会成为一种必然。

二、粉丝经济与作为"爱豆"的创作者：隐身于娱乐化中的平台

（一）"饭圈""茧房"与被掩盖的深层矛盾

与传统媒体相比，网络文学的一个重要特点就是读者与作者之间的互动变得更加频繁，作者可以通过与读者建立密切关系来巩固读者对自己作品的

---

① 肖叶飞：《电子书客户端：数字阅读终端的红海竞争》，《出版发行研究》2015 年第 4 期，第 41—44 页。

② ［日］东浩纪著，褚炫初译：《动物化的后现代：御宅族如何影响日本社会》，大鸿艺术股份有限公司 2012 年。

喜好,保证自己每一部作品的基本销量。现如今,这种模式已经被网络文学平台吸纳,成了其运营模式的一部分,而这一过程也使得隐藏在文本背后的作者走到读者面前,在某种意义上也被异化成了商品的一部分。读者不仅仅在为作品买单,也是在为自己喜欢的作者消费。[1] 当读者既成为作品乃至作者的粉丝,又成为作品的消费者时,他们就处于一个既是"甲方"又是"乙方"的状态,[2]为作者及作品进行产出,并维护其各项数据的表现成了他们的"义务";而与此同时,读者的消费与数字生产都使得其参与到为作品赋予价值的过程中,读者对人物的情感投射以及作者对读者的依赖,都使得读者与作者之间建构了一种"虚拟亲密关系",读者此时会以文本作为两者连接的媒介,透过它寄予自己对作者的想象。[3] 在这样的关系中,作者本身的形象就变得十分重要。在传统的文学创作里,作者的形象并不影响对作品的评价,但在当下的环境中,一个可以被消费的作者就需要时刻保持作为"产品"的完美形态。读者通过作者留下的痕迹拼凑有关作者的想象,这种想象不仅关乎作者的私德,也关乎其他读者对作者的情感投射。[4] 当读者为想象中的作者付费时,"造梦"就成了不可或缺的一环。在梦想与现实的碰撞中,作者的"塌房"时有发生,但这种"塌房"又被撇清为作者的个人行为,平台并不会为其提供任何的保障或补偿。

作者"偶像化"对应的是读者的"饭圈化","饭圈"使得读者被割裂成粉丝群体,这些粉丝通过趣缘社群聚集,又在社群内部的活动中彼此认同。在社群的舆论场内,这些认同会形成一个"沉默的螺旋",继而凝聚成一个群体的共同意志。由于群体大多在内部交流,群体间的交流并不多,即使有人身在多个群体之中,也只是个人行为,所以,这些群体也形成了一个个信息茧房,使其内部逐渐极化。[5] 此时,不仅有时两个不同的粉丝群体会由于作者之间的矛盾开始

---

[1]　陈维超:《情感消费视域下网络文学 IP 热现象研究》,《中国编辑》2019 年第 1 期,第 15—20 页。

[2]　许苗苗:《情感回馈与消费赋权:网络文学阅读中的权力让渡》,《中州学刊》2022 年第 1 期,第 144—150 页。

[3]　吴炜华:《身体迷思、族群狂欢与虚拟亲密关系:"女友粉"的媒介社会学考察》,《华东理工大学学报(社会科学版)》2020 年第 3 期,第 32—43 页。

[4]　参见三联生活周刊,专访亨利·詹金斯《粉丝的权利与边界在哪?》,https://weibo.com/ttarticle/p/show? id=2309404484639690457588♯_0。

[5]　陈维超:《情感消费视域下网络文学 IP 热现象研究》,《中国编辑》2019 年第 1 期,第 15—20 页。

互相攻击，甚至同一部作品都会产生"书粉""剧粉""动漫粉"等类别。有时一些作者也会利用这一特点，引导粉丝对与自己产生龃龉的同行进行攻击乃至"人肉"，而为了使这些行为体现出正当性和必要性，在实施暴力之前，施暴者还会对受害者先进行审视，寻找其在作品上或者私人空间内的"黑点"，抓住这一点进行放大。实际上，在粉丝群体的互相攻讦中，最大的既得利益者和受害者往往都是作者，在类似事件爆发后，其他作者出于规避风险的考虑，则会对自己的作品以及自己在网络空间中的形象进行更加严格的自我审查。尽管作者和读者是平台生存、发展的基础，但他们并未形成一个有力的同盟，也并没有通过联合重塑平台的秩序。矛盾使得一个个被割裂的"茧房"之间缺乏交流，也将平台与作者、读者之间的结构性不平等掩盖在"原著党与电视剧党"等边缘议题的争论之下。①

（二）"举报者""同态复仇"与模糊的同人创作边界

以往，写作本身是一个"后台"的过程，作品在拿到"前台"之前实际上处于一个"黑箱"的状态当中。而现在，作品的创作过程至少是半透明的，②读者也在阅读的过程中通过同人创作等，从消费者变身为生产者。当作者进入与读者协同创作的领域时，作品将不再完全属于作者，作者也必须考虑读者的意志进行创作。③ 虽然读者看似获得了更大的话语权，但同人创作的边界是灰色的，由于同人本身可以给作品带来商业利益，在平台的经营过程中，其对读者自发的同人创作默认开放授权，通常并不会对其进行追究，而同人中的优秀作品甚至也可以得到平台的授权，被正式纳入作品的 IP 之下。④ 不过，这种含糊的同意背后并没有具体的法律条款作为支撑，同人的繁荣建立在脆弱的权益保障机制之上，想对这种脆弱性做出改变所需要付出的精力太多，因此平台并不愿意为这一类成本买单，对于这一问题，他们往往"搁置争议"。不过，平台

---

① 黎杨全：《虚拟体验与文学想象——中国网络文学新论》，《中国社会科学》2018 年第 1 期，第156—178，207—208 页。

② 王鑫：《主体的透明化与现实的游戏化——以系统医疗文〈大医凌然〉为例》，《文艺理论与批评》2022 年第 1 期，第 144—153 页。

③ 陈维超：《情感消费视域下网络文学 IP 热现象研究》，《中国编辑》2019 年第 1 期，第 15—20 页。

④ 参见三联生活周刊，专访亨利·詹金斯《粉丝的权利与边界在哪？》，https://weibo.com/ttarticle/p/show? id=2309404484639690457588♯_0。

回避的态度也造成了一个问题，即对同人作品进行举报相对容易，这就导致了一些对作品内容或者同人作者产生不满的粉丝可以通过举报这种方式对其进行报复。发生于 2020 年的"2·27"事件，其背景就是流量明星的粉丝不满 AO3 平台上所发表的同人文，于是发动粉丝群体集体举报 AO3 平台，导致该平台在国内被封。而其所发表的同人文中出现的角色，正是来自当时一头部网文的 IP 衍生影视剧。[①]

　　这一事件的发生其实充分证明了同人创作这一行为在我国的边缘性，同人作者本身生活在一个仅仅被"默许"的"里世界"中，而这个"里世界"一旦受到"表世界"的打击，其亚文化圈层内部形成的规则根本无法有效保护同人作者的权益。同样的情况甚至继续发生在其他的亚文化共同体中，通过举报为明星"反黑"的操作，最终使得同人创作者在申诉无门的情况下，选择了"同态复仇"作为自己表达愤怒以及震慑举报者的方式。[②]"同态复仇"包含了抵制代言、对举报者的相关利益链条进行审查和举报等，在该行为之中，"合法性"被反复提起，不过，在双方情绪激昂的对抗中，"合法"似乎成了一种反讽，因为其本质是处于权力边缘者借由其掌握的为数不多的权力武器，对私人的恩怨进行报复。[③]法律的滞后对于举报中的"公报私仇"也有着不可推卸的责任，也在实际上为一些暴力行为推波助澜，但是只有"合法"，才是所有行为的保护色。[④]这里还需要注意的一点是，目前国内平台在审查政策方面的收紧，也是举报变得更加容易的原因之一，对于当下的同人创作而言，这种不确定的环境，也使得"粉丝的权利边界"成了一个伪命题。

（三）生态恶化与平台缺位的现实带来的发展危机

　　作为内容生产者与消费者聚合的平台，营造适宜创作的生态、规范创作环

---

① 参见三联生活周刊，专访亨利·詹金斯《粉丝的权利与边界在哪？》，https://weibo.com/ttarticle/p/show? id=2309404484639690457588#_0。

② 申金霞、万旭婷：《网络圈层化背景下群体极化的特征及形成机制——基于"2·27 事件"的微博评论分析》，《现代传播（中国传媒大学学报）》2021 年第 8 期，第 55—61 页。

③ ［美］孔飞力著，陈兼、刘昶译：《叫魂：1768 年中国妖术大恐慌》，生活·读书·新知三联书店、上海三联书店 2012 年，第 285 页。

④ 申金霞、万旭婷：《网络圈层化背景下群体极化的特征及形成机制——基于"2·27 事件"的微博评论分析》，《现代传播（中国传媒大学学报）》2021 年第 8 期，第 55—61 页。

境是其在经营中必须注意的事项。不过，就目前平台的经营方式而言，其管理的缺位、生态的恶化都是显而易见的。关于抄袭如何界定，网络创作的查重、维权机制如何完善，在目前的网络平台上，并没有任何推进性的实践活动出现；在内容审查方面，为了避免作品违规被举报造成更大的损失，以晋江文学城为代表的一些网络平台出台了极为严苛的"一刀切"策略，作品可以发挥的空间在这一策略下也被进一步压缩；①在同人创作方面，面对同人创作的合法性等问题，平台在享受同人红利的同时，既没有出于获得长远利益的目标对同人创作进行规范化，也并没有出于短期规避风险的考量利用当下既有的法律法规完善同人作品的授权机制；而在作者、粉丝群体等社群管理方面，对于平台内发生的网络暴力等行为，平台也并没有及时地进行制止。在与作者签约获取利润的情况下，平台表现出了高度的积极性，试图通过细密严苛的规则从作者身上获取最大利益，此时的平台手握算法，使得作者不得不注意到它的存在。而当需要平台解决问题的时候，平台就隐于用户的背后，成为一个"没有好恶，只是呈现"的技术空间了。

　　总而言之，在网络文学"饭圈化"的过程中，新的经济模式既创造了新的利益增长点，也不可避免地由于过去的制度和当下的实践之间存在的矛盾衍生出了一系列的问题，这些问题并不能因一己之力而改变，而是需要整个行业的推动。不过，作为网络文学平台，在享受利益的同时，其并不愿意付出过多成本从长期发展的角度去协调两者之间的矛盾，而作者与读者们由于经营机制、算法分配等问题，又为平台所割裂，有时虽然会短暂地形成共同体，但大部分时候想形成意见的集合也并不容易。不过平台的优势也并不是绝对的，尽管现在网络文学平台市场主要的份额被起点、阅文等起步早或者有大体量互联网公司为依托的网站瓜分，其规模效益的确可以在一定时间内保证用户的数量以及活跃程度，但当这些网站已然成为"红海"之时，其进入壁垒之高也会"劝退"越来越多的新作者。当行业内整体发展前景不再乐观之时，普遍性的压力会使原本彼此割裂的群体做出不约而同的选择，多头对寡头的买方市场

----

① 王天红：《从中国新诗到网络文学——贺麦晓教授访谈录》，《文艺争鸣》2017 年第 4 期，第 108—113 页。

在结构性问题不可弥合之时向多头对多头的均衡市场转换不失为一种更加经济的策略。随着网络写作市场的进一步下沉,原有的几大网络文学平台如果不能及时转型,未来将会面临着新一代作者"用脚投票"之后,内容生产的断代、品牌年轻化的困境等发展危机。

三、反思、抵抗与破局:重建新秩序的可能与尝试

(一)被技术放大的问题:平台算法背后的短视运营逻辑

无论是对作者的规训、对用户群体的分割,还是对应负责任的规避,平台的上述行为实际上都遵循着一套"当下利润最大化"的经营逻辑,从现有的各个网络文学平台投放的广告以及推荐榜单也能看出,平台所偏好的是已经形成良好市场表现的"类型化"创作范式,[①]这种创作范式所带来的,是对文学性关注的减少。[②] 目前平台所采用的算法,也是基于这种逻辑进行建构的,而且这种建构反映的更多是一种浅表的、即时性的联系,而对于深层且长远的问题缺乏观照,例如对更新字数的偏好来自平台按字数付费的方式;在算法中所增加的已经多到影响正常表达的敏感词,也是为了削减人工"把关"的成本以及防止作品被举报带来的损失。不过平台并不愿意思考除了按字数付费,是否存在着更加合理的营利方案,也并未意识到,当下举报之所以成为作品创作的威胁,也并不是因为平台审核机制不够严格,而是由于在作者权利边界界定的过程当中,平台一直抱有消极和妥协的态度,通过将矛盾转嫁给作者来规避自己的管理成本,最终导致作者可表达的空间进一步被压缩。[③] 由于算法是经营者取向的技术体现,其不仅更加彻底地贯彻着经营者的价值观,也会放大经营者存在的短板,在大数据、算法等技术被引入网络文学平台的管理之后,"人"对于运营逻辑的校正能力在机器的"学习"面前日渐式微,平台与用户间的矛

---

① 战玉冰:《网络小说的数据法与类型论——以 2018 年的 749 部中国网络小说为考察对象》,《扬子江评论》2019 年第 5 期,第 53—61 页。

② 禹建湘:《构建网络文学网站社会效益评价体系——基于 25 家网站数据分析》,《中国文学批评》2021 年第 3 期,第 141—149、160 页。

③ 许苗苗:《网络文学:再次面向现实》,《中国文艺评论》2020 年第 3 期,第 54—64 页。

盾，尤其是与老用户之间矛盾的激化，也在近几年愈发凸显。

这种矛盾激化带来的结果之一就是网络文学平台用户的低龄化，尽管有人认为这种低龄化来自移动互联网等的普及，但这只是一方面的原因，[①]另一方面的原因则是曾经的写手和读者正在逐渐退出之前长期使用的平台。在短短十几年内，新产出的内容就已经无法维持用户黏性，对于本应具有超越时间的生命力的文学而言，这种状况不容乐观，这也是平台算法的短视对作品产出的影响。另外，平台将新技术当成表达旧框架的载体，本身也是有问题的。平台重视数字劳动的剥削价值，但对参与价值没有进行深入的发掘和维护，[②]当写手把网络文学的创作称为"码字"的时候，网络文学的生产过程就已经从一般创作的苦与乐中抽离，变成了机械化的生产，然而恰恰是参与价值这一不能简单地用经济效益衡量的价值属性，才是数字劳动值得发掘的意义所在。算法作为人的延伸，本身可以带来更多的可能性，并不仅限于成为考勤机器和分发电子传单的"派送员"。平台如果依旧陷在初级的管理与营销方式中，那么无论使用多么精巧的算法，也只能是南辕北辙。

（二）看见"数据"背后的"身体"：自下而上的"算法再造"

在长期的数字生产过程中，即使用户面临着被驯化和割裂的境地，也仍旧有一部分人意识到了当下平台存在的问题，尤其是在面对一些作者切身利益受到损害的前车之鉴时，原本分散的个体用户也开始通过一些实践，对平台的不合理剥削进行反抗，这些反抗手段也可以被视作网络文学平台用户以自己的具身实践，对当下平台算法的改造。[③] 例如在应对敏感词过滤机制时，用户会使用字母、符号、同音异形字等，利用算法规则的固有弱点，逃避审查；在面对市场对字数的要求时，也有作者开始通过"联文"等方式，进行"众包模式"的写作，甚至用 AI 写作软件结合人工润色来减轻自己的工作量；作者之间也开始通过现有的媒介形成线上、线下的社群，交流经验，或者利用其本身的影响力，联合对抗平台的资本，其中，网文作者于 2020 年 5 月 5 日在微博、知乎等

---

① 吴优：《网络空间中文学接受者的主体特征》，《艺术广角》2019 年第 1 期，第 30—39 页。
② 孙萍：《数字劳动的双重价值：参与和剥削》，《青年记者》2022 第 12 期，第 18—21 页。
③ 孙萍：《如何理解算法的物质属性——基于平台经济和数字劳动的物质性研究》，《科学与社会》2019 年第 3 期，第 50—66 页。

平台发起的"五五断更节"就是在抗议阅文的免费政策及"霸王条款",[①]而这一行为也使得阅文在 5 月 6 日举办作家恳谈会,并恢复了作者对作品是否收费的决定权;还有一些同样掌握技术的作者正在试图另辟蹊径,开发开源平台,成为算法规则的制定者;也有的网文作者会通过加入所在地的作协等方式,寻求权威机构的背书以求尽可能保护自己。

这些再造也说明了技术在数字劳动中并非始终处于支配地位。在平台的算法中,将写作与阅读变得"可控"一直是其致力于实现的目标,然而这种目标源自一种"技术中心主义"的盲目自信,在真实情况下,"液化"的媒介及用户在虚实空间的身份切换等,尽管成为平台驯化用户的抓手,但也为打破这种"可控"提供了可能。[②] 如果从技术的可供性视角重新看待平台与用户之间的关系,那么平台及其背后的算法,就必须要考虑到物质性的"排置"这一变量。[③] 智能手机与更加完备的移动互联网基础设施使得用户不必囿于流量、设备的限制等,在碎片化的流动过程中只能选择文字阅读,基于地域的同城服务平台也使得剧本杀等娱乐走入更多人的视野。这些新的表达方式和娱乐方式,实际上也给写手们提供了网络文学平台这一单一出口以外的创作渠道,写手可以绕开网络文学平台在媒介和流量上的"霸权",重新组织其行业的社会关系网络。如今,平台在看到了网文结合其他媒体创造的复合效益时,一直在积极思考如何收割更多的 IP 为自己的利益服务,但平台从自身出发的视角使其忘记了,尽管技术是不可见的,但技术带来的结果是可见的,写手和读者们一旦意识到自己可能创造的价值之后,便不会再满足于网络文学平台为主导的利益分配方式,而会切换赛道,尝试组合出更加适合自身发展的游戏规则。

(三)从"努力"到"选择":平台算法之困的"破"与"立"

用户对平台进行的抵抗和再造,实际上也是对平台通过其资本树立起来的"统治地位"的解构,这种解构对于用户乃至平台,都具有积极的意义,因为

---

① 参见《"五五断更节":网络文学产业将因此改变吗?》,新京报官方微博账号,https://baijiahao.baidu.com/s? id=1665931407103569705&wfr=spider&for=pc。

② 韩传喜、郭晨:《嵌入、联结、驯化:基于可供性视角的网络文学媒介化转向考察》,《学习与探索》2022 年第 8 期,第 2、168—176 页。

③ 孙萍:《媒介作为一种研究方法:传播、物质性与数字劳动》,《国际新闻界》2020 年第 11 期,第 39—53 页。

解构的目的不仅在于"破",更在于"立"。随着互联网的发展,也随着与平台的"斗智斗勇",写手,尤其是全职写手已经显现出从努力地在平台"刷积分",进入平台的榜单,到拓展自己更多选择的可能性的转变;创作也不再是以文字和空白屏幕的组合对纸媒进行复刻,而是在新的载体下生成新的规律。现状之下的解构与重建,也正是算法困局中需要被看到的切入点和突破口,平台算法在当下表现出的傲慢与专断,又何尝不是算法的设计和掌控者作为隐身于去中心化平台之后的"中心",对自己的故步自封、画地为牢。这时用户对技术应用在自身语境下的能动探索就显得更加难能可贵了,比起算法的设计者希望拥有怎样的用户,用户需要怎样的算法设计者才是平台在下一步发展过程当中需要注意的问题。总而言之,对于已经"内卷化"的网络文学,平台如果继续拒绝承认自己作为其始作俑者的责任,相信更大的基数和更下沉的市场就可以维持现有的运营模式,那么平台的发展就不能称为发展,而只是制造了一个更大的困局。

从平台到用户这一算法建构视角转换所带来的启示,也是算法在未来发展中无法回避的重要命题:如果说算法的本质在于通过机器学习,不断探索达成某一指令的最优路径,那么设置指令的决定权究竟应当掌握在谁的手中?而在技术与人的博弈当中,又能否超越控制与被控制的对立状态,将算法视为一种环境,使得算法社会中的人能够学会适应环境并且利用、改造环境?[1] 当"去中心化"的互联网日渐成为承载和传播文学的重要载体时,文学却变成了一场"一将功成万骨枯"的残酷竞争,这种"媒介"又在何种程度上影响了"讯息",又如何能够通过对这一载体的改进,为文学注入新的生命力? 诚然,技术发展的不可逆使得创作无法回到"田园牧歌"的时代,"中辍"与"逃避"也只是暂时的自我安慰,[2]但可以相信的是,通过反思、抵抗、解构,平台、写手与读者终将得以在人与技术之间关系的再出发中,重构网络文学的未来。

① 王鑫:《算法批判与人—机社会想象》,《探索与争鸣》2021年第3期,第26—28页。
② 王鑫:《算法批判与人—机社会想象》,《探索与争鸣》2021年第3期,第26—28页。

结语

在近些年的创作实践中,网络文学作为文学的"正当性"已然被证明了,不过同一个客体之上,常常会交叉着多种属性。网络文学既是文学,也是算法工业之下的"拟像化"产物。它的确创造出了一种"后现代"的文学形式,但它也是市场化的,本身存在着市场、算法平台等赋予它的种种问题。但问题并不能否定它存在的价值,对网络文学的这种表现形式之于文学本身而言,如果仅仅断言其只能带来文学的"堕落",未免陷入了一种清高主义式的自怜。① 作为"被人类所依恋"的叙事,②创作的生命力或许会受到生产形式的影响,但并不会被其决定。眼下网络文学所面临的危机,归根结底并不是写手的危机,亦不是文学的危机,而是现有的头部网络文学平台所面临的经营危机。而这一危机,又是算法赋能的平台追求"利益最大化"的时候所暴露出的短视、"技术决定论"带来的结构性问题,更是人与技术之间存在的矛盾在平台—用户这对关系上的集中凸显。作为网络平台,其必须要意识到平台之所以存在,是由于多个个体经营者、消费者等的聚合,因此平台需要做的,是提供适宜生产者、消费者"栖息"的环境,重新梳理算法与处在其中的人之间的共生关系,而不是由于滥用经济、技术资本,过度消费自己的品牌形象,导致自己在通过算法困住他人的同时,也被算法困住。

（高源,辽宁大学新闻与传播学院硕士研究生）

---

① ［日］东浩纪著,褚炫初译:《动物化的后现代:御宅族如何影响日本社会》,大鸿艺术股份有限公司 2012 年。

② ［加］罗伯特·弗尔福德著,李磊译:《叙事的胜利》,南京大学出版社 2020 年。

"Stuck in Algorithms" Writers, Readers and Online Literature Platforms
—Reflection of the Structural Contradiction between
Network Literature Platforms and Its Users

Gao Yuan

Abstract: While the legitimacy of China's online literary creation has been recognized, the number of users has been increasing, and the influence has been expanding, it is also facing the dilemma of the involution of updating behavior, typifying the subject matter of creation, and the "fandom" relationship between authors and readers, which has led to the decline in the quality of content, the difficulty of safeguarding the rights of plagiarism and the abuse of reporting. Behind the contradiction is the platform's capture of profit and avoidance of responsibility. The platform uses algorithms to discipline authors with the drawing of potential readers, to divide readers by preference recommendation, and to measure the output of content with data performance as a yardstick. This behavior also exposes the platform's "technology centralism" and the short-sightedness of focusing only on current profit growth and lacking long-term development thinking. However, in the face of these problems, users have also begun to rebuild the algorithm of the platform from bottom to top through embodied practice. This positive attempt also reminds the platform to re-recognize the relationship between human beings and technology, so as not to be trapped by the algorithm when trying to trap others.

Keywords: Algorithm; Network Literature; Simulacrum; Fan Economy

"再造西部"

——地缘文化视域下近期国产电影共同体美学的空间形构①

牛鸿英　宋天祥

摘要:在全民抗疫和脱贫攻坚的文化语境之中,在国际政治经济格局微妙变化的情势之下,中国电影的生产策略发生了明显的调整,历史记忆与集体经验的再度书写不但成为唤活大众的市场策略,也成为共同体身份认同与文化建构的叙事载体。《我和我的祖国》《我和我的家乡》和《我和我的父辈》系列影片即是如此,其中的四部短片《白昼流星》《回乡之路》《天上掉下个 UFO》和《诗》讲述了发生在内蒙古、陕西和贵州等地的三个"新西部"故事,在回顾历史创痛与建构返乡故事中再造了当代西部与乡村主体,显现了一个绮丽壮观的绿色西部,一个充满着科技潜力的活力西部,一个被现实与网络"联通"的信息西部,同时又表现出对"都市病"和工具理性的反思,在"祛魅"与"返魅"之间,带有着"差异审美"和"自反生长"的新类型特征,表现出一种在消费机制的调

---

①　本文系陕西师范大学"一带一路"专项科研项目"电影节建设与丝路沿线国家电影文化交流研究"(项目号:21YDYLB005)的研究成果。

节之下生成的美学风格、社会共识和共同体文化融合机制。

关键词：国产电影；新西部；共同体美学；地缘文化；空间形构

经典的西部电影曾经是中国电影的世界名片，其中的西部与乡村作为中国文化现代性进程的悖论隐喻成为人类社会发展的艺术切片。全民抗疫的时代主题和脱贫攻坚的社会语境带来了电影类型生产与文化书写策略的根本变化。《我和我的祖国》《我和我的家乡》和《我和我的父辈》系列影片包括了《白昼流星》《回乡之路》《天上掉下个 UFO》和《诗》等四个在内蒙古、陕西和贵州发生的西部故事的独立叙事，这些"新西部"故事在历史记忆与现实空间的交错与互动中，在独特地缘文化的主体呈现与当代展示中摆脱了猎奇的立场与二元的态度，重构了一个在全球化网络中作为地方性资源的新西部。

一、"归乡"叙事：超越"他者"的主体性建构

在近期国产影片中，西部景观不再是表现封闭落后的人文样态，而是表现出一种在现代科技文明特别是以交通和道路为意象联结的与都市文明沟通和联通的新形象，不仅表现山川秀美、绿树成荫、稻田丰收的传统样态，还同时塑造了高科技渗透的、充满科技创造力和发明力的有趣奇妙的空间。而关于新西部的故事更是一种把西部作为真正主体的叙事，西部不再是被"他者"化的荒蛮落后形象，而是与城市联结为一体的活力地方资源。

（一）"我们"的故事：过去、现在、未来

在影片《我和我的祖国》《我和我的家乡》与《我和我的父辈》中，西部的故事主体超越了过去猎奇的、被"他者"化的叙事视角，转变为带有主体性的自我成长的主人。影片中参与祖国建设的"他们"与现实中正在建设祖国的"我们"达成奇妙的共鸣，"他们"的故事讲述的就是"我们"的故事，"我们"就是土生土长的从过去、现在到未来成长和奋斗在这片土地上的一群有缺陷却又充满了生命活力的可爱的一群人。《白昼流星》以诗化的手法将脱贫与航天串联在一起，用对比、比兴等手法连接过去与未来，以旗长的病没钱医治的极度贫困、两位冥顽不灵的少年的野蛮与神舟十一号返回舱落地这一令人振奋的航天科技

事业成就形成鲜明的对比,科技使传说成为现实,两位少年迷途知返,走向正道。《天上掉下个 UFO》中的民间科学家黄大宝、村长王守正、商人王出奇带领村民脱贫致富,将科技运用到经济发展的道路上,阿福村从原先的交通不便、闭塞,在科技的晕染下,变成摇滚硬核朋克科幻风的中国新乡村。《回乡之路》中的主播闫飞燕、乔树林都代表着曾经走出家乡,在当下又重新回归家乡建设的创业人才;从前黄沙滚滚的地方在科技的助力之下,变成青山绿水的旅游地。《诗》中的两代人代表着西部土地上奉献青春无怨无悔的耕耘者,在科技的接力之中,"我"与"父辈"相互砥砺,延展无限想象。其中,科技成为连接过去、现在、未来的桥梁,在科技的链接中,哈扎布、沃德勒由"过去"的愚昧封闭转为"现在"的浪子回头;乔树林、闫飞燕由过去的"出走"转向现在的"回归";两代人从过去的天空之梦走到如今的梦想成真;阿福村由过去的交通闭塞变成科技新村。四部短片以科技为线索,讲述了父辈们创造科技,"我们"利用科技为西部"赋能"的故事,互文式地展现了祖国由一穷二白奋起直追到如今繁荣富强的奋斗历程,并且给予了未来科技无尽的遐想。在这样逐层递进的叙事的背后,从过去、现在到未来同时延伸到了在虚拟的空间和影片叙事进行互动和沟通的我们,在与"我们"的叙事的形构当中构成了一个共同体的隐喻,在西部的他们的故事也是我们的故事,这样的故事也是以我们自己的历史、现在和未来为主题的叙事。

(二)"归乡"的故事:城乡一体的"家园"意识

家园是一种生活方式和文化的聚合,也是每一个生命都渴望的归属感和认同感。近期国产影片中出现了一个新的类型——"道路",并以新建成的各种不同类型的"道路"为线索,将游子们与家乡连接,将城市与乡村连接,四通八达的交通不仅仅展现了"新西部"的开放性景观,同时也构建了一种城乡一体的家园意识。《白昼流星》在开场展出了在一片自然的丹霞地貌中间的一条崭新的柏油公路,与周围环境呈现出明显的反差。公路在两位少年被抓进看守所的时候修建,二百四十一天的工程体现了国家的基建速度。《天上掉下个 UFO》的开场展现了贯穿于青山绿水之间的贵州交通。从村长王守正的口中可以得知,村里曾有许多青年男女因为直线一公里的山路而被阻隔,而如今"县县通高速,镇镇通公路,村村通水泥路",主人公黄大宝也是因为交通的改善与阿花用"同心结"连到一起,"同心结"便是四通八达的路的象征,也是科技将乡村与城市、城市与城市、人与人之间联通的隐喻。在《回乡之路》中,开场展现了山间的大桥,片中的曾经是接天连地黄沙的毛乌素沙地在科技的创造力中发生了翻天覆地的变化。乔树林放弃原本富裕的安定生活,为了将故乡变成"新型城镇",发起了对漫天黄沙的挑战,发展特色农业,种植沙漠苹果;闫飞燕直播带货,助农增收,与乔树林一起打通治沙产业链条,重构城乡中国的生态基础。导演俞白眉说:"我们的故事叫回乡之路,也是我们自己的回乡之路,这是我第一次回家拍戏。"无论对于剧中人还是剧外人,"归乡"都被由内而外展现。鲍曼在《共同体》中将共同体解释为社会上存在的基于主观上和客观上的共同特征而组成的各种有层次的团体、组织。[①]"道路"的出现将各个团体有机地连接起来,西部的"贫穷落后"与现代化建设的逐步推进使其成为一种建构新的共同体叙事的特殊的时空。在这个时空当中,西部成为我们共同的"精神故乡",在这样的"归乡"的"神话"的背后,隐喻着我们共同的行动方向、共同的情感归依、共同的精神家园、共同的身份价值等一系列共同性的精神的诉求。

二、"记忆"重构:"怀旧"情感的审美化生产

共同体记忆的再度书写,特别是那些民族与集体困境时刻的再度显现是"我和我的"系列影片的一个新类型叙事策略,共同的苦难是把我们的命运紧紧联系在一起的情感基础,战胜困难与走出困境的过程是治愈集体创伤并激发身份认同的密码,"记忆"的影像重构也重新凝聚了我们的文化共识。

(一)"贫困历史"与"创伤经验"的书写

尼采认为,历史的真正价值在于通过将通俗的曲调升华为一种普遍的象征,通过展示出其中包含有怎样的一个深刻、有力而美丽的世界,在一个很可

---

① [英]齐格蒙特·鲍曼著,欧阳景根译:《共同体:在一个不确定的世界中寻找安全》,江苏人民出版社 2007 年,第 1 页。

能十分平庸的主题之上,创造出不同凡响的变奏曲。①《白昼流星》以一种夸张和想象的手法来表现贫困:荒芜的戈壁、破败的村庄,患癌的村长只有村里人勉强凑到的救助款,孩子像原始人一样顽劣嬉戏。老李作为扶贫的能手,以授之以渔的方式帮助村民摆脱贫困,保护两个孩子的尊严,以"扶贫先扶志"的方法带两个孩子留在家乡振兴家乡。《回乡之路》中真实事件与真实人物的取材为影片增添了历史的厚重感,影片真实映照了沙暴来临,书桌黑板覆盖尘土的细节,风沙的肆虐严重影响了当地的生产劳作甚至当地人的生存。《天上掉下个 UFO》中,闭塞的交通使直线相隔一公里的山路成为横在青年间的天堑。《诗》里,短短几天,火箭试验基地接连发生爆炸,恐怖的蘑菇云瞬间炸开吞噬一个个奋斗的青春的生命;漫天的黄沙、接连的暴雨与常伴的死亡和奋斗在这片土地上的生命对垒。这几个故事都以小人物奋斗的挫折为线索呈现给观众以时代的隐痛,《白昼流星》与《诗》两部短片互文式地呈现了祖国航空航天事业中的艰辛;《白昼流星》中的"问题少年"与"载人火箭"互为隐喻,他们都是流浪的游子,一个流浪在戈壁,一个流浪在太空,兄弟俩误入歧途也隐喻了航空航天事业的发展过程中的挫折,火箭的落地是"太空游子"的归途,戈壁的游子在观看火箭落地的同时心中有了起伏。在《诗》中,两代人为研究助推火箭的燃料,在生与死的边缘与时间赛跑,实现探索天空的古老神话,"燃料"与"父辈"异质同构,在一代又一代的接力当中,在太空中写诗不再只是愿望与想象。《回乡之路》以乔树林为缩影,展现了治沙人的决心与毅力,他们放弃了原本安逸的生活,投身故土,与黄沙作战,不仅要承受自然环境带来的身体上的损害,还要承受百战百挫的心灵落差。影片对个体创伤经验的书写就在日常叙事中时时以无言中的悲伤出现,在时空的交错中不断循环,然而个体的隐忍与抗争是民族精神的缩影,隐忍中的悲痛似乎更能打动人心,直抵人物内心的真情实感,呈现出平凡生活的本身状态。饶曙光说过"电影与观众是一种从竞争到合作的关系,并且通过良性互动与契约形成'共同体美学'"②。影片中的"他们"承载了"我们"曾经奋斗的时代记忆。

---

① [德]弗里德里希·尼采著,陈涛、周辉荣译:《历史的用途与滥用》,上海人民出版社 2000 年,第 49 页。

② 饶曙光:《构建中国电影"共同体美学"》,《甘肃日报》2019 年 10 月 23 日,第 10 版。

（二）"情感"的沉淀与"创伤"的治愈

影片故事在共同体记忆的书写中沉淀了热情智慧、自立自强、坚韧勤劳、包容感恩、团结奋进的积极精神，这些共通的情感资源不仅在情节当中被沉淀下来，而且成为我们治愈创伤和重构集体记忆的重要资源。《白昼流星》在开头借哈扎布之口引出父辈流传的传说，"要有一天，能在白昼里看到夜里的流星，人们在这片穷土上的日子才会过得兴旺起来"。父辈靠着信念在荒瘠的土地上耕耘，而随着科技的进步，"白昼流星"的传说也被人们实现，神舟十一返回舱落地让两个草原上的浪荡儿目睹了宇宙间的"游子回家"，他们的躁动的游子之心也随之找到了回乡之路。导演用他诗意的风格，将最贫穷落后的小人物与最先进的航天科技连接起来，扶贫干部老李像神舟一样是引领着少年的灯塔，要脱贫先要注重精神建设。《回乡之路》中闫飞燕在飞机上看着头巾陷入在教室里遭遇风沙的回忆，重新回到家乡时，家乡已经从原本的黄沙漫天发展成青山绿水，而她也因为浓浓的乡情与乔树林合作。乔树林顶着标志的"八字胡"和被风沙吹的"大背头"面对同学、师姐、过路人的鄙夷目光时，丝毫没有表现出敏感脆弱，而是保持着自己一贯的韧劲，与其种植的"沙地苹果"相呼应，也凸显出西北人的坚韧。《天上掉下个UFO》中将农民与发明家联系起来，一反对于农民书写的刻板印象，将富有创造力与想象力的"新农人"展现在大众面前，这不仅是一种有热情有生命力的表现，更是将发明创造与民生结合起来的表现。黄大宝展示的第一个发明"插秧机器人"是现代农业的一个缩影，其"滚蛋"也是与独特的山路相联系，充满着现实的智慧。《诗》中"火药雕刻师"郁凯迎以人力对火药的误差进行缩小，将其不断减少到规定的范围之内，由于火药的特殊性，静电与火星都将造成重大事故，对技术与心态的双重考验将大国的"工匠精神"淋漓展现。哥哥从父母那里接手了在天上写诗的宏愿，并将其传递给了妹妹，妹妹成为航天员的一刻不仅仅表现了中国人意念的生生不息，更是对"俯首甘为孺子牛"的幕后人员深沉的致敬。《我和我的祖国》《我和我的家乡》《我和我的父辈》皆以一种亲切的口吻去讲述，几部影片以家为镜片折射出家国一体的理念。几部短片以"家"作为意象承载了创伤的治愈，哥俩见证过神舟的回归后重回心灵之"家"，乔树林和闫飞燕归去来兮重回精神之"家"，黄大宝与董阿华遥相呼应结缘爱情之"家"，郁凯迎以单薄身体为孩子传递信念之"家"。无数个小家构筑成的共同经历和情感力量缓解了中心与边缘的对立,城市与乡村的隔阂,并形成了集体身份认同的重要心理基础。在这样的情感的治愈性叙事当中,我们还看到了在新的科技文明带来的神话般的爱情,以及"同心结"这样的意象当中,实现的共同体的情感建构与修复。

三、"身份"认同:现代性的共识愿景与多样性的文化融合

科技的发展与文化的融合给我们构筑了一个"天下大同"的乌托邦想象,郑永年在《技术赋权:中国的互联网、国家与社会》中指出科学技术就是为"富国强兵"这一现代中国民族主义的核心服务的。[①] 影片把技术发明作为社会进步的重要的、核心的推动力,在进行未来想象的同时彰显中华民族共同的文化记忆和精神底色。

(一)"技术"的赋权与"发展"的共识

西部不仅孕育着祖国的航天事业,其发展更是国家振兴的缩影。《诗》《白昼流星》《回乡之路》《天上掉下个 UFO》纵向呈现了技术从探索创新到应用实践,从国家战略到融入我们日常生活的方方面面的发展历程。影片中作为线索的科技,不仅仅是发展的保障,也是人们精神的指引。《诗》与《白昼流星》援引了传说作为父辈的信念,在太空上写诗,以浪漫主义情怀展现老一代对于"孔明灯"的美好想象,他们用想象绘出了科技发展的蓝图。"白昼流星"的神话书写是航空航天技术的突破,在父辈的指引下,"站起来"的哥俩沃德勒和哈扎布成为"上进积极的人"和"天赐的礼物",航空航天技术让他们见到了神话中的"白昼流星",他们成为追"星"的人,回乡、脱贫,朝兴旺的日子奔走。"沙漠绿洲"对自然的征服展现了科技如何改善我们生存的环境,乔树林试验种植沙地苹果,带领越来越多的人抗沙,闫飞燕利用直播这一新手段与城市联通,形成城乡融合、共同繁荣的新型工农城乡关系。其中,"沙地苹果"技术就成为乔树林心中的灯塔,乔树林凭借"不到黄河心不死"的决心,帮助家乡建成绿水青山。"乡村 UFO"的探秘故事体现了科技发明改变生活,黄大宝将科技的智

[①] 郑永年著,邱道隆译:《技术赋权:中国的互联网、国家与社会》,东方出版社 2014 年,第 3 页。

慧融入日常的需求中，做出了许多令人捧腹的发明，又把假 UFO 用于贵州的物流运输，让山路再无法阻隔人与人之间的距离。阿福村虽然没能再延续外星球村的红利，但是，科技的发展按下了阿福村发展的快进键。影片将科技从国家到家乡再到个体全面贯穿，科技承载着国家富强、家乡脱贫、个人生活改善的多维度意义，形成了在全球化时代，以科技引领社会发展，以生活富裕为基本目标，以族群自立和人文关怀为基本认同的文化共识。

（二）消费娱乐机制与"现代性"反思

电影的消费机制决定了它必须容纳对现实的多元化表现与反思性呈现，为受众提供更多和更饱满的内容与内涵。影片《天上掉下个 UFO》不仅表现了贵州自然地理地貌的独特性，还表现了阿福村与消费娱乐结合，打造"天眼酸汤鱼餐厅"的文旅景观，其中的酸汤鱼火锅采用"天眼"的形象，服务员们浑身绿色、戴着外星人眼镜，形成一种奇妙的诡异的带有反魅色彩并与科技融合的景观。阿福村以 UFO 为载体激发了文旅创新与商业化的新趋势，用神秘元素叙事把阿福村塑造成大众文化中新的"神话"。商业化的天眼火锅与 UFO 外星人摆件巧妙利用了本地的资源优势，商人王出奇以精明的经商头脑制造了一系列的消费娱乐噱头。科学家黄大宝发明的插秧机器人、滚蛋、强制性跑步机将想象力与科技相结合，展示了一堆虽然不实用但是充满着生活智慧的发明。黄大宝为促进村里经济的发展，利用"外星人"的噱头引起游人的关注，然而其忽略了自己村里良好的生态环境才是村子成为旅游胜地的根本原因，影片中墙上"青山绿水"的标语体现了可持续发展的根本战略。影片《回乡之路》不仅展现了黄沙绿树的西部自然景观，还展示了高速公路、高空大桥、直播等联通外界的现代景观。闫飞燕幼时在飞满黄沙的教室里刻苦学习，到如今成为气质出众的白领，两种形象的对比表现了西部的"闭塞"与大城市的"精干"。然而闫飞燕离乡太久，失去了与人交流的亲切感，那些在传统文化熏陶下生长的主人公挚情、挚性的生命活力，单纯、善良的美丽心灵更加强烈地冲击着我们的内心，他们自由奔放、忠实无惧的生存状态，与利益缠杂的现代社会里压力沉重、身心俱乏的文明人形成了鲜明的对比。然而闫飞燕在对家乡的不断回忆与感受中，逐渐卸下了开头对于粉丝表现出的"偶像包袱"。两部影片都通过"直播"这一形式将影片中的"他们"与正在观影的"我们"相连接，拥有众多粉丝的黄大宝以直播的方式将自己"不成熟"的发明与阿福村相关联,作为"直播女王"的闫飞燕将乔树林的"无赖"、百折不挠、不拘小节与"沙地苹果"相关联,影片中正在看直播的"观众"与正在影院观影的观众构成一组奇妙的互文关系,拉近了"我们"和故乡的关系。"直播"作为当下流行的一种售卖形式,如同一个连接世界的窗口,成为连接高速发展的"外界"与相对"原始"的西部的通道,从某种程度上讲,在泥沙俱下的大众文化潮流中,西部文化和人格以一种边缘姿态,自觉地承担起了拯救者的角色。"西部"影像的传播同时也是电影作为一种"大众文化的生产"和"娱乐化景观"进入共同体文化的书写和市场消费,其中"工具理性""功利主义"的喜剧化"反讽","现代性"与"前现代性"的奇妙碰撞,"祛魅"与"返魅"的巧妙融合,乡村与科幻的文化奇遇等叙事策略,也凸显了消费和市场机制在文化多元化可能与文化融合机制方面的重要潜力。

(三)"地方性"知识/资源与文化融合机制

民族作为"想象的共同体",并非建立在领土与疆域上的共同体,而是在其历史文化上形成的共同体。① 西部是一个多民族的文化聚集地,影片也展现了其丰富的文化景观,《白昼流星》中两个不羁的蒙古少年与老李策马奔腾,甩开身后的滚滚黄烟,伴随绛紫色的晚霞,呈现出一种开阔向上的民族风貌。《天上掉下个 UFO》里,展现了苗族的吊脚楼、蜡染服饰、苗族民俗舞蹈还有当地与 UFO 噱头相融合的"外星酸菜鱼"。《回乡之路》中的"乡愁"土窑洞,充满趣味的方言,陕北老板的头巾背心穿搭和特色小吃羊肉泡馍等都充分展现了当地特色的民俗民生。在这些特色之中,我们因为共同的文化基因而"共情"。迈克·克朗在《文化地理学》中提出民族文化的重要性,他认为,民族特性常常依赖于一个共享的历史,把它作为人民共同特征和明确特点的基础。共享的历史将大多数关系与具有某个文化特性的"民族"结合了起来。② 林毓生在《中国传统的创造性转化》中强调要"把一些中国文化传统中的符号与价值系统加以改造,使经过创造地转化的符号与价值系统,变成有利于变迁的种子,同时

① 贾学妮、饶曙光:《共同体视域下少数民族题材电影的认同问题》,《当代电影》2021 年第 12 期,第 83—88 页。
② [英]迈克·克朗著,杨淑华、宋慧敏译:《文化地理学》,南京大学出版社 2005 年,第 209—210 页。

在变迁过程中,继续保持文化的认同"①。《白昼流星》表现了浩渺的自然景观与令人振奋的"神舟"回家,"戈壁"意象从古代的刀光剑影、短兵相接变成现代科技竞速与腾飞的"战场",科技为"戈壁"提供了新的展示土壤,寓意兴旺的白昼流星是四子王旗当地独有的传说,神话与航天事业由此串联。《回乡之路》展现了漫天黄沙的环境和让人眼前一亮的沙地绿植,早期"黄土地"这一传统意象与其中困顿挣扎的青春生命,造就了民族文化的奇观;在一代治沙人的努力之下,"黄土地"成为承载过去记忆的"世外桃源"。《天上掉下个UFO》中出现了特色的民族服装与高科技"天眼",山区不再是愚昧闭塞的代名词,在科技的介入之下成为连接未来与想象的魔幻空间。《诗》呈现了艰苦的生活环境与火箭的升空,大漠从荒芜、野蛮之地变成实现梦想的"神圣之地"。我们看到陕北的民俗风俗、内蒙古奇特的自然景观和生活方式、贵州少数民族仍然保留下来的文化多元化的形式,以及最后的文化融合的美好生活的景观,它们都在向我们展示如何将地方性的、民族化的、少数派的、传统的理解转化为一种地方性的知识和娱乐化的景观。在经济发展、社会进步的整体化时代语境之中,地方性差异逐渐摆脱了进步与落后、主流与边缘的对峙性的紧张结构,日益转变为一种景观和资源、特色和个性,甚至是一种对"工具理性"的反思和修复,作为"新乡村""新西部"神话的符号,作为对"现代性"压力的缓解与疗愈,作为一种"地方性知识"和"娱乐化景观"进入共同体文化的书写之中。

结语

事实上,"西部"可以作为一种方法,它既是一种发现中国历史与现实的方法,更是一种书写中国当代和未来的方法。《我和我的祖国》《我和我的家乡》以及《我和我的父辈》等系列影片以互文关系将历史经验与西部景观融合,时间与空间交错,伟业与民生共成。韦尔策曾经说:"如今占主导地位的,已不再是以其描写的故事改变我们视野的印刷媒体,而是以其制造的画面改变我们视野的电影、电视和录像媒体了。在这方面,电影起着特别重要的作用。我们

---

① 林毓生:《中国传统的创造性转化》,生活·读书·新知三联书店2011年,第328页。

的记忆已经不像在 19 世纪那样充满了故事和人物,而是充满了浮动的画面。"①"新西部"故事,提供了一种可资穿越的"想象性""文化时空",以"怀旧"的大众化书写,重新回顾历史与现实的"创伤经验",共同见证时代的"发展进步",在审美和娱乐的过程中,抚平和治愈了"集体创伤",在情感凝结和心理积淀中,重构了集体记忆,达成了社会共识,实现了身份认同。同时,也借助传统智慧和资源创新了"中国故事",以"和"文化超越了二元对立的"现代性"悖论,在"流散杂糅"与"异质互文"的具象性表达与全球化消费语境中带着"差异审美"和"自反生长"的特征,通过中国文化话语的当代化建构与全球化传播形构了景观化的"共同体美学",创造了一个想象性的美学与文化共同体。

(牛鸿英,陕西师范大学新闻与传播学院教授,博士生导师;宋天祥,陕西师范大学新闻与传播学院博士研究生)

"Rebuilding the West"
—the Spatial Structure of the Recent Domestic Film Community Aesthetics from the Perspective of Geo Culture

Niu Hongying　Song Tianxiang

Abstract: In the context of national anti-epidemic and poverty alleviation, and under the subtle changes in the international political and economic pattern, the production strategy of Chinese films has been significantly adjusted. The rewriting of historical memory and collective experience has not only become a market strategy to revitalize the public, but also a narrative carrier for community identity and cultural construction. This is the case with the series films *My People My Country*, *My People My Homeland* and *My Country My Parents*. Among them, four short films, *The Guiding Star*, *Road Back to Hometown*, *UFO Falling from the Sky*

---

① ［德］哈拉尔德·韦尔策著,季斌等译:《社会记忆:历史、回忆、传承》,北京大学出版社 2007 年,第 114 页。

and *Poem*, tell three "the young west" stories of Inner Mongolia, Shanxi and Guizhou. In reviewing the historical pain and building the story of returning home, they recreated the contemporary western and rural subjects, developing a magnificent green west, a dynamic west full of scientific and technological potential, an information west "connected" by reality and the Internet, and at the same time reflecting on "urban disease" and instrumental rationality. Between "Disenchantment" and "Re-enchantment", it has the new type characteristics of "differential aesthetics" and "reflexive growth", showing an aesthetic style, social consensus and community cultural integration mechanism regulated by the consumption mechanism.

Keywords: Domestic Film; the New West; Community Aesthetics; Geo Culture; Spatial Structure

"制造甜蜜":B站"CP"向视频的认知建构与体验生产①

吴优

摘要:B站"CP"向视频作为粉丝参与式接受过程中的衍生创作,其群体性传播对正片内容吸引年轻群体和B站作为内容创作与分享平台巩固粉丝群体,都具有现实作用和启示意义。B站"CP"向视频在建构粉丝认知、引发粉丝深度沉浸上的强效果得益于视频内容、平台设计与粉丝群体之间的正向互动。作品利用图像表意逼真但精准度低的媒介特性以数字技术制造"真相",通过音画统一策略制造视频的强体验潜能。在B站功能设计和推荐规则所促成的精准连接与时空同步作用下,粉丝们获得了一种对"有爱"关系的确认和体验,并在共同认知、共同体验的创作和传受过程中凝聚出一个意义的产消共同体。

关键词:"CP"向视频;B站;认知;体验;共同体

---

① 本文系2019年度辽宁省社会科学规划基金重点项目(项目号:L19AXW001)的系列研究成果。

引言：在 B 站"嗑 CP"为何让人如此"上头"？

　　"CP"的概念诞生于漫画的耽美同人①创作，后来扩展到文学、影视等流行文化类型中，甚至泛化到真人身上，用来组成"CP"的人物性别也从最初的男女扩展到男男、女女等多种性别之间。在国内的网络传播实践中，这个词更多被理解为"couple"的缩写，取其"一对、情侣"之意，并泛化为一种"有爱"②的状态或一种"羁绊"③关系。"嗑 CP"指喜欢以"CP"关系为核心表达的媒介内容以及表示这种喜欢的行为，因"CP"赞同者自认对"CP"的热衷与沉迷程度如同"嗑药"一般，而戏称自己的行为是"嗑 CP"。"CP"向视频指倾向于将人物关系表述为"CP"或朝着"CP"方向去叙事的这类视频作品，"向"在这里取倾向、方向之意。

　　尽管"嗑 CP"相关内容和参与者亦可见于其他平台，但 B 站在相关内容的丰富度和"CP"粉丝的稳固度上都更突出。弹幕"囍"字（网友喜欢在"CP"同框时发出）甚至成为 2017 年 B 站年度弹幕。是什么让 B 站"CP"向视频拥有如此大的吸引力，让"CP 粉"沉溺于"我家'CP'的绝美爱情"中无法自拔？其中，B 站的运行逻辑及"CP"向视频所携带的媒介特性与表达策略，都在意义的建构、圈子的凝聚过程中发挥着特定作用。本文即尝试以参与式观察及访谈为方法，探寻 B 站"CP"向视频是如何在粉丝间进行认知建构与体验生产的。

表 1　被访者信息

序号	B 站"CP"向视频传受史	用户身份	内容传受身份	访谈方式	学历	性别
1	10 年	大会员	观看者/up 主	电话/微信图文	本科	女

---

　　①　指建立在已经成型文本（一般是流行文化文本）基础上，借用原文本已有的人物形象、人物关系等所做的二次创作。参见邵燕君主编《破壁书：网络文化关键词》，生活书店出版有限公司 2018 年，第 74 页。

　　②　网络词，指一种充满爱意的主体间状态，包括友爱、宠溺等情感，不一定是爱情。

　　③　二次元文化的特定用语，指的是人与人之间深刻而强烈的情感联结。参见邵燕君主编《破壁书：网络文化关键词》，生活书店出版有限公司 2018 年，第 39 页。

续表

序号	B站"CP"向视频传受史	用户身份	内容传受身份	访谈方式	学历	性别
2	5 年	正式会员	观看者	电话	硕士	女
3	6 年	正式会员	观看者	电话	本科	女
4	3 个月	大会员	观看者	电话	本科	女
5	6 年	正式会员	观看者	电话	本科	男
6	5 年	正式会员	观看者/up 主	微信语音/图文	本科	女
7	5 年	正式会员	观看者	微信语音	本科	女
8	7 年	正式会员	观看者	微信语音	本科	女
9	2 年	正式会员	观看者	微信语音	本科	女
10	3 年	大会员	观看者	微信语音	硕士	女
11	11 年	大会员	观看者	微信语音	本科	女
12	8 年	正式会员	观看者	微信语音	本科	男
13	4 年	正式会员	观看者	微信语音	本科	女
14	3 年	正式会员	观看者	微信语音	本科	女
15	6 年	正式会员	观看者	微信语音	本科	女
16	2 年	正式会员	观看者	微信语音	硕士	女
17	9 年	正式会员	观看者	微信语音	博士	女
18	10 个月	正式会员	观看者	微信语音	本科	女
19	5 年	正式会员	观看者	微信语音	本科	女
20	7 年	正式会员	观看者	微信语音	本科	女

一、人工的真实:视频的吊诡与认知的建构

视频中的重要信道——图像是一种吊诡的媒介:图像对现实世界的呈现具有文字、声音等媒介无法比拟的逼真性,但同时它又是可以通过技术手段由人主观取舍和修改的。图像通过一帧帧画面的排列呈现时间先后,并由此构建画面间的因果逻辑,但时间和因果关系却是可以人为制造的。B站"CP"向

视频把握了图像这一媒介在真实性、时间性上的吊诡特性，在视频图像"眼见为实"的真实性权威下，借助数字技术，以取舍、重组等策略建构着人工的真实。

（一）取舍：以特定的局部、片段或角度呈现"CP"感

镜头意味着取舍，对只看到取舍结果视频的观看者而言，被选取的图像就意味着存在，存在意味着真实，而被舍掉的真实存在则消失了。想要让人相信什么，就让镜头呈现什么；而对建构意义无益的，便使其图像不被呈现。所以无论是官方"撒糖"的花絮，还是"CP粉"的自发产出，"CP"向视频建构认知的基本策略就是选取，选取有助于建构"CP"感的正向内容予以呈现。尽管这些图像确实不是特效生成的，但是它是发生在特定情境下的，可能男演员深情的目光望向的并不是女演员，而是镜头之外、站在那个方向的导演；牵手是因为现场地形崎岖，同事之间为了安全拉一把而已，下一秒就放开了。但在建构"CP"关系的视频中，与选取图像表意相冲突的同空间形象被舍去了；与能够建构亲密关系的时段相背离的下一秒也被舍去了；图像还有可能在被拍摄的人物那里就有过一轮取舍了，视频中的人物意识到了镜头的存在，呈现出来的表情、动作、对话等都是主观筛选后的表现。此外，拍摄角度也是一种选取，挨在一起、拥抱、亲吻等"CP"向视频的经典"糖"很多跟拍摄的角度有关，特定的拍摄角度往往能拍出一些很有亲密感的错位图，但观者看不到这个选取过程，只看得到选取的结果。很多"CP"向视频的图像来自花絮、采访等看似纪实的内容类型，但其拍摄和二次创作过程中仍然包含着一次次的取舍，而这些取舍的过程对观看者却不可见，只留下可见的取舍结果去影响观看者的认知。

（二）重组：以图像/对白的排列组合来重置时序和人物关系

"CP"向视频建构人物"CP"关系的第二个策略就是对富于"CP"感的画面重新排列组合，以此来重构时间顺序和人物关系。一帧帧"耐人寻味的"画面暗示着人物可能的行为逻辑，画面为剪辑所安排的顺序则明确了这种顺序和逻辑，于是人物行为的顺序和因果逻辑框架便搭建出来了。这个框架往往能令观看者召唤出某个已知的认知图式，然后根据图式去判断人物之间的关系。如某段视频中，上一帧画面呈现 A 望着 B 的目光，下一帧接上 B 娇羞地笑着低下头，前后两帧的拼接确定了人物行为的时序，表明了两人行为的逻辑关系,于是粉丝们的"恋爱图式"被召唤出来了,并由此体认出视频人物的"CP"关系。比如一条弹幕说:"我男朋友就是这么看我的,还有这××这娇羞的样子,这绝对是爱情啊。"

通过画面的并置、对比来建构认知也是"CP"向视频常用的策略,比如将 A与 B 的互动行为画面(常常是眼神、肢体接触等),与 A 同其他人的同类互动行为画面并置对比,辅之以解说来展示 A 对待 B 的与众不同,以此证明二人关系非比寻常。

视频中可资重组的还有声音符号。通过声画重组来重构故事也是"CP"向视频的有效策略。这种策略是用新的、自创的对白来叙述新的故事,通过语言在表达意图和因果关系方面更清晰的优势来改写故事主线,表意清晰度低的图像则负责以形象性来配合语言。比如 up 主"小桃子酱紫"以"搞笑""陈情令"为标签上传了一组名为《一个面瘫总攻の恋情自述》的系列视频,视频每条3 分钟左右,图像部分主要来自网剧《陈情令》,音频部分除将原剧音乐换成了搞笑风格的音乐外,清除了大部分的原始台词,重配了"蓝忘机"(《陈情令》主角之一)内心视角的独白,独白内容主要表达他对"魏无羡"(《陈情令》另一主角)暗藏心中的爱慕之情和对方不解风情带来的郁闷。其第三期的部分独白如下:

> 终于要和老婆一起上课了/好想看看老婆在干什么/偷瞄一眼/应该没人会发现吧/他又在和聂怀桑说什么悄悄话/好生气/为什么老婆注意力不在我身上/老婆看我了/怎么生得这么好看/他还和我打招呼/笑得好甜/不愧是我老婆/但我是个高冷面瘫总攻/我是不会被老婆的可爱打败的

《陈情令》剧中蓝忘机与魏无羡的人物关系是相约一起锄奸扶弱的仙侠好友。这条视频取材的图像内容在剧中是魏无羡初入蓝氏听学,因为顽劣调皮而被蓝忘机讨厌的一段,但配上了新独白之后,人物的表情、行动逻辑获得了新的理解图式,在搞笑生动的音乐烘托下,粉丝们不仅没有觉得违和,反而觉得有趣。

(三)加 BUFF：数字技术增强粉丝再叙事的空间和效果

BUFF 是游戏名词，指帮角色增强自身能力的魔法或效果。在 B 站"CP"向视频的生产中，数字技术就好像加在视频媒体上的 BUFF，极大地增强了粉丝用视频进行再叙事的空间和效果。"CP"向视频取材的原视频都是数字产品，up 主在对原素材进行观看、选取、重组、解读时运用的也都是数字设备和数字处理技术，这给一系列意义建构策略的实施提供了可能，提高了效率，增强了效果。采取盗猎或挪用的方式对电视剧进行参与式接受，这是亨利·詹金斯在研究电视时代粉丝文化时就已发现的现象。但彼时电视粉丝们借以挪用和建构的主要媒介还是文字和印刷品，同人视频并不多。因为，当时的粉丝要对电视剧中的人物进行同人视频创作，需要将电视台播放的内容转录到家庭录像带上，然后再用家用录像机来进行蒙太奇剪辑。"这种效果在家用机器上极难做到，因为家用机器经常在按下暂停键后倒带几秒钟，并且在暂停几分钟之后就会自动关机……并且这么做很容易在剪辑处留下所谓的'彩虹线'。"[1]蒙太奇剪辑今天在数字技术的加持下已经是视频 up 主的基本操作，并且效率大大提高。在意义建构方面更具威力的是数字技术对细节的超强呈现能力和对虚拟效果的超强制造能力，很多"糖点"就是通过这两个路径制造出来的，比如一些粉丝通过放大剧中魏无羡（角色名）的眼睛，发现了映在瞳仁中的蓝忘机（角色名），从而得出剧中并未交代的剧情——蓝忘机与魏无羡最终走到了一起。一些视频通过对"CP"人物影音资料的声音、图像做分轨、慢放、调色等技术处理来找出他们"相爱"的蛛丝马迹。这些都属于利用数字视频清晰度的提高和相应的处理技术的进步来发现以前发现不了的细节，就好比有了显微镜人类才能发现细菌。更具魔力的是被网友称为"黑科技"的一系列特效技术，如抠像、溶图等，前面的取舍、组合策略都是在不改变单帧画面这个最小剪辑单元前提下进行的，但是抠像则相当于对单帧画面做了"PS"，能做出现实中根本不曾出现过的画面，这就可以把"CP"人物的脸放到任何场景中，也可以嫁接到别的身体上，然后实现现实和原作中都未曾出现的同框，演出现实和

---

① ［美］亨利·詹金斯著，郑熙青译：《文本盗猎者：电视粉丝与参与式文化》，北京大学出版社2016 年，第 232 页。

正片中都没有的情感故事。这样一来粉丝们按照自己的期待去建构人物关系的创作空间就有了革命性的扩展。数字技术与视频媒介的融合极大地增益了"CP"向视频建构认知的潜能。

二、制造的甜蜜:以媒介符号的融合运用激发联觉和共同体验

"CP"认同的形成、"CP"粉圈的凝聚不仅是认知建构的结果,也是体验生产的效果。人处于愉悦状态时,对内容的理解和认知往往都更为正面和有效,"CP"向视频在意义建构上的有效离不开其在情绪制造上的成功。另外,很多粉丝嗑"CP"追求的并不是"CP"关系的客观真实,而是情感和体验上的真实,获得愉悦的情感体验本身即是他们创作和观看此类内容的初衷,如果没有强大的体验制造能力,B站"CP"向视频不会让人如此"上头"。

(一)触得到的"恋人"与亲密感

B站"CP"向视频充分运用视频媒介对感官的整体激发来营造亲密的感觉和暧昧的气氛。人在接收到媒介信息时能够下意识展开想象,在想象的过程中人们身体的情绪和感受也跟亲身经历一样产生变化。视频中的图像激发的不仅仅是人们的视觉,还有触觉及相应体感。对触觉激发的潜能与镜头的景别运用有关,景别在拍摄时是镜头与所拍摄人物的关系,但在观看时就是观众与图像人物之间的空间关系。当观看的终端不是远处的大屏,而是近在眼前的小屏幕时,特写镜头下演员那360°无死角的面庞就在我们触手可及的距离了。通过镜头调度来激发亲密感的流量密码已经为越来越多的导演所掌握,在盛产"CP"的言情剧、仙侠剧中,对俊男美女"怼脸拍"的大特写镜头越来越多。而这种能够激发触感的近距离镜头正是粉丝们挖掘"CP"感的宝藏。

B站"CP"向视频中最常用的是面部特写镜头,丰富的面部表情最能激发"CP"感。视频中人物长时间的凝视很容易让观看者产生仿佛自己被人深情凝望一样的感官体验。含情脉脉的妩媚笑容常引得粉丝在弹幕中大呼"这笑容,啊,我没了!";宠溺的眼神、娇羞表情、痴笑等都是营造暧昧气氛的利器。另一类制造亲密感的"大杀器"是肢体接触的特写或近景,尤其是那些看起来属于下意识的肢体动作,比如十指相扣、挽手、靠肩或者帮对方拨头发等一般在关

系亲密的人之间才会出现的动作，都会激发观看者如亲身经历一般的感官体验。通过对手、肩膀这些局部的呈现，甜蜜氛围瞬间生成，让粉丝惊呼"臭情侣，太甜了"。此外，互相打闹、交头接耳之类的互动镜头也是近景或特写的展现重点，通过对这些镜头的呈现往往能营造出"腻腻歪歪""打情骂俏"的氛围。

（二）专属 BGM 与沉浸感

BGM 即背景音乐。B 站"CP"向视频的"甜"与"虐"，大都离不开音乐的衬托与渲染。而渲染效果的实现与音乐选择和运用过程中制作者对音画统一的重视分不开。声音能够塑造听者的空间一致感，当声音萦绕在听者周围时，听者就会感到进入了视频的故事世界，而不是在外部观看这个世界。所以音乐对感官的激发更有通用性、直接性，音高、音色、节奏、强弱、歌词的变化，可以帮助表现人物情绪、暗示故事走向、渲染场景气氛等，运用得当能够增强视频观看者的沉浸感。①

访谈中几乎所有受访者都认为视频的配乐对视频的 CP 感有重要的影响，认为即便不能完美卡点（画面与音乐节奏高度同步），也至少要做到音乐情绪与图像的情节走向契合，音乐与图像能否相得益彰是体现制作水平的重要指标。因而，up 主们在制作视频时会为自己的"CP"精心挑选背景音乐，并根据情节对音乐进行剪辑处理。平台也在上传环节提供按使用场景划分的曲库，而且提供剪辑功能。基于平台、粉丝对音画统一的高度重视，往往在一条视频内部，up 主会根据情节需要联合使用多段来自不同音源的音乐来表达情绪的起承转合。在音画结合关系上，音画同步是被采用最多的。被采用的音乐可有歌词，也可无歌词，音乐与表意的关系可写实、可抒情也可象征，但配乐的情绪、节奏与图像的表意需要高度吻合。比如被列入"网友 B 站嗑'CP'必备 8 大bgm"的歌曲《大雾》，是一首旋律很燃但歌词却很隐忍的歌，部分歌词如下：

> 大雾四起 偷偷藏匿／我在无人处爱你／大雾散去 人尽皆知我爱你／穿过风雨 小心翼翼／害怕惊扰你／你是否也能感受我呼吸②

---

① 指人离开在现实中的感觉而完全存在于媒介内容世界中的感觉。
② https://baijiahao.baidu.com/s？id=1695365190397550292&wfr=spider&for=pc。

　　B站有不少感人的"CP"向视频都用这首歌做配音，粉丝通过视频感受到的是两位"CP"人物彼此之间有着强烈的爱意，但因为现实的种种束缚不能大胆明确地表达出来，所以只能克制自己在无人处默默深爱。因为粉丝所嗑的"CP"基本都不是真CP，至少是没有确证的，这首歌的歌词把图像素材中经常出现的人物互动编码成"情到深处不能自已"，把现实中的没有确证阐释为"无法明言"；歌的旋律跌宕起伏，高情绪触发，于是在又甜又虐的气氛下把所嗑"CP"的情感故事讲圆了。

三、连接与同步：生成群体的一致性

　　"CP"向视频中所蕴藏的唤起共同认知、激发共同体验的潜能，需以内容与粉丝、粉丝与粉丝之间的精准连接、共时共场互动为前提。因为如果不能在群体中生出一致性，这个群体就不能生出与其他群体或个体区分的特质，也就无法成为共同体。而这种一致性的生成既需要认知、体验的一致性，也需要群体中个体之间时空感觉的一致性。

（一）按喜好标签匹配内容以提高连接的精准度

　　B站"CP"向视频对粉丝认知、体验一致性的建构离不开视频与用户的高精准连接，而此种高质量的连接得益于平台强调以喜好为用户贴标签、以特征为内容贴标签的推荐逻辑。访谈中问到粉丝是怎样"入坑"①某对"CP"的，很多回答是"在平台推荐页看到，点开一看，确实好嗑，然后就不断地点开平台推荐的下一条类似视频"。这种效果的产生是因为比起年龄、性别、位置等用户标签，B站的算法更看重"喜好"。通过测试题平台能在强调使用规则的同时收集到相对精准的用户偏好，并据此为用户贴标签，所以才会出现很多网友说的"成为正式会员后，平台推荐的内容更加对味了"这种效果。平台还会跟随用户的每一次操作来完善其标签，伴随每一次"播放""退出""点赞""投币""收藏"，平台对用户喜好的标注越来越精准。以内容偏好为算法核心权重要素的连接机制，为内容对用户产生深度影响创造了一个高效率的开端。

---

　　①　网络词，指专注地投入某一件事情之中。

B站首页的两个设计也能对连接的精准度起到提升作用：分区多栏呈现与反馈弹窗。分区多栏呈现的设计将首页分割成多个区块，每个区块呈现一条视频的封面和标题，用户点击才能播放。虽然看似不如一点开屏幕就满屏自动播放来得有冲击力，但于用户而言，他们有了选择喜爱内容的机会，压迫感更小；对平台而言，这是又一次深度了解用户喜好的机会。反馈弹窗则给了用户明确表达其不喜欢什么，以及为什么不喜欢的机会。多个精准把握用户内容偏好的策略叠加起来后，算法更懂用户了，用户会看到越来越多符合自己期待的内容，而讨厌的内容会越来越少。此种连接上的区隔与内容上的吸引相互加持，大大加强了黏住"CP"粉和吸引路人粉的可能性。

(二)高频快速连接形成内容接受的即时性

"CP"向视频能成功凝聚众多粉丝群体，与其传播实践中造成的即时性有很大关系。狂热与跟从往往紧随即时性的内容冲击而出现，因为信息处理时间的缩短意味着情感与冲动来不及冷静，偶发的或局部的信息来不及被放置于历史或大背景中考虑，分析与解释的过程来不及展开。首先，"CP"向视频内部的时间是非连续的，它的图像是令人震撼或耐人寻味的瞬间的拼贴，它激发的是瞬间的震撼或感动，缺乏前思后想的时间过程。其次，"CP"向视频的长度和节奏也造就了接受的即时性，十几秒到几分钟的中短视频就好像饮食上的一粒瓜子，正餐吃过会有明确的饱腹感，而瓜子则激发一粒接一粒的进食渴望。因为每过几秒到十几秒就看到一个"糖点"，以很小的时间成本就能获得多巴胺，再点开下一条还有可能收获下一次"糖点"，短视频的"短"激发了连续点击。而连续点击进一步提高连接的效率，那么观看者能分配给单个视频、单个画面的时间就越来越短。无数视频中的一帧帧画面作为无差别的瞬间叠加在观看者的脑海中，无论粉丝们在现实的客观时间上是何时看到的，在她们的感官中感受到的都是无差别的一瞬间，都是看到的那个当下，不同的个体的理解和感受都被统一到无差别的即时上来了。这种无差别的即时性降低不同个体对相同视频内容的理解、体验的个性化、差异化，更容易形成一致性。

(三)用同步呈现的弹幕虚拟粉丝间的共时共场交流

B站"CP"向视频的群体凝聚力还与其独特的弹幕功能有关。视频播放时同步显示于画面上层的弹幕，不仅可以通过补充信息、表达观点来促进粉丝间共同认知的形成，还可以通过情绪的表达和弹幕本身形成的视觉冲击营造出虚拟的群体共在感，从而对分散于不同屏幕前的粉丝个体形成牵引，进而形成群体的同频共振。

二次创作是基于对共同喜爱的原始内容的挪用与重构而进行的意义生产，具有很强的互文性，文本与文本的互文、粉丝与粉丝之间的交流是新意义、新体验得以涌现的泉眼。在B站，这种互文与交流由弹幕功能予以实现。弹幕内容有评论，有补充性信息，更有情绪的表达。由于B站会员入会测验中包括了必要的内容常识及弹幕礼仪，弹幕内容大多与视频内容本身的意义建构和情感表达密切相关，而且质量较高，能够对视频的意义建构起到积极补充和增益。

弹幕对意义共同体的促进还与它的呈现方式密切相关。B站弹幕的呈现方式能制造出观看者之间的时空一致感，无论粉丝在什么时间、什么地点为某条视频发了弹幕，该弹幕都会在后来的粉丝观看这条视频时同步呈现于视频上层。这与在视频下方需要点开折叠才能看到的评论塑造出来的时空感是不一样的。当一条条弹幕伴随视频中的一个个"糖点"同步出现时，它把现实中并非共时共场的粉丝通过信息在线扭结到相同的媒介内容和媒介时间上来了，让观看者形成一种共时共场的交流感。这种由数字在线虚拟出来的共时共场感，使同样的内容在观看者的接受层面造成更强的震撼：不懂的梗被弹幕科普了之后就嗑到了原来嗑不到的；本来对自己理解的"糖点"还不太确信，但看到满屏的"嗑到了"瞬间确信了；本来只是觉得甜但并没有很燃，但看到满屏的"囍"字席卷而过，顿时也陷入了狂喜。弹幕的时空一致感和内容相结合，造就了粉丝们所说的"一人嗑糖一人甜，两人嗑糖双倍甜，众人嗑糖多倍甜"的情形。

结语

B站"CP"向视频能够让粉丝如此"上头"，并据此凝聚出一个个意义的产消共同体，在技术可供性上缘于这些"CP"向视频中所蕴藏的意义建构和体验生成策略，缘于平台对连接与同步的促成。图像这一媒介符号自身存在着感觉逼真但表意失准的特性,粉丝们利用数字技术对图像施以取舍、重组、黑科技混剪等处理,朝着粉丝期待的方向去建构意义;同时,突出特写镜头、制造音画统一等策略,提升了"CP"向视频生产沉浸式亲密体验的潜能。在强调内容偏好的推荐逻辑下,"CP"向视频与粉丝精准连接,并在短视频、快连接制造的即时感和弹幕生成的共时共场感中生成群体的一致性,在以广泛的弱连接为普遍状况的媒介空间中,形成了意义创造与接受的亲密共同体。

(吴优,文学博士,辽宁大学新闻与传播学院讲师,硕士生导师)

"Create Sweetness": Cognitive Construction and Experience Production of "CP" Videos in Bilibili

Wu You

Abstract: As a peer creation derived from the process of fans' participatory acceptance of long video content, the group communication of "CP" videos of Bilibili has practical significance and enlightenment for the generation Z group of mainstream content entering the circle and the consolidation of fans as a content creation and sharing platform of Bilibili. The strong effect of "CP" videos of Bilibili in constructing fans' cognition and causing fans' deep immersion benefits from the positive interaction between video content, platform design and fans. The work makes use of the "realistic" characteristics of images and digital technology to fabricate "truth", and creates the strong experience potential of video through the unified strategy of sound and painting. Under the precise connection and space-time synchronization promoted by the functional design and recommendation rules of Bilibili, fans have gained a recognition and experience of the pan "love" relationship, and condensed a meaningful production and consumption community in the process of creation and transmission of common cognition and common experience.

Keywords: "CP" Videos; Bilibili; Cognition; Experience; Community

论孙悟空形象的多媒介建构

姜文

摘要：从接受者的角度来看，孙悟空形象的多媒介建构可以分为两个维度：形象生成维度和意义生成维度。从形象生成维度来看，接受者有想象、观赏和介入三种"解码"方式。通过意义生成维度的考察可以发现孙悟空诸多形象变体背后不变的东西。

关键词：孙悟空；媒介建构；《西游记》

引言

孙悟空是《西游记》中的主要人物，因其丰厚的文化蕴涵而受到不同时代创作者和研究者的广泛关注，被多次重塑和解读。小说如《悟空传》《佛本是道》《朱雀记》等；影视如央视版《西游记》、《大话西游》系列、《西游记之大圣归来》等；游戏领域则更不必说，如时下火热的"英雄联盟""王者荣耀"等都有孙悟空的角色。研究方面，有论者追溯孙悟空的人物原型及文本演变，有学者挖掘孙悟空形象的文化意义和社会历史根源，也有学者关注孙悟空形象演变背后折射出的民族认同和主体话语,等等,这些足以证明孙悟空形象的经典性及其演变的复杂性。我们在此要追问的是,孙悟空形象在不同的媒介中产生了如此之多的变体,其背后是否有规律可循? 在这复杂变体之中又有什么不变的东西? 从接受者的角度来看,孙悟空形象的多媒介建构可以分为两个维度:形象生成维度和意义生成维度。从形象生成维度来看,接受者有想象、观赏和介入三种"解码"方式。通过意义生成维度的考察可以发现孙悟空诸多形象变体背后不变的东西。

关于"媒介",因其广泛性和常见性,这个概念在被使用时含混至极,因此我们必须要先做一个界定,以表明我们所说的"媒介"是哪种意义上的媒介。龙迪勇根据《韦氏大学词典》对"媒介"的定义,提炼出"媒介"的两重基本含义:传播媒介和表达媒介。[①] 前者把媒介视为管道或信息传递方法,比如以龟壳、竹简、书帛或电子信息等方式进行传播;后者将媒介视为具有表达性质的语言或者符号,比如油彩之于绘画、乐器之于音乐、文字之于小说等。如今我们谈论"媒介",几乎不太可能在传播意义上谈论,后疫情时代加速了媒介的"电子化"或"元宇宙化",传播媒介已经被同质化了。一个最明显的表征是纸质作品的阅读时代几近终结,这也就是米勒之所以提出"文学终结论"的核心原因之一。周计武在亚历山大"文化菱形"图的基础上加以改造,提出以媒介为中间环节的"艺术五要素",如图1,很好地诠释了媒介在艺术活动中的地位。

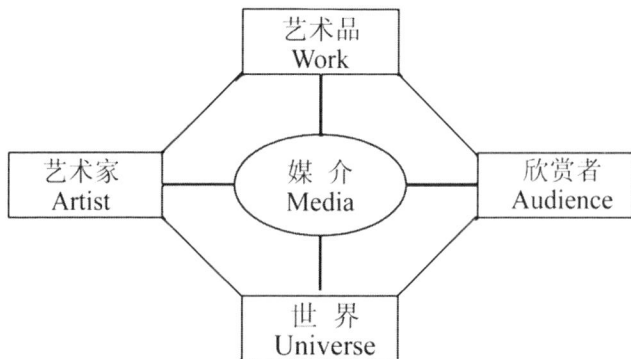

图 1 周计武艺术五要素论

---

① 龙迪勇:《空间叙事本质上是一种跨媒介叙事》,《河北学刊》2016 年第 6 期,第 86—92 页。

　　他进一步提出,艺术中的媒介可以分为三种:物质媒介、符号媒介和传播媒介,分别对应艺术的质料、形式和载体;所谓"质料"即支持媒介信息内容与形式的物质条件,"形式"是媒介信息的表达手段,"载体"是媒介信息的传达渠道。① 笔者把这里的"物质媒介"和"符号媒介"视为对龙迪勇所说的"表达媒介"的进一步拆分。物质媒介可理解为艺术品内容的物质构成,比如一栋建筑可由木材、钢材或石材构成;一尊雕塑可由青铜、塑料或木头构成;一幅绘画可由水性漆、油彩或蜡染、水墨构成,诸如此类。符号媒介可理解为艺术品内容的符号表达,比如线条之于绘画、声音之于音乐、语言之于小说等。到这里,我们可以发现看似风马牛不相及的"符号"与"媒介"之间具有耦合关系。② 我们在这里所说的"媒介",相当程度上是指唐小林所说的"符号媒介"③,即语言、图像等表达手段意义上的媒介。接下来,我们就先从感知的维度探索三种媒介的形象接受方式。

一、可想象的语言形象

　　语言形象的生成在很大程度上依赖我们对文字的认知和联想,在这一过程中,"孙悟空"这三个字所指代的对象其实是不在场的,是语言描写唤起了我们的某些经验,使我们展开联想,从而实现形象的建构。以小说对齐天大圣的出场描写为例,学界一般将"大闹天宫"视为孙悟空与天庭所代表的既有秩序发生冲突的标志性事件,其实未必如此。"大闹天宫"可以视为冲突的高潮,冲突的标志则发生在孙悟空穿上披挂、正式在读者面前亮相的那一刻:

---

① 周计武:《艺术的跨媒介性与艺术学理论的跨媒介建构》,《江海学刊》2020 年第 2 期,第 210—218 页。

② 实际上已经有学者发现了符号与媒介的耦合关系,如唐小林提出"符号媒介论"的理论设想,其本意是选择不从传播学,而从单纯的符号论出发对媒介做出说明,他从赵毅衡关于符号是"携带意义的感知"的定义出发,认为媒介即符号的可感知部分,提出符号即媒介、符号化即媒介化的看法。详见唐小林《符号媒介论》,《符号与传媒》2015 年第 2 期,第 139—154 页。

③ 之所以说相当程度,一是因为这三种媒介在实际描述中往往无法完全区隔开来,三种意义上的媒介实际上是三位一体的关系;二是光从唐小林对"符号媒介"的界定出发,无法解决不同媒介的共通性问题,这一点我们在第四部分和结语中谈。

身穿金甲亮堂堂,头戴金冠光映映。

手举金箍棒一根,足踏云鞋皆相称。

一双怪眼似明星,两耳过肩查又硬。

挺挺身材变化多,声音响亮如钟磬。

尖嘴龇牙弼马温,心高要做齐天圣。①

衣物是为御寒,如其他符号系统一样,本无意指功能,但社会往往把一些日常用品用于意指目的。②俗话说"人靠衣装,佛靠金装",在古代,身份与衣饰很大程度上是互为表里的。孙悟空无父无母,教他学艺的菩提老祖又不许他在外面提自己的名字,这时候的孙悟空,可以说是一个"自然猴",而非"社会人"。孙悟空漂洋过海到了南赡部洲地界后,断不能再以"自然猴"的形象示人,小说特别描写他剥了别人的衣裳套在身上,学人礼、说人话,才慢慢成为一个"社会人"。第二回写孙悟空"穿一领红色衣,勒一条黄丝绦,足下踏一对乌靴,不僧不俗,又不像道士神仙"③,则又是一例。此时的孙悟空,是猴又非猴,是人又非人,不僧不俗,又非道非神,他的穿着对应着模糊的身份。而一旦明确了自己齐天大圣的身份,孙悟空马上又去龙宫要了一副披挂,这才有了证诗中的描写。接下来的问题是,接受者从看到这首证诗,到大脑联想出一个相应的齐天大圣的形象来,中间的过程是怎样的?

索绪尔和皮尔斯的符号学研究,促使我们把目光聚焦到大脑的成像功能上。索绪尔把语言符号分成两部分:能指和所指。前者对应符号在主体内心的"声音",后者对应符号的概念和内容;④索绪尔进一步明确,能指和所指之间的联系不是物质的,而是心理的,两者建立联系的过程也就是大脑联想的过程。索绪尔对符号与观念发生联想的过程并没有过多说明,皮尔斯的"解释项"理论有助于推进我们关于文学语言何以在脑中成像的思考。皮尔斯将符

---

① 吴承恩:《西游记》,人民文学出版社 2010 年,第 43 页。

② [法]罗兰·巴尔特著,李幼蒸译:《符号学原理:结构主义文学理论文选》,生活·读书·新知三联书店 1988 年,第 135 页。

③ 吴承恩:《西游记》,人民文学出版社 2010 年,第 23 页。

④ [瑞士]费尔迪南·德·索绪尔著,高名凯译:《普通语言学教程》,商务印书馆 1999 年,第 100—102 页。

号分为三部分：符号、指代对象和解释项①，"解释项"的内涵比较复杂，赵星植认为它既可指符号接受者根据符号所引发的思想，也可以指接受者所进行的解释或翻译，还可以指接受者因为符号具体做出的生理或心理上的反应。② 皮尔斯用命题中的主项和谓项来解释对象和解释项的区别，"一个命题的解释项就是该命题的'谓项'，其对象就是该命题的主项或多个主项（包括它的直接或间接的语法对象等）所指称的事物……在一个命题中，任何属于解释项的部分都是用来描述事实的质性或特点的，而任何属于对象的部分则不是如此，它的目的在于将此事实和其他相似的事实区分开来"③；根据皮尔斯的解释，符号的解释项就是符号所传达的所有事物，是"必须通过间接经验才能获得的、与其对象相熟悉的那些东西"④。由此看来，解释项相当于人的意识中将符号和指代对象连接起来的纽带，这条纽带我们可以称之为"解释项之链"，它一直导向符号的指代对象。区别在于，索绪尔认为这个过程由大脑的联想自动完成，皮尔斯虽然也认为解释项是符号和指代对象之间的人为理解，但这种理解并非简单的联想，而是与指代对象相关的间接经验的唤起。

　　这样一来，我们就可以解释"齐天大圣"的形象生成过程了：证诗中的语言符号，如"金甲""金冠""金箍棒""云鞋"等作为服饰描写唤起了我们的颜色经验、材质经验和衣饰经验，从而让我们对齐天大圣的服饰有了具体印象。同时，"亮堂堂""光映映"等形容词实际上是对"金甲""金冠"之光照效果的描写，这一定程度上锚定了"解释项之链"的衍义，促使我们尽快完成了联想过程，而不至于长时间停滞在"解释项之链"的衍义中。"怪眼"、"过肩耳"、声音、"尖嘴龇牙"作为外貌描写唤起了我们的视觉经验和听觉经验，"似明星""查又硬""挺挺""如钟磬"等描写又进一步框定我们的联想范围。在解释项之链的衍义中，在效果描写的锚定中，在"格式塔"的心理作用下，我们开启想象的空间，并在大脑中完成了齐天大圣的形象建构。

---

①　关于符号、指代对象、解释项三者之间的关系，见［美］皮尔斯著，赵星植译《皮尔斯：论符号 李斯卡：皮尔斯符号学导论》，四川大学出版社 2014 年，第 31 页。

②　赵星植：《"无限衍义"真的无限吗——再论皮尔斯的解释项理论》，《河南师范大学学报（哲学社会科学版）》2016 年第 6 期，第 138－142 页。

③　［美］皮尔斯著，赵星植译：《皮尔斯：论符号》，四川大学出版社 2014 年，第 45 页，省略号为笔者所加。

④　［美］皮尔斯著，赵星植译：《皮尔斯：论符号》，四川大学出版社 2014 年，第 44 页。

二、可观赏的影视形象

　　我们在语言符号媒介中追问的如何成像问题，到了视听符号这里很大程度上已经不存在了。对于小说的接受而言，联想成像的过程不可忽略，语言描写一定程度上只是作为一个路标，将有心的读者引向更深的想象"丛林"，以此来进一步生成、完善大脑的形象联想。影像却省略了想象的过程，在视听符号媒介中，影像极大地挤压了接受者关于人物形象的想象空间。编码者直接将视觉形象呈现在观众眼前，影像极强的在场性对观众的自我想象造成威压。可以说，视听媒介建构的视觉形象，一出场就已经定型：央视版《西游记》和《西游降魔篇》中的孙悟空在外观和气质上可谓是天差地别，六小龄童扮演的孙悟空温顺帅气，不曾给人"闹"的印象；葛行于扮演的孙悟空妖气凌人，凶恶堪比妖王。相比于小说，两版形象都进行了变形，但侧重点有所不同：六小龄童版侧重于再现小说中的服饰，外貌改动很大；葛行于版更忠实于小说的外貌描写，服饰改动较大。首先来看服饰，当我们观看央视版《西游记》的孙悟空造型时，首先抓住我们眼球的是那明黄色和大红色的服饰，这两种颜色都是鲜艳明亮的颜色，颜色比较单一，色彩明度和饱和度都很高，这使形象整体风格呈暖色调，与六小龄童版的俊朗外形相得益彰。而当我们观看《西游降魔篇》的孙悟空造型时，我们发现，创作团队对其服饰颜色做了消色成分处理。金箍棒和铠甲融合了银色、灰色等低饱和度的颜色，这使形象整体风格呈冷色调，衬托着葛行于版的森森凶相，其形象较高程度还原了原著。不管是六小龄童扮演的俊朗美猴王，还是葛行于扮演的"妖王"，当我们观看的时候，形象就已经生成了。这时，纵然我们能够想到和小说的不一样，但是我们的视觉中心已经被占据，留给我们继续完成联想过程的空间又有多大呢？即便我们完成了头脑中的另一番想象，不是也会马上投入眼前的视觉观赏吗？

　　如果说影视的形象构造一定程度上还受制于小说，那么动画可能更加自由，二次创作空间更大。《大闹天宫》和《大圣归来》，无论在服饰还是外貌上，我们都没有发现像在影视作品中那样刻意向着小说还原的影子。《大闹天宫》对孙悟空进行了戏剧化的造型，色彩上黄色和红色是主色，两种颜色间接搭配,显得热烈而大胆;京剧脸谱化的造型好似给孙悟空戴上了一副面具,暗示着诸种行为的某种合理性。《大圣归来》在造型上则以红色为主色,颜色来源主要是孙悟空那看起来很拉风的披风,我们发现孙悟空的铠甲是暗色的,被其手臂的"禁制之光"照耀,反射出淡淡的红色光芒,其头发也是红褐色的。《大闹天宫》给我们的整体印象是外放的,孙悟空气势汹汹,不仅体现出了"闹"的气质,更将其发展成颠覆性的破坏,这里的孙悟空体内好像聚集着一股能量,不知道什么时候会爆发出来;相对来说,《大圣归来》则是内敛的,虽然造型很酷,但仍显示出某种中年大叔才有的失意落寞意味。

以上四版都是由视听符号媒介建构的孙悟空形象,每一版似乎都是对孙悟空形象的全新塑造,从外貌、服饰到整体造型都不一样。产生差异的根本原因在于,在视听符号媒介中,接受者的"解码"机制改变了,而这一改变首先基于"编码"机制的复杂化。比之语言符号,视听符号的"编码过程"更为复杂。"蒙太奇"通常是我们分析视听符号的一个核心术语,它如同水泥一样,把一个个镜头"粘"到一起,并产生 1+1>2 的表意功能。如果我们熟悉一些剪辑软件——比如 EDIUS 或者 Adobe Premiere 等,或许会更好理解。从剪辑的角度看,我们平常看到的视频是由两道轨道组成的,即视频轨和音频轨。视频由一帧一帧的静止图像组成,作用于视觉。音频则作用于听觉。两者都可以随意剪切、组合,进行速度、大小等方面的变奏,当然也可以调色、调音,直到满足制作者的要求。如果谈到拍摄现场的取景、布景、拍摄角度等"编码"前过程,则更加复杂。

虽然视听符号的"编码"过程极为复杂,但它的"解码"过程比之文学符号却更加简单。从接受者的角度来说,当我们的视听感官感知到视听符号时,我们的"解释项之链"还未展开便被直接的视觉呈现代替了。因此,视听符号媒介中孙悟空形象的生成,主要依靠我们的视觉观察,或者说是观赏,而不是依靠想象和联想。

三、可介入的游戏形象

小说和影视的符号媒介都比较清楚,前者是语言,后者是视听影像。但是电子游戏的符号媒介应该是什么呢？厘清这一点十分重要，它有助于我们区别接受者的参与方式。或许我们可以先对其"物质媒介"和"传播媒介"进行一番排除，游戏的"传播媒介"毫无疑问是各类电子产品，诸如电脑、手机、平板甚至电视等；而其"物质媒介"，在"传播媒介"的物质构成方面是集成电路，是一块块半导体材料构成的晶片，在"符号媒介"的物质构成方面则是一串串编码构成的程序。在程序和晶片的支撑下可以输入、生成游戏画面，因此，可以说，电子游戏的"符号媒介"也是视听。

从接受者的角度来看，我们对小说、影视和电子游戏中塑造的孙悟空形象的接受方式不同。小说和影视在符号媒介上区别较大，犹可理解；但既然影视和电子游戏的符号媒介都是视听，为什么也会不一样呢？因为电子游戏的"编码"过程比之影视又多了一步：设定交互程序。

《英雄联盟》是时下比较火热的一款 MOBA（Multiplayer Online Battle Arena）类游戏，其中有孙悟空这一游戏角色。电子游戏需要玩家的互动和参与，而这是基于程序员所编写的一套交互程式。虽然每款游戏都有着各自的"故事世界"设定，但对于电子游戏来说，故事背景并不像在小说和影视中那样是一种规范，而只是辅助性的背景介绍，与游戏的运行并无太大关联。相比之下，由交互程式所支撑的游戏运行规则更加重要，这些规则一般包括英雄属性、英雄技能、装备属性、升级机制、游戏目标、地图资源等。换言之，《英雄联盟》的图绘孙悟空并不能让接受者仅凭想象或观赏就完成形象建构，虽然这个形象已经是完成状态，但它远未定型，级别、装备、皮肤都是影响角色最终定型的因素，而这些因素掌握在玩家手里。接受者必须接受游戏机制，介入游戏世界中去亲身体验，根据自己的操作和理解去完成这个人物的最终造型。

图 2 《英雄联盟》齐天大圣属性、头像、技能、天赋和装备等信息

《英雄联盟》架空了原著的背景，将其划归英雄联盟宇宙，悟空成为艾欧尼亚的守护者。但接受者即使不了解这些内容，仍可以直接介入游戏世界。图 2

是《英雄联盟》中游戏角色的信息栏,最左侧表示角色的基本属性,如攻击力、防御力、移动速度、法术强度等;中间表示角色的头像、等级、技能以及生命值、魔法值;最右侧表示角色的现有装备和金钱。随着游戏时间增加,角色的属性、技能强度、装备都会随之加强。另外,《英雄联盟》官方对齐天大圣的角色定位是"战士"和"坦克",是着眼于团队战争时该角色应该发挥的功能。除此之外,还有"法师""辅助""刺客"等其他角色定位。但玩家可以根据自己的理解、操作和出装思路,改变官方的定位。比如,如果这局游戏对手不强,我们发展很顺利,那就可以选择一些攻击力高、攻击速度快、暴击率高的装备,把齐天大圣从一个前排坦克或战士打造成一位"切后排"的刺客。也就是说,游戏虽然有规则,但并不死板,根据不同情况,玩家有很大的自由发挥空间。直到一局游戏结束,我们才可以说真正完成了齐天大圣这个形象的建构,但是下一局会是什么样就又不一定了。

因此,在电子游戏中,孙悟空的形象存在于每一局正在进行的游戏之中,是零碎的、动态生成的,也是无法被归纳的。在此,如果我们对三种模式下接受者的参与方式稍加总结,便会发现主要有三种参与方式:想象、观赏和介入。不管是小说、影视,还是电子游戏,我们都需要同时调动自己的想象、观赏和行动;但三种参与方式各自所占的比例不同。在小说中,我们面对语言符号媒介,主要调动自己的想象来实现联想成像,几乎没有行动的维度;在影视中,我们面对视听符号媒介,主要通过视觉、听觉等感官来观赏荧幕形象,想象和行动的参与性则相对来说比较弱;在游戏中,我们主要是通过亲自介入来完成形象的最终塑造。在三种模式中,感官活动与大脑活动都是基础性的。

以上,我们从接受者的角度,分别分析了小说、影视和游戏中孙悟空的形象建构问题。如此之多的形象变体,除了定位是一个猴儿、名字叫齐天大圣,可以说几乎没有什么其他相似之处。接下来的问题就呼之欲出了,我们为什么总会觉得背后还有着某种将这些不同形象连接到一起的东西呢?难道仅仅因为猴子的身份、齐天大圣的称呼?或者说,难道是我们在"理念"中就有一个共性的东西,是柏拉图的"共相"在作祟?这里就出现问题了,如果按唐小林所说,仅仅将"媒介"视为符号的可感知部分,我们将无法回答这个问题。为了解决这个问题,我们或许可以将"孙悟空"视为一个总体集合,将诸多媒介形象视为包含于其中的子集，看看这些子集之间在哪里相交便可以回答这个问题。按赵毅衡的说法，符号即被认为是携带意义的感知。① 冒着将"媒介"等同于符号的风险，我们将引入意义生成的维度，看看能否回答这个问题。

四、孙悟空形象的意义生成

如果说，前面我们是从感知的维度探讨孙悟空形象的多媒介建构，那么，在这里我们将转向意义生成维度，借此探索三种符号媒介的共通之处。在下文的分析里，我们无法兼及所有关于孙悟空的"故事世界"，只能选取最富传奇性的一个事件——大闹天宫，以此来透视孙悟空的意义生成问题。

关于大闹天宫事件的意义解读有很多，以往对该事件的解读有一个突出特点，即过于强调孙悟空的叛逆性和反抗精神，并且对此予以追求自由、反抗等级秩序的礼赞态度。比如，有学者认为大闹天宫是孙悟空主体意识的弘扬，体现了他对自由的追求②；有学者认为大闹天宫凸显了孙悟空的叛逆精神和反抗精神③；也有学者认为孙悟空大闹天宫是自然人与社会相冲突的结果，虽然表述比较温和，但是也认为大闹天宫一节中孙悟空的自然性，他的反抗精神和斗争意识是孙悟空性格中最光彩的部分④。从这些解读中我们似可发现一种特定时代政治文化心理的奇特延续，时代虽然变了，但是"礼赞泼猴"的阐释价值却延续了下来，这一方面说明孙悟空形象的意义受制于每个时代的社会、政治和文化心理，另一方面也说明其中必定有一些不会轻易随环境而改变的特质。那么，我们看中的是孙悟空的哪些特质呢？

我们尽量以上文中提到的作品为例，对其意义稍加阐释。《大闹天宫》中带领花果山众猴反抗天庭的孙大圣，为后来的阶级斗争等埋下了伏笔；央视版《西游记》把原著中的森森凶猴变为一个声音纤细、外貌俊朗的美猴，在大闹天

① 赵毅衡：《重新定义符号与符号学》，《国际新闻界》2013年第6期，第6—14页。

② 宋克夫：《主体意识的弘扬与人格的自我完善——孙悟空形象塑造新论》，《湖北大学学报（哲学社会科学版）》2000年第2期，第33—37页。

③ 周先慎：《孙悟空形象的时代精神和文化意蕴》，《东南大学学报（哲学社会科学版）》2006年第5期，第63—73、127页。

④ 杨子彦：《孙悟空形象演变与人的社会化》，《明清小说研究》2001年第3期，第35—45页。

宫失败后立场坚定地踏上遥遥取经路,体现出整个社会由对抗式思维(外部威胁为主)向发展式思维(内部需求为主)的转变。六小龄童饰演的孙悟空因此承担着一种坚定信仰、团结一致的时代大情怀。电视突出表现了孙悟空护佑唐僧西天取经的取经人身份,同时也弥合了原著中颇有些裂痕的师徒关系①;《西游降魔篇》和《西游伏妖篇》还原原著中孙悟空的妖魔本相,即使已经踏上了取经路,师徒关系却更加紧张,悟空仍时不时地想要杀掉唐僧,再打上天庭,似乎昭示着"小弟"与"大哥"未来在价值观上的进一步冲突和割裂;《大圣归来》塑造了一个成熟的孙大圣——法力无边,但不再把法力用在闹天宫上,而是用在救唐僧的前身——江流儿上。《大圣归来》的海报上面写"这是一个需要英雄的时代",这部电影试图召唤既有权力,又有理性的"超人"重回话语场,并呼唤时代向心力。两种模式的叙事分歧呈现出更深层次的群体心理差异。

可以说,不管是在小说还是影视中,只要涉及大闹天宫事件,自由与反抗都是一个基本的演绎母题,这个母题在电子游戏中也体现得很明显,或者说,追求自由本身就是游戏的一个基本属性。游戏世界或许并不真实,电子游戏构筑了一个充满拟像的仿真世界。鲍德里亚认为不能用真实的标准去衡量和言说拟像的世界,"不再可能产生幻觉,因为真实不再可能"②,拟像世界是一个"超真实"(Hyperreal)的世界,拟像即真相。代码的世界没有真实可言,拟像没有任何象征和含义,拟像就是纯粹的自身。或许正是因为这一点,电子游戏才会对人们产生如此之大的诱惑力:相比于现实生活,游戏世界更容易创造出个性化的生命轨迹,在现实中平凡的人们进入游戏世界好像获得了重生一样。③ 电子游戏为玩家提供了一个放飞自我的平台。在虚拟世界中,玩家通过

---

①　以第五集"猴王保唐僧"、第十集"三打白骨精",以及 2000 年拍摄的续集中第三集"真假美猴王"中的有关唐僧驱逐孙悟空的情节为例,与原著中做一比较,即可看到电视所要极力表现的团结一致的情怀:原著中"悟空观画"一节,孙悟空为了自己"成正果"才回保唐僧,电视则表现孙悟空因为回忆唐僧旧情才心甘情愿回去。原著第二十七回交待了是因为八戒从中作梗,唐僧才念紧箍咒、驱逐孙悟空,电视则表现了师兄弟三人的相互扶持,突出兄弟三人团结一致。原著第五十六回唐僧赶走孙悟空并未提及沙僧、八戒,电视则再一次表现师兄弟三人的感情。原著情节详见吴承恩《西游记》,人民文学出版社 2010 年,第 169、322、668 页。

②　Jean Baudrillard. *Simulacra and Simulation*. Translated by Sheila Faria Glaser. University of Michigan Press, 1995, p. 13.

③　向林:《网络电子游戏的游戏性叙事》,《长江文艺评论》2016 年第 3 期,第 50—56 页。

角色扮演代入游戏，摆脱现实的种种束缚，短暂地成为一种自足物、一个"完整"的人。除此之外，电子游戏也复活了神话范式和史诗范式，复现了某个"失落的世界"，玩家操纵着一个被预先设计好的游戏角色进入虚拟世界，同时也被置入一个与诸神和英雄并肩作战、拯救世界的宏伟叙事。需要注意的是，电子游戏也有很强的致幻性：极强的代入感和沉浸感很容易让玩家迷失自我，从而渐渐模糊虚拟和现实的界限，造成种种不良后果，因此对于电子游戏更应当辩证看待。除了《英雄联盟》，另外三款 MOBA 类游戏，《王者荣耀》《DOTA2》和《英魂之刃》中都有孙悟空角色，其故事背景都在一定程度上延续了原著情节，尤其是孙悟空大闹天宫的片段，比如《王者荣耀》对孙悟空的角色设定是"有史以来第一次魔种起义的领导者"①；《DOTA2》将齐天大圣大闹天宫描述为"不成熟的暴乱"，取经赎罪后又选择得罪众神②；《英魂之刃》称大闹天宫为"对世人愚昧的宣战"③。因此，不管是参与游戏本身还是游戏对孙悟空的形象设定，都不同程度地突出了自由和叛逆的主题。

但是能说自由与反抗就是孙悟空在大闹天宫事件中体现出的那种不容易被改变的精神特质吗？有学者对 20 世纪后期以来的针对孙悟空的政治化读解进行了反思和批判，认为孙悟空的精神特质是狂妄、非理性、缺乏敬畏之心、极端的唯我主义。④ 在看过那么多诸如反叛、自由的礼赞之后，这种观点着实令人耳目一新。这种刻意的"反读"使我们加深了对孙悟空精神特质的理解，对自由的向往经常伴随着某种狂妄的精神，对既有秩序的暴力反抗又往往是因为缺乏敬畏之心。因此，如同《西游记》作者对佛家的微妙态度一样，大闹天宫事件显示出孙悟空对天庭及其代表的既有秩序在态度上的复杂性和矛盾性，他既蔑视天宫的刻板、天神的无能，同时又特别渴望得到天庭的承认。大闹天宫恰恰是孙悟空对自身能力的幼稚证明：天庭越是不承认他，他越是要向天庭证明自己的能力。这样一来，我们就可以把自由/狂妄、反抗/自证等含义置入诸多形象变体，正是这一组组的耦合属性组成了孙悟空的精神特质。

---

① https://pvp.qq.com/web201605/herodetail/167.shtml.
② https://www.dota2.com.cn/hero/monkey_king.
③ https://moba.99.com/data/hero.shtml? id=52001.
④ 程世和：《孙悟空形象的精神批判——兼评 20 世纪后期对悟空形象的政治化读解》，《东南大学学报（哲学社会科学版）》2009 年第 2 期，第 117—124、128 页。

结语

　　让我们回到最初的问题:孙悟空形象在不同的媒介中产生了如此之多的变体,其背后是否有规律可循? 在这复杂变体之中又有什么不变的东西? 不同符号媒介如何建构起孙悟空形象? 观众/读者/玩家乃至研究者是如何参与和解读的?

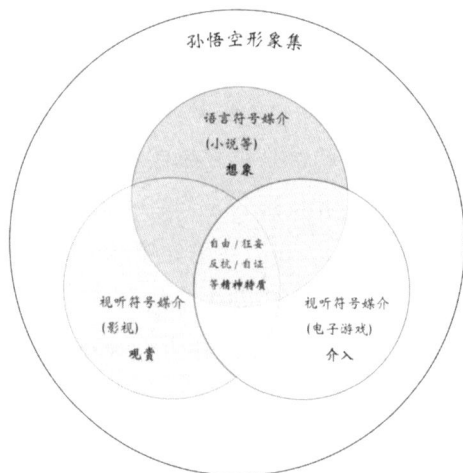

图3　接受者视阈下孙悟空形象跨媒介建构示意图

　　如图3,在符号与媒介耦合性关系的视野下,从接受者的角度出发,我们发现孙悟空的形象建构与媒介属性息息相关。小说基于语言符号媒介,影视和游戏则基于视听符号媒介,欣赏者大致有想象、观赏和介入三种感知方式。需要注意的是,这三种方式并不是单一的,只是在不同的符号媒介中,成像所依赖的主要方式有所区别。首先,两类媒介都有赖于接受主体的感官参与,想象程度和介入程度则有不同。具体来说,语符媒介的成像依赖接受者大脑对文字符号的认知和联想过程,"孙悟空"的"指代对象"无法在场,我们主要依靠语言描写来唤起各自的经验,进入"解释项之链"的绵延中,并被其中的一些效果性指示词语锚定,从而尽快完成想象过程;视听媒介把形象直接呈现在接受者眼前,"孙悟空"的在场使接受主体无须再为形象完型大费脑筋;由于"编码"过程的显著差异，接受者的参与方式亦各有别。影视中我们主要通过诉诸镜头的观赏来实现形象的接受，游戏中则在观赏之外更要介入其中，孙悟空的人物形象方能成型。

纵然孙悟空形象在多种媒介中产生了诸多变体，从接受者的角度来说却是有规律可循：形象生成是我们考察解决问题的第一个维度，意义生成则是第二个维度。只从感知角度无法解决共通性问题，通过意义生成的相关考察我们可以得出结论：在不同的媒介中，孙悟空的形象，比如外貌、造型、服饰、声音甚至性格都可以改变，但不管变动有多大，我们之所以能将这所有的形象变体联系起来，靠的不仅是身份和称呼，更是"孙悟空"背后所代表的精神特质。这样看来，我们似乎回答了一开始提出的问题，但又出现了新的问题："媒介"与"符号"之间的关系究竟是怎样的？是包含与被包含？是画等号？还是两个相交的子集？抑或是各不相关？我们所说的"媒介"虽名为"符号媒介"，但和唐小林所说的"符号媒介"有所不同，我们在感知维度之外又加了一个意义维度，这样一来，其实也就等同于赵毅衡所说的"符号"了。然而，如一开始所说，我们采取周计武的区分方式，将"符号媒介"视为三种媒介向度中的一种，为了表示跟其他两个向度的区分，我们仍保留这种说法，而不是直接称其为"符号"。

（姜文，南京大学艺术学院博士研究生）

On the Multi-Media Construction of Sun Wukong

Jiang Wen

Abstract: From the perspective of the receiver, the multi-media construction of Sun Wukong's image can be divided into two dimensions: the image-generating dimension and the meaning-generating dimension. The receiver has three ways to "decode": imagination, viewing and intervention. Through the examination of meaning-generating, the constant behind the many variations of Sun Wukong's image can be found.

Keywords: Sun Wukong; Media Construction; *Journey to the West*

纪录片:美学、伦理与作者性
——杜海滨访谈

黎小锋　杜海滨

访问者:黎小锋,同济大学艺术与传媒学院教授,纪录片导演

受访者:杜海滨,纪录片导演,中国美术学院教授。主要作品《铁路沿线》《人面桃花》《伞》《1428》《少年小赵》等曾入围众多国际影展并获包括威尼斯电影节地平线单元"最佳纪录片奖"、真实电影节"评委会特别奖"在内的重要奖项。

方式:电子邮件,面谈

时间:2010 年—2020 年

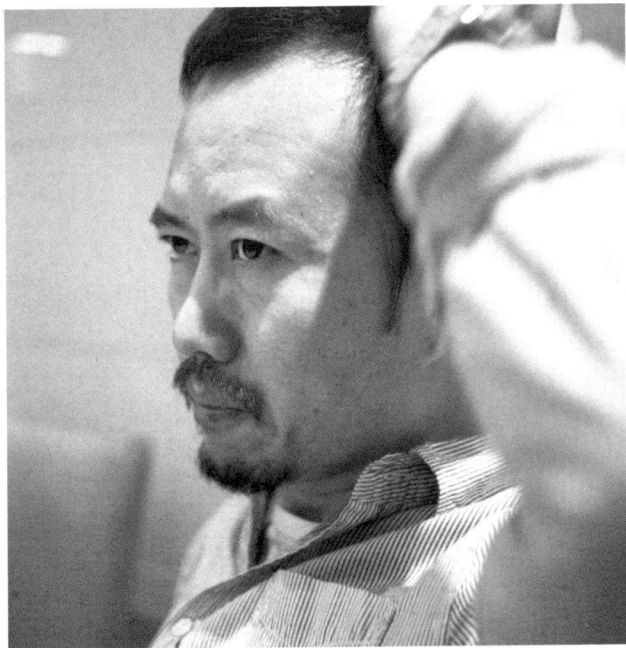

一、美学"转型"如何发生

黎小锋（以下简称黎）：多年后，我还记得你的纪录片《铁路沿线》里那些被燃烧的垃圾熏黑的流浪孩子的面孔，还记得在影片结尾，那个男孩坐在铁轨枕木上，讲他的家庭变故与个人遭遇，一辆火车经过，发出持续而刺耳的轰鸣——那是一个长镜头，似乎隐喻着被时代列车甩在后面的人的处境与命运。让我惊讶的是，你一直保持勤奋高产的创作态势，成果斐然，持续推出了《高楼下面》《石山》《人面桃花》《伞》《1428》等作品，平心而论，最大的推动力来自哪里？

杜海滨（以下简称杜）：拍摄《铁路沿线》时，坦率地说，动力来自两个方面，一者，对于电影的理想与热情：面临毕业，期待有一部能够代表自己的作品；再者，身处年关将近的宝鸡火车站的流浪人群中，那种强烈的震撼感、被颠覆感。十年后，当年使我获得创作力量的两个方面，都在日益朝向一种理性的方向发展。

父亲去世那年，我回到久违的家庭生活当中，与亲人每天相处，平日里不曾观照的琐碎日常细节，给予我很多启迪，我开始思考自己生命与电影之间的可为与可不为的关系，重新定位电影与自己生活之间的联结。之后一段时间，我开始了更加从容的拍摄。坦然与理性慢慢成为我创作中重要的行为基础、心理基础。

随着时间的推移，年龄在增长、境遇在转变，对于周遭社会的认知也在发生变化。此时的独立纪录片像是上帝赋予的绝佳手段，让我感到不敢懈怠。我开始将目光投向更大多数的弱势人群，投向不公的社会现象，这是纪录片人良知的必然选择，也是纪录片这种独特电影方式的必然选择。互联网技术的发展极大弥补了我们在信息方面的匮乏，同时也带来新的挑战，我们不仅要获得尽可能完整的信息并做出主观判断，而且要让影像还原我所看到的客观现实（当然说到底还是主观的现实）。之所以这样做，也是因为责任——社会的责任——对于自己以及他人的责任，而这又成为新的创作力量的源泉。

黎：在这样一部接一部纪录片的创作过程中，有没有出现倦怠，产生焦虑，或者面临非常明显的瓶颈阶段？

杜：在每一次创作中，都会有很多倦怠、困惑与焦虑。《石山》之后，开始有种欲改之或者破之的愿望。我每年都会去一些电影节，看到来自世界各地的纪录片、剧情片。刚开始，对不同于自己的方法有种抗拒，认为我的电影中谈到的都是严肃的甚至悲观的问题，不宜有过多方法上的修辞。有一年，当我在电影节上看到一部完全由当事人重新演绎的关于三角爱情的纪录片时，不仅对于影片要传达的人物内心感同身受，而且对于搬演这一平时绝对忌讳的行为居然毫无心理抵触（当然，是在片尾出字幕时才知道），这部从头演到尾、导演也是当事人之一并出现在镜头前（完全不同于弗拉哈迪当年的《北方的纳努克》）的纪录片，彻底颠覆了我对于纪录片的认知。这样的例子很多。我每次都会反思自己的创作，迫切希望解放自己，摒弃以前那种把整部片子架构在一两个主要人物具体命运上的被动拍摄的做法，去拥抱更有创造性的方法。这样多少有些矫枉过正。后来我在真正的创作中也保持了一定的警觉。

黎：就作品呈现形态而言，似乎是从《伞》开始，你在比较明显地进行某种改变或转型。《伞》采取板块式结构，由"工""农""兵""学""商"，五个独立部分构成，与当时纪录片领域习见的线形结构形成很大差别，在同行中也曾引发关注和讨论。能否请你具体谈谈，在纪录片的文体探索方面有何心得？

　　杜：制作《伞》已经是 2007 年的事了，至今记忆犹新。我自己真正想做的，是一部通过表现生活在农村的年轻人以各种方法改变自己的农业命运，呈现出当下中国现实的农业社会的纪录片。这是一个宏大的想法，与我之前的创作有着很大区别，也与资助方 CNEX 的年度主题"钱"看起来毫无关系。为了获得资助，我努力把这样一个听起来毫无头绪的概念与钱挂上钩，就有了那个"500 不等于 500"的片名，意思就是说，在城市的 500 块钱与在农村的 500 块钱是有着巨大差别的。这是一部观念先行的纪录片。之前我做了调查准备工作，形成了一些文字，但只是在大脑当中有些指导作用，对于实际拍摄没有任何意义。当然，为了让资助方放心，我也尽可能地讲些听起来有趣的事件。记得到达义乌时，我们在小商品批发城转悠了三天，没有找到拍摄对象，而在义乌的计划拍摄时间也就 10 天。我整晚失眠。好在上天助我，第四天终于有了进展。

　　《伞》的五个部分架构是一开始设计的。当我看到自己在纸上画出的布局图时，既兴奋又胆怯。想法有趣，怎么实现？起码过去的经验是回答不了这个问题的。出发之前，唯一可以确定的是，我们要去五个城市拍五类人，根本没想到会与具体的伞有任何联系。后来，我们在广东小榄镇拍到了做伞的工人（同时也拍了做鞋、做袜子的工人，等等），在浙江义乌拍了卖伞的商人，在上海的教室外面拍到无数撑伞前行的大学生之后，我才悄悄对自己说，这部片子有可能叫作《伞》——用一个具体的物件来统领整部片子，是我以前从没试过的。从自己非常有限的文学素养中，我看到一种隐隐的可能性。

　　一旦架上机器开拍了，很多事情也就迎刃而解了。拍摄环境也容不得思考太久，我基本上回到了最原初的设想。在拍摄"部队"部分时，只允许进去拍摄 5 天，没有任何补拍的可能，我们白天晚上都工作，大致拍摄了 25 个小时的素材，整理出来后发现无法与其他部分并置在一起，原因是它既没有伞，又很难联系到前后相关部分，因此成为结构上最具挑战性的一个部分。我又回到纸上画，我画出一个具体的小伞，对应相关的那一部分。我发现，第一部分（工厂）有很多伞，第二部分（小商品批发城）稍微少了一些，第三部分（大学城）又少了一些，第四部分（部队）彻底没有了伞，第五部分有一两把伞，整个看来，就像是雨伞保持了一种由近及远、若即若离的效果,感觉很像中国传统水墨画的构图,疏能跑马、密不透风,(没有伞)也是一种留白的效果。如果观众一定要在这个部分找伞的话,找不到,会形成一个问号,进而发展成一种思考,应该更有意思。况且,接下来的部分有着意念性很强的伞,聪明的观众应该能够领会。事实证明,大部分观众是聪明的。

纪录片能否抒情和写意?我个人认为,不是不能抒情、写意,而是如何抒情、写意。我无意挑起这个老套的命题,只是觉得解放自己,创作的可能性才会打开。

黎:现在回头看去,在电影学院接受的专业教育,对你在纪录片的形式探索方面有何影响?

杜:最大的影响,是在拍之前大致了解了纪录片的来龙去脉,看了一些经典作品,懵懵懂懂地知道了纪录片与剧情片的关系。

黎:就一个导演价值观念的建立,一个作者身份意识的确认而言,国际影展给你带来什么样的改变?

杜:总的来说,就是(让你的观念)更加多元、包容,并认清自己的创作处在什么样的位置。

二、《少年小赵》与制作伦理

黎:与《伞》《1428》不同,《少年小赵》似乎回归了你前期的个体/跟拍方式。而且,由于持续拍摄数年,不仅有生存环境的明显变化,更有内心世界的碰撞冲突——这无疑会产生诸多较为棘手的问题。或者,咱们先从纪录片的伦理问题说起,作为一个纪录片导演,如何处理拍摄者与被摄者的关系?如何面对隐私公众化的问题?

杜:被摄对象,有的时候是经不住拍的——我们往往把被摄对象理想化——一旦触及真实处境、真实想法,可能会对其构成伤害。在《少年小赵》里,拍到他们家庭内部一些事情,后来都没有用,因为我觉得会对这个家庭造成实质性伤害。大家可能会用一种世俗的标准去判断,我觉得没意义。因为我要探讨的是另外的东西。

　　黎：在《少年小赵》里面，小赵是一个绝对的主人公——在我的理解中，这是一个"爱国青年"的成长经历。你说避开了涉及隐私的、不宜公开的那一部分，我想追问一下，（不宜公开的）那一部分在他的人格里面有什么样的（分量）呢？

　　杜：小赵本身，还算是 OK，我觉得没有太多不能（呈现的东西）。但是我始终把拍摄范围划在他的（信仰）这个领域里面，没去拍其他东西。我们之间的交往比较开放，或者说是基于某种情形下的开放。当然，小赵本人，一开始是懵懵懂懂、稀里糊涂的，不知道纪录片想了解他什么，也不知道这些人天天围着他到底要拍什么。在他被拍摄、被观察的阶段，他曾经比较疑惑，就是他上了大学后，不想再像高中时代那样上街举旗、喊口号什么的，他觉得自己不再是那个我们要去跟拍的人了。

　　黎：这就带来一个问题，因为你是一个比较成熟、理性的人，作为一个纪录片导演，你跟他在拍摄期间的交往，有没有对他产生影响？

　　杜：肯定有，我觉得无法避免，只能说把这种影响降到最低程度。我们是一个团队去的，我能做到的只是控制我自己，但控制不了别人——比如说团队的其他摄影、录音、制片，大家在一起都是哥们，不拍的时候，和他都敞开随便聊的。

黎:都聊些什么呢?

杜:可能更多的是日常吃喝拉撒,哪个女孩漂亮不漂亮。我的录音和摄影助理,跟他的年龄(接近),有时候就会调侃一下,小赵,你们班哪个女孩最漂亮?你喜欢谁什么的。我们也看到,他在那个时候的确有点朦胧的迹象,对异性——

黎:这些(影响)应该都没有问题吧。

杜:很自然。但是,哪部分不能深度影响他呢? 就是关于影片的议题部分,在拍摄期间不能过多影响他,否则就不是我要的东西了。我就是想看到,一个年轻人,在他自己的环境中是如何成长的。完全没有影响也不可能。他也很想在摄影机面前显得体面一点、从容一点,这些我们都能理解。

黎:有没有想过,把你杜导演,你们这个团队拍摄他的过程也给拍下来?

杜:还真没有,没有这个精力。摄影师跟我是同班同学,关系很近,在现场拍着拍着,本来应该关机了,他不关机,对准我继续拍,把延续的部分也拍到了。那个时候累到不行了,也没办法装了,一些东西自然流露出来了,蛮有趣的。这是另外一个东西,没有想把它变成一个文本。

黎:在剪辑的时候,你是否存了一个念头,就是小赵最终会看到这个片子?

杜:即便没有,我也会从他的角度来考虑吧。

黎:现在回顾一下,小赵发生改变,在你脑海里边印象最深的是什么时候?

杜:小赵没去上大学之前,好几次对着摄影机说——有点像做承诺:上大学不谈女朋友,要好好学习,要上进。可是,小赵上大学后,我听到他的同学调侃他跟学生会一个女生眉来眼去有点小暧昧什么的。下一次去,他已经有了初恋女友,变化很快。我当时就想,可能还真不是我想象的,这小孩说过什么话就一定会实现。当然,到了那个年纪,有些事很自然就发生了。

黎:我有点好奇,就是一个三、四人的剧组,一个国际获奖导演在拍摄他时,有没有增加他吸引女孩的分值(笑)——他会有意识地炫耀什么吗?

杜:开始的时候,可能会有。比方说,我们没去之前,他会在比较亲密的朋友当中炫耀一下,说有几个人跟着他拍。但是,经历了比较密集的拍摄——我叫"脱敏"(期)——之后,他就没有时间去想这个了。

黎:小赵学的是什么专业?

杜:艺术系里面的摄影专业。有时候他自己要拍摄,要交照片,就拿着照相机反过来拍我们。

　　黎：有没有交代他，某些内容你自己来拍？

　　杜：没有，我从来没想过要用他的（素材）。他自己倒是挺积极的，说他拍到什么特别好的内容，你们可以用。

　　黎：是不打算用，还是确实没什么好用的？

　　杜：就是没打算用，比方他们家拆迁那会儿，他也拍了，我们没用。相反他要我们拍的，我给他了。因为那的确是他们家庭的一个重要经历。

　　黎：我觉得拆迁那一段特别重要，就是他一边拍一边默默流泪——那个场景感人至深。

　　杜：但是拆迁绝不是突如其来的，是慢慢来的——就是小赵的那种危险意识，所获得的那一点点所谓的抗争力量，都是在这个过程当中慢慢积累起来的。

　　黎：他看到成片大概是在什么阶段？

　　杜：他很早就看了。最后剪辑阶段，上字幕什么的，听不懂的部分，需要他来看。那个时候他刚好在上海。

　　黎：我注意到，后来小赵常代表你去参加《少年小赵》的映后交流。这就很神奇了。

　　杜：其实他不是代表我，他代表的是他自己。他自己也有话想说。既然有很多人关心他的现状，那为什么不让他自己去说？何况很多人也在想，这是一个真实人物吗？因此，小赵在现场参加交流是最好的。

　　黎：他自己怎么评价这部影片？

　　杜：他说他的人生像一条河，片子就像是用一个容器，从他的河里边舀出来一杯水，放在这个容器里面，呈现给大家。这（部影片）只是他生活当中的一杯水。

　　黎：其实一个人的一生只够做一部电影。他哪有那么多水可以舀出来让我们拍啊？

　　杜：不同的时期嘛。比方说，好多观众就问，小赵很有趣，为什么要停？我说当然可以接着拍，但那是另外一个片子。那部片子里，也许我们关注的是小赵的一生，他的命运、处境、人格等。

　　黎：他现在做什么职业？

杜：他在创业，影视方面。

黎：他已经越来越明白，纪录片到底意味着什么了？

杜：后来他跑去支教的地方，就用他自己的机器，接着去拍了。他还有一个提案是拍他爷爷，我也蛮支持的。我跟他交流过很多次，希望他能跳出我们对他的影响。每一次他都说听懂了，但是看他做出来的东西，还是有些一知半解，慢慢来吧。

黎：在我看来，有些担心，好像你与你的被摄对象走得太近了一些。

杜：对。第一，我觉得这是我能够接受的一个关系，整个拍摄阶段我对这个问题都保持着高度的警惕，就是把我们的关系维持在一种恰当的位置，这种因为拍摄而刻意保持的距离，有时的确让人有些难受；第二，我自己也在思考，这一次拍摄给我带来什么样的经验？整个拍摄阶段，我的生命跟他的生命，在这个物理时间里是同时在流动的。从性价比上来说，值还是不值？是不是真的要花这么大的代价、这么长的时间去观察另外一个生命，只有这样才可以表达你的思想？我们这个阶段，可能是生命力最旺盛、身体各方面都是最好的时候，都希望能够多出几部作品。

黎：但是我总觉得，这可能是你最好的一部作品啊，对你很重要。

杜：我倒不这么认为，真的。其实可以做的很多，这个时间可以用来分配给更多的事情。我对这部片子有一点不满足的地方，是在片长上做了一些妥协，但是又没办法。

三、关于作者电影

黎：当我们在海上纪录片论坛讨论"纪录片作者"时，必须承认，这种提法是受到法国"电影作者"观念启发，一般具备两个特征：一者，能在其作品中体现导演个性、风格，能够控制自己作品的走向；二者，具备一定创作延续性。记得上次你说到过，以前你是一个人单打独斗，感觉那是真正的一种作者电影、作者纪录片。

杜：所谓作者电影，现在统统都可以看作是一种策略。为什么这样说？我觉得电影就是电影，从大的电影范畴来讲，电影只有一种语言，就是电影语言，无论你怎么做，只要你是用摄影机来拍摄，哪怕它不像电影，它也是电影语言的一种，即使别人质疑你做得特别离谱，你也还是用电影的方式在表达嘛。你用了文字，那属于另外一种方式；你用影像，那就是电影。作者电影，在一定历史时期里有着它的重要性，就是为电影证明，电影不仅是一个娱乐工具，不仅是玩闹的东西，电影也可以跟文学、音乐、绘画、戏剧齐名，那个时候主要是从这个角度提出这个概念。

黎：证明电影的合法性？

杜：对，证明它的重要性。

黎：现在我们主要是从与工业（电影）的对比，来说作品、来说个人创作吧？

杜：对。最初看到那篇文章，《摄影机——自来水笔，新先锋派的诞生》，很容易就理解成单打独斗，但是，恰恰那个时候，技术不允许单打独斗，最少也得三、四个人。但是你会发现，关键不是说一个人做这个事，关键的是说电影这个形式，可以像自来水笔一样自由表达抽象的思想，可以超越娱乐了。

黎：那是。或者说导演在更多的环节上能够把控电影了。

杜：只要不是那种商业电影，导演都是要把控最多环节的。在艺术创作上，只要是导演中心制，那就是个人的东西。所有人做的东西，录音做的、美术做的，最后都要变成导演意志的传达。

黎：纪录片有很多种，或许每个人只能选择自己能做的那一种。

杜：是这样。如果说文字是所有作者能够自由运用、表达自己思想的一个符号的话，那影像就是导演的东西，你可以拍很残酷的电影、很真实的电影、很唯美的电影、很抒情的电影、很小清新的电影，也可以拍很震撼人心的纪录片，都可以。纪录片跟故事片，我觉得，在这个层面上是无分别的。

黎：理论上是这么说，但我们期待一部纪录片，还是具有批判意识的、能够自由表达的……我所理解的知识分子纪录片，就是这样的吧。

杜：如果没有独立思考，没有批评精神，怎么能算作是一个纪录片？这也是我们长久以来给纪录片贴的一些标签。当然，大多数很好的从业者都是这样选择的。也有人走了偏门，但不能一棒子将他打死。

黎：那当然。我就是说大家对纪录片、对剧情片还真的要求不一样。在价值取向上，剧情片比较宽泛，而纪录片比较狭窄。

杜:我觉得,主要是了解纪录片的人太少了,包括刚刚开始拍一两部片的年轻导演,更何况普通大众,根本就没有可能看到片子。纪录片的确就是小众的。我能够理解有些导演想把纪录片推向院线,去跟更多的人见面。但是,如果没有受到市场拥戴,没有得到市场回报,那么,心态也要好一点,不得也无所谓,努力了就行了。

黎:你有没有计划,做面向院线的纪录片?

杜:目前还没有。如果我做,可能是剧情(片)。纪录片就有点像你心里的那份自留地,就是你更自由一点,如果连这份东西都交出去了——

黎:那作品存在的价值在哪里!

黎:那天蒋原伦老师跟我说,杜海滨在他那里发过文章。我也记得你那篇文章——《感谢 DV、感谢盗版》,好多年前了。

杜:发在《今日先锋》那篇?

黎:对,蒋老师是《今日先锋》主编。不过,你当年那个标题现在遭到反对了。

黎:问题是啥?其实涉及一个切身利益的问题。如果咱们的片子开始被有偿收藏,谁收藏谁得花钱,这个时候,无形中你就也开始抵制盗版了。

杜:我倒无所谓,从头到尾都是谁要看就给,没有觉得怎么着。只有一个片子我捏得比较紧——《人面桃花》,因为我和那些被摄对象有一个保护协议。现在,十年保护期也过了。

黎:有一个说法,我比较接受。说的是大师诞生(的契机):一个导演接受了一种新的技术,然后利用这种新技术进行个人化、作者性的表达。现在面临一个新的阶段了,就是新的技术已经蜂拥而至,这里边或许会有人成为大师。

杜:我觉得大师是时代的产物,咱们这个时代不是产生大师的时代。

黎:或者换个词吧。

杜:真的,大师是时代的产物,这个时代太平庸了。我们现在刚刚感受到技术的可能性。

黎:但是,你有没有想过,换了一种技术,换了一种观看方式以后,整个观众群都改变了,会有新的人出现,而我们都被抛弃了?

杜:有可能。因为电影出大师那个年代的技术,在 60 年代几乎消耗光了,透支掉了。这个年代几乎不是出大师的年代。

黎：或者，新的技术出来，或许会有新的大师出现？

杜：我觉得今后都不可能再出现"大师"这个词，那个年代不会再回来了。因为技术是越来越发展，越来越朝着简单、平等、公平（的方向），其实也就是相对民主了。局限在创作领域。

黎：或许（新技术）是消解作者、消解艺术的？

杜：有可能。

黎：个人的表达真的越来越无所谓了？

杜：也可能会越来越丰富，但是你可能就消化不了，只能在你的那个口味下继续生存了。

黎：你提到过的两个标准是什么？

杜：我觉得，一个是技术上的美学标准，就是你跟新技术结合产生的一种新的表达方式；另外一个，就是你要表达或者探讨的这个时代背景下的内容，是否够新吧。

黎：在技术和观念方面，接下来会有新的尝试吗？

杜：想做一点尝试，但是挺难的。已经想了很久了，不敢动，还在筹备。我觉得，完全凭空创作，石破天惊那种，可能性已经很小很小了，基本上得有一个脉络，有一个出处吧。

图像时代背景下文学认知的
动态影像呈现探析

——以文学纪录片为例①

郑飞

摘要："图像时代"是对当下文化领域普遍运用图像技术境况的一种简要概括,文学纪录片正是该背景下出现的关于文学讨论的新型艺术形式。与传统的文学认知相比,文学纪录片摆脱了对文字的绝对依赖,转而以动态影像为主要媒介探讨文学问题,这种转变将"视觉"视作一种思维方式而非简单的信息获取媒介。然而由于动态影像的"工业技术"特性,它对文学的探讨显得简单化和片面化。

关键词:图像时代;文学认知;动态影像;文学纪录片

---

① 本文系上海市教育科学研究项目"课程思政视域下的高校文学教师角色重塑研究"(项目号:C2021301)的阶段性成果。

引言

文字作为文学最基本的构成要素,其本质上是一种被人为赋予了意义的特殊符号,它依托某种规则在人类文明发展过程中制造了"现实幻觉"①。在文学发展过程中,虽然也曾出现过绣像小说、连环画以及插图本小说等以图画为主要表现手段的文学样式,但文字始终是文学最重要、最主流的表现工具。阅读纸面上的文字是人们获得文学认知的第一步,人类通过眼睛捕捉外在文字信息,然后再将信息传递到人脑,进而由人脑以意识加工的方式按照相应规则理解文字的深层含义,最终以"文本解读"的方式进入作者所创设的世界,从而完成对文本意义的探求。在上述过程中,读者担任的是转译者角色,其任务是"把潜在的密码由隐性变为显性,化为有序的话语"②。

长久以来,文学认知都基本上遵循着从"文字"到"文字"的范式,然而伴随着科技的进步,尤其是图像技术的发展,这种范式遭遇了前所未有的挑战,正如有研究者所说:"图像时代的到来催生了新的文学类型,也改变了文学与图像之间的关系。"③动态图像作为一种特殊的图像形式也成为人们表现文学、认识文学的重要途径,且该种艺术形式表现出十分强盛的生命力。"较之以前的图腾、文字和图片,影像是唯一的将时间和空间对立统一的符号。影像可记录连续的活动,每一幅画面既是对时间的延续,又是空间的拓展,时间在空间范围内延续,空间在时间范围内拓展,两者互为表里,互为因果,密不可分。"④

在这样的时代背景下,文学纪录片于 2010 年开始进入快速发展时期。这种以动态影像为主要表达手段探讨文学问题的艺术形式一改以往文学认知的

---

① 赵毅衡在《文学符号学》中提出:虽然符号是用能指指明所指,所指是符号过程的目标。但实际上,能指却在大多数情况下获得优势地位,这一现象被称为能指优势。能指可以很快地把所指撇在一边而使自身仪式化,这种仪式化带来了符号引起的"现实幻觉",以文字为表达符号的文学正是这样一种现实幻觉。参见赵毅衡《文学符号学》,中国文联出版公司 1990 年,第 19 页。

② 孙绍振、孙彦君:《文学文本解读学》,北京大学出版社 2015 年,第 6 页。

③ 汪正龙:《图像时代的文学变异》,《学术月刊》2019 年第 10 期,第 132—138 页。

④ 石长顺、唐亚蕾:《影像作为视觉文化》,选自孟建、[德]Stefan Friedrich《图像时代:视觉文化传播的理论诠释》,复旦大学出版社 2005 年,第 43 页。

刻板与抽象，代之以生动、鲜活的动态画面，同时辅以各种影像手段，给人们带来了耳目一新的艺术观感。虽然今天的文学纪录片还有一些不尽如人意的地方，但它却昭示了文学认知的新路径。

一、文学纪录片——文学认知的动态影像介入

纪录片是一种与电影几乎同时诞生的艺术形式，它建立在影像技术的发展基础之上。以 1922 年罗伯特·弗拉哈迪（Robert Flaherty）的《北方的纳努克》为发端，纪录片逐渐成长为一门成熟的影像艺术门类。与纯粹的故事片相比，纪录片更强调真实、意义以及审美，正如有的研究者所说："这类影片最大限度地保留了摄影术的'物质现实的复原性'，以审慎的态度再现现实世界。纪录片被奉为人类的'生存之镜'，意指其并非对世界的简单还原，而是带着体悟、关照与反思。"[1]从纪录片所涉内容角度，可将之划分为若干不同的种类，文学纪录片便是一种以纪录"文学"相关内容为主要特色的纪录片样式，该类型的纪录片由于关注对象的原因而显得更为复杂。从某种意义上讲，文学纪录片是一种动态影像与文学认知的结合体——它既有影像的"工业技术"特征，又具有文学的"人性与人情"。

从方法论角度看，可将文学纪录片视为一种文学解读形式，这种解读形式在切入角度层面与传统的文学认知有显著区别。由于文学纪录片自身的特性以及所依托的影像呈现技术，它较少涉及作品的艺术风貌、语言技巧等纯粹的文学因素，而更倾向于选择作者这样更容易实现"画面转化"的部分加以表现。在一系列文学要素中，艺术特征、语言技巧等更需要读者的阅读经验方能体会，相比较来说，作者要素则具有更鲜活的表现力以及更便捷的场景设定，因而成为文学纪录片经常采用的切入角度。

事实上，以"画面呈现"的方式探讨文学算不得什么新鲜物种，唐弢、黄佐临等人早在 1956 年就制作了《鲁迅生平》的纪录片，此后茅盾、老舍、沈从文、钱锺书、徐志摩等，也都曾通过屏幕讲述自己的文学故事。与文字相比，动态

---

[1]　何苏六、丰瑞等编著：《纪录片创作》，中国传媒大学出版社 2015 年，第 2 页。

画面可以更直观地展现作家的成长经历及其艺术风格的形成原因，甚至一些无法通过想象实现的内容都可以借助画面来实现。固然鲁迅等已经逝去的作家们留给人们言说的空间非常广阔，影像技术也十分先进，但这部纪录片却仍无法真正跨越时空、实现"历史现场"的还原，如此获得的文学认知也便显得十分隔膜。

随着影像技术的发展进步，这种隔膜在21世纪之后得到了较大改观。韦大军2003年推出的《一个人和一座城市》以"同时代"作家为关注对象，选取刘心武、方方、邓刚、孙甘露、何立伟、邓贤、张贤亮、李宽定、李杭育等九位作家为讲述人，让他们站在作家的立场各自讲述了自己生活的那座城市的故事。严格说来，《一个人和一座城市》与我们在此讨论的文学纪录片并不完全相同，该片里的主人公虽然也都是作家，但其中真正涉及其文学创作层面的部分并不多，该片的着重点更在于对城市而非文学的讲述，从这一点上说，《一个人和一座城市》里的刘心武、方方、邓刚、张贤亮等人的作家"身份"被大大消解。

自2010年始，文学纪录片进入了快速发展期，一批有影响的文学纪录片都在这一时期出现，朱全斌的《圣与罪》（2010）、邓勇星的《他们在岛屿写作》（2015）、杜鑫茂的《归来的局外人》（2015）、范俭的《摇摇晃晃的人间》（2016）、张同道的《文学的故乡》（2020）、贾樟柯的《一直游到海水变蓝》（2020）、王圣志的《文学的日常》（2020）等先后面世。文学纪录片的大量出现一方面标志着画面呈现工作者对文学的关注，另一方面也透露出新时代文学认知方式的转变。文学纪录片的制作者们希望借鉴新时代的新手段开辟新路径，他们以图像呈现的方式代替原本略显枯燥的文字，从作家出发，探索文学作品意义生成的原点，进而认识作家及其作品，发掘文字的审美取向。

以张同道的《文学的故乡》为例。张同道本人毕业于北京师范大学中文系，然而他却以纪录片导演闻名，曾执导《居委会》《经典记录》《白马四姐妹》等作品。虽然张同道自称是"一名文学的逃兵"，但他却从未真正从文学界离开。张同道的知识背景和从业经历使他既具备文学解读的专业视角，又具有技术层面的支持和保证，于是我们看到，《文学的故乡》以动态影像为主要表现形式，以莫言等几位具有代表性的当代作家为突破口，进入当代文学世界，为人们讲述文学故事。与以往单纯依靠文字的方式有所不同，文学纪录片综合了声音、场景、人物、特效、镜头等多种艺术形式,这对以往从"文字"到"文字"的传统文学认知模式是一种极大的挑战。

《文学的故乡》聚焦"故乡"这一文学创作中常见的母题,以此为原点挖掘作家的成长经历,进而探讨这种成长经历对各自的文学创作究竟带来什么样的影响。张同道说:"《文学的故乡》并非作家传记,也不是作品读解,而是讲述作家如何把生活的故乡转化为文学的故乡。"①这种着眼于"作家"与"自我生存空间"的处理方式本身就是文学解读的路数,在艺术理论上与美国著名文学理论家 M.H.艾布拉姆斯所秉持的"四要素"说也保持着内在一致性。艾氏在其所著的《镜与灯——浪漫主义文论及批评传统》中提到,每一件具有审美价值的艺术作品都有四个要素,即作品(艺术产品本身)、生产者(艺术家)、世界(由人物和行动、思想和情感、物质和事件或超越感觉的本质构成)、欣赏者(听众、观众或读者)。②

按照艾氏的观点,作品处于整个文学构成的最中心,生产者、世界及欣赏者等都围绕着它各自发生作用并产生联系。这种观点虽然有一定偏颇,却也不失为认识文学的一种有益方式。从艾布拉姆斯的四要素说出发,与创作者"对立"的文学批评者的生存空间似乎不大,因为作品本身已然是一个客观存在物,而欣赏者又有太强的主观性与个体差异。如此一来,从事文学批评与文学研究的"专业人士"也便多从作品所展现出来的文字信息,从艺术家本身的创作动机、知识储备、艺术追求等要素入手挖掘更深层次的内容,从艺术家生存的真实世界去探讨其艺术世界的源头。

张同道《文学的故乡》正是沿着上述思路展开创作的。《文学的故乡》分别选取了莫言、贾平凹、刘震云、阿来、迟子建、毕飞宇等六位作家作为拍摄对象(也可以将之理解为要展开解读的文学对象),他们都是当代文学领域具有重要影响的作家,分别来自不同地域,具有不同的创作风格。莫言大胆奇绝的艺术想象让人叹为观止,贾平凹笔下的商州乡村充满对苦难的哲学式追问,刘震云的延津世界既现实又魔幻,阿来的关于西藏的故事古老而神秘,迟子建的冰

---

① 张同道:《文学的故乡》,中国广播影视出版社 2020 年,第 1 页。
② [美]M.H.艾布拉姆斯著,郦稚牛、张照进、童庆生译,王宁校:《镜与灯——浪漫主义文论及批评传统》,北京大学出版社 2015 年,第 4 页。

雪北国有温情也有悲凉，毕飞宇的水乡故事清丽温婉。通过《文学的故乡》，我们似乎可以看出张同道试图通过"作家个案"讲述的方式勾勒中国文坛整体风貌的努力，同时，该片运用动态影像作为文学认知的表达手段本身也是对传统文学解读方式的一种挑战。

与人密切相关的另一个要素是生存环境，也即艾布拉姆斯"四要素"说层面上的"世界"。虽然现在还没有明确佐证，但几乎可以肯定每一位作家的创作都会受自己成长经历和生活环境的影响，这种影响有时是情节构思，有时是人物塑造，有时是叙述风格，甚至是用字行文，这也使得从外部环境进入文学世界成为可能。正是由于这个逻辑前提，《文学的故乡》以人物（作家）为中心，以对其创作影响深远的"故乡"为切入点才显得特别有意义，正如张同道在导演手记中所说："故乡隐藏着作家的童年、成长与最初的感知，一旦回到故乡，所有记忆都将被激活，可能随机迸发出精彩的纪实场景，成为鲜活的文学现场：作品里写过的地方，写作的地方，留下童年记忆的地方。"①

二、视觉思维——动态影像的"具象呈现"逻辑

冈布里奇在评价贝克莱主教的《视觉新论》时说："我们所见的世界是一个思维的产物，它是我们每个人在多年的实验中慢慢建立起来的。我们的眼睛只不过是经受视网膜上的刺激，这些刺激导致了所谓的'色觉'。而我们的心灵则把这些感觉编织成知觉，编织成我们自觉描绘世界的要素。"②冈布里奇在这里已经涉及了"眼"与"心"的关系问题，并把"视觉"作为连接两者的重要媒介。相较于其他信息载体来说，在与受众心理的互动中具有"意义生产者"劝服力量的图像，③在被植入了某种或多种象征意义之后成为"眼"便捷且重要的信息来源，图像是视觉外在世界的信息寄托，而视觉则是图像意义产生的前提条件。作为一种特殊的图像形式，动态影像无疑也遵循着上述规则，更进一步，以动态影像为主要表现手段的文学纪录片当然也遵循上述逻辑。

---

① 张同道：《文学的故乡》，中国广播影视出版社 2020 年，第 2 页。

② ［英］E·H·冈布里奇著，卢晓华等译：《艺术与幻觉》，中国工人出版社 1988 年，第 279 页。

③ 刘涛：《视觉修辞学》，北京大学出版社 2021 年，第 195 页。

最早提出"视觉文化"这一名词并将之引入专业学术研究的是匈牙利电影理论家巴拉兹,他在自己的《电影美学》中借用这一概念来指称"只通过可见的形象来表达、理解和解释事物的能力"①。美国学者鲁道夫·阿恩海姆后来又将"视觉"纳入"思维"层面并加以阐发,他在《艺术与视知觉》和《视觉思维》两本书中系统地阐述了"视觉"在包括文学在内的诸多艺术形态中的意义与价值。阿恩海姆认为,文学作品可被视为一种由文字要素构成的"格式塔"②,在该体系中文字是最基本的构成要素,它被人为赋予了某种含义并具有相应的使用规则,文学解读者的任务便是通过"眼"去阅读文字、通过视觉去破解文字的真正含义。

注重文学的构成要素,并从语言文字角度入手去探寻文学的意义,是形式主义和布拉格学派等文学理论团体的理论主张及努力方向,布拉格学派的雅各布森、威廉·马捷齐乌斯等人更是创办了布拉格语言学会,旨在从语言学角度找到探讨文学真谛的突破口,他们在索绪尔语言学研究的基础上进一步丰富完善了自己的理论体系,并成为后来结构主义文论的先声。布拉格学派十分重视语言功能及其组成的语言体系结构,他们认为想要实现对文学作品的真正解读,解读者需要从语言入手进而调用抽象思维来解码,这一思路对后来的符号学理论也产生了重大影响。从纯粹的理论层次上讲,形式主义和布拉格学派对文学形式的过分强调导致其忽略了文学本身的内容层面,但他们对文字的感知以及对视觉的重视却十分值得注意。相较于其他理论家,什克洛夫斯基、雅各布森等人更加重视从视觉角度审视文学的外部构成形态,虽然几乎所有的文学阐释派别都需要借助人眼去获取信息材料进而将之输入大脑,但只有在形式主义和布拉格学派那里,"视觉"所带来的艺术感知才更像是真正的文学认知的环节。

然而"视觉"不过是什克洛夫斯基等人强调从形式进入文学的一个"副产

---

① ［匈］巴拉兹·贝拉著,何力译,邵牧君校:《电影美学》,中国电影出版社 1978 年,第 20 页。

② "格式塔"是德文 Gestalt 的译音。英文往往译成 form(形式)或 shape(形状)。按照该词创始人、心理学家厄棱费尔的解释,"格式塔"有两个基本特征:第一,格式塔是由各种要素或成分组成的,但它绝不等于构成它的所有成分之和;第二,格式塔具有"变调性",即格式塔本身不会因为自身构成成分的变化,如大小、方向等的变化而发生变化。参见[美]鲁道夫·阿恩海姆著,滕守尧译《视觉思维》,光明日报出版社 1987 年,第 2—4 页关于"格式塔"的论述。

品",甚至他们自己对此也并未有所察觉。实际上,在人们的传统观念里视觉
是一种低级活动,远不如理性思维活动高级,甚至提出感知新原理的鲍姆嘉通
(Baumgarten)也持类似观点。阿恩海姆以此为出发点去探讨知觉对于理性认
识的重要性,并将长期被忽略的视知觉行为提升到"思维"层面。阿恩海姆以
颇具实证主义的态度论证道:"对于从人和动物眼睛中摘除出来的眼球检查发
现,在视网膜的背景中,映照着一个眼睛所观看的世界的小小的但又十分完整
和忠实的形象。这一形象被证实不是知觉提供给认识能力的那个意象的物理
等同物。这就是说,外部世界在心理中的意象与它在视网膜上的投影极为不
同。"①基于此,阿恩海姆提出视觉对于信息的"自主选择性",而这种"自主选择
性"则与"思维"有着异曲同工之妙,于是衍生出了自己的"视觉思维"学说。在
"视觉思维"的理论框架下,"阅读"作为文学阐释的环节也才有了理论支撑。

中国古代文学理论也对"视觉"要素有所涉及,却并未明确提出"视觉思
维"这样的名词,而以"象"统而概之。《周易·系辞上传》曾言:"书不尽言,言
不尽意……圣人立象以尽意,设卦以尽情伪,系辞焉以尽其言。"②这段话的大
意是指言可传意却并不能尽意,故而借象以实现通达。这里的"言"是文字等
信息传递的媒介,"意"是具有文学或美学意义的审美情趣或审美体验。由此
可见,中国的古人早已注意到了言、意与象之间的辩证关系,甚至还出现了"言
可尽意"与"言不尽意"两大不同流派。今天关于言、意、象三者之间关系的讨
论仍在继续,其中,"言"与"意"更为抽象但也更为稳定,而"象"则较为具体却
也呈现一定的波动;在"具象"的呈现手段更加先进和多元的当下,"象"也获得
了更广阔的成长空间,从一定意义上说,文学纪录片正是一种文学之"象"的呈
现方式。

相较于以往"象"的表达,文学纪录片更直观,也更形象,"视觉"所发挥的
作用也更加重要,"视觉思维"特征也更为明显。传统的文学认知思路大致是
读者通过文字阅读获取信息,进而运用头脑加工创设"画面之象",在这个过程
中,读者的阅读是抽象的、平面的;而文学纪录片时代的文学认知思路则转变

---

① [美]鲁道夫·阿恩海姆著,滕守尧译:《视觉思维》,光明日报出版社1987年,第57页。
② 黄寿祺、张善文译注:《周易》,上海古籍出版社2010年,第383页。

成了读者直接通过看画面获取相关信息，处于这种文学认知状态之下的读者所面向的对象不再是文字，而是具象、立体的动态画面，此时的他们需要的不再是具体可感的文字印刷承载体，而变成了诸如电视或电脑之类的画面播放设备。文学纪录片作为一种特殊的"象"的表现形态，以画面呈现为主要表达手段，一幅幅前后联系紧密的画面共同向读者们传达着相关的文学信息，使人们以往抽象的内心世界变得可触可感，其视觉表达特征更为明显。从文学纪录片的制作者角度来说，每一幅画面的构成与创设都有一个"视觉传达"的预设前提——究竟想要接受者通过观看画面获得什么信息，这个预设前提便具有明显的"视觉思维"特征。

文学纪录片既具有纪录片的特征，又具有鲜明的文学底色。文学纪录片与用文字为主要表现手段的文学认知，除了表现手段的不同，并无本质上的不同——他们都聚焦文学本身，如作家的创作动机、文学作品中人物形象的构设、主题的挖掘、叙述风格的形成等属于文学自身的要素。文学纪录片以画面呈现为主要表现手段，辅之以画外音、主人公讲述等手段，共同向画面阅读者（或者说观众）传达着多种信息，因而是一种"视觉"与"听觉"混合的复杂艺术形式。而传统的文学阅读则几乎完全依赖于"视觉"——阅读，"听觉"——声音几乎可以忽略不计。从这个角度说，从文本阅读到文学纪录片的转变，其实暗含着文学认知方式从以"视觉"为中心的一元论到以"视觉"和"听觉"相结合的二元论的转变，未来或许还会有融合了更多"知觉"元素的新式文学认知方式出现，这或许才是文学纪录片真正的意义所在。

三、技术与情感的纠缠——影像呈现与文学认知的悖论

20世纪90年代初，W. J. T.米歇尔基于理查德·罗蒂的"语言学转向"以及维特根斯坦的"语言哲学"提出了"图像转向"这一概念，并认为"后现代"时期电子科技的发展所带来的视觉冲击以及人们头脑观念中对形象力量的焦虑与恐惧导致了最终的"图像转向"。[①] 自此，"图像"日益成为一个学术界关注的

---

① 　W. J. T. Mitchell. *Picture Theory*. University Of Chicago Press, 1994, p. 15.

话题。当下"图像转向"在某种程度上已经完成并进入了"图像时代"，图像时代的信息传播更加生动也更加具体，信息接受者们更是极大地扩展了自己对外在世界的认知。正如有研究者所说："我们这个时代最重要的特征之一就是我们的文化越来越依赖于视觉，潮水般的视觉符号构成了我们的生活空间，视觉传播日益成为人类传播中占主导地位的传播方式。"[①]该判断正是基于图像在当前文化形态中的重要性日益突出这样一个前提。

图像时代的来临有着明显的技术革命痕迹，影像作为该时代背景下具有代表性的艺术门类，当然也具有这方面的特征。于是，以影像呈现为主要表达手段的文学纪录片便陷入了"技术"与"情感"的纠缠，前者的情感因素较少，而后者则以情感见长，虽然文学纪录片不断努力摆脱自己"工业产品"的生硬标签并试图向"情感表达体"的文学靠拢，但囿于两者之间的天然差距，它们注定难以完美融合，这也是影像介入文学认知所不得不面对的尴尬。

需要注意的是，文学纪录片与那些以文学作品为基础改编的影视剧作品不同，后者的制作者们的主要工作是将平面化的文字叙述转译为立体化的画面呈现，这也是当下"视觉艺术"与文学发生联系的普遍方式，每年上演的数量庞大的改编自文学剧本的影视作品便是明证。而文学纪录片的制作者们则是一群行走于"交界地带"的人，他们大多接受过系统的文学教育，有着较高的文学素养，同时又对拍摄、剪辑等技术较为熟悉；他们或许没有专业影视工作者们那样超强的"语言与画面"转化能力，却有更强的文学感知与文学把握能力，他们所关注的乃是有情感有温度的文学，而非冷冰冰的画面制作技术本身。相较于重在内容再现的影视剧作品，在文学纪录片里，文学自身要素得到进一步重视，如创作者的态度、文本特征原因探寻等，对于具体文本的内容再现则被置于次要位置。换言之，文学纪录片的制作者们注重的乃是深层意蕴的挖掘，而非简简单单的表层文字内容再现。

我们可以这样认为，文学纪录片为人们了解文学作品、认识文学问题开拓了新思路，扩展了新空间，尤其对于从较专业的角度切入文学发挥了巨大作

---

① 刘成付：《论视觉文化传播的哲学根基》，选自孟建、〔德〕Stefan Friedrich《图像时代：视觉文化传播的理论诠释》，复旦大学出版社 2005 年，第 65 页。

用。以影像为主要传播媒介的文学纪录片依托技术优势把原本抽象的文学解读由"平面"转化成了"立体",把原本单纯的"视觉"行为转换成了"视觉"和"听觉"相结合的双重感觉行为,同时,它又利用真实质感给观看者以极强的代入感。有的纪录片中的作者还会时不时从原本连贯的"画面故事"中跳出来对某些问题加以说明,如《文学的故乡》与《文学的日常》两部纪录片中所介绍的几位作家,他们既分别是自我片段中的主人公,也是其中的叙述者,他们在片中时不时跳出来对自我创作进行说明,甚至会亲自朗读自己的代表作品,这些都增强了人们对该种艺术方式的信任度,这既是文学纪录片的特点,也是传统的文学阐释方式所不具备的优势。

同时我们也应当看到,文学纪录片呈现出来的"真实"不过是建立在画面制造技术基础上的"幻象"或者信任"错觉"。实际上,表面上看起来有些"生硬"的汉字所承载的内在意蕴有许多是无法以具象的方式传达出来的,仅仅通过画面呈现是无法真正体味作者在创造文本时通过遣词造句及章节安排所体现出来的独具匠心的。尽管有时创作者会通过"蒙太奇"手法甚至"画外音"的画面辅助手段加工补充,但这种"生硬"的工业技术终究无法替代复杂的人脑思维感知,所谓"只可意会不可言传"说的便是这个道理。如此一来,以画面呈现为主要表现手段的文学解读的视觉化转向在揭示文学自身的复杂性上便受到了极大限制,这种"化繁为简",以冰冷的"工业技术"来应对细腻的"情感产品"的工业处理方式也是文学解读的视觉化呈现所无法解决的技术性难题。

再进一步,文学纪录片深层次上具有鲜明的"科学主义"底色,如此一来也便与强调"人性与人情"的文学产生了不可回避的矛盾。钱谷融先生曾说:"科学是晓之以理,艺术是动之以情。科学家用分析、解释、证明等方法,告诉人们应该怎样行动才是正确的、合理的。艺术家用再现丰富多彩的生活图景,创造鲜明生动的典型形象的方法,在人们内心激起强烈的是非爱憎之感,从潜移默化中来改善人们的品质,美化人们的灵魂。"①钱先生在这篇文章里的观点虽然是针对所有的艺术而言的,但他的这一论断对于我们认识"科学"与"文学"仍

---

① 钱谷融:《关于文艺特征的断想》,选自钱谷融《当代文艺问题十讲》,复旦大学出版社2004年,第38页。

有借鉴意义。从实现途径与探讨对象本身的性质出发,我们可以看到文学纪录片这类依托画面传达信息的艺术形式在文学认知过程中的尴尬处境,从另一个角度说,这种尴尬也暴露了文学纪录片在阐释文学作品时的不足。

首先,由于文学纪录片主要依靠画面传递信息,它在文学阐释过程中不得不向那些容易"制作"成画面的"作者"或"环境"因素倾斜,这便带来了文学认知的片面化与简单化。文学纪录片归根结底还是一种依托影像传播技术、场景制作、镜头选取等影视技术的艺术形式,通过画面向观众(或者说是读者、受众群体)传递信息,在此过程中,原本需要读者利用眼睛去阅读,尔后借用自己的头脑意识加工完成的艺术想象被文学纪录片制作者代劳,而文学纪录片的制作者虽然尽可能地去贴近读者头脑中通过文字阅读来完成的画面,但实际上这几乎是不可能完成的任务,因为读者的想象是天马行空、没有边界的,而现在的画面呈现技术虽然先进却也跟不上读者想象的翅膀。

于是我们看到,《文学的故乡》《文学的日常》《归来的局外人》等文学纪录片无一不极力突出作者要素,许多时候甚至让作者跳出来进行"自我阐述",以此来加强观众对其文学世界的认识。《文学的故乡》《文学的日常》更是通过跟拍的形式对作家的故乡、现实生存环境加以介绍,然后通过画面处理、人为剪辑等技术手段将其与作者的自我解析相结合。虽然这一做法从表面上看注意到了作者的生存环境等外在因素对其文学创作的影响,但仅从这两方面入手去探讨文学作品或文学现象显然还远远不够。

其次,文学纪录片对文学认识的片面化和简单化处理方式,带来文学纪录片在文学认知层面上的"阐释乏力"现象。正如前文所述,文学纪录片是一种借助画面、通过视觉向受众传递信息的艺术形式,在此过程中,读者原本通过阅读文字而发生的头脑意识加工被画面制作者代劳。考虑到实际操作的因素,文学纪录片的制作者们在对画面的加工过程中不得不对文学意蕴加以取舍——在自己理解的基础上选取那些适合于画面呈现的内容、舍弃那些自己认为不重要以及不便以画面形式呈现的部分,这种处理方式客观上带来了文学阐释的"简单化"。

传统的文学认知方式可以抽象为这样一个过程:作者通过文字向读者(或者叫"受众")传递信息,读者经过信息加工再通过文字将对作者文字的理解表达出来,这是一个从作者到读者的直接过程;而文学纪录片则加进了"(画面)制作者"以及"画面"两个要素,于是文学纪录片的文学认知过程便被转换为:作者通过文字向包括(画面)制作者在内的所有读者(或者叫"受众")传递信息,(画面)制作者从这些文字出发,按照自己的理解、结合可能的技术手段把自己头脑意识中的作者本意制作成画面,然后再展现给除他之外的读者。如此一来,文学认知的过程在无形当中被大大拉长,加之制作者按照主观意愿的裁剪,更使得最终到达接受者层面的信息大大减少,于是也导致了"文学魅力"的衰减。

四、结语

与传统的文本解读方式相比,文学纪录片摆脱了以文字为主要呈现方式的传统思路,这在一定程度上表明了新时代人们对文学认知的有益探索和全新尝试;然而另一方面,受制于表现手段与制作方式等因素,文学纪录片这样以动态画面为主要表现方式的艺术形式,在面对文学"只可意会不可言传"的时候也有着"心有余而力不足"的尴尬。

有研究者曾说:"近十年随着媒体尤其是互联网络的发展,电影、影像在某种意义上来说更加社会化了,我们已经进入了一个影像是传播影响认知的时代。"[①]在这样一种时代背景之下,加之文学自身的发展状况,我们需要重新审视长期以来的文学认知方式,从这个意义上说,文学纪录片算是一种全新的尝试。尽管今天的文学纪录片还有许多不尽如人意的地方,力量也并不强大,但至少代表着一种新生力量,也体现着一大批文学工作者主动调整的努力,这是我们更应该看到的。

(郑飞,上海体育学院新闻与传播学院副教授)

---

① 王竞:《纪录片创作六讲》(修订版),北京联合出版公司2016年,第7页。

The Analysis on the Dynamic Image Presentation of Literary Cognition in the Background of Image Age
—Taking the Literary Documentaries as an Example

Zheng Fei

Abstract: The "Image age" is a brief summary about the situation that using of image technology widely in the current cultural field. The literary documentary is a new art form of literary discussion in this playground. Comparing to the traditional literature cognition, literary documentary gets rid of the absolutely dependence on the words, and turns to discuss literary issues taking the moving image as the main media. This change takes "The Vision" as a way of thinking rather than a simple medium of information acquisition. However, the discussion on the literature problems is still simplified and one-side, because of its obvious characteristic of "industrial technology".

Keywords: Image Age; Literature Cognition; Moving Image; Literary Documentary

论中国动画电影的现代神话叙事

司培

摘要：中国动画电影以对传统神话的转化为中心，形成了对传统神话的现代性重写与对现代生活的神话性叙事两个方面的叙事趋向。其依托传统神话所具有的故事属性与文化记忆存储效能，一方面在神话意义的再生产中触及人的精神世界，一方面在对现代世界的结构性模拟中重塑神话，生成了现代神话叙事的基本路径。基于此，中国动画电影又以时空的重塑构造现代神话的新形式，以人物及其与世界关系的重置再构传统神话的主题，以新的象征与符号世界构造新的神话意义关联机制，从而完成了对传统神话的再编码，大致构建出现代神话的文化符号系统。中国动画电影的现代神话生产，显露出了古老神话意义体系在现代社会中的生命力，同时也启示我们如果能以传统神话的象征隐喻思维与意义创造方式联结现代生活与技术科幻想象，将更好地助力今日的文化生产与意义世界建构。

关键词：中国动画电影；神话叙事；现代性想象；文化符号系统

中国动画电影向来有着十分深厚的神话叙事传统。20 世纪 50—80 年代以上海美术电影制片厂为中心出品的《大闹天宫》《哪吒闹海》《金猴降妖》《天书奇谭》《宝莲灯》等一系列动画长片皆为神话 IP 改编作品，在对传统美学精神的激活中塑造了鲜明的民族化风格，取得了较高的艺术成就。进入 21 世纪后，中国动画电影一度陷入沉寂，直至 2015 年《西游记之大圣归来》问世，动画电影才被重新拉入大众视野。此后上映的《白蛇·缘起》《哪吒之魔童降世》《姜子牙》《新神榜：哪吒重生》《白蛇 2：青蛇劫起》等影片不约而同地采取了神话叙事的方式，在现代生活与技术背景下重写了古老的民族民间神话，引发了较多的共情与讨论。这一时期中国动画电影的神话叙事显然与 20 世纪有所不同，其对传统神话采取了"破"与"立"相结合的态度，于承续与颠覆之中走向了一种新的现代神话叙事。此种叙事既是对神话资源的现代性转化，也是对现代人精神世界的神话性表达。对其进行考察，不仅能使我们窥得民族性文化在现代数字与影像世界的编码，也有助于我们探寻人类的前现代思维方式与精神情感对现代文化生产的意义。

一、中国动画电影现代神话叙事的总体趋向

20 世纪末以来，全球范围内的神话现代重构浪潮涌现，诸多文学与影视作品以前现代神话为创作资源，融合现代性体验，依托新兴科技与文化工业生产体系构建出了一系列现代新神话。《哈利·波特》《指环王》《星球大战》等作品为其中典型，此类作品往往以古老的神话世界为其意义生产奠基，并在前现代意义体系与现代理性文明的联结中达成对现代性的观照与反思。神话于此扮演了一个介入者的角色，它携带着一种迥然不同于今日的存在理念与象征方式进入现代文化生产系统，为出走已久的现代文明设置了一个远古的参考系。可以说，传统神话世界的激活，在一定程度上拓宽了现代人类文化意义生产的维度——无论是文学还是艺术创作皆需要这样一种古老却具有生命力的思考维度。21 世纪以来，我国的文学与影视作品也出现了一股神话改编潮流，在现代性想象与文化工业生产机制的双重助推下，新的神话叙事方式逐渐形成。兼具游戏与影视形态的《仙剑奇侠传》为早期国内文化市场上较具代表性的现代神话叙事作品。其不仅重组了传统的神话要素，还更新了传统神话的表现

形态,引发了较多的关注与讨论。在国际"神话复兴"浪潮与国内传统神话形态和内容变革的背景下,诸多学者从学理层面上对现代神话叙事的相关议题做出了讨论。

田兆元认为神话现代转化之关键在于"叙事形式的转化"①,其指出当代的影视媒体与数字叙事以虚拟的形式代替了传统的语言文字叙事、仪式行为叙事以及景观图像叙事,成为当下重要的叙事模式与转化手段。依此观点来看,动画电影的数字化与影像化叙事便为传统神话在现代的重要叙事形态。叶舒宪将神话现代重构的缘由归为"文化寻根思潮",并将其实现的逻辑理路归为两类:"其一是针对民族神话传统的某一特定题材的现代再创作。其二是综合提炼多种文化的神话资源,经过研究、筛选、融合、嫁接的化合作用,再造出一种不同于传统的新神话传统。"②这大致指出了现代神话叙事生成的两个方向:一是对传统神话的承续,二是糅合多元神话传统再造新神话。杨利慧提出了"朝向当下"③的神话学研究,关注神话在当代社会新语境中的重构与挪用。其将影像作品中神话文本的再创作分为援引传统的文本、融汇传统的文本与重铸传统的文本三类,以对传统神话的取用为基础来考察现代神话的重构问题。由此可以看出,国内学者对现代神话的生成有着较为一致的认知,基本上都认为其由传统神话转化而来。

这也是中国动画电影现代神话叙事的大致趋向。细究起来,在动画电影对传统神话的再编码过程中,还存在两个面的牵引力:一是传统神话资源,二是现代社会生活。作为以影像数字技术为依托的现代文化产业,动画电影在对传统神话进行再叙述时需要更多地与现代社会生活结合,以激发传统神话的现代活力,获得良好的制作效果与市场反响。传统的神话资源在这里起到了情感联结的作用,它通过唤醒潜藏的文化记忆来凝聚群体性精神情感。现代社会生活体验的融入则给予了观者一个恰切的情绪接入点,将现代人的生

①　田兆元:《神话的三种叙事形态与神话资源转化》,《长江大学学报(社会科学版)》2019 年第 1 期,第 9—11 页。

②　叶舒宪:《再论新神话主义——兼评中国重述神话的学术缺失倾向》,《中国比较文学》2007 年第 4 期,第 39—50 页。

③　杨利慧:《"朝向当下"的神话学论纲:路径、视角与方法》,《西北民族研究》2019 年第 4 期,第 162—171 页。

活世界与古老的神话世界连接,促发了现代神话的意义生产。这两种力量交互作用,形成了中国动画电影现代神话叙事的两个具体方向:

一是对传统神话的现代性重写。即基本遵照传统神话故事的大背景与人物设定,在原有故事发展的基础上进行重写。此种重写的关键逻辑在于解构故事的文化语境,重塑故事的价值取向,融入现代人的情感焦虑与精神诉求。《西游记之大圣归来》《白蛇·缘起》《哪吒之魔童降世》《姜子牙》皆属于此类重写,虽然故事仍被放置在传统的时代背景中,但创作者一般会通过情节的删补、人物的重塑与主题的重置等方式区隔于旧材料,并在其中植入现代性精神情感,既承续传统神话又对之进行解构,从而将原有的神话故事拓展到一个新的存在维度。

二是对现代生活的神话性叙事。这是一种朝向现代的叙事方向,其从一开始就颠覆了传统的故事背景,直接将传统神话放置于现代社会与技术想象的生活空间之中。此一叙事的核心在于将现代生活空间之中发生的故事与传统神话世界连接起来,为科技构造的新世界赋予古老的神话性象征意涵。《新神榜之哪吒重生》《白蛇 2:青蛇劫起》即为这类叙事典型,其虽然沿用了传统神话的人物原型,但却基本抽离了原初的语境,在一个赛博朋克风格的现代想象时空之中构建出了新的神话。这种新神话与漫威宇宙下的科技神话体系颇有几分相似,皆是将远古的神话世界与科技想象连接,构造出现代神话的意义世界。不过中国动画电影对科技神话的构造还处在尝试阶段,其仍在寻找民族神话传统与现代技术世界之间的一个合适支点。

综合以上的讨论,我们可以看到中国动画在构建现代神话叙事的过程中,一面关联传统的神话世界,一面又向现代技术生活转化,由此构成了两个神话的生产趋向——传统神话的现代性改编和现代新神话的生产。

二、中国动画电影现代神话叙事的基本路径

神话承载了人类丰富的精神世界,具有十分复杂多元的存在维度,对神话进行再度生产意味着在不同的社会生活或技术语境中对这些维度予以重新处理。中国动画电影的现代神话叙事亦是结合现代精神情感与生活体验,从不

同层面上对古老的神话进行转化,从而形成了一些现代神话建构的基本路径。

首先,强调神话的故事性而削弱其神圣性。从人类学的角度来讲,神话通常被视为一种神圣性叙事。马林诺夫斯基就直接将神话概括为"神圣的故事"①,并指出:"神话给原始文化最大的帮助乃是与宗教仪式、道德影响、社会原则等协同进行的。"②可见,作为一种神圣性叙事的神话往往与前现代社会的宗教信仰和仪式相关联,并对原始社会的存在及其运作做出超越性解释。但当此种叙事从其所处的信仰与仪式场域中脱离出来,进入现代文化产业体系后,就很难再具有神圣的内涵,通常只能作为某个故事或某种凝固的情感而存在。按照本雅明的说法,这属于艺术作品复制中的"灵韵"丧失。当然这也只是来自叙事形式变化方面的解释。就中国动画电影目前的创作内容来看,其改编的蓝本多为明清神魔小说或民间戏曲,此类作品多为对上古神话的世俗化重写,与今日对传统神话的现代重写倒颇有些相像。这表明神话的世俗化改编与神话的现代性改编之间具有某种一致性,甚至也可以说现代神话是对明清时期世俗化神话的新一次世俗化。既如此,神话的故事性便成了重要的生产力,神圣性的削弱也就不足为奇了。不过神圣性的削弱并不意味着对前现代认知方式或象征系统的摒弃,也不意味着神话的解释性与功用性的丧失。某种具有稳定性的文化理念依然在故事之中延续,这也是现代神话在脱离了传统关联性场域后依然与传统神话保持联系的重要原因。

其次,将神话作为连接传统文化世界的记忆纽带。就神话的留存效能来讲,它可以被视为一种可追溯的文化记忆。弗莱认为"神话学是人类存在的事实陈述而不是资料"③,其所提出的"原型说",就指向了神话具有的连续性与其意义的可追溯,确证了神话作为一种文化记忆存在的可能性。近年来在市场上口碑与票房较好的中国动画电影大多使用了传统的神话人物原型,以哪吒、孙悟空以及姜子牙这些为国人所熟知的经典神话人物来唤醒群体性的文化记

---

①　[英]马林诺夫斯基著,李安宅译:《巫术科学宗教与神话》,中国民间文艺出版社 1986 年,第 82 页。

②　[英]马林诺夫斯基著,李安宅译:《巫术科学宗教与神话》,中国民间文艺出版社 1986 年,第 83 页。

③　[加]弗莱著,郝振益等译:《伟大的代码:圣经与文学》,北京大学出版社 1998 年,第 59 页。

忆,连接传统的文化世界。除神话人物原型以外,神话的讲述方式与讲述的内容都沉淀着文化记忆。利奥塔曾直接将神话比作"记忆的装置"①,认为它将不同时间中各种各样的信息汇聚并保存为记忆,最终凝固成一种意义。流传至今的藏族史诗《格萨尔王》、苗族史诗《亚鲁王》、壮族的创世经诗《麽经布洛陀》也在一定程度上佐证了神话叙事对民族性记忆的储存效能。依此看来,神话本身就是开启人类文化记忆的密钥。当中国动画电影以神话为其叙事方式与内容时,可能会激发两种记忆效能:一为记忆的唤醒效能。它能令现代与传统发生对话,在现代理性文明中激活远古的精神世界。二为记忆的生成效能。一如史诗可以作为民族记忆的存储器一般,新的神话叙事也有可能成为一种现代的记忆存储器,凝结现代人的生存方式与想象世界。那么将文化记忆的理念融入现代神话叙事的创作之中,于中国动画电影而言便显得十分重要了。

复次,在对现代世界的结构性模拟中重塑新神话。就神话与人类生存世界的联系来看,它可以被抽象为一种结构。列维-斯特劳斯曾将神话概括为一种"强结构"②,并认为神话研究是从"一种对于我们来说是无秩序的事物中,找出一种秩序"③。也就是说他认为在散落各地、杂乱无序的神话故事中,蕴含了某种人类社会共有的规则。甚或说,神话"模拟了人类的生存结构"④。其在解释俄狄浦斯神话时,将神话中人物的行走问题解释为人与土地之间的关系⑤,也确证了这一点。既然在前现代神话中蕴含着某种人与世界的关系结构,那么现代神话是否也有可能是对现代世界的结构性模拟? 就中国动画电影现代神话的创作现实来看,这一推论或许是成立的。从《西游记之大圣归来》中失去法力重新认知自我的孙猴子,到《姜子牙》里中年失意再度寻找人生价值的姜子牙,无一不渗透着浓厚的现代社会生活体验与生存认知。由此看来,在中

① [法]让-弗朗索瓦·利奥塔著,夏小燕译:《非人:漫谈时间》,西南师范大学出版社2019年,第80页。
② [美]伊万·斯特伦斯基著,李创同等译:《二十世纪的四种神话理论——卡西尔、伊利亚德、列维-斯特劳斯与马林诺夫斯基》,生活·读书·新知三联书店2012年,第205页。
③ [法]克洛德·列维-斯特劳斯著,杨德睿译:《神话与意义》,河南大学出版社2016年,第21页。
④ 叶舒宪编选:《结构主义神话学》,陕西师范大学出版社2011年,第174页。
⑤ [法]克洛德·列维-斯特劳斯著,陆晓禾等译:《结构人类学——巫术·宗教·艺术·神话》,文化艺术出版社1989年,第53页。

国动画电影的现代神话叙事中潜藏着对人与其生存世界关系结构的现代式重写，也是这种重构使现代神话得以形成并区别于传统神话。

最后，在神话意义的再生产中触及人的精神世界。神话世界同时也是一个意义世界，它承载了人类的精神与心灵活动。卡西尔认为："神话创造功能的产物一定具有一个哲学的，亦即一个可理解的意义。"①在他看来，作为符号而存在的神话，具有能"创造并设定一个它自己的世界之力量"②，这个世界便是人类将其精神对象化的世界。在长久的意义流转中，神话中累积出了一些稳固且难以湮灭的人类精神情感，人类有关自然、宇宙以及人生的认知皆在神话的意义世界中凝固，现代神话的重构便是在对此种意义的再生产中接续人类亘古的精神情感。以对人与宇宙自然关系的理解为例，在我国当下动画电影的现代神话叙事中，最常涉及的便是对这一问题的讨论，无论是《白蛇·缘起》中因捕蛇活动盛行而引发的人蛇矛盾，还是《新神榜：哪吒重生》中因东海缺水而引发的人类居民与龙族资源垄断者之间的矛盾，皆显现出人们对现代世界与自然关系的认知。而此种对自然世界的关注与认识，早在远古时期就已经萌生。《庄子》中便有一则关于混沌的故事，讲倏忽二帝为报混沌善待之恩，遂为其凿开七窍，结果七窍开而混沌死。这种人类神话叙事中极为朴素的自然观并未随着时代的推移而消逝，反而因时代的变化不断更新。中国动画电影的现代神话叙事正是试图在此种持续性的意义生产中构建新神话的精神世界。

三、中国动画电影现代神话叙事框架的建构

文学理论家弗莱认为："神话具有两个平行的方面：作为故事，它是诗，是文学的再创造；作为有具体社会功能的故事，它是某个具体社会行为的纲领。"③这指向了神话叙事的形式层面与意义层面。动画电影的神话叙事也可

---

① ［德］恩斯特·卡西尔著，甘阳译：《人论》，西苑出版社 2003 年，第 94 页。
② ［德］恩斯特·卡西尔著，于晓等译：《语言与神话》，生活·读书·新知三联书店 2017 年，第 38 页。
③ ［加］弗莱著，郝振益等译：《伟大的代码：圣经与文学》，北京大学出版社 1998 年，第 74 页。

以被拆解为两个层面:一是影像化的叙事组织方式与故事结构,二是现代神话化的精神意指。第一个层面属于句法层面,第二个层面则属于与之相对应的意义或功能系统。这两个层面的转化贯穿中国动画电影现代神话叙事的始终,为其叙事框架建构的重要脉络。就目前来看,中国动画电影主要通过时空重构、人物的重塑以及象征与符号系统的重建等几个方面来建立基本的现代神话叙事框架。时空的重构在这之中占据了十分重要的地位,因为它更新了现代神话的存在形式,是现代神话区隔于传统神话的重要标识。人物的重塑主要关联故事主题的变化与价值的导向,对现代神话体系起到了支撑作用。象征与符号系统的重建则对前两者起到综合作用,并影响到了现代神话意义体系的建立。

(一)现代生活与技术想象中的神话时空建构

时间与空间作为人类认知与描述世界的基本维度,在神话叙事的生成中发挥了十分重要的作用。中国动画电影构建现代神话叙事框架的第一步是在现代生活与技术想象中重塑传统神话的时空理念与呈现形态。依照上文所述的传统神话现代转化方向,也可以将中国动画电影的神话时空构建细分为两个层面:一是基于传统神话时间与空间的现代式重构,二是创造现代技术想象中的新神话时空。

1.对神话作品中历史时间与传统空间的现代性重构

海登·怀特将历史作品视为"叙事性散文话语形式中的一种言辞结构"①,其目的在于阐明由人所书写的历史,是一种有关历史的叙述,具有文学性与话语性。历史书写自身尚且如此,作为一种文学叙述的神话所涉及的历史时间便更可以被视为一种有关历史的修辞性话语。再加上中国动画电影的创作资源大多是明清神魔小说与民间传说,这种叙述性与修辞性的表现尤甚。历史时间于此更像是一个随叙事发展需要而调动的语境,传统的空间则成为一个特定语境坐标的具体关联域。要基于传统时空生产出现代神话,就需要对时间与空间做出相应的处理。

对神话作品中历史时间的处理主要涉及两个步骤:首先是建立与历史时

① [美]海登·怀特著,陈新译:《元史学:19世纪欧洲的历史想象》,译林出版社2004年,第1页。

间的联系，其次是与历史时间之间形成区隔。这两个步骤往往同时进行，以便
既联系传统的世界，又打破传统历史时间构筑出新的故事。第一个步骤往往
是中国动画电影现代神话叙事的基础，由于依照传统改编的故事自身就包含
了传统的时间结构，因此关于这一问题我们无须赘述。我们要讨论的关键是
现代神话叙事如何在与历史时间联系的同时跃出原有的时间框架限制，开拓
出新的叙事结构与意涵。就目前我国动画电影神话 IP 改编的情况来看，大约
有以下几种方式：

一是将历史时间前置。典型如《白蛇·缘起》，该故事的原型可追溯至明
代冯梦龙《警世通言》中的一则短篇小说《白娘子永镇雷峰塔》，故事时间设定
在南宋绍兴年间，基本内容框架与如今民间流传的许仙与白娘子的爱情故事
大致相似。《白蛇·缘起》也讲述了一段有关许白二人情感纠葛的故事，不过
它将故事的历史时间向前推了几百年，放在了晚唐末年。影片开篇便述："晚
唐末年，天下将乱，妖魔鬼怪出没人间。皇帝沉迷于求仙，国师太阴真君屡试
未果，皇帝震怒。国师逼迫百姓捕蛇，修炼道法以重得皇帝宠幸。"如此一来，
故事背景便从南宋年间一派祥和的江南烟雨转向了晚唐乱世的人蛇之争，一
种新的历史感便生成了，现代话语下的叙事空间亦由之开拓。

二是将历史时间后置。由《封神演义》改编的动画电影《姜子牙》便讲述了
一段类似于后传的故事。《封神演义》的历史背景本为"成汤合灭，周室当
兴"[1]，姜子牙于此发挥了推促朝代更替的作用。然影片不以商周战乱为其叙
事主题，反而将时间推至周朝建立以后，一个新的故事也由此植入。

三是将历史时间虚化。此类动画电影往往仅靠大众所熟悉的故事框架或
传统原型与古代神话之间产生联系，基本不述历史背景，旨在以搁置历史时间
来虚化历史时间。这一点在《西游记之大圣归来》《哪吒之魔童降世》这些以主
人公反抗命运为叙事中心的影片中表现得极为鲜明。《西游记之大圣归来》故
事开篇只讲"话说在很久以前，有个猴王如何如何……"，《哪吒之魔童降世》也
只述灵珠与魔丸的由来，并不多提及商周之争。其缘由在于，所谓的反抗天命
或宿命本就蕴含了对已写就历史的反抗，只有虚化历史时间，才能凸显整个故

---

①　(明)许仲琳编，林信点注：《封神演义》，华夏出版社 2017 年，第 87 页。

事的结构,令观者聚焦于这种反抗,将故事的主要矛盾推向极致。

简而言之,历史时间重构的核心要义在于与传统语境之间形成一种辩证关系,并构造出新的语境来与现代群体生活经验发生关系,服务于现代神话的意义生产。对时间的处理如此,空间也如是。

中国动画电影对传统空间的处理也大致依照一种既有所延续又有所创造的方式,具体到措施上主要表现为:开辟新的空间、植入现代性理念与创造文化上混合交融的空间。

开辟新空间是指在传统空间的基础上开辟出一个与传统神话有所不同,却又能保持文化基调大体一致的空间。譬如《哪吒之魔童降世》中的山河社稷图便属于电影改编中的新创造,它虽为新空间,却嵌套在影片所构造的传统空间之中,并与其保持审美上的一致。该空间为画卷之中的空间,其将中国山水画卷活化,构筑了传统神话空间以外的一个虚拟维度。以画卷中的景物为实物也不全然是独创,《神笔马良》里就有与之类似的点子。此种创作的关键不仅在于出新,还在于这一新空间能否与传统空间巧妙契合并实现叙事意义上的合理衔接。

植入现代性理念则是指以现代技术社会中的理念去塑造传统的生活空间,《姜子牙》中塑造的北海与幽都山可算是此中典型。按照电影的设定,北海为姜子牙谪居之地,也是商民被贬之所,其景萧瑟凄凉;幽都山为亡魂居住之地,了无生机,一派肃杀之象。这两个场景中萦绕着一种十分强烈的毁灭氛围,与今日科幻作品中出现的废土题材十分相似。废土题材所构建的往往是一种极为恶劣的生存环境与残酷的斗争法则,而姜子牙失意以后所面对的北海与幽都山生活也正是如此,该地处处荒芜、妖怪横行,巨大的末世感扑面而来。这种空间景象在传统的神话中并不常见,显然融入了深刻的现代忧思。也正是由于现代理念在传统神话空间中的植入,《姜子牙》中有关现代人精神问题的探讨才有可能成立。

创造文化上混合交融的空间,目的是在杂糅中生出一个异域。传统的神话空间往往为大多数中国观众所熟悉,这种熟悉除了能带来一种亲切感,也有可能会招致疲倦。对动画电影的创作者而言,此种有可能来自观众的疲倦是十分值得警惕的。因此他们往往会选择在传统空间的基础上再造出一个既有新奇感又令人可接受的异域。《白蛇·缘起》中的宝青坊就是这样一个空间。该片的空间设计在整体上秉承了中国传统水墨风格，唯有宝青坊一处与整体空间构造不甚相同，别具特色。宝青坊为妖怪法宝锻造之所，凡有所求皆可与坊主进行交易，故而该处亦正亦邪，空间基调混杂。该空间在设计上也是儒道释文化杂糅，竹简与龙样的图腾、八卦与天干地支绘成的地面、莲花与罗汉化形的矮僧并置在同一画面之内，元素虽有些拥挤，却也搭配巧妙不显违和，形成了一个在逻辑上能够自洽的另类空间。不过碍于传统的时空背景限制，这一空间依然与传统文化之间有着千丝万缕的联系。当传统的神话时空被彻底颠覆，中国动画电影在神话叙事上就走向了一种技术想象中的时空建构。

　　2.时空压缩式的新神话时空构造

　　中国动画电影构建神话时空的另一种方式，是创造现代技术想象中的新时空。就目前的创作实践来看，其通常采取科幻式的时空压缩路径来完成新神话时空的构建。时空压缩的术语原本来自大卫·哈维，提出背景是现代信息技术影响下的时空观念变革，属于后现代地理学的概念。按照哈维的观点，时空压缩可以被概括为："地理现实无可避免地趋向融合与混乱，一切地方都可以互相交换，可见的（静态）参照点消失不见，成为恒常变换的表面影像。"[1]曼纽尔·卡斯特则据此进一步提出了"无时间之时间"的时空理论，并将此种时空的特征概括为："压缩各种现象的发生、指向立即的瞬间，或者在序列中引入随机的不连续性。"[2]结合此二人的观点来看，时空压缩意味着时与空的混杂性并置与瞬时性组合。此种时间与空间的构造方式蕴含着现代人的技术生活想象，有助于中国动画电影构造出有别于传统的新神话时空。与当前一众神话题材改编动画电影风格迥异的《新神榜:哪吒重生》《白蛇 2:青蛇劫起》就采取了这一叙事策略。

　　这两部影片在时空构造上几乎脱离了传统的时空关联域，另辟出一个极富现代技术文化特质的新时空。《新神榜:哪吒重生》虽以武王伐纣为其叙事背景，却在开篇便述该故事发生在封神大战三千年以后，从传统的神话时空中

　　① 包亚明主编:《现代性与空间的生产》,上海教育出版社 2003 年,第 391 页。
　　② [英]曼纽尔·卡斯特著,夏铸九等译:《网络社会的崛起》,社会科学文献出版社 2001 年,第 564 页。

跳出,进入现代时空——东海市。《白蛇 2:青蛇劫起》虽在其伊始仍与传统民间神话传说中水漫金山的经典桥段有所衔接,却并未按照传统的故事发展,而是安排小青在斗败法海后坠入修罗城——一个无时间的混杂空间。这两个时空皆采取时空压缩的方式构筑,具有两个方面的鲜明特质:

一是多重时空要素混杂与多元信息交叠。东海市是一个重要资源由寡头垄断的混乱都市,具有浓厚的赛博朋克色彩,其在空间构造上也采取了一种以电子化高楼大厦与逼仄贫民居住区对比的策略来凸显资源分配上的不均,这种强烈的反差形成了影片混杂的时空特质。在东海市,古朴温和的建筑与硬质的钢铁工厂并置,民国风与机械风杂糅,舞厅中摇曳的舞女与开着摩托改造机甲的主角奇异地共存,这地方处处都能看出现实的痕迹,却无法在现实之中找到对应的坐标。该时空在一种混杂之中被悬置,成为现代想象与传统神话之间的介质,并在两者的扭结中生成了一个现代神话的隐喻系统。比之东海市赛博朋克式的两极化时空要素并置,修罗城的时空多极交叠更甚。修罗城之名取自《大宝积经》中的修罗道,此乃四恶道之一,我执念重者,堕入此道。影片也以此为背景构建了一个遵循丛林法则的混乱时空。城中景象凋敝、灰雾蒙蒙,参差不齐地分布着来自不同时代却又像是被废弃掉的建筑,牛头马面、妖魔鬼怪横行,衣着各异的人群四处乱窜躲避。整个时空要素混杂到已无法综合定义,各种要素迷宫般地交叠在一起,多元的信息满溢其中,使之如同一个立体化的现代网络世界,现代新神话时空构造的潜藏要义也逐步显现。

二是时空的瞬间性坍塌与偶然性构成。东海市时空的坍塌性来源于其赛博朋克式的不稳定性设计,这种坍塌处在一种隐性状态,并不时显。但修罗城的脆弱是外显的,城中的一切在构成上皆具有强烈的不确定性与偶然性。城中时间也不以线性流逝,而是随风、火、水、气四劫轮回而再造。照宝青坊主的话讲:"劫起劫落,就是这修罗城的一呼一吸,呼吸之间,要除去在这修罗城不肯离去的苟且众生。"这种劫难循环是对时间的摒弃,在一座无时间之城中,一切要素的稳固性都被剥夺了,瞬间的坍塌与偶然性的时空重组成为修罗城的时空节律。不过因劫难而发生更迭的时空再造模式又将缺乏标识的修罗城与一种古老的象征体系联系起来,使这个现代新神话时空不至于完全抽离传统的意义体系。这也是现代新神话时空构建的一个重要策略,既开辟技术想象中的新世界，又以传统的意义体系为之赋意。

（二）人物的重塑及其与世界关系的重构

人物的重塑是中国动画电影现代神话叙事的重要环节，这往往需要将传统的神话人物放置在现代语境中进行再构，使其与传统神话原型之间保持既具延续性又具颠覆性的关系。人物重塑不仅关涉到其与世界关系的变化，还影响到了叙事观点的转化与主题重置。要完成这一项任务，不仅需要改变人物的形象与性格，还需重新构建其与周遭世界的关系，以使人物再度找回其自身，完成自身的价值重塑，并影响其所处世界的发展变化。

人物形象的重塑是中国动画电影塑造现代神话人物的第一步。传统的神话人物往往具有强烈的符号化特质，已在长久的时间积淀中凝固为一种群体性记忆。要将人物放入新的关联域中生成一个新的故事，便需改变它的形象，植入新的记忆点，使它在沿袭传统的同时不被已凝固的记忆完全同化。当下中国动画电影所塑造的神话人物大多与神话原典中有较大差异，起到了令人耳目一新的效果。譬如哪吒，本该是一粉雕玉琢的少年郎，却在《哪吒之魔童降世》里顶着一对硕大的黑眼圈，叼着一根草摇摇晃晃。《新神榜：哪吒重生》倒是没有给这位少年郎化上"烟熏妆"，但也将他塑造成了扎着高马尾的现代机车少年李云祥。这两种哪吒形象皆与传统神话中的哪吒相差甚远，但却服务于自身所处的故事世界，并使之得以成立。再如《西游记之大圣归来》中塑造的沧桑版孙悟空，《姜子牙》中塑造的似苦行僧般的姜子牙，皆是在传统神话的基础上对人物形象做出了较大的改变，这种改变主要是为了符合其性格的变化。

《哪吒之魔童降世》里的"小魔童"哪吒正符合其桀骜不羁却又心地纯良、性情顽劣却敢反抗天命的性格特质。而李云祥身上则有着与其"少年气"相符的成长烙印，其经历了从无知无畏到"知其不可而为之"的性格转化，才锻造出坚韧勇敢的品格。《西游记之大圣归来》里的孙悟空因为法力被锁链封印而丧失了自己最大的骄傲，陷入了无尽的自我怀疑与失意，故而他的形象已不似传统神话中的齐天大圣那般威风凛凛，而是多了些沧桑。姜子牙更甚，其苦行僧似的形象正与其执拗且不愿放过自己的人物性格相匹配。这些人物性格基本颠覆甚至是解构了传统神话中的经典人物，要使此种新的人物性格得以成立，便需处理好其与周遭世界的关系。譬如《哪吒之魔童降世》里的哪吒,其父李靖不再如传统神话中那般作为父权的象征而存在,而是成为愿为其牺牲性命的坚强后盾。如此一来,人物存在的主要矛盾就发生了转移,从反抗父权变成了反抗天命。这种新的世界关系,改变了人物存在的位置,重塑了其存在的意义。再如《西游记之大圣归来》里的孙悟空,带给其威压的对象也不再是以天庭为代表的权威,其与世界的关系彻底发生了转化,由向外反抗权威变成了向内求索,从而在对自我的反思中识别并再度唤醒了自我,重新找回了作为齐天大圣的孙悟空。凡此种种,不胜枚举。正是在对人物与世界关系的重构中,人物的使命与价值发生了转化,新的叙事意义系统才得以生成。

(三)现代神话象征与符号系统的重构

中国动画电影现代神话叙事生成的关键在于重构象征与符号系统。弗莱认为"神话意象的世界,是一个完全隐喻的世界,在这个隐喻的世界里,每一件事物都意指其他的事物,似乎一切都是处于一个单一的无限本体之中"①。这种所谓的意指就是神话的象征意义系统。罗兰·巴特在对大众神话进行分析时就直接将神话作为"一种意指样式,一种形式"②来对待,并将其概括为一个由能指与所指构成的符号学系统。在巴特看来,一个"所指可以拥有若干个能指"③,故而能指是多变的,但其所关联的意义系统是有限的,这种看法倒是与弗莱所谓的"单一的无限本体"有些相似。因此要重构现代神话的象征与符号系统,需要对传统的意指系统以及与之关联的能指形式进行重组,构建出一套新的意义关联体系。这一任务大致可以分为两步来实现。

首先是完成新的象征意义世界架构,即架构起神话意义体系与现代世界之间的关联。譬如,《新神榜:哪吒重生》中的东海市就是一个基于现代想象所构建出的神话意义世界。在传统的神话中,东海由东海龙王统辖,其居住在海底水晶宫中,有行云布雨,主宰海潮、海啸之能。到了东海市,传统神话中的龙王摇身一变成了垄断东海市大多数资源的财阀德家之主,其所居住之地也变成了充满科技感的摩天大楼。影片开篇便述,东海缺水,而水资源掌握在德家

---

① [加]诺思罗普·弗莱著,陈慧等译:《批评的解剖》,百花文艺出版社 2006 年,第 150 页。
② [法]罗兰·巴特著,屠友祥译:《神话修辞术》,上海人民出版社 2016 年,第 139 页。
③ [法]罗兰·巴特著,屠友祥译:《神话修辞术》,上海人民出版社 2016 年,第 150 页。

手中。可见龙王依然是那个握有江海的龙王,只是在现代技术生活背景中江海之流变成了可以转化为资本的生产资源。从表面上来看,这个世界的主要矛盾与赛博朋克式的控制论世界极为相似,不同之处在于该片以传统神话的意指系统解释了一个资本垄断的技术世界,创建了一种新的意义关联,这一世界架构可称得上是国产动画电影以传统神话为现代技术世界赋意的一次重要尝试。

在完成象征世界的总体架构以后,还需对传统神话符号进行再编码,构建新的意义支撑系统。譬如《白蛇 2:青蛇劫起》中的修罗城,其以"修罗"二字冠名了一个具有强烈科幻色彩的时空压缩之城,并以取自《山海经》《楚辞》等上古神话的异兽飞廉、玄龟、毕方、鳕鳕鱼关联风、水、火、气四劫构建象征符号系统,作为该时空运作的动力装置,支撑其运动与发展。再如《哪吒之魔童降世》中的灵珠与魔丸设定,照《封神演义》所载"哪吒乃灵珠子降世,辅姜子牙而灭成汤"[①]。《封神演义》中灵珠子担天下大义,是哪吒的化身。然而在该片的改编中象征正义的灵珠被投入了敖丙体内,邪恶的魔丸却被投入哪吒体内。原本先设的神话符号关联系统在此遭到了解构,能指与所指系统的重组也由之发生,一种新的意义指向填充了影片建构的新神话世界并将之合理化。如这般具有支撑或填充效能的符号还有很多,譬如《姜子牙》中引渡亡灵的玄鸟,《白蛇》系列中象征执念的法器玉钗等。象征世界的架构与相关符号系统的设置构建了中国动画电影现代神话生产的意义关联机制,为其意义世界的建立做出了有益探索。

四、中国动画电影现代神话叙事的意义生产反思

列维-斯特劳斯认为:"神话本身是变化的。这些变化——同一个神话从一种变体到另一种变体,从一个神话到另一种神话,相同的或不同的神话从一个社会到另一个社会——有时影响架构,有时影响代码,有时则与神话的寓意

---

① (明)许仲琳编,林信点注:《封神演义》,华夏出版社 2017 年,第 87 页。

相关,但它本身并未消亡。"①如列氏所言,神话的构造是一个持续生产的过程,神话本身既持有意义,又被不断地赋予新的意义。每个时代都会对神话做出不同的处理,在现代技术社会中它更多面临的是文化工业式的生产性改造,这种改造首先削弱了神话所具有的神圣性,使它成为一种生产资源。故而中国动画电影的现代神话叙事不仅蕴含着新的文化生成与意义世界建构逻辑,同时还包含了一种文化消费主义逻辑。不过这种文化消费主义逻辑又与鲍德里亚在《物体系》《消费社会》等著作中所谈的为消费所缔造的"伪象征"②系统有所不同,它的象征价值并不全然是商品生产意义上的伪造,也非凭空捏造。其具有传统文化与群体情感上的关联性,并且生成了一个具有精神交换性质的象征世界。由此看来,这种文化消费逻辑与文化生成逻辑具有一种共性——实现意义的生产,这既是文化更新的前提,也是象征价值交换的前提。

从中国动画电影现代神话叙事的基本框架上看,其生产意义的方式有以下几种:一是直接调用传统神话的意义体系,二是将现代性理念与传统神话的意义体系相结合,三是以前现代神话的建构逻辑来为现代技术生活赋意。前两者属于对传统神话资源的直接应用,后者则属于对人类共有神话生成理念的转化。目前的中国动画电影神话题材作品,诸如《西游记之大圣归来》《哪吒之魔童降世》《姜子牙》等大多属于前两者,只有部分作品隐隐地显现出了后一种思路,譬如《新神榜:哪吒重生》《白蛇2:青蛇劫起》。前两种意义生产方式虽说比之后一种相对简单一些,却也并未完全成熟。其目前存在的问题主要集中在两个方面:首先是毫无逻辑地调用传统神话符号,在叙事上却无法达到自洽;其次是仅将传统神话象征系统作为一个背景板,生硬地植入现代理念却无法将二者融合。此类问题皆反映出了忽视意义生产逻辑与关联性所造成的意义失灵乃至坍塌。因此,回到神话的生成逻辑之中就显得尤为重要,第三种意义生产方式便更侧重于这一点。我们也可以将其称为"神话式"的意义生产。

此种意义生产至少有两个层面的意味:一是它包含了人类以象征与隐喻等方式构建神话的思维理路;二是它指向了神话生成以后所形成的一套自洽

① [法]克洛德·列维-斯特劳斯著,陆晓禾等译:《结构人类学——巫术·宗教·艺术·神话》,文化艺术出版社1989年,第259页。
② [法]让·鲍德里亚著,刘成富等译:《消费社会》,南京大学出版社2014年,第8页。

的意指系统。此为现代神话生产与传统神话生产的相通之处。现代神话所要
调用的正是传统神话中所蕴含的人类意指系统生成方式与内部结构,而非简
单套用已凝固的传统神话世界。在哈贝马斯看来,"神话世界并非家园,而是
人类为了自身认同必须逃出的迷宫"①,其从现代主体性生成的角度对神话所
具有的束缚性做出了批判。摆脱已凝固神话世界的整一性捆绑,重新找回人
自身的主体性,是现代世界与古代世界的区别之一。因此,有一点我们应当清
楚,即在以技术理性为导向的世界生产神话与在以宗教信仰为统摄性力量的
世界生产神话具有本质上的区别。我们还是需要对传统神话加以辩证看待。
"神话式"的意义生产便是一种将传统中所蕴含的束缚性力量转化为催化性力
量的可能性路径。它既是对民族传统神话精神意涵的承续,也是对传统神话
意义建构方式的吸收与转化。这种生产方式既植根于现代,又与人类古老的
文化生产系统产生联动,从而有可能为日益悬置的技术世界赋予多维的意义
体系。就此而言,现代神话生产的本质或许是对人类世界新命题的"神话式"
解释。而以传统"神话式"的意义系统创制方式联结现代生活与技术科幻想
象,也许将是中国动画电影现代神话意义生产的重要方向。

(司培,同济大学人文学院 2020 级文艺美学专业博士研究生)

The Modern Mythological Narrative of Chinese Animation Film

Si Pei

Abstract: Chinese animated films based on the transformation of tradi-
tional myths as the center, form the narrative trend of the modern rewriting
of traditional myths and the mythological narrative of modern life. According
to the story attribute and cultural memory storage efficiency of the traditional
myth, they touch the human spiritual world in the reproduction of the myth
significance, and reshape the new myth in the structural simulation of the
modern world, generate the basic path of the modern myth narrative. Based

---

① 〔德〕于尔根·哈贝马斯著,曹卫东等译:《现代性的哲学话语》,译林出版社 2004 年,第 124 页。

on this, Chinese animated film reshape time and space to build a new form of modern myth. With the reset of characters and their relationship with the world, they reset the theme of the traditional myth, construct new myth meaning correlation mechanism with a new symbol and symbol world, thus complete the traditional myth coding, roughly build a cultural symbol system of modern myth. The production of modern myth of Chinese animated films not only reveal the ancient myth meaning system in modern society, but also inspire us that if we can connect the symbolic and metaphorical thinking and the way of meaning creation of traditional myth with modern life and technology science fiction imagination, we will better help in today's cultural production and constructing the world of meaning .

Keywords: Chinese Animated Film; Myth Narrative; Modernity Imagination; Cultural Symbol System

在这块地盘上插一脚

——《萨特的媒体实践文学和大众传播思想研究》序

赵勇

　　因为人微言轻,一般情况下,我是不敢轻易答应给人作序的。但阎伟教授说出他的想法后,我却应承得特别痛快。何以如此?主要是我对他这本书的论题很感兴趣,想先睹为快。记得十多年前,我写《学者上电视与知识分子的缺席》一文(后收入拙书《大众媒介与文化变迁:中国当代媒介文化的散点透视》中),写到第三部分时,忽然心血来潮,觉得应该把萨特拽过来,让其所作所为与中国当下的"电视知识分子"形成对照,于是那里便有了一节内容:"萨特与媒体关系再思考"。我能想到萨特,又得益于我在萨特百年诞辰之际对他及存在主义的一次大面积阅读,尤其是他那篇长文《什么是文学?》,更是读得我如痴如醉,简直到了印在脑子里、融化在血液中的地步。而此文中的一段论述非但被我经常引用,甚至还在某种意义上成了我的行动指南——从 2006 年起,我开始与《南方都市报》合作,当起了所谓的专栏作家,写出了一堆"短平快"文章,出版了一本不三不四的《抵抗遗忘》。所有这些,若是追根溯源,恐怕都应该记在萨特的账上。因此在这里,我必须把这段文字再一次搬过来,以作纪念：

> 书有惰性，它对打开它的人起作用，但是它不能强迫人打开它。所以谈不上"通俗化"：若要这么做，我们就成了文学糊涂虫，为了使文学躲开宣传的礁石反而让它对准礁石撞上去。因此需要借助别的手段；这些手段已经存在，美国人称之为"大众传播媒介"：报纸、广播、电影：这便是我们用于征服潜在的读者群的确实办法。自然我们必须压下一些顾虑；书当然是最高尚、最古老的形式；我们当然还要转回去写书，但是另有广播、电影、社论和新闻报道的文学艺术。根本不需要注意"通俗化"：电影本质上就是对人群说话的；它对人群谈论人群及其命运；广播在人们进餐时或躺在床上时突然袭来，此时人们最少防备，处于孤独的、几乎在生理上被抛弃的境地。今天广播利用这个情况哄骗人们，但是这一时刻也是最适合诉诸人们的诚意的时刻：人们此时不扮演自己的角色或者不再扮演。我们在这块地盘上插上一脚：必须学会用形象来说话，学会用这些新的语言表达我们书中的思想。①

这段曾经震动过我的文字是否也震动过阎伟，我并不清楚，但我已看到了他对此论的重视——它被作者掰开揉碎，散落在这本书的关键处、紧要处，成为呈现萨特媒体思想的主要支撑。在我的心目中，这处论述可谓重中之重，应该就是萨特媒体观(或曰大众传播思想)的高度浓缩，其中每一个句子都可以充分打开，生发出丰富的"话外音"和"潜台词"。更值得注意的是，萨特并非"说嘴呱呱，尿床刷刷"的口头革命家，而是"说"到什么程度，基本上就"做"到什么程度。于是，在我思考萨特的浅尝辄止处，我想看到阎伟的功夫：他是怎样把萨特的媒体思想"打开"的，又是如何呈现萨特的媒体实践过程的。说心里话，这就是我想先睹为快时的主要期待。

这种期待并没有落空。我在琢磨萨特时，自然也注意到了他提出的几种

---

① ［法］萨特著，施康强译：《什么是文学？》，见沈志明、艾珉主编《萨特文集》第7卷，人民文学出版社2005年，第289页。

文学概念,如"存在文学""处境文学""介入文学""实践文学""整体文学"等,但我并没有对它们进行仔细辨析,更没有对"实践文学"投以青眼。究其因,应该是"介入文学"这个品牌概念在萨特那里过于强大,耀眼夺目,乃至把其他概念遮蔽成了"灯下黑"。但阎伟却不是这样,他意识到"实践文学"至关重要,便在与萨特其他概念的比较分析中先为其定性:"所谓'实践文学'(法语 littérature de la praxis,英语 literature of praxis),是指超越沉浸于沉思冥想的'存在文学'去唤醒人们行动的文学。实践文学既是'存在文学'的反动,又是'介入文学'的现实具化,同时还是'整体文学'的雏形或前奏。"①这一定性是准确的;然后又把"实践文学"作为他思考萨特媒体思想的逻辑起点。这就解决了一个问题:萨特的理论自然也是高举高打,但如何让它落地,如何让它与他本人的实践活动有效对接,此前我们似无更好办法。而把"实践文学"拎出来,一切似已顺理成章,这本书也有了主心骨。

　　接着是阎伟对萨特媒体理论与实践的充分打开。此书主体部分是由如下几章内容构成的:萨特的电影媒体实践文学、广播电视媒体实践文学、报刊媒体实践文学、实践文学中的口头传播与集体写作,这几乎就是萨特媒体实践文学的全部。而在我看来,进入并打开其中的每一部分都不太容易,因为这对研究者的资料掌握和爬梳能力、关节处的分析和判断能力等提出了很高要求。所有这些,阎伟虽不能说已做得尽善尽美,却也梳理得井然有序,分析得头头是道,还是很见学术功力的。于是,这本书既满足了我对萨特媒体实践方面的好奇心,也填补了我的一些知识空白,还激发了我的想象,延伸了我的思考。有这本书在手,以后我再琢磨萨特,就多了一个帮手。

　　说一说我感兴趣的方面吧。

　　阎伟在书中指出,"二战"即将结束之际,萨特首次出访美国,不仅参观了世界影都好莱坞,为其电影的流水线生产所震撼,而且还写出大量评论,介绍好莱坞电影及其生产方式,指出其电影性质是一种商业行为或工业生产,而非艺术创作。正是在这一背景下,他批评了美国著名导演奥尔逊·威尔斯自导

---

　　①　阎伟:《萨特的媒体实践文学和大众传播思想研究》,中国社会科学出版社 2022 年,第 21 页。以下凡引此书只随文标出页码。

自演的电影《公民凯恩》。这一细节让我意识到一个问题：萨特虽然不像阿多诺那样从 1938 年起就流亡美国，进而因美国发达的大众文化而与霍克海默一道发明了"文化工业"（kulturindustrie）这一概念，但作为绝顶聪明之人，短暂的访问已让他意识到好莱坞电影的"工业"性质。不过，为了"用形象来说话"，也为了征服潜在的读者群，他不仅明确指出"文学与电影一样正在变成工业化的艺术。我们当然是受惠者"①，而且还"在这块地盘上插一脚"，创作了《木已成舟》等多部电影剧本。这种借招拆招的本事既暗示着萨特的矛盾性，也说明了他的变通性。也就是说，为了他所钟情的事业，萨特是可以放下身段，让最新的媒体为我所用的。而相比之下，阿多诺则要显得更矜持也更保守，因为他在 1962 年发表《介入》批判萨特时就特别挑明："那些简单明确的情节与同样简单明确却可以提取的观念相结合，让萨特获得巨大成功，并使他适用于文化工业，但这无疑违背了他的初衷。"②这是在说萨特的戏剧作品。而在 1966 年写就的《电影的透明性》中，虽然阿多诺也承认"文化工业的意识形态包含着对自身谎言的解毒剂"③，但总体上，他对电影这种文化工业产品依然是忧心忡忡并充满疑虑的。为什么阿多诺与萨特同为"西马"阵营中的重量级人物，其选择却如此不同？小孩没娘，说来话长。这里我只能一言以蔽之：因为他们是两股道上跑的车，走的不是一条路。

　　阎伟对萨特笔法转换的分析既细致入微，也让我兴趣大增。萨特的抱负或野心是同时想成为斯宾诺莎和司汤达，这样他也就比其他哲学家更具有一种文体意识。体现在他的哲学与文学写作中，这种文体意识也就具有了不同的走向：前者是依靠"技术语汇"的建立关上一扇门，后者是完成"多义性文本"后开启另一扇门。阎伟在此基础上分析道：萨特的哲学小说像其哲学著作一样，段落冗长，一种隐秘的内心节奏贯穿其中，显得滞重而缓慢，与现实生活不大合拍。然而一旦萨特用报章体写作，他就转换到了一种新闻写法：语言风格

　　① ［法］萨特著，施康强译：《什么是文学？》，见沈志明、艾珉主编《萨特文集》第 7 卷，人民文学出版社 2005 年版，第 289、251 页。

　　② Theodor W. Adorno. "Commitment". In Andrew Arato and Eike Gebhardt（eds.）, Francis McDonagh（trans.）, *The Essential Frankfurt School Reader*. New York: Urizen Books, 1978, p. 305.

　　③ Theodor W. Adorno. *The Culture Industry: Selected Essays on Mass Culture*. London: Routledge, 1991, p. 157.

干练,笔法闪转腾挪,节奏转换迅速。阎伟提供了萨特描写街头游行景象的两个例子,进而指出,以前萨特习惯使用长句,语言还残留着"存在文学"的一些特征,后来他却多为短句,语言也更加日常生活化。之所以如此,是因为他意识到,要想更好地实现介入之目的,就"必须找到一种风格,其模式是日常口语,街上说的是活语言,以使报上各种人的直接表达与记者的文章之间没有断层"①。而这种风格后来也融入萨特的介入文学,成为其主打风格。它杂糅了新闻报道的语言节奏、广播节目的同时性特征、电影蒙太奇的立体化手法,"这是杂色拼图的颂歌,是片段和碎屑的歌唱,是将万花筒提升到了世界观的高度"②。

　　阎伟的这番分析又让我想到了阿多诺。种种资料表明,阿多诺也比较看重媒体实践,于是不时在广播电台发表演讲就成为其例行做法,他的一些著名文章如《介入》《文化工业述要》《奥斯维辛之后的教育》等,实际上就是首先通过演讲面世的。但如果分析其语体风格,这些演讲稿与他平时撰写的理论文章又区别不大:依然喜用"两极并置"(juxtaposing extremes)展开问题,善以格言警句凝固思考,省略推演过程,论述密不透风。也就是说,他的演讲像其文章一样,并没有降低思想高度和思辨难度。而如此这般之后,德国听众能听懂他那些"高大上"的分析论证吗? 他是不是从来都没有像萨特那样想过如何用"新的语言表达我们书中的思想"? 与此相反,阎伟却告诉我们,萨特既善于演讲,演讲时又懂得深入浅出,引人入彀。他曾经把砖头厚的《存在与虚无》讲成了一本薄薄的小册子——《存在主义是一种人道主义》;他在 1960 年代的演讲也几乎场场成功,效果颇佳。

　　我之所以反复把阿多诺请进来,是想说明一个道理:一本好书往往能刺激人思考,让人浮想联翩。我见阎伟不断引入罗兰·巴特、雷蒙·阿隆等人的批评之语,让他们与萨特对话,自然也就想到了阿多诺。我甚至想到,在"五月风暴"的高潮中和余音里,萨特是坚决站在学生一边的,于是他走上街头,签名、

---

①　[法]弗朗西斯·让松著,刘甲桂译:《存在与自由——让-保罗·萨特传》,北京大学出版社 1997 年,第 275 页。

②　[法]贝尔纳·亨利·列维著,闫素伟译:《萨特的世纪——哲学研究》,商务印书馆 2005 年,第 81 页。

游行、演讲、散发《人民事业报》，成了一位名副其实的行动主义者。而阿多诺却喊来警察，让他们带走了那些占领"社会研究所"的造反学生。道高一尺，魔高一丈，结果阿多诺的讲座频频受到学生干扰，让阿多诺很是郁闷又毫无办法。最有名的一个事件是，1969 年 4 月 22 日，多名女子在其讲座上散发传单，传单上写着"作为一种机构的阿多诺已经死亡"，而三名穿皮夹克的女学生则走上讲台，围住阿多诺撒花、演哑剧、袒胸露乳，以此嘲讽这位"口头革命派"。阿多诺被羞辱，难堪至极，只好落荒而走。① 两相对比，一边是萨特在法国被无数学生爱戴，另一边是阿多诺在德国遭不少学生围攻。为什么他们会有如此不同的待遇？我在这本书中也找到了部分答案。阎伟说："萨特毕生致力于如何把作家打造成知识分子，并通过自己的言论关怀影响大众传播媒介，重新塑造大众，最终达到争取大众的目的。如此经营的过程，也是实现他所谓的'新知识分子'角色扮演的过程。这一过程的核心要义，就是知识分子要与传播媒介、大众文化形成一种新的关系。"(第 250 页)这也就是说，在理论与实践之间，萨特看重前者，但更重视后者，因此如何占领媒体，如何让报刊文章直指人心、立竿见影，从而影响甚至改造大众的"感觉结构"，是其毕生考虑的问题，也是他所描画的"新知识分子"应该具有的责任与担当。而阿多诺因为奉行"冬眠战略"(strategy of hibernation)，却宁愿让实践以延宕的方式出场。他曾经打比方说，多年以后，他所谓的"瓶中信"会被冲上大海，那是他对没有被放弃但被推迟的实践的比喻。② 如此看来，尽管阿多诺也扮演着知识分子的角色，但他似乎依然沉浸在班达所论的"旧"知识分子的传统里。不过吊诡的是，虽然阿多诺没有像萨特那样追新逐异、急不可耐，但其所思所想却显然又比萨特的那些东西生命力更长。因为种种迹象表明，如今研究阿多诺者人多势众，热度依然不减，但萨特却似乎已经过气了。

对于这样一个过气的理论家究竟该如何研究，我起初有些担心。但读过这本书后，我已放下心来。因为阎伟并没有一味夸饰其研究对象，而是释放其

---

① See Lorenz Jäger Adorno. *A Political Biography*. Stewart Spencer(trans.). New Haven and London: Yale University Press, 2004, pp. 207—208.

② 参见赵勇等《法兰克福学派的批判理论与实践：以阿多诺为中心——马丁·杰伊教授访谈》，《马克思主义与现实》2020 年第 3 期，第 90—98 页。

该释放的萨特式能量,指出其该指出的萨特式迷狂,批评其该批评的萨特式谬误。这种平常心,或者说客观公允的治学态度,是很值得提倡的。毋庸讳言,我也算是阿多诺这位热门人物的研究者,但我也常常去"过气"的萨特那里寻找"提气"的元素。逡巡于阿多诺与萨特之间,东张西望,左顾右盼,常常会让我思前想后,时有茅塞顿开之感。那么,游弋于萨特与巴特、萨特与阿隆之间的阎伟,是不是也会有惊喜的发现呢?

更让我放心的是阎伟的专业素养。阎伟是研究萨特起家的,当年他曾送我《萨特的叙事之旅——从伦理叙事到意识形态叙事》(中国社会科学出版社2010年版),拜读之后我很是受益。如今,他聚焦于萨特的媒体叙事,自然是在其博士论文基础之上另辟蹊径,也是对萨特"深挖洞,广积粮"的一个成果展示。记得2009年,我与沈阳作家刁斗在一次聚会上相遇,当时聊起萨特,相谈甚欢,颇为投机。他说他读过列维那本厚厚的《萨特的世纪——哲学研究》,我说我不但读过,而且读得血脉贲张之后,还情不自禁地为它写了个万把字的书评。他说那咱得为这本书握握手。于是他从另一头蹦跶过来,两只手紧紧握在一起。

如今,我在阎伟的这本书中也看到了他对《萨特的世纪》的反复引用,看到了他对《什么是文学?》的感受与判断——"语言犀利,节奏快捷,充满压迫感"(第140页;我也是这种感受)。于是为了萨特,为了《萨特的世纪》,为了萨特那种一去不复返的"新知识分子"情怀,我也准备隔空喊话,与远在武汉的阎伟握手致意了。

2021年7月11日

数字藏品消费的亚文化逻辑对
文化生产的启示

刘峰　陈龙

摘要：弄清 NFT 数字藏品的生产、发行、消费的内在机制，对于引导文化生产尝试藏品化模式，意义非常重大。本文认为，亚文化特征越强烈，数字产品越具有市场潜力，越具有开发价值；NFT 数字藏品的传播模式具有"区隔"效应，容易带来亚文化资本；数字藏品营销模式可以引入出版领域；同时还需要借鉴数字藏品的亚文化圈层内部运作机制，培植文化产品消费的意见领袖。借鉴数字藏品的生产与消费逻辑，文化生产要重视出版物及其衍生品的趣味引导，将 NFT 模式文化生产物趣味调整到让用户以阅读为文化资本的最高目标。

关键词：数字藏品；亚文化逻辑；文化生产

引言

随着支付宝集五福、闲置卡片可兑换数字藏品等网络促销活动的推行，

"数字藏品"这个概念开始走进大众视野。数字藏品是指使用区块链技术,对应特定的作品、艺术品通过生成的唯一数字凭证,在保护其数字版权的基础上,实现真实可信的数字化发行、购买、收藏和使用。① 作为一种新生事物,数字藏品的售卖与消费之所以能成为一种新生代文化时尚,其根本原因在于传达了新生代青少年网络交往行为方式,而正因为这种交往行为方式本身具有某些亚文化属性,所以它才有了特别价值。这种数字藏品总体来看属于"游戏化"文化范畴,在媒介技术的推动者看来,"游戏化"的藏品设计与消费并不意味着玩物丧志,而是一种生活方式和引导潮流的手段。数字藏品是设计者和玩家的想象力碰撞创造出的一个平行世界,一种按照传统思维难以理解的文化消费模式。

基于用户"趣味"开发的各种数字藏品,在丰富青少年群体文化世界的同时,也带给人们对这种出版发行方式的思考。NFT 数字藏品创造了完全不同于传统的文化消费体验,它是年轻人自己的独创,用来区隔于成人文化。同样是接受,数字藏品推行的是一种浅阅读,迥异于纸质出版物的阅读;同样是收藏,数字藏品推出的是虚拟物的收藏,迥异于现实空间的古玩收藏。虽然不能直接流通和交易,但发圈、晒图、收藏数字藏品行为背后蕴藏的是一种娱乐方式,更是一种新型文化产业。青少年群体在强化圈层内部的心理情感认同的同时,客观上也起到了"带货"作用。通过区块链技术对数字藏品进行确权,生成唯一数字凭证,可以实现真实可信的数字化发行、购买、收藏和使用。在NFT 热潮中,一些艺术品、卡片、数字图画等创意产品具备了某种价值。那么,体现了创意、思考的文化生产物是否可以采用 NFT 模式发行? 答案是肯定的。文化生产物可以成为数字藏品,也可以是数字读物的周边、衍生产品,其作为新型文化产业的成长空间很大。因此,厘清 NFT 数字藏品的生产、发行、消费的内在机制,对于引导文化生产物走向藏品化,意义非常重大。

---

① 袁璐:《区块链技术激活传统文化,国内博物馆试水数字藏品》,"京报网",https://news.bjd.com.cn/2021/12/22/10021032.shtml。

一、数字藏品消费的亚文化特征

媒介技术的不断突破,拓展了媒介可供性的空间。网络传播从 Web1.0 进化到 Web3.0 阶段,实现了信息传播的海量化、互动化、虚拟化,从广泛连接到充分交互,互联网实现其社交中介功能,也推动了文化生产的脱实向虚。基于区块链技术的去中心化、加密货币以及非同质化代币,数字孪生的虚拟世界为文化创新留出很多空间。毫无疑问,Web3.0 技术更具有传播兼容性,它包含了互联网三个发展阶段的所有成果,即连接、互动、虚实共容共生。媒介技术的可供性建构起了新的传媒生态,尤为重要的是培养了一代人新的传播观念和文化消费观念。在文化生产活动脱实向虚的数字化转型过程中,新的亚文化样式出现了。数字藏品生产与消费就是一种典型的网络亚文化行为样式,这种亚文化行为样式具有以下一些特点:

1.挑战主流文化消费模式、彰显自我个性

在所有知道数字藏品概念的 00 后群体中,约有 95.92％的用户会选择继续购买数字藏品。而在 80 后和 90 后群体中,这一比例均仅占八成。[①] 以 00 后为代表的新生代青少年群体在文化消费时会注重彰显个人的趣味、爱好,突出小众性的存在。新生代青少年群体出生在经济快速发展的时期,因此在其成长过程中很少有物质匮乏的体验,在富足的经济背景下,他们的消费需求更倾向于追求现代、新奇的事物。他们在精神层面更强调独到的体验,因而其消费自然而然体现出亚文化的特征,往往带有反叛父母成人文化、主流文化的意味,这种自建藩篱的取向,显然带有亚文化的"仪式抵抗"意味。因此新生代群体更喜欢追求偏离主流文化的亚文化,尤其是一些小众文化,并以此来彰显自己独特的个性和反叛精神。NFT 数字藏品正好满足了他们这种特殊喜好,NFT 音乐门票、潮玩、卡牌等数字化藏品,这些看似在现实消费世界里没有什么价值的物品,在亚文化群体那里就可以化腐朽为神奇,被赋予新的价值。将

---

① 欧科云链(Oker):《数字藏品,一个"年轻"的行业:消费者用户画像调研》,https://www.oklink.com/academy/zh/hot－oklink－digitalcollectibles－survey。

数字虚拟物塑造成一种精神标签,本身就是一种奇特的事,但其中恰恰暗含了"自我"个性追求。它是超越实用价值的存在,是一种非我族类不能理解的特异行为。NFT 的流通方式给这种文化消费蒙上了一种神秘色彩,更强化了其亚文化传播特性。

2.独特的亚文化价值造就独特的市场潜力

新生代群体的消费需求和爱好是多样的,在互联网空间,有许多不同类型的亚文化形式,林林总总的亚文化能否流行,全凭资本如何对其进行包装。资本将亚文化所具有的新奇属性放大,这样可以培植亚文化消费群体。表面上看是一种亚文化自然生成亚文化消费者,实际是资本对亚文化的收编。英国学者赫伯迪格指出:"一种崭新的、风格的创造与传播,无可避免地和生产、宣传与包装的过程密切关联。"①在消费社会,亚文化生产者需要借助资本的力量来扩大自己的影响力和话语权。而一旦被资本收编,亚文化就必然要放弃与资本的对抗姿态,放弃自己的原则和个性,只能按照资本的要求和消费者的趣味来进行创作,这导致亚文化的相关周边产品的种类、样式都呈现出同质化特征。例如,偶像崇拜带来粉丝向偶像相关的周边物品的拓展。喜欢收集与偶像有关的物品,是粉丝文化的一大特点。偶像推销的数字藏品总会得到多数粉丝的追捧,当前偶像 NFT 藏品销售与其说是销售,不如说是一种追星行为。IP 粉丝是衍生品消费的基础群体,IP 影响力越大,数字藏品受众越广,发行收益越高。一个代表性案例是周杰伦 PhantaBear(幻影熊)的销售,这个卡通头像 NFT 共发行了 1 万个,单价为 0.26 个以太币(约人民币 6200 元),在"周杰伦效应"下仅用 40 分钟就全部售罄。随后该藏品价格一路暴涨,价格已超过许多境外知名项目。在其他类型的藏品销售中,只要是能体现独特亚文化价值的藏品都具有市场潜力。

3.用户心理感受至上,消费体验成为重要因素

在丰富的物质条件中成长起来的青少年群体,其文化消费已呈多元化趋势。在这一趋势中,趣味化产品成为需求量最大的产品是青少年参与生产的

---

① ［美］迪克・赫伯迪格著,陆道夫、胡疆锋译:《亚文化:风格的意义》,北京大学出版社 2009 年,第 117 页。

结果。当下虚拟产品设计的重点是怎么获得"体验感",玩家如何博弈,如何实现自己,如何装扮自己等。亚文化群体消费兴趣的迭代更替,从现实走向虚拟是总体趋势。相对来说,原先存在于网络空间的亚文化形式在近期已转向多元化取向,数字藏品的使用属性被其符号属性取代,物质属性不再重要,传统消费中的品牌、款式、材质等要素不再被视为核心要素,甚至连现实空间中的品牌要素都不再是核心要素,重要的是用户心理感受。因此,图片、音乐、游戏道具、表情包、音乐专辑等,只要能被群体赋予价值和意义,并使个体产生愉悦的消费体验或深刻的人生感悟,就会很受欢迎。至于哪些数字藏品能激发他们的兴趣,哪些数字藏品具有什么独特意义都不重要,完全凭心理感受,这可以说是亚文化部落共同塑造的特征。当前购买数字藏品成为亚文化群体的一种新时尚,也是新生代青少年消费行为转型的表征。各种限量版数字内容产品、各种能给自己带来情感慰藉和心灵滋养的数藏设计,都会成为他们的"至爱"。如网易游戏IP《永劫无间》发行的《NARAKAHERO》系列NFT盲盒,腾讯动漫IP《一人之下》的花草水墨主题数字藏品,奥飞娱乐动漫IP《喜羊羊与灰太狼》的"赛博朋克喜羊羊"和"赛博朋克灰太狼"数字版画,汤姆猫游戏IP《会说话的汤姆猫家族》的飞车主题限量版卡牌等。这些产品均突出了用户体验效果,因而在推出后瞬间售罄。新生代青少年强调与数字藏品之间的"眼缘"与"秒见生情",得到了钟爱的产品则喜不自禁,如果无法拥有则怅然若失,心理体验是他们消费的最终目的。

4.圈层内部场域对数字产品消费行为具有控制力

"趣味相投"是网络亚文化消费群体的总体特点。互联网的开放性,使得人们的各种文化诉求都能得到满足,因而网络空间中的各种亚文化群体也因为共同的兴趣爱好走到一起,形成亚文化部落。例如,青少年乐高模型的消费,将IP、"颗粒数"、细节丰富程度、现实映射等视为乐高收藏的标准,形成树屋、怀旧、保时捷、兰博、布加迪、迪士尼城堡等收藏主题。这些"趣味"是在圈层内部生成的,其内在机制较为复杂。在以新生代青少年为主体的亚文化消费圈层中,这种消费趣味本身具有一定个性化特征,但在圈层内部又存在着从众性的特点。圈层内的意见领袖往往具有较强的技能、经济能力以及较高的知识水平,在进行符合该圈层特性的消费时,意见领袖往往具有影响力,能够带动圈层内部成员向某种趣味聚集，成员也会自觉或不自觉地服从群体推动的力量来从众消费。有时会出现产品尚未发布就已经尽人皆知，最终人人争相抢购的现象。在数字藏品这种亚文化消费中，产品的稀有性在产品发行前早已吊足圈层内部成员胃口，以至于产品一发行就被抢购一空。"个性化"与"从众性"双重特点并存的圈层消费是新时代群体亚文化消费的独特现象。从某种意义上说，圈层内部场域力量与其说是共同趣味，不如说是一种内部控制力。这是因为亚文化"共同体"内部的等级化和差异化心理，使亚文化圈层内部形成身份区隔，这种圈层场域"磁力"深深地控制了每个成员。例如，不懂某款数字藏品的价值，你就落伍了，在圈里就会受到鄙视。很显然，这种场域力量从内部对亚文化"共同体"进行了瓦解。新型消费主义模式正在"绑架"和"瓦解"亚文化"共同体"，从而生成一种新的炫耀性消费和"鄙视链"效应。

二、数字藏品亚文化的生产与消费逻辑

　　NFT 数字藏品亚文化之所以流行，原因在于其生产和消费逻辑具有某种独特性。作为当前亚文化的新形式，它仍然建立在亚文化圈层趣味基础之上。圈层趣味是网络时代特殊的人类交往粘合剂，传统社会学研究认为一个人的文化趣味与家庭出身、资本、学校教育等因素有着密切的关系。这些因素造成了社会主体分层，不同阶层拥有各自不同的趣味空间。[①] 但在网络传播时代，圈层趣味的形成更为复杂，为什么数字藏品会成为青少年的新宠？这其中有其基本存在逻辑。

　　1. 亚文化数字产品消费已成新"惯习"、新时尚

　　近 20 年末，随着互联网从 Web2.0 阶段走向 Web3.0 阶段，去中心化的节点传播登上历史舞台，开启了个体用户与平台之间的互动关系。平台算法培植了新型消费主体，也培养了网民布尔迪厄文化意义上的新"惯习"，以 90 后、00 后为代表的新生代网民已完全适应了互联网文化消费模式，其在互联网空

---

　　① ［法］皮埃尔·布尔迪厄著，刘晖译：《区分：判断力的社会批判》，商务印书馆 2015 年，第 9 页。

间的消费行为本身开始体现出媒介实践的特征。① 他们对在虚拟世界消费已
经习以为常。新生代网民更热衷于以满足自身精神需求为目标的悦己型消
费。以追星、二次元文化、虚拟偶像、网络文学等为内容的消费，成为典型的悦
己型消费。他们在观看了自己喜欢的动漫后，会去购买自己喜欢的 IP 角色周
边、手办等藏品，无论是收藏硬周边（core hobby）还是收藏软周边（light
hobby），实现的都是"千金难买我喜欢"。他们愿意为喜欢的人、喜欢的东西而
消费。他们去购买正版，支持自己的爱好，支持"创作者"们，获得最直接的快
乐体验。② "自己喜欢"成为亚文化消费的主要动机，因此在网络平台，喜欢的
偶像、网红和喜欢的物品，包括虚拟产品都可以成为数字藏品，这种消费行为
涉及情感、兴趣、爱好等心理特点，在网络空间已成为一种新"惯习"，并转化为
圈层成员之间的一种特殊的交往方式，甚至某些数字藏品消费成为时尚后还
会"破圈"，传播给圈外网友。

　　2.数字藏品亚文化的生产与消费的价值在于区隔

　　"区隔"是法国社会学家布尔迪厄提出的概念。布尔迪厄认为，社会和阶
级的再生产，其实就是文化资本不断复制造成的。在他看来，文化资本就是一
种标志行动者的社会身份的，被视为正统的文化趣味、消费方式、文化能力和
教育资历等的价值形式，是文化形式的资本，或者说是资本的文化形式。在生
产资料私有制的社会条件下，它被人们在私人性的基础上占有，从而成为内在
于社会结构的强制性的力量和获取资源的文化工具。它广泛存在于社会的各
种领域之中，并内化于人们的身体和头脑，塑造人们的习性，从而划分和区隔
了不同的社会阶级。③ 后亚文化理论将身份认同视为亚文化消费独特性的核
心。数字藏品在很大程度上是一种基于身份认同的品味文化，收藏主体通过
消费来表达品味，由此形成了区别于他人的生活方式和身份认同。这里所说
的文化资本的社会价值和获取渠道，均是一种传统的社会共识，如同教育文

---

　　① 陈龙、陈小燕：《刷短视频何以成为一种媒介实践？——基于短视频用户群体的民族志研究》，
《新闻与写作》2022 年第 4 期，第 33—45 页。

　　② 汪永涛：《Z 世代亚文化消费的逻辑》，《中国青年研究》2021 年第 11 期，第 88—95 页。

　　③ Jen Webb, Tony Schirato, Danaher Geoff. *Understanding Bourdieu*. London: Thousand
Oaks and New York and Delhi: SAGE Publication, 2002, p. X.

凭、古董商鉴定古董的知识能力一样为社会所共同向往,但在数字时代,除了经验、知识、技能,文化资本还可以转化为一切可以炫耀、标示身份以区隔于他人的虚拟数字产品,包括数字图书。而 NFT 模式则在圈层内部形成了一条区隔的壁垒,某种程度上它使数字藏品购买者获得了大多数人不能企及的优越感。特殊文化消费行为本身通常伴随着"区隔"行为。数字藏品的消费行为,实现了亚文化圈层群体的内部彼此区隔。例如,周杰伦的"无聊猿"因其高昂的价格使购买者实现了与成千上万粉丝的区隔,其限量发行使收藏行为实现了对一般粉丝的超越,购买者从全球数以千万计的周杰伦粉丝中脱颖而出,拥有值得炫耀的亚文化资本,收藏者由此获得了一种离偶像更近、与其他一般粉丝相区隔的优越感和虚幻感。由此观之,数字藏品的收藏行为的实质是凸显消费主体的身份认同。

在亚文化圈层内部,个人所拥有的藏品既是品位差异,也是成员间阶级区隔的具象化,很显然,在这种亚文化实践中慢慢形成了"品位歧视链"。位于圈层内较高段位的收藏者会通过炫耀性消费显示其优越感,引发层次较低的爱好者们效仿,成为"大佬""大神"。这种品位结构对低段位成员形成压力,因而常常转化为一种驱动力,使他们产生突破层级的欲望。同样,高段位圈层成员为了保住自己的地位并且尽可能拉开自己与其他成员的距离,会不断地投入金钱和时间去购买新产品。于是,"不进则退"成为 NFT 数字藏品亚文化圈层内的隐含逻辑。

3.数字藏品亚文化的生产与消费是一种新型交往方式

虚拟世界的文化生产与消费本质上是一种新型交往实践,即一种新型社会关系构建与维护的过程。这一逻辑与现代人的情感存在方式有很大的关系,现代人的精神和情感世界仅靠亲密关系已无法得到充分满足,于是他们将情感投射于虚拟世界中,通过参与互动和消费来完成虚拟亲密关系的想象性建构,从而获得一种虚拟的情感满足。① 虽然网络交往行为中的人与人关系建

---

① 参见王宁《情感消费与情感产业——消费社会学研究系列之一》,《中山大学学报(社会科学版)》2000 年第 6 期,第 109—113 页;成伯清:《当代情感体制的社会学探析》,《中国社会科学》2017 年第 5 期,第 83—101、207 页。

构是通过虚拟形式传达的，但在情感上却是真实的。^① 构建新型人际关系的形式在网络时代迭代速度加快，人们的日常交往转移到虚拟空间就成了数字交流，这种交流是目光缺失的交流，于是匿名者彼此之间缺少敬意，对物的敬意因此替代了对人的敬意，或者说，人们转而用物来衡量对人的敬意。于是，NFT 数字藏品在这种情况下成了圈层成员交流思想、构建趣味共同体以及圈层秩序的新途径。这种消费行为涉及情感、兴趣、爱好等心理特点，在网络空间已成为一种"惯习"，并转化为一种特殊的交往方式。交流新模式预示着一种精神危机症候，虚拟物成为情感交流的载体，这也是我们需要正视的社会问题。

三、数字藏品亚文化传播机制对文化生产的启示

数字藏品亚文化的流行为当下的文化生产提供了极有意义的参考。当前的 NFT 数字藏品亚文化逻辑对文化生产具有一定的启示意义。

首先，亚文化特征越强烈，数字产品越具有市场潜力，越具有开发价值。新生代青少年文化消费已转向以亚文化消费为主的模式，文化生产面向青少年市场时，就需要面对这种消费特点，需要重视其亚文化传播逻辑。网络亚文化有其独特的风格，早期伯明翰学派的文化研究和后亚文化研究都曾对青年亚文化的独特风格有过专门研究，但对其存在意义有不同的解释，前者强调其"仪式抵抗"取向，后者则强调其"身份认同"取向。霍尔等人认为亚文化群体具有区别于大众的风格，并能够通过形象、行为和行话体现出来。在阶层话语语境中，亚文化往往具有"反常"符码，亚文化提供的个性风格越强烈，越具有吸引力，对主流文化仪式的抵抗就越强烈，在青少年群体中的受欢迎程度就越高。较高的人气和较大的消费群体往往就容易成为主流文化关注的对象，因而也容易成为政治和资本"收编"的对象。资本的助推使其容易成为流行文化。出版者应该充分研究新生代青少年的亚文化趣味，从而开发贴合其兴趣、爱好的数字图书。

---

① 董晨宇、丁依然、叶蓁：《制造亲密：中国网络秀场直播中的商品化关系及其不稳定性》，《福建师范大学学报（哲学社会科学版）》2021 年第 3 期，第 137—151 页。

其次,数字藏品的传播模式具有"区隔"效应,容易带来亚文化资本。事实上,区块链的诞生正是网络朋克为抵制互联网的不断中心化和垄断的趋势而创造的变革性技术。区块链旨在对当前互联网进行重构,以实现"去中心化"。区块链对网络空间的重构是从数据到网络,从代码到应用的整体性与架构性重构。① 这一特点迎合了青少年群体"仪式抵抗"的精神需求。虽然藏书证、潮玩、GIF 动图、表情包等数字藏品的交换价值难以估算,但运用区块链模式包装发行,自然就使用户之间产生区隔效应,使购买者获得亚文化资本。英国社会学者莎拉·桑顿(S. Thornton)对此有深刻的认识,在其代表作《俱乐部文化:音乐与亚文化资本》一书中提到"酷样"会产生各种职业和收入。"DJ 们、俱乐部的组织者、服装设计师、音乐和时尚新闻记者,以及各种唱片业的专业人员都依靠亚文化资本谋生。"②亚文化资本可以转化为经济资本。同时这些拥有大量亚文化资本的群体,不仅在群体内部拥有更高的声望和话语权,在亚文化资本的形成和创造中也发挥着作用。

正如美国社会学家保罗·威利斯(Paul Willis)所指出的,青年人的商品消费活动即对媒介的利用不是消极而杂乱的,而是积极的"符号创造"实践。他认为,如今的中国年轻人被物质秩序和文化秩序的同步变化深刻影响和塑造着。③ 事实上,青少年新生代群体的"符号创造"活动主要在网络空间,在平台、商业资本、媒介与亚文化的互动中,共生并发展。④ 那么,文化生产如何适应符号创造,如何赋予青少年以亚文化资本,是一个值得研究的领域。

再次,数字藏品营销模式为大出版提供了可资借鉴的经验。数字藏品作为一种互联网空间的新生事物,其本质是数字内容资产化,是虚拟世界的产权确权和交易机制。将数字资产的范围从数字货币拓展至图像、音视频、游戏道具等非同质化的数字内容,即以非同质通证代币标价的虚拟产品。NFT 模式销售的文化产品目前主要是一些趣玩性数字产品,如书签、藏书证、音乐门票、

---

① 陈鹏:《区块链的本质与哲学意蕴》,《科学与社会》2020 年第 3 期,第 97—110 页。

② Thornton S.. *Club Cultures: Music and Subcultural Capital*. Cambridge: Polity Press, 1995, p. 160.

③ 林子人:《〈学做工〉作者保罗·威利斯:中国年轻人正被物质秩序和文化秩序的同步变化深刻影响和塑造》,"界面新闻",https://cj.sina.com.cn/articles/view/5182171545/134e1a999019019q84。

④ 胡疆锋:《伯明翰学派青年亚文化理论的生成语境》,《青年研究》2007 年第 12 期,第 14—20 页。

潮玩、卡牌、画作、摄影作品、GIF 动图、表情包等，这一模式的特点是通常限量发行，从而保障单位价格的高位。显然，我们不能再沿着追求码洋、下载量的传统模式来进行文化生产，限量、保值成为分众营销模式首选。此时，要保证数字资产的唯一性、真实性和永久性，内容创新是出版的关键。具体而言，出版物的内容是否适应青少年群体的趣味特点，能否产生高端价值品味即收藏价值，能否产生区隔效果，才是出版者需要考虑的。只有研究青少年亚文化趣味和流行趋势，才能把握到 NFT 文化生产的精髓。

那么，文化生产物如何使消费者由实用价值认同走向身份认同，从而在精神气质上因阅读而产生一种超凡脱俗的自我升华？很显然，青少年群体亚文化消费心理特点是未来多元化文化生产所必须要研究的内容。传媒技术变革带来了文化的转型，尤其是技术的赋能、赋权，将网络文化趣味带入一种全新的模式，促成了文化的小众化。技术的赋能、赋权改变了文化趣味的分层模式。因此，文化生产要注重塑造用户的身份意识，要体现新型文化趣味的"区隔"效应，规避传统的大众化模式，尊贵、专享、独到等内容取向应成为出版物设计的路径。

最后，借鉴数字藏品的亚文化圈层内部运作机制，培植文化产品的意见领袖。NFT 数字藏品消费是一种高度专业化的文化消费行为，目前主要的表现形式是粉丝购买偶像推荐的藏品，以及由热门动漫、影视剧衍生出的趣味设计产品；在建立群体认同的过程中，资深玩家充当着引路人和意见领袖的角色，他们有着专业的知识储备和积累，有较广的人际关系和社会资源。圈层意见领袖往往有自己专门的视频号或者公众号，定期发表作品，他们在社群中享有较高的威望，是社群文化的主要奠基者。[①] 在数字出版领域，同样可以借鉴数字藏品营销的有关做法，注重与网络达人、大 V 等意见领袖合作，在数字出版物方面听取他们的意见，确定数字出版物的内容选题，改进产品结构设计，提升艺术、趣味感知效果，进而引入亚文化生产机制，以适应青少年趣味。例如，对于有较高可读性的小说，可在小说成为出版物时引入资深读者进行讲解，分享其对人物、情节、历史背景的理解，让他们在圈层群体中与新人互动，去点赞或者点评他们的收藏作品，这有助于新人深化对作品的理解。一些出版物如

① 汪永涛：《Z 世代亚文化消费的逻辑》，《中国青年研究》2021 年第 11 期，第 89—95 页。

动漫、武器鉴赏、机器人知识等，其数字周边手办已经非常高端，没有资深玩家的讲解，新人难以领略其奥妙；此时 VR 设计也必然是高端作品，其价值需要资深玩家来进行推介，因此这些意见领袖的评价对数字出版物的价格将产生很大的影响。

网络圈层内的资深读者作为意见领袖，与数字藏品的资深玩家略有不同。前者的亚文化资本积累来源于长期的阅读实践，其中包括了其在纸质读物时代的知识积累；而后者则有所不同，资深玩家基本的亚文化资本来源于其在网络空间的游戏实践，如游戏、手办收藏，资深玩家的"识货""懂行"都是基于其实践积累，其形貌类似于古玩收藏家。考虑到大多数亚文化群体的消费特点，作为意见领袖的资深读者应当向资深玩家靠拢，突出亚文化趣味，让其在青少年群体认同建构中发挥作用。

结语

与粉丝追星、游戏竞技、趣品把玩等相似，NFT 数字藏品属于平台迭代之下的网络亚文化形式，那么 NFT 模式的数字出版如何才能适应这些亚文化逻辑从而拓展出版市场呢？借鉴数字藏品的生产与消费逻辑，数字出版要重视出版物及其衍生品的趣味引导，将 NFT 模式数字出版物趣味调整到用户以阅读为文化资本的最高目标，这意味着 NFT 数字出版不再沿袭 Web2.0 时代追逐游戏段位、粉丝等级、盲盒隐藏款、手办收藏量等的消费模式，而是将读者引导到知识拓展、提升审美鉴赏能力上，从而摒弃消费竞争中的攀比、炫耀风气，在一定程度上实现正能量价值引领。

数字藏品作为一种文化产品生产模式，凸显了它的新奇性和独特性；从大出版角度看，其生产原则依然是内容为王。显然，在数字化时代，数字产品的生产仅仅靠新奇噱头是不够的，必须还原内容本位，生产新时代青少年群体喜闻乐见的内容；通过消费能够实现文化资本的增长，这是产品竞争力和 NFT 定价的依据。通过内容创新获得独特的传播价值，才是数字出版可持续发展的王道。

（刘峰，宿迁学院艺术与传媒学院副教授；陈龙，苏州大学传媒学院院长，教授，博士生导师）

The Enlightenment of Sub—culture Logic of
Digital Collection Consumption on Cultural Production

Liu Feng   Chen Long

Abstract: Understanding the internal mechanism of production, distribution and consumption of NFT digital collections is of great significance for guiding cultural production to try the collection mode. This paper argues that the stronger the sub-cultural characteristics are, the more competitive digital products is, and it will also have more market potential and development value. The communication mode of NFT digital collections has a "separate" effect, which is easy to bring subculture capital. Digital collection marketing model can be introduced into the publishing field. At the same time, we also need to learn from the internal operating mechanism of the sub cultural circle of digital collections to cultivate opinion leaders for cultural product consumption. Drawing on the production and consumption logic of digital collections, cultural production should attach importance to the interest guidance of publications and their derivatives, and adjust the interest of cultural products in NFT mode to the highest goal of users to take reading as cultural capital.

Keywords: Cigital Collections; Sub-cultural Logic; Cultural Production

新见吴雁秋《难民回忆录》的
发现和考订始末

黄静

摘要：新发现的南京大学文学院图书馆馆藏吴雁秋手稿《难民回忆录》全文近两万字，由民国二十六年(1937)八月十五日侵华日军飞机投弹日起至民国二十七年(1938)三月二十四日止，以作者一家七个半月的南京—六合—南京流亡经过为本，记述了其间种种遭遇、见闻和感想，其文字既有对南京大屠杀期间普通市民家庭日常生活详细而生动的记载，亦为还原历史提供了许多可贵的真实细节，足证该书稿的历史人文价值。本文对手稿及其作者进行了初步考证。

关键词：吴雁秋；《难民回忆录》；南京大屠杀

一、手稿的发现问世

2021年秋冬，我对南京大学文学院图书馆特藏库资料进行例行盘点，发现一本薄薄的线装册子，油纸封面上端端正正三列手写体，从左至右分别是："难

民回忆录 雁秋记 民国廿七年八月立"。

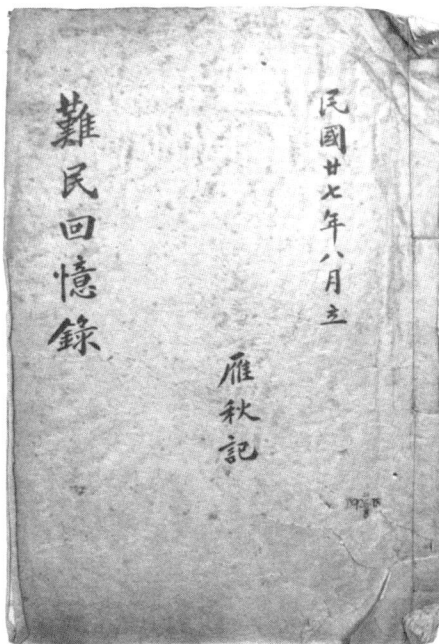

图 1　手稿封面

　　依工作惯例，我们一般仅根据原始登记卡片核对书名、登录号，确认无误，这条记录便完成了。而早先用于检索的目录卡片，除了常规的索书号和登录号，只有"回忆录，作者雁秋"字样，根据卡片无法猜测这是一本什么书，封面上的"民国廿七年八月"也只会让人想到抗日战争的某个时期。我想这应该是多年来该书被束之高阁的原因之一（另一个原因，大约是查找我馆线装特藏的读者，一般为我院古典文学和古典文献学专业的师生，查阅目的性明确，一本民国时期不知名作者的作品很难进入其视野）。此番因为考虑将资料数据化工作尽可能地完善起来，每个环节都要比以往更加仔细地核实落定，而该册子一直存放于善本柜，珍贵性显而易见。我心中存疑，便将这薄薄的册子粗粗浏览一遍，这才发现它不是一本普通的回忆录，而赫然是 1937 年南京大屠杀中某个幸存者手书的一部个人逃难史。逃亡期间，作者又几次往返于南京—六合，所见所感，据以笔录，读之如亲历其境。如有记录沦陷区民众领取安居证现场，"晨八时至水西门外领安居证，在日军严厉检视下，规定每四人一排分男左女右,各人循规蹈距(矩)秩序井然已达五小时之久"(二十)①;有记录遇难同胞,"所见街道两旁尚有芦席裹藏尸体,到处均有"(十八)、"所见公路两旁房屋破坏,无一完整,田间死尸垒垒,或卧或仰,晒得黑而发赤,群犬争食,历历在目,人间惨事均不忍目睹"(二三);亦有困守南京的作者母亲的控诉,"母告我汝等过江之翌日,在汝处看门,南京陷落,日兵挨户检查,进门时有一兵因言语隔阂无法传达,该兵酒后手持刺刀向我索钱,我用手表示身上没有钱,该兵气忿之下用力一推,将我推倒地下,险遭非命。未逾片时对门与隔壁(壁)被该兵用刺刀接连戳死,两人当时血流如注,尸身横倒地下已多日,经地方人收殓抬埋。日兵凶恶毒辣,言之历历可畏。其恐怖之心似未稍减,如我不在汝处,汝之东西早以罄净矣。限我之病由汝处而起,当时受吓过剧,被日兵推倒以后完全不知人事,幸蒙邻人救起,已患软瘫病,周身麻木不能行动,近已两月尚未全愈(痊愈),时时需人照应"(十九)等,诸多内容在此不一一列举。随后我在各数据库中粗略地检索了一下,现存已出版的书刊中均未发现同名资料。在南京大屠杀这一历史事件过去近85年之际,在留存世上的幸存者不足百人、一代人的记忆都已模糊的今天,在幸存者的口述史业已穷尽之时,这本册子的发现显得尤为重要,东京审判又将多一份迟到的证词。"南京大屠杀"已经成为国家记忆,历史不会被忘却,但是阅读亲历者的回忆录,让我们感到"30多万不是一个冰冷的数字,而是一个个曾经鲜活的中国人的生命。这些死难者的背后,是一个个曾经温暖的家庭"②。全文手书,含封面封底仅33页,借工作之余,我当即完整地拍摄下来。待年度盘点工作结束,回到办公室就对着照片细读辨识。

作者自述,在国民政府西迁之前任职于民国最高法院(一)。应与职业有关,一手毛笔字端端正正,从头至尾一万九千多字只有极少数别字错字。正如书中所写,"上述情形,由民国二十六年八月十五日自敌机投弹日起至民国二十七年三月二十四日止,以上七个半月流亡经过为本。年仲夏之初阴雨连绵,在百般无聊中回忆避难,在大江南北遭遇真实情形,非个人身历其境不得尽情

① 文中括号所标数字均引自手稿原标页码,下同。
② 朱成山:《国家公祭与南京大屠杀史第三次固化》,《日本侵华史研究》2015年第1卷。

描写于万一"（二九），而文末"雁秋记廿七年三月于五间厅住宅"，可见该回忆录与那些时隔久远的回忆录不一样，与近些年来的幸存者口述史更是不同。它是作者一俟安定下来，记忆尚鲜活之时立刻着笔记述的产物。其文体介于日记和回忆录之间，对还原现场的真实性要高于其他一般记录，堪为南京大屠杀史的一手资料。同时代与其相似的另一本回忆录，该是蒋公毅的《陷京三月记》①。

如果手稿是真的，那么它的史学价值和证据性质将毋庸置疑。而要确认它的真实性，首先要解决两个问题：1.作者是谁？ 2.手稿的流传情况。

二、手稿的作者是谁？

我们从文中可以直接获悉的作者信息仅有：吴雁秋，南京大屠杀的幸存者。自谦"不学无术，幼年失学，中年谋生于外"（二九），服务于民国最高法院，其余生卒年月、人生轨迹等均不详。通过文本分析还可以获知，作者与妻当时育有四个子女，其中三位小名分别为延儿、年儿、佩儿。南京沦陷时避居六合，其母亲留守南京。家有薄产（南京沦陷前担任公职，其妻尚能穿得起驼绒旗袍），但非富贵之家。南京沦陷前几个月，稍有财力能力者大多拖家带口避难他处，同事劝其随国民政府西迁，"余当时限于家庭困难而无法摆脱，故未果行"（二）。而后作者和家人拖至十二月上旬才逃离南京。

除《回忆录》第一页自述"服务最高法院"以及返家后"在莫愁路收纸贩卖"（二四）从事小本经营外，我们很难找到作者的人生履历。最后一页未完附录"今幸我解放军以解放全国为目的，救民于水火，南京获得解放"②，说明作者幸运地活到了抗战胜利并盼来了南京解放。然而查阅《南京大屠杀幸存者名录》③，里边没有"吴雁秋"的名字。回忆录作者从事法律工作，依据文中回到南

---

① 张宪文主编的《南京大屠杀史料集 3 幸存者的日记与回忆》中将《陷京三月记》归为"日记、周记"，实际上作者在自序中明确表示这是一部日记体回忆录："为了纪念，我凭着记忆，用日记体裁，粗枝大叶地写了出来。"（见蒋公毅《陷京三月记》，南京出版社 2017 年 4 月第 2 版）

② 1949 年 4 月 23 日，南京解放。

③ 朱成山：《南京大屠杀幸存者名录》，南京出版社 2007 年。

京发现家产被洗劫一空时所写"余闻听之下检点箱内,无一件存在,使我气愤填胸。如此狼败归还遭若大损失,此类宵小非来自远方,定是附近贼辈毫无疑异。余上次回来,当时取衣突遭贼眼一顾,俟余过江,无人在家,乘机劫取,否则无人知我柴房有此蕴藏,事实显然亦可断定。处此非常无法无天,俟等法院成立,再行依法诉追"(二四),我又翻阅迄今为止关于南京大屠杀历史记录最为详尽的张宪文主编《南京大屠杀史料集》中的市民财产损失调查和赔偿委员会调查统计,同样没有吴雁秋的相关损失记录;与此有关的间接记录仅一条:《最高法院财产间接损失报告表》中列出"疏散费 129 990.98,单位:国币元"①可以对应文中"十一月十五院务奉令疏散,发薪二月"(二)。

　　一筹莫展中,考虑到他在南京沦陷之前的任职单位,我又查阅了民国《司法公报》。依文中时间"余在此三年受益良多"(二),国府西迁为 1937 年,可见吴雁秋于 1934 年前后进入国民政府最高法院。然而翻阅 1937 年西迁之前的《司法公报》,依旧没有作者消息。民国时期的公务员升职并不容易,也许任职时间太短,作者未能顺利晋级? 查阅中也并非一无所获,文中提及的三位同事在《司法公报》的院务令里得到了印证。其一刘天囚君于 1934 年 5 月 12 日调任民国司法院秘书②,同年 10 月 23 日代理民国最高法院民事第一庭科长③。其二蔡仪君于 1930 年 8 月 15 日被任命为书记官④,同月 29 日派在秘书处第三科办事⑤。其三李昀推事更是早在 1928 年即被任命为民国最高法院推事。⑥ 其真实性均为可考。

　　在南京沦陷后,作者亦写道:"在南京未沦陷前,负守城之责任卫戍警备司令唐生智布告市民:在此军事紧张之际晓谕人民,切勿自相惊扰,须要镇定。

---

　　① 　姜良芹、郭必强编:《南京大屠杀史料集 22 赔偿委员会调查统计》,江苏人民出版社 2006 年,第 316 页。

　　② 　《司法院公报》1934 年第一二四号(中华民国二十三年五月二十六日)司法院令,全勤、左健主编《国民政府司法公报》(影印本)卷 28,南京大学出版社 2011 年。

　　③ 　《司法公报》1934 年第一号(中华民国二十三年十一月五日)司法院令,全勤、左健主编《国民政府司法公报》(影印本)卷 30,南京大学出版社 2011 年。

　　④ 　《司法公报》1930 年第八十六号(中华民国十九年八月卅日)司法院院令,全勤、左健主编《国民政府司法公报》(影印本)卷 12,南京大学出版社 2011 年。

　　⑤ 　《司法公报》1930 年第八十八号(中华民国十九年九月十三日)司法院院令,全勤、左健主编《国民政府司法公报》(影印本)卷 13,南京大学出版社 2011 年。

　　⑥ 　《司法公报》1928 年第四期(中华民国十七年二月一日)国民政府命令,全勤、左健主编《国民政府司法公报》(影印本)卷 1,南京大学出版社 2011 年。

关于军事,本司令官负守土之责,决与城共存亡,望父老尚体斯意。其共勉之事未兼旬首都已告失陷,如此大言不惭,负守城司令长官还粘贴欺骗民众布告,如此欺人自欺之唐生智可以休矣"(六)。这些内容不仅南京,当时各地报纸多有报道,比如 1937 年 11 月 28 日《工商日报》(西安)就发表了题为《唐生智表示死守决心 决与南京共存亡 劝告外侨早日退至安全地带》的报道。全文录中央社消息:"(南京二十七日电)奉最高领袖之命,保卫南京之首都卫戍司令长官唐生智氏,下午六时在中英文化协会招待外国新闻记者,及留京外侨领袖,发表谈话,大意谓:中国为一爱好和平之民族,从不侵略他国,据'九一八'后,日本以数十年之准备,大举侵犯中国国土,中国在物质上虽乏准备,但精神上则具无上之抵御决心,芦沟桥事件以来,我军在各地多遭败挫,但吾人将屡败屡战,至最后胜利为上,本人奉命保卫南京,至少有两事最有把握,第一即本人及所属部队誓与南京共存亡,不惜牺牲于南京之保卫战中,第二此种牺牲定将使敌人付以莫大之代价也……(中央社)"作者战后能将布告内容复述十之八九并加以痛斥,所谓希望越大,失望越大,若非当时亲历并留下深刻印象,恐怕写不出如此义愤填膺的文字。

然而以上都只能算是间接材料,吴雁秋究竟是谁? 仍待解密。

抱着侥幸心理继续尝试推进,我在南京大学购买的有关民国记录的数据库中仔细搜寻了一遍,主题词依次为吴雁秋以及文中出现的亲友名字。在《申报》(1917 年 12 月 15 日)"中国红十字会敬谢南京分会第一次交来经募诸大善士捐助京直水灾赈款"的捐赠名录中,找到了作者近邻"姚瘦秋"长者的名字,同样印证了作者称道的"乐善好施"(二)。手稿正文第三页写道:"午后携延儿至汉中堂访鲍忠牧师,在途不期而遇,探听难民区情形,渠云难民区组织有此一说,究竟何日成立,未知其详。"其中的鲍忠牧师是广为人知的二十世纪三十年代南京汉中堂的重建者。1948 年的《金陵神学志》(第二十三卷第三期第 59 页)发表了鲍忠牧师的文章《十年来我的见证》,开篇即写道:"在我生活中不能忘记的一件事,就是在民国二十六年冬,南京沦陷的时候,我家老幼都避难于江北安徽含山县";文中又提到"自三月十五日离那村返京以后……"可见鲍忠牧师和作者相遇不久便各自逃亡避难,同样在第二年春局势稍定之时回到南京。而"吴雁秋"这个名字则出现在《教育公报》1936 年的检索结果中。然而依据检索记录,在查找到的实际刊物中,并没有发现"吴雁秋"的存在。这几条记录均跟法院相关，我们只能据此猜测作者在民国最高法院从事跟教育相关的法务工作。

资料的查找与辨识是一个抽丝剥茧的艰难过程，在此过程中我沉下心来，细细挖掘，不放过任何蛛丝马迹，终于在《临时参议会南京大屠杀案敌人罪行调查委员会调查表》[①]第四区第三十一保的三份调查表中，发现调查人为“第四区31保保长吴雁秋”[②]。

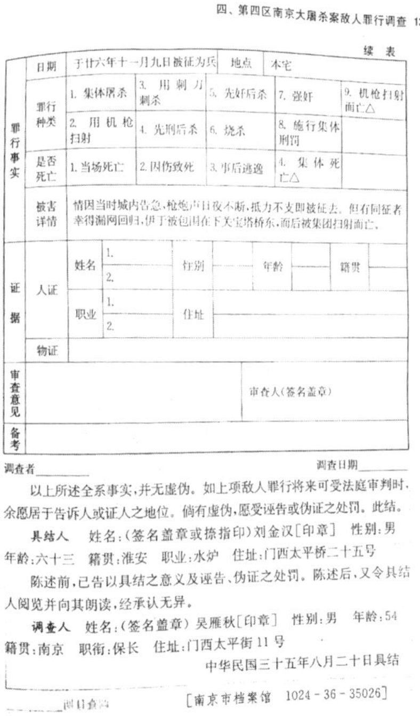

四、第四区南京大屠杀案敌人罪行调查 131

续 表

<table>
<tr><td rowspan="5">罪行事实</td><td>日期</td><td colspan="2">于廿六年十一月九日被征为兵</td><td>地点</td><td colspan="2">本宅</td></tr>
<tr><td rowspan="2">罪行种类</td><td>1. 集体屠杀</td><td>3. 用刺刀刺杀</td><td>5. 先奸后杀</td><td>7. 强奸</td><td>9. 机枪扫射而亡△</td></tr>
<tr><td>2. 用机枪扫射</td><td>4. 先刑后杀</td><td>6. 烧杀</td><td>8. 施行集体刑罚</td><td></td></tr>
<tr><td>是否死亡</td><td>1. 当场死亡</td><td>2. 因伤致死</td><td>3. 事后逃逸</td><td>4. 集体死亡△</td><td></td></tr>
<tr><td>被害详情</td><td colspan="5">情因当时城内告急，枪炮声日夜不断，抵力不支即被征去。但有同征者幸得漏网回归，伊于被包围在下关宝塔桥东，而后被集团扫射而亡。</td></tr>
<tr><td rowspan="3">证据</td><td rowspan="2">人证</td><td>姓名</td><td>1.
2.</td><td>性别</td><td></td><td>年龄</td><td></td><td>籍贯</td><td></td></tr>
<tr><td>职业</td><td>1.
2.</td><td>住址</td><td colspan="5"></td></tr>
<tr><td>物证</td><td colspan="8"></td></tr>
<tr><td>审查意见</td><td colspan="4"></td><td colspan="5">审查人（签名盖章）</td></tr>
<tr><td>备考</td><td colspan="9"></td></tr>
</table>

调查者______ 调查日期______

以上所述全系事实，并无虚伪。如上项敌人罪行将来可受法庭审判时，余愿居于告诉人或证人之地位。倘有虚伪，愿受诬告或伪证之处罚。此结。

具结人 姓名：（签名盖章或捺指印）刘金汉［印章］ 性别：男 年龄：六十三 籍贯：淮安 职业：水炉 住址：门西太平桥二十五号

陈述前，已告以具结之意义及诬告、伪证之处罚。陈述后，又令具结人阅览并向其朗读，经承认无异。

调查人 姓名：（签名盖章）吴雁秋［印章］ 性别：男 年龄：54 籍贯：南京 职衔：保长 住址：门西太平街11号

中华民国三十五年八月二十日具结

［南京市档案馆 1024-36-35026］

图2 其中一份调查表的部分内容

① 徐康英、张建宁等编：《南京大屠杀史料集 35 南京市临时参议会调查（上）》，江苏人民出版社2007年，第129—133页。

② 徐康英、张建宁等编：《南京大屠杀史料集 35 南京市临时参议会调查（上）》，江苏人民出版社2007年，本册说明：抗日战争胜利之后，国民党政府即开始进行侵华日军南京大屠杀罪行全面调查。1945年11月7日，南京市政府、中国国民党南京市党部、首都地方法院、首都警察厅暨红十字会南京分会等14个机关团体代表，在首都地方法院联合召开会议，即席议决成立南京敌人罪行调查委员会，并议决由南京市政府推动各区乡、镇、坊、保、甲，由首都警察厅推动各区局、所，分别负责南京大屠杀案日军罪行调查。……南京大屠杀案敌人罪行调查委员会的调查工作从1946年6月起，至11月止，共计6月，除对过去若干机关已调查的事实进行复查外，重点是对沦陷时期滞留南京的市民进行个案调查。

三份调查表分别完成于 1946 年 8 月 3 日(太平井 1 份)和 8 月 20 日(太平桥 2 份)。此吴雁秋即彼吴雁秋乎?

文末 1938 年作者自述"中年谋生于外"(二九),其年龄与保长 1946 年 54 岁可相对应。

手稿作者吴雁秋家住"五间厅",与保长住址"门西太平街 11 号"看似不同,实际上我们找到当时的地图,可以发现"太平街""太平桥""五间厅"俱在一处。"门西"特指中华门西("门西"在《南京大屠杀史料集》的各种调查表中出现多次)。而"五间厅"更多意义上是个历史文化地名,抗战时期新京舆地学社发行的《最近实测新南京市详图》,便只标注了太平街、太平桥。在南京被屠城、人口急剧下降后,同一地点出现两个年纪相仿的"吴雁秋"的可能性微乎其微。

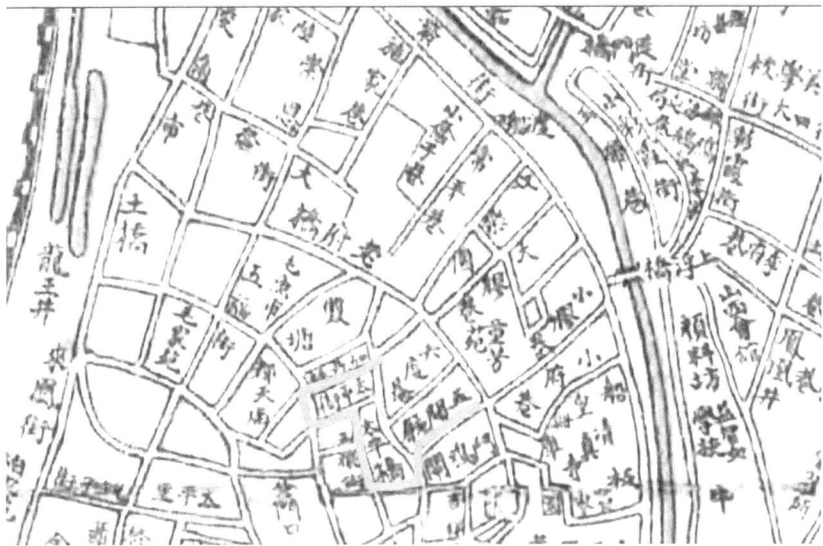

图 3 最新首都城市全图(局部) 南京共和书局发行

中华民国十七年(1928)八月订正,标注部分即为太平街、太平桥、五间厅位置(地图来源:古地图数据库)

据此,我们可以推测写作《难民回忆录》的"吴雁秋"确有其人,这个名字既没有出现在遇难同胞名录里,也没有出现在幸存者名录里,而是意外地出现在东京审判案的调查人名单中。他在抗战胜利后当上了当地保长,并遵南京市临时参议会决议,对"南京大屠杀案"中的敌人罪行进行调查整理。

就在这刚露出一丝曙光的时刻,南京大学图书馆新推出国家图书馆出版社开发的"中国历史文献总库·民国图书数据库",在 1932 年和 1934 年民国最高法院文书科编的《最高法院职员录》中,我找到了实习书记官吴雁秋,即《难民回忆录》的作者。但是这两本名录都只著录了职别、姓名、别号、籍贯、住址,没有年龄。

年份	职别	姓名	别号	籍贯	住址
1932 年	临时庭学习书记官	吴雁秋		江苏江宁	四根杆子十六号
1934 年	学习书记官	吴雁秋	雁秋	江苏江宁	九儿巷六号

注:籍贯"江苏江宁"即今日南京,两处住址与太平街、五间厅均相距不远。

但同时我也在 1940 年伪南京维新政府编的《维新政府职员录》中,发现了江苏江宁地方法院书记官吴雁秋,籍贯南京,年龄 39 岁。该数据库图书为原文影印,不存在二次著录错误。其中年龄一项使我产生了新的困惑:1940 年 39 岁的江宁地方法院书记官吴雁秋和 1946 年 54 岁的四区第 31 保保长吴雁秋,两人之间有个九岁的年龄差。如果江宁地方法院书记官吴雁秋才是作者,那前面的推论就是错的。到底哪一位才是作者?

带着疑问,我又求助于藏有"南京大屠杀案敌人罪行调查表"原件和同年户籍原始记录的南京市档案馆。经确认,第 31 保保长吴雁秋生于民国前十八年,子女姓名中有"吴＊延""吴＊年"等,印证了回忆录原文中的子女小名"延儿""年儿"。由此终于可以确认,1946 年 54 岁的四区第 31 保保长吴雁秋正是写作《难民回忆录》的作者。

"保长"加重了手稿作者的分量,为"吴雁秋"赋予了民间和官方的双重见证者身份。他不再只是一个南京大屠杀的幸存者,也不仅仅是南京大屠杀历史中的个人史书写者(作为南京沦陷时期的平民写作《难民回忆录》),他同时还是敌人罪行的官方记录者(抗战胜利后作为第四区第卅一保保长,负责该保区域内的罪行调查)。

手稿中有增删,其墨迹有深浅,可以看出并非当时或一时修改的,可见在成文以后作者又反复阅读并推敲过文字。目前所见的回忆录全稿虽非完璧(未完成或部分散佚),但其文体及行文,也近为作者"定稿"了。

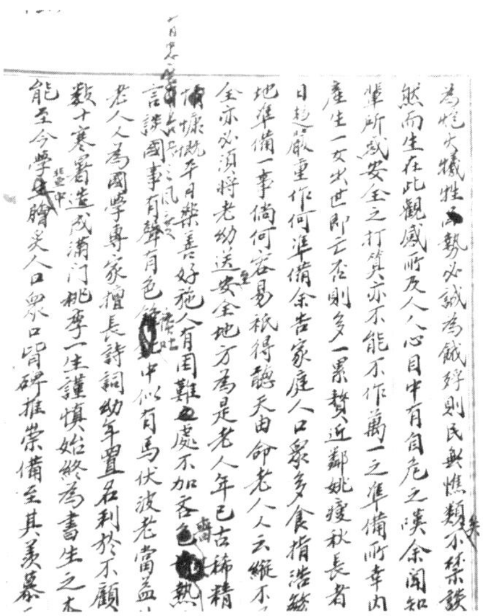

图4　手稿内页修改痕迹

　　最后附录一段未竟稿："……迩来物价日趋稳定，人民生活逐渐减轻，较之国民党匪帮在此，真不可同日而语。民人深感解放军为解放人民痛苦，奉行毛主席新民主主义解放全中国为任务，人人得到解放，人人有权检举有供献地方情形之义务，民人一得之愚，不揣谫陋。兹将南京平日贪污欺压民众之国特首长伪首都高等法院院长赵琛①、伪首都地方法院院长陈光虞②罪行以供我。"其意显在检举民国首都高等法院院长和民国首都地方法院院长。不难猜测在当了一段时间的保长后，吴雁秋又回到了民国最高法院工作，或者至少仍然关注着自己曾经工作过的机构，并与之有实际联系。至于为何原稿附录部分尚有书写空间而未完成后续文字，我们不得而知。同样我们可以清楚地看到：在油纸封底和附录中间，似另有一页已被撕去。据南京大学图书馆藏书印位置（左下角盖在了被撕毁页上），可推测在入藏之前该页已缺失。在正文结尾和空白页之间，同样也有被撕痕迹。依作者书写的认真不苟的态度来看，如不是不可抗外力所致，应不会半途而废。故我们可以推测作者可能是突然亡故或行动

---

　　①　赵琛从1946年起任民国首都高等法院院长。1948年12月，任民国司法行政部政务次长、代理部长。1949年4月改任广州大学、岭南大学教授。

　　②　陈光虞，1947年任民国首都（南京）法院院长。

受限（身体的或政治的原因）于南京解放初期。这部回忆录就在即将结稿时戛
然而止，终成未完稿。

图 5　手稿 31 页印痕

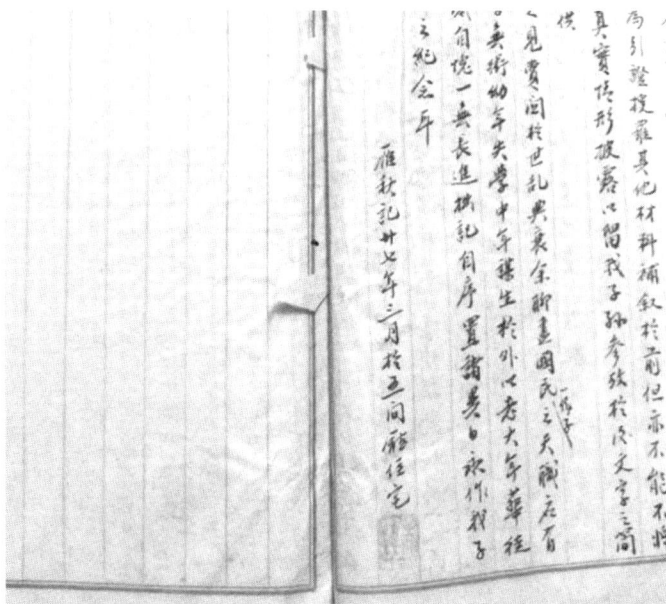

图 6　手稿 29 页撕痕

综上，作者身份大致明了：吴雁秋，男，祖籍南京，生于 1893 年，家庭住址：（中华）门西太平街 11 号（五间厅）。沦陷前任职于国民政府最高法院，而后失业。南京大屠杀期间举家避难六合，回城后写作《难民回忆录》，并做小本经营谋生。抗战胜利后任南京第四区三十一保保长。

三、手稿的流传概况

关于回忆录手稿的流传，同样成谜。

手稿正文结束在第三十页，时间在 1938 年 3 月，根据封面所题时间可知装订成册于 1938 年 8 月。但是如前文所列，在正文后面留白了一页以后，作者继续写道："溯思民国十六年（1927）自国民党窃取政权二十余年来，人民在独裁统治下，而蒋政权藉三民主义为号招（召），实质早已投降英美帝国主义怀抱，一手造成法西斯主义，实行独裁政治一党包办，伪宪法捏造名义产生伪总统，博得美帝国主义支援，利用四大家族豪门为爪牙，造成官僚资本，排除异己，拢断（垄断）把持无所不用其极，滥发无限制金圆券，吸收人民现金，发动全面内战，与我人民解放军为敌，其结果反而促成军事总崩溃、经济破产、政治腐化贪污无能而不可收拾之局面，大有无官不贪无吏不污。而一般腐化官僚平日利用职权趁火打劫混水摸鱼（浑水摸鱼），极尽剥削为能事，此风弥满（弥漫）全国，怨声载道。人民受此压迫，无不日在水深火热中，其痛苦已不堪言状。今幸我解放军以解放全国为目的，救民于水火，南京获得解放。迩来物价日趋稳定……"这段未完稿依内容可推断写作在 1949 年 4 月之后，因此到此时手稿尚完好地保存在作者手上。

其后是怎样流传到了南京大学文学院图书馆呢？

笔者试图从该书登录号"56·47374"入手追根溯源。依南京大学图书馆编目惯例，"56"即为年份 1956 年，理论上说明手稿在 1956 年编目之前已流转到南京大学图书馆，经由编目后送分馆收藏。送往分馆的藏书一般遵循两个原则：1.返还原则，该书本来就出自分馆，编目以后返回到分馆；2.专业相关。但是《难民回忆录》从资料分类角度考虑，既可以是中文系（今文学院），更可能是历史系（今历史学院）。最后为何到了中文系，无从可考。

我们在文学院图书馆留存的历年捐赠记录中也没有发现此书。同时，文学院分馆近五万册线装书的登录号绝大多数都是"56"起始，包括 1976 年 11 月和 1978 年 9 月分两次送入校图编目的汪辟疆先生所藏线装书。而"47374"这个流水号就夹在汪先生的藏书登录号中。因此我们无法判定它是在"1956 年之前入藏"的。果然，经与南京大学图书馆老师确认，校图编目部在很长一段时间内沿用了 56 这个年份编号，尤其是 40000 号以后的线装书，大致可以确定是在 20 世纪 70 年代末 80 年代初进行的编目工作。因此虽然不能证明该手稿于 1956 年或者更早时候流入南大，但是大致可以确认和汪先生藏书入馆时间接近，即 20 世纪 70 年代末。当然另有一个可能是特定历史原因，六七十年代大量编目工作延至"文革"以后才开展。这个时间段关于南京大屠杀的热点或争论尚未兴起，当时的编目者和管理者因"手稿"的唯一性，便将其归为珍本收藏，却并没有整理挖掘它的内容，后续读者也没有机会仔细翻阅，以至于受冷遇尘封至今。

我们在文学院图书馆能查询到的最早的登记记录，是管理员造册的善本目录（20 世纪 80 年代工作人员手书，具体年份未标注），第二次记录为 1997 年 9 月 23 日的一份管理员换岗的珍本交接清单。据此，至少能够相信《难民回忆录》在流入南京大学以后受到了妥善保管。只是笔者能力有限，关于手稿的研究还未能穷尽。假以时日，再做详订。因其独特的价值，先就此贡献给学界参考。

手稿的问世还要感谢两位老师。在我的导师吴俊教授询及我学业的时候，我提及最近的这项资料整理工作，他肯定了我的工作价值，很快帮我与研究南京大屠杀史和中国现代史的专家张生教授牵线，并获得了张老师的具体支持。在两位老师的帮助和积极推动下，《难民回忆录》才有了基本考订完善的结果。

（黄静，南京大学文学院馆员，南京大学文学院博士研究生）

Discover and Textual Research on *Memoirs of a Refugee*

Huang Jing

Abstract: The newly discovered manuscript *Memoirs of a Refugee* in the library of School of Liberal Arts, Nanjing University is nearly 20000 words. It describes all kinds of experiences and feelings in Nanjing and Luhe from August 15, the 26th year of the Republic of China, to March 24, the 27th year of the Republic of China. The text not only has a detailed and vivid record of an ordinary citizen's daily life during Nanjing Massacre, but also provides many valuable real details for this history. This paper makes a preliminary textual research on the text and its author.

Keywords: Wu Yanqiu; *Memoirs of a Refugee*; Nanjing Massacre

附录

《难民回忆录》手稿原文校订

雁秋记

民国廿七年八月立

（黄静　整理、标点、校订）

整理说明：

1.全书简单线装。除封面、封底用油纸外，其正文二十九页（原书左上角手书页码标识）、空白页一页、未完成后记一页均采用相同红格宣纸，四周双边单鱼尾。首页右下方盖有阳文方印"吴雁秋"和"南京大学图书馆藏书"，正文结束同样盖有"吴雁秋"印。未完成后记页盖有"南京大学图书馆藏书"印。

2.全文繁体字，今改为简体（尊重原貌，除个别明显错字、别字及用字不规范者用括号标注，全文照录）。一处注释依南京历史地图标注。

3.依原文标注页码，未作改动。

4.原文无句读，自带符号均已标注，除此之外所有标点均为整理者方便阅读所加。

（一）

回忆录

金陵自汉晋梁陈至南宋偏安至明初止，为六朝故都。古称龙蟠虎踞长江天堑，形势险要，在昔闭关时代为历代兵家必争之地。自明太祖朱元璋以平民革命问鼎中原驱逐胡掳建都于此，改金陵为应天府，扩大城廓，其建筑工程已达十三年之久，规模庞大，完成此古老大城为我国有史以来伟大工程之一。当时劳民伤财，消耗几许人力物力，其损失国家资源为古代专制帝王，高压下不顾民怨亦所不恤，大有江山一统安入磐石之基。惜乎现时科学倡明，杀人利器日新月异，八一三自沪战爆发，首都惨遭敌机日夜轮流轰炸，虽有此坚墙壁（壁）垒不能阻止无情铁鸟光临，等于废物。况现代立体战争，科学发达，战争进步，毁灭人类残酷性更大。首都人民一闻警报无不惊惶失措恐怖万状，大有生命有旦夕不保之虞。在不安状态下余睹此惨状，感内子分娩在即，得襟兄潘君之助，随同伊眷寄居当涂辖境慈湖镇，在该镇租屋三间，须俟军事变化情况若何再定行止。好在交通便利，江南火车二小时可达。余虽在城内，往返极其便利。服务最高法院，虽局势严重，逐日事件之繁忙并未稍减而工作反较平时尤甚。除星期六得便回去探望一次，余无暇及此。余之城内住宅僻近西城。一日在寂寞中伏思，首都本属人烟稠密之区，人口已达百万以上，自遭敌机轰炸后住户疏散，人数寥寥，昔日繁盛之都市变成人烟绝迹，十室九空，大有一落千丈今昔不同之感，不禁吁然而叹。沪战爆发瞬近三月，前方军事失利，空气一天紧张一天。加以道途传闻，人言言殊，淆乱听闻，汉奸藉故煽惑人心制造严重空气，前方如何败北士气如何不振，大有战事旬日内逼近首都之可能性。其风声鹤唳人心惶惶来势汹汹，真有朝夕不保，敌人一旦围城，想我无力逃亡之民众纵不

（二）

为炮火牺牲，势必诚为饿殍，则民无噍类矣。不禁谈虎色变油然而生，在此观

感所及，人人心目中有自危之叹。余闻知，虽不为若辈所惑，安全之打算亦不能不作万一之准备。所幸内人在乡间产生一女，出世即亡，否则多一累赘。近邻姚瘦秋长者告余局势日趋严重作何准备？余告家庭人口众多，食指浩繁，处此境地，准备一事倘何容易，只得听天由命。老人又云：纵不为个人求安全，亦必须将老幼送至安全地方为是。老人年已古稀，精神矍铄，性慷慨，平日乐善好施，人有困难处不加吝啬，平日热忱待人，有忠厚长老之风度，言谈国事有声有色，谈吐中似有马伏波老当益壮之遗风。老人又为国学专家，擅长诗词，幼年置名利于不顾，指掌教鞭数十寒暑，造成满门桃李。一生谨慎，始终为书生之本色，可谓难能。至今学辈中脍炙人口，众口皆碑推崇备至，其羡慕长者不已，余因近邻知之慎审，略言记之。院中刘天囚君与余同事，此公谈吐有佳近于诙谐，在公余之暇闲谈中有时令人捧腹转瞬间又使人悲奋交加，如坠五里雾中不知其所以然。公性爽直为人慷慨，待人接物相见以诚。余在此三年受益良多。抗战时国府西迁，院务在未疏散之前公极力劝余一同赴汉，声言祸福共之。余当时限于家庭困难而无法摆脱，故未果行。十一月十五院务奉令疏散，发薪二月。在局势逆转之下余遄赴慈湖之便，顺到当涂，将李昀推事家用四百元面交李府，于翌日中午搭车，途遇襟兄潘君与（于）当涂车站，同道回慈湖。在细雨濛濛中车抵站时见双方儿女鹄候，笑容可掬，相见而归。当日襟兄告余此处非安全之处，数日内伊携眷属他迁，询及是否住此抑系他往，在此大乱中各人听其自便，请余考虑好向

（三）

房东通知。比（彼，下同）时得内人同意，决先进城再作计较。于旧历十月二十二同襟兄眷属中午十二时抵车站，二姨娘与内人依依不舍叮咛互相含泪而别，从此分道扬镳海角天涯各奔安全地方迈进。余之行装幸赖秋平世兄之助搬运，一一送上尾车。否则人山人海，插足不下之难民只身尚不容易登车，何能携带十余件之物品。余对秋平世兄除感谢外故濡笔以记之。车抵中华门站已下午二时，正是紧急警报敌机空袭光临天空，机声轧轧炮声隆隆，站台旅客秩序大乱。因行装尚未甫卸，怆悴（仓猝）间不能兼顾，立即携带儿女暂避地窖约

一小时。闻警报解除,交通恢复常态,赶至车站检点行装,仅缺少手提灯一盏,亦云幸运。然后雇车安然抵家。翌晨采购食米两担,薪柴燃料两担,油盐少许,仅用去二十余元,决心死守以备困城生活需要。其时近邻姚老主张亦颇表同情。此时敌机不分昼夜轰炸,警报整天无了时。江阴陷落,丹阳不守,局势逆转,敌人距离仅有九十公里,道路传闻言之凿凿。加以拉夫之声不绝于途,行人绝迹,秩序骚动,大有裹足不前欲行不得之慨。旧历冬月初一,闻首都西国人士见于战祸迫切,数十万无力远行之民众一旦困城,灾难无可幸免,组织国际委员会成立难民收容所,划城北山西路周围一带为难民区,并得敌人军事长官之特许,专以保护地方良民为志愿。余当日访姜渭、张石秋二君未遇而返。闻姜渭君已迁移六合,石秋君全家移居和县。此时姚老意志不坚随友避居六合。午后携延儿至汉中堂访鲍忠牧师,在途不期而遇,探听难民区情形,渠云难民区组织有此一说,究竟何日成立未知其详。余此刻涣然如释,不得要领而回,途中遇最高

(四)

法院同事蔡仪君,都感觉战祸迫于眉睫,形势日非,军事变化莫测,人民险恶千钧一发大有危于垒卵之虞,不禁感叹而已。别后敌机正在空中盘旋似有投弹之趋势,余偕延儿赶至金陵大学,承司阍指导躲避该校防空壕约一小时,俟警报解除面谢而归。翌日邻人周绍庭君劝余携眷离京,避免无味(谓)牺牲。余告现时军事逼近,首都一则交通困难,车辆缺乏,再则个人经济力量有限,如要携眷属须要统盘筹画,否则与其在外受窘不如在家守死为是。继而周君又云:经济力则可大可小,只要能维持全家个月生活,以趋势推测历来内战经验论,多则月余少则十数天,秩序恢复原状,我等可立即归来。至于交通工具,更不感觉困难,可以趁邮局眷属卡车同行,关于接洽车辆由我负责交涉,行与否盼余考虑以明早答复,千万不可再延,时机已到迫切关头。结果得内人同意,通知周君。随(遂)于旧历冬月初三,会同周蔡两君眷属至中华路邮务支局门前登卡车。时余母坚不允去,因老人心中不忍抛去置家庭于不顾。老人云:我已年迈,精神有限,只要家内柴米不缺,我宁愿看门以待汝等平安归来,此我所盼

望,路上须要当心,务必将孙男孙女照应服帖使我放心。要紧促我登车。余此刻谨遵斯命,内心非常不安,我携儿女眷属逃命他往,独留老母一人在此,外人不明,而余之良心必受舆论责备似无异说。望老母尊重,不日即有信详告。于是含泪而别。午后一时渡江,当晚在浦口车站休息一夜,竟未成寐。翌晨六时复趁(乘)邮局卡车。是日气候酷冷,寒风逼人,沿途田野间布满白色银幕,一望无边,公路上难民往来络绎不绝,肩荷重担,扶老携幼,大都由江南岸而来,各奔家

<h1 style="text-align:center">(五)</h1>

乡安全地迈进,真是一帧实地流亡图。余以若辈同一命运,不禁慷慨系之。车行甚速,上午八时已抵六合南门汽车站,下车,周蔡两君眷属仍在车上直抵红廊庙目的地。彼我分手,互相珍重告别。余进城约瘦秋长者,携儿女辈在问津茶舍略进茶点。受赶路心驱使,未便久坐,比即付账向瘦老告别。携眷进城访贺君蒋山未遇,留名刺,承乃兄热忱招待代雇船只。该处形势紧张,谣言甚炽,城内居民均纷纷逃避乡间,惊惶万状如大乱之降临,与江南险恶不安状况同出一辙。在此风云际会大乱中,地不分南北东西,无一片安全乐土亦可断言。处此车辆船只两缺,面谢贺君外,全家步出东门,往八百桥前进。在初冬阳春间,儿女辈肩荷担抬呼号相应步行跃跃,颇感兴趣。只有年儿最幼,仅有八岁,尚能走二十里。抵新篁巷休息午饭,一家六口饱餐一顿,仅用去四角小洋,足见该处生活低廉于此可见。午后年儿精神疲乏,行走维艰,只得雇驴代步。至马头山坡已夕阳西下,到达八百桥正是万家灯火辉煌。内人赶至薛府通报,蒙舅父殷勤招待,比即佐以晚膳。各人因远道跋涉,精神疲惫间无暇闲谈家常,因而休息。在伊处叨扰三天,余心颇感不安,承表亲袁君在西袁代觅草屋一间,租金每月三元,距该镇里许,购买极方便。阴历十一月八日,在晨光熹微中突闻炮声隆隆,震耳如聋,如是者以连三日,昼夜不休。茶馀酒肆中消息传来,南京于九日已沦陷矣。不幸而言中,而一江之隔六合亦岌岌可危,果然未出三日,铁打之六合已告失陷。此时大江南北均无一片干净土。在南京未沦陷前,负守城之责任卫戍警备

（六）

司令唐生智布告市民：在此军事紧张之际晓谕人民，切勿自相惊扰，须要镇定。关于军事，本司令官负守土之责，决与城共存亡，望父老尚体斯意。其共勉之事未兼旬首都已告失陷，如此大言不惭，负守城司令长官还粘贴欺骗民众布告，如此欺人自欺之唐生智可以休矣。回忆沪上苦战方殷之际，敌人由金山嘴登陆，庙行不守，影响前方军事关系甚大，敌人淞沪得手，采取速战速决以期攻下首都为当务之急。随（遂）以高压手段分海陆空并进，直捣南京。陆路分兵三路，一由京沪线，二由京杭公路线，三由广德泗安下宣城取芜湖威胁首都。水路攻江阴要险直取南京。空军担任掩护轰炸为任务，动员三十余万之众。当时我军要坚强抵抗到底，陆路凭藉两年前建筑最新式昆山马奇尔防线，水路藉江阴新式要险加以沿江炮垒林立。敌人素以精兵之称，采取速战速决主义，我军虽然物质落伍，要是节节抵抗到底，纵然首都不守估计须要一年以上。不料我军自庙行败北采取不抵抗，沿途闻风而溃。敌人以破竹之势，形同摧枯拉朽，如入无人之境，仅有四十余日而首都已被敌人占领。如此迅速成功真出乎敌人意料所不及，证明我方军心唤（涣）散，士无斗志，于此可见平日我方军事当局对于兵额重量而不重质，缺乏训练，遭此惨败，真此国家莫大耻辱。余在乡间，逐日所见伤兵络绎不绝，三五成群，伤痕班班，血迹模糊。闻若辈均江南夜间偷渡过江。所幸近日气候适宜，江中风平浪静，得能生还。否则败兵纵然不为炮火所牺牲，渡此长江天险势必葬身于波浪中。此乃上天救济众生之苦厄亦云幸矣。我国近

（七）

百年自鸦片战争失败后内政不修，国势日非，加以强邻虎视眈眈，其觊觎之心昭然若揭。尤其东邻日本，自明治维新修明内政整军经武不遗（遗）余力，其侵略中国之野心迷信大陆政策已非自今日始。日清战败后继以义和团拳匪之乱。烈（列）强认为满清政府异常腐败，并有瓜分共管之预兆，奈因当时美国主

张公道而遭搁置。迨自革命军兴推翻腐败满清始,而袁世凯赞助共和为名夺取政权,造成洪宪之乱。继而军阀内哄,内战不休,始而甲倒乙,继而乙联丙倒甲,十余年来循环不已之内乱,国家一言建设百废俱无,人民厌恶军阀之心甚于洪水猛兽。二次革命军兴,驱逐军阀,奠定中原成立国民政府,改南京为首都。经过这次军事破坏国家从此可望长久治安,以舒民困。不意北方冯阎本属军阀余孽,名虽参加革命,藉革命力量而推翻政府夺取政权以效,军阀死灰复燃,发动空前大内战。幸赖蒋公坐镇中原,指挥有方,将士用命未几敉平,继而江西红军发动阶级斗争,藉马克斯主义煽惑民众,政府不得已而戡乱,蔓延数省。日人利用千载难逢机会造成九一八沈阳事变,组织傀儡政府。当时我国一无准备,采取不抵抗主义。日人野心未戢,得寸进尺,复立华北,成立军事协定,划冀察为缓冲,脱离中央成立冀察政务委员会类似东北伪组织。此时国人已达忍无可忍境地,各省民气极昂,抗战之声蔓延全国,大有非抗战无以救国,责备政府懦弱无能,不能应付险恶之局势。当时军事委员长蒋公见于一无军事准备之国家抗拒有计划有实力之暴日,如顺从民意怆悴(仓猝)应付,与暴日周旋,不特胜负立见,置国

(八)

家于万劫不覆之境,势必亡国而后已。当时蒋公决策,一面以外交手腕周旋暴日,一面以军事全力消灭红军,口号"攘外必先安内",积急(极)整理沿江两岸防御工事。当时红军在江西受国军包围,不堪压迫,势如危急,非突围不能争(挣)扎。于是由赣流窜湘粤川陕五省,国军跟踪追击,逼至陕北延安一隅。正是消灭红军之时,发生西安事变,蒋公被困,红军得能苟延,亦是张学良杨虎城抗命而造成,否则红军已消灭矣。转战五年之国军在此功篑一亏(功亏一篑)殊出人意料,未免痛惜。此时国共和谈条件成立,西安解危,蒋公返京,招集全国各党各界名流在庐山会议,决议对日一面抵抗一面谈判。暴日见我国一致应付空前国难,乘我不备,以不择手段发动芦沟桥事变,未几淞沪之战。于是中日外交停顿,全国性抗战由此而起。沪战发动我军凭藉劣等武器奋勇抗拒,尚能支持三月,当时震动世界得国际人士赞许,誉满一时,认为我国陆军武器

落后能以精神克服困难,此种民气力量实不可侮。未几无实力之我国抵抗有实力之暴日,方今物质文明科学发达,以内战经年、科学落伍国家与科学进步国家抗衡,不特胜负立分。孙子云知己知彼百战百胜,今日淞沪惨败有必然之因素。所谓物必自腐而后蠹生,人必自侮而后人侮之,此天经地义不渝之理也。失败是成功之母,军事一时之得失不能认为全盘之失败。长期抵抗,淞沪为我国抗战之始,最后胜利必属于我。以蒋公自信勉励国人,勿因军事一时之得失妄加评论战局。此时中国之命运系于蒋公一

(九)

身,审察世界大势,应付国际之险恶,负当前军事统帅之责,遇暴日周旋到底,中国成败在此一举。顾亭林云国家兴亡匹夫有责,希望蒋公挽回狂澜,与暴日作殊死战,达到最后胜利阶段,打倒强权,伸张公理,世界才有和平之曙光。国人此时希望主持正义之列强共同以道义主张制裁暴日,同时希望我国军事有办法发挥战果,迅速完成收回失地驱逐暴日之使命,达到胜利,早日成功,此皆全国人士逐日馨祝祈祷者也。此时沿江两岸军事初定,交通尚未恢复,秩序仍在紊乱中。余住在乡间,发生生活恐慌,认为长此下去,恐难支持,于是变更方针。在此大乱中置身异地举目无亲,若不靠自身奋斗谋生活之安定,则未来生活势必遭遇不堪设想之境地。为求生存糊口计,八百桥因交通阻碍,货物无来源,尤其烟酒茶缺乏。得梁家欣兄建议,各出资五十元赶至竹镇集采购。于废历十一月二十日,余偕延儿随同梁君前往。竹镇距离八百桥六十里,按里程计算一日往返尚可能行,由黎明发脚向北迈进。是日南风和畅,虽在严冬,气候适宜,行走并不觉得寂寞。而梁君系南京师范生,在六合城镇乡充任教师有年,又是地方上人,而乡镇熟人广泛,平日善与人交,重情感,遍游六合全境无有不知梁先生其人。梁君谈吐甚佳,途中似无劳顿疲乏之象。时在残冬,正是农人半年辛苦半年闲,所见村庄中三五农人在阳光熹微中闲谈家常,笑容满面,其乐融融。在此大乱临头若辈心目中真不知大乱之所至,度其农家乐生活,大有晋武陵中世外桃源记之遗风。行至平山口旁,该处风景优美,天然如画。四围环境皆山,山巅上有一古刹,余

（十）

等疲乏间在山坡下小憩，突有恶犬一头由山巅奔驰真（直）扑而来。梁君云此恶犬来意不善，速起立谨防。梁君携一竹筐，余拿一木棍以作防御状，此时延儿惊惶万状。果然，犬至，直扑余身，梁君左顾右拦，犬正在无隙逼近中，幸有附近农人赶至，呼唤而散。余等立时至谢而去，中午到达黄泥坝，在该镇面食果腹略作休息，未便久延，立即前行。至竹镇集已黄昏，并承梁君介绍，投宿于蒋子明先生处小住二日，将货色购齐，于二十二日赶回。正是东沟大量土酒源源到达八百桥，我等闻知未免失望，我酒抵此继不能畅销又不能滥销，无形中遭搁置。初次出手之不利，资利限住，无法活动，只得择其本小易销之酥糖花生香烟，摊一日所得三四百文可敷每日蔬菜零星用项。隔日至钟家集进货，一次往返三十六里，余由此开始度其擦肩磨担苦力生活，有时儿女辈代替。光阴荏苒，岁月蹉跎，旧历年关在耳。内人儿女均盼望交通恢复即早作归计。心中焦灼，仍属无望。时至废历十二月十八日，得内人同意，遄赴谢家集原籍扫墓。回忆余在民国四年回籍祭扫一次，迄已二十余年，奈因无机会。兹因避难八百桥之便，距原籍三十五里半日路程，作游子思亲倍切之感。次日，天未黎明，偕延儿前往，行至平山口。沿途道路崎岖，翻山越岭，正在万籁无声行人绝迹之时，而延儿故作不良于行状态。余尽力敷衍，一面积极督促仍不遵行，处此进退维谷柏生道途中，竟然不顾里程之困难，余比时气忿填胸而不可遏，后以严厉督促勉力缓行。到达该镇时已中午，余因多年未归，在镇上徘徊许久，见形势依然并无变迁，得乡长之引

（十一）

导见堂兄修荣须发斑白，皱纹满面，亦云老矣。彼此寒宣（暄）之下，大有相见不相识笑问客从何处来之慨，不禁哑然。当时询即（及）尊长，均不复睹，早已作古矣。所谓沧桑依然仅有人事之变耳。在此盘桓两日，承窦雁表兄招待晚膳，留宿一宵聊尽东道。晚间闲谈家常之时，户外枪声时絃（弦）时续，继而表

兄告余此处匪氛甚炽，每夜村庄鸣枪示威以诚司空见惯，请余勿惊。余处置泰然时已就寝。次晨应堂兄修荣之约，中午偕延儿祭扫祖茔，承族兄修俊备晚茶招待，刻已夕阳西下，殷殷告别，并承族兄盛意，似有恋恋不舍之情。归来承堂嫂接待余父子、闲谈家务、现时处境以及乡间生活，在农忙时不特男子下田，就是妇女日无片刻之暇，经年累月不觉已数十寒暑矣。现吾辈儿女成群，则不知不觉中我已老矣，大有老大年华徒自悲伤之叹。叙至深夜，鸡鸣而散，余因精神焕散，展（辗）转竟不能成寐。次晨偕延儿告别，临时承兄嫂挽留，盼余父子度农历年在（再）归。余婉言谢却，复以依依不舍实有情不可之势。余比（彼）时内心难过、热泪纵横、已不复忍睹，除安慰兄嫂珍重揖别告辞外，侧身西向，竟不返顾，直奔杨（阳）光大道迈进。复思人之生离死别，使人最热烈富有情感之一幕，余离此已二十余年矣，则人生过程中能有几何年岁月，此兄嫂依依不舍，大有抚今思昔不胜感慨，余濡笔以记之。此时延儿行走兴趣浓浓，不像以前踟蹰不进之状，在途或歌或唱，自鸣得意，亦无跋涉疲劳之象。三十五里之遥，中午已到达西袁矣。午饭后内人告余同

（十二）

来避难之丁府与蔡嫂未识近况若何，嘱余明日探望。余告知内人在冬月初偕延儿与袁大表兄以作初次之问候。次晨偕内人与延儿作第二次之问候。路过新篁巷，在义顺茶社刻进茶点而散，过小桥之南，适逢周嫂与蔡嫂同伴买菜而归，可算不期而遇。一同到曹村，正是丁母倚闾而望，其时外孙男女在旁，突见余夫妇而至，声言吴伯母至矣，其活泼异常可爱。丁母闻知曲膝仰天感谢，忧哉异喜，南京安靖可望回矣。余一面安慰老人，告以时局情形，余夫妇来此问候并非接你们回南京。现时道途传言纷纭，南京沦陷后未能逃出之民众遭敌人屠杀，无一幸免，大都乡间流言凶多吉少。老人听知心中感觉不安，并云周绍庭与桂生孙儿究不知逃在何处。继而蔡嫂关心蔡君下落，各人言道：在此举目无亲，生活支持殊感不易，如再得不到接济，各人均有绝粮之虞。余闻听之下，感自身经济状况亦复相同，实有爱莫能助之叹，茶余间，据房主老人告余乡村生活简单，现各村庄应付江南逃难之民众如何照应，如何接济食粮安慰，言

之历历如绘。老人为一朴实忠厚长者，余面托至谢。午后三时告别并向丁母声言：一俟交通恢复，余决计不避艰险，只身过江探听诸位仁兄下落，请丁母蔡嫂暂时耐守，静听佳音。揖别而归。日来雨雪纷飞，生意停顿，乡间家家蒸糕磨豆腐筹备过年，热闹异常。余对此生情，我等难民流亡在外，根本谈不到年关享受。为节省经济开支，一切从俭。余一家六口手中现款不足贰十元，个人经济恐慌已达极点。此处赌风甚炽，近邻村庄抢劫时有所闻。入夜有时枪声大作，间阎因感不安，尤以难民中平日稍有财

（十三）

名闻而生畏，大有消(销)声匿迹裹足不前之势。市场惟有吃食馆获利甚厚，常有坐客人满之患。其他必需品商店生意亦颇感不恶，其获利之丰无不较平时有过倍之余，为国难财，开乡镇生意未有之新纪录。六合一县本属人烟稠密之区，城内市面亦很繁荣，因战事暴发突增十余万之客民，散居城镇乡。所幸本年丰收，粮食可告无虞，生活之低廉，据当地人云最近受客民之影响，否则还要加倍低廉。现时物价逐渐上涨，大有供不应求之势。惟住房一项租金极昂，乡民认为奇货可居，先付后住，得此意外之收获乡民无不喜笑颜开。余妻内表兄平日无往来，因住西袁而相识，托内人在两月前借洋十元，当时声明数日内归还。不料拖延既达两月，时届旧历年关，一切无准备，需用在所不免。催索有时不理，竟然或发脾气，此种不近人情之举动真出人意料所不及。我等避难居此，逐日坐吃山空，纵无帮助还向余借贷。余平日非富有而经济状况彼所深知，现仅有数十元预备度此残年，足见彼之心理已不堪闻问。后得舅父调解，分期抽还，将整数化为零数收回，拖至除夕前一日方告清楚。彼反对人言：余在此需要我照顾，不还亦可。伊缺乏理智近于敲诈性，如不是舅父催索，则此款已化为乌有。乡愚之见何期短也。余领教后以作来日经验阅历之谈。同门常姓来之六合，系一(回教徒)①，同居友善，嘱余妻购菜，此处过年习惯十日无菜应市。除夕之夜，余在朦胧间随爆竹之声而醒，不觉残余之年从此别矣。但

---

① 原文括号。

愿国运经此更新,胜利之年降生,凡属国人无不虔诚默祷,庆祝是也。元日气候酷冷,雪花纷飞,

(十四)

为丰年之预兆。转瞬已届灯节,余闻六合龙灯久负盛名,尤以该县南乡水斋湾之灯可为全县之冠。据当地人士云每逢灯节,农人捐助重资,钩心斗角研究,灯之式样无不精彩百出,得赏灯好评,远在数十里以外之农人得以欣赏为快,其争先恐后胜(盛)极一时。每一农人因观灯之损失以五元计,其数亦属可观,足微该乡之富庶信而不诬。乡民对于迎神赛会踊跃参加,此风到处皆然。扭于习惯,一时不易破除。惟玩灯一项似有意义,较之一般迎神赛会近与迷信者有别,值得提倡推广风行,择其要者略而言之:(一)春为岁首,俗云一日之间在于辰,一年四季在于春,万物由春而生,春为农事复苏之日,农民舞灯欣赏为庆祝丰年之兆;(二)玩灯比赛亦可说锻炼身体,周身骨节调和,气血舒适,增强体制,为运动有益之动作。上述两点似有值得提倡之必要。此举亦有人不赞成,认为迎神赛会近于迷信,往往藉赛会人众之时,最易发生意外冲突。人与人平日稍有涉嫌,乘隙寻衅,藉此泄愤,甚至酿成命案涉讼官厅亦所不惜。此为肇事应当禁止之理由。本年受时局影响,灯节停止举行,不然余在此一饱眼福。八百桥附近村庄终日锣鼓喧天,每以农人纠合十数人一组,兴高彩(采)烈,杠一柴龙显耀于市,妇女儿童均踊跃参加,真有风起云涌之势,空前盛况胜(盛)极一时。外来客民观看,无不捧腹,都云六合之灯莫过耳耳,认为以前之说近于夸张。究竟何说为是,刻吾人不能证明,代为辩护,只得姑妄言之。余小本糊口,趁此机遇,进至六合城内批货色要紧。便中访问姚老,诚一举而两便。次晨,即农历元月十一日,由西袁距城二十五里,余行三小时

(十五)

已抵北门。进城所见最繁盛十字街竟成一片焦土,两旁摊户林立,完整住房、整齐商场已摧毁殆尽。十室九空,庐舍邱墟,疮痍满目令人视之真不寒而慄。

其惨不忍睹望而生畏，人民死亡财产损失已无法统计，诚为六合空前之浩劫。赴后街，姚老开门相迎，询即（及）何人，余答以雁秋是也。老人精神萎靡，面容枯竭，声音微弱，劫后余生饱受虚惊所致。老人视余形容憔悴，比（彼）时入内，见钟老太太左臂缠白布日徽表示被讨伐之顺民，埋头理菜见余亦不相识。睹此二老以古稀之年离开家庭，度一时之苟安，不意到此，时未兼旬而县城已告失陷，别开南京之危复入六合之险，真是祸不单行。不可避免究于定数是也，二老六合之行岂不冤哉枉也。长者云：两月来饱受虚惊，终日惶惶惴测不安，早置身于度外。年初一日人醉后敲门，我因稍缓，不料进门臂头一铁杠，若非闪让迅速，险遭非命，否则已无缘相见矣，可谓不幸中之幸。因此忐忑不安，尽夜失眠。有时梦寐中幻然如见儿辈，醒然方知梦中人。于是心绪欠佳已可想见。余劝老人多言伤神，嗣后宜静养为是，切勿分神至要……老人备晚膳，余虽不忍食，亦不得不食。茶余间余对老人表示：现闻长江开放，交通恢复，余不日过江一行，老人如有使命，余决不推诿。比（彼）时老人复云：君如过江，如见我儿女，以平安见告汝辈，能随君过江接我更好，否则听天由命，切勿免强汝辈云云。余以前犹疑，故未成行。今见老人迫切希于一行，若再迁延时日，恐发生不测均在意中。此行无论有多艰险在所不计，俗云受人之托忠人之事，揆诸事理均不容辞。午后应达家巷常厚安君之约备留晚膳，寄宿于常府。翌晨承约第一泉茶点而散，至城跟购花生糖贰

（十六）

百块、棉线少许，恐不合销，未逾时由厚宽兄购去，转至瓜埠小贩，盈余乙元五角，分润我二角，余未接收。常君购茶叶送余，因无确定标价，还价之间发生口角，继而挥拳，经余劝解，始告平息，酒后滋事，劝常君引以为戒。随（遂）告别，顺北门公路而返八百桥。当日因货色笨重，行走极缓，夕阳西下尚在途中，到达西袁已灯烛明亮。儿女环绕，问余所购何物，答以花生糖是也。两日路程所得之利润仅数毛角洋，可见小本微利吃饭之难，已可想见。由此类推，社会一般劳苦民众日出暮归，奔走四方，以血汗之辛勤觅得蝇头微利，论个人尚难温饱，安以室家之累其何以堪。先哲云不患寡而患不均，造成贫者愈贫，富者愈

富。西人孟德斯鸠唯物是观论天赋人权,天生人无富贵贫贱之阶级,人类有智愚之别。论我国知识份子,除少数优秀人士以服务地方为志愿,不以名利所驱使,专以造福人群,凡民间疾苦,无不深入民间,尽力帮助,民有困难设法救济,怆慈善为怀,尽菩萨心肠,此种慈善团体、民意机构服务精神诚为社会人士所崇拜与敬仰。较之我国政界人士高尚多多。若辈以入政界为天之骄子,平日高车驷马,呼奴唤婢,养尊处优享尽人间乐事,造成今日无官不贪、无吏不污政治腐败为不可掩之事实,专以巧言欺骗民众"如何替人民服务、解除痛苦、废除苛捐杂税,如何一身许国、廉洁自守"此种宣传官样文章之文字为做官就职口头禅,言行不一酿成政治不良之弊政是也。至于富商大腹贾,专以高利贷剥削小资本商人、富农,压迫中农或佃农,造成今日社会平(贫)富不均,所谓富则愈富贫则愈贫之现象,促成权贵横行,使无产阶

(十七)

级平民受尽辛勤终日不得一饱,是谁之过软?是万恶社会所造成。余管见所及,略言以记之。废历正月十四,内人促余赴南京,若再迟延,势必生活无法支持,与其坐而待毙,不如冒险一行。余环顾当日情况,分析言之,一则妻亲因平日缺联络无情感,不但经济无帮助,则精神上亦无安慰之可能,虽有其名毫无实际。住此已达三月,偶有接谈,彼以瞠目视之,深恐余设法借贷,所谓人情冷淡,世态炎凉,信不诬也。好在余事先声明嗣后个人无论状况如何,决不在此负累远亲;再则生意不遂缺乏资本亦属实情,因而坐食将有数之款逐日消耗待尽。上述情况迫切,使余不能坐而待毙,于正月十四日清晨七时约同汤君离开八百桥。在临行时家中仅有五元,余带贰元六毛以作川资之用。中午十一时有同伴四人进东门。在后街途遇姚瘦秋,余告以赴南京。老人约便饭,余因赶路心切未便叨扰,比即面谢出南门。在小面馆四人略进茶点休息片刻,路过水斋湾,到谢家甸已夕阳西下。六十五里路程已到达,各人疲乏,觅一小客栈安顿。余觉得精神较同行三人还好,受了乡村三月长途训练,否则走路无此勇气。当晚清风徐来,浩(皓)月明朗,照耀江中,一望无边。同伴三人已入睡乡,独余展转不能成寐,其时天有不测之风云,突然狂风大作,波涛怒吼之声不绝

于耳,思虑明日过江有无妨碍恐成问题,只得听其自然演变。余睡寐不足二小时,天已黎明,风已少寝。各人付账鱼贯而出,见船有不敷过乘之虑,于是争先恐后上船,所幸尚能免强安顿。船资腾贵,每人六角,先付后开,如此苛刻,为船户千载难逢之机,否则一江之隔望洋兴叹非我莫属。大乱后人心险恶,于此可见。是日江风袭袭,吹动浪花纷飞。沿

(十八)

江岸而行,七时转舵三十里江面到达南岸宝塔桥。正上午十点钟登岸,由汤君领导在前,同行跟随于后。街市房屋毁坏无一完整,最繁盛下关商埠街竟成一片焦土,真是疮痍满目,令人不寒而慄望而生畏。路上行人绝迹,只有少数荷肩负担苦力同胞小贩而已。通衢大道日军荷枪实弹鹄立,往来见日军须脱帽一鞠躬致敬。同来汤君口吸香烟过街,被日军呼回严厉申斥,口中噜噜喃喃表示汤君无礼貌轻视意思。幸有其他之卫兵代为缓颊,嘱汤君行礼道歉。汤君低首九十九度一鞠躬,告毕而行,言道国未亡而身先亡,战败国人民受此侮辱,真是人民奇耻,勿怪江北岸人不愿回到江南岸,均视若畏途。我等同行睹此情状,只得付之一叹。由海甯门①进城,照例脱帽敬礼,由卫兵检查各人身畔。余告以进城登记(因无安居证故),甲兵阻余进城,乙兵面有和色,挥手指我进城。余趁机道谢,跟同汤君顺难民区,中午在汤君至戚处便饭,余因归家心切,至谢而别。所见街道两旁尚有芦席裹藏尸体,到处均有,南京破城已达三月之久,掩埋工作不为(谓)不久,而未能掩埋者比比皆是,足见死亡之众信而不诬,开南京有史以来惨杀之浩劫。死亡统计一时无从稽考,据当时父老口传已达十万以上,是否属实恐不止此数。暴日如此惨酷,开国际史杀人新纪录。南京一地杀人竟达十万以上,推至各地杀人数字更属惊人。此种血债凡属国人总有清算之一日,所幸国际人士组织难民区拯救无力逃出三十万以上之民众。当时若无此项组织,相信牺牲者无一生还。凡未离开首都民众此刻无不同声感谢国际慈善家之大德,尤其青年妇女此次惨遭兽兵蹂躏,无论失节与未失节妇

---

　　①　海甯门,疑为海陵门,今挹江门,是连通南京城内与下关码头(中山码头)的重要通道。

女均皆蓬

（十九）

头垢面表示,恐怖心理仍未稍减。据妇女言道我等在难民区若不是国际人士爱护妇女,失身无一幸免。大有顶首膜拜感念西国人士不忘之恩。城内与下关破坏相等,凡是繁盛之区,高大建筑、完整房屋被炮弹炸毁或遭飞机燃烧。敌人进城到处烽火连天,不分昼夜竟达一星期之久。将若大南京灿烂首都烧成一片焦土,变为瓦砾场。所见芦舍坵墟疮痍满目,沿途扶老携幼不啻人间地狱,惊心动魄不寒而慄,真有沧桑不同今昔之感。所幸偏僻之门东西平民住宅大都破坏不堪敌人未遭破坏,尚能暂避风雨外,否则数十万无力逃亡之同胞亦无藏身之所,诚不幸中之幸。午后三时抵故里五间厅,门前排列棺柩三五具,其上浮桥至余处沿途无一人,在万籁无声鸡犬不惊中家家门户紧闭。寂寞徘徊良久,余觉得置身另一世界。叩门许久竟无人作答,转入对门周绍庭兄处,突见余至,不禁欣然跃喜,揭开周兄苦闷心绪,比即告以丁母周嫂以及子女刻在乡间均安,惟生活处境不裕,希望派人接回。其时姚英雨兄由乡返里,并将老人近况转告。余检点家并无若(任)何损失,仅存柴米油盐菜闻老母赠送邻人,翌晨至母处,"①母告我汝等过江之翌日,在汝处看门,南京陷落,日兵挨户检查,进门时有一兵因言语隔阂无法传达,该兵酒后手持刺刀向我索钱,我用手表示身上没有钱,该兵气忿之下用力一推,将我推倒地下,险遭非命。未逾片时对门与隔璧(壁)被该兵用刺刀接连戳死,两人当时血流如注,尸身横倒地下已多日,经地方人收殓抬埋。日兵凶恶毒辣,言之历历可畏。其恐怖之心似未稍减,如我不在汝处,汝之东西早以罄净矣。限我

（二十）

之病由汝处而起,当时受吓过剧,被日兵推倒以后完全不知人事,幸蒙邻人救

---

① 原文引号。

起,已患软瘫病,周身麻木不能行动近已两月尚未全愈,时时需人照应,望汝速即归来"云云。余安慰母亲并感谢邻人。余感想所及,在此大乱中,万一母病因而不测又如何得了。无形中增加余之隐忧。当日承周君招待宿膳一夜。翌日(即阳历二月十七日)①晨八时至水西门外领安居证,在日军严厉检视下,规定每四人一排分男左女右,各人循规蹈距(矩)秩序井然已达五小时之久,时交中午一时将护身符证书领回,一面促周姚两君通知于明日七时过江。余因川资不足向骆母借贷不成,继而向刘嫂通融又未成,以区区微数如此艰难想乱世金融各人窘迫已可想见。次日随同诸人步行至下关,船资由某君带(代)付。所幸一路风平浪静,午后二时到达谢家甸登岸。该处距县城四十里,各人略进茶点休息片刻。受赶路心所驱使,为时已短,恐赶不到县城为虑,于是大家计议无论如何当日非到达方休。余作向导,由二时一刻起行,一鼓作气勇往直前。路过水斋湾仅休息十分钟,到达县城已万家灯火矣。途中行走四小时,各人已精疲力竭。赶至后街,英雨兄见乃父因劫后余生异地重逢,以父子关系骨肉情长,见面时泪痕斑斑。承姚老面嘱招待大众。周绍庭兄慷慨言之:大家经济困难,各人听其自便。表示各不相扰,共同组织晚膳,各人化费贰毛。余承英雨兄挽留一宿,同来诸位另住饭店,大家由此分手。次晨,余应姚老英雨之约正在啜茗间,人声鼎沸,一时不知所云。忽云中央军已进城,大家兴奋,一时欢声如雷。嗣后方知少数保安队。余在人群中告别,遄往八百桥。内人摆摊桥上,相见甚欢。随赴西袁午饭,告以江南近情。由废历正月十四日至

(二一)

同月二十一日往返八日。佩女由溪篁巷②赶集,道听周君之言,归来甚以为喜。但未行之前内人嘱余设法借贷,今见余空手回来,颇感失望。余告此行由各方促成,一则回家探望老母有无若(任)何损失,再则受同来诸人之嘱托探听各人家中真实情形,所负使命是如此虽冒险过江附带人群义务而去各家得余之真

---

① 原文括号。

② 疑为新篁巷。

相，今父见其子妻见其夫乱后归来其乐融融。由余一家之欢推及各家，此乃无他，推己及人是也，凡爱物须先爱群，人为万物之灵，能不有感于中？余感想所及，内人听知动容而内心亦少安慰矣。此时预备携眷回南京，因川资无着踌躇间无办法，大有欲住不能欲归不得，金钱万恶使余一筹莫展，终日苦闷竟在无办法中。余由江南携来与内人紮绒洋绉袍各一件，嘱内人向薛府靠押五元以作川资之用，并告以短期内赎取。余自问异日有无余力到此赎回，恐亦不得而知。当时以莫须有含混向内人作答割爱是实虚伪是真，试问若不如此必遭内人之不快。正月廿七日留长女在家候门，余携妻儿至曹村探望。据周嫂向余言，前天伊全家行至六合被谣言所阻而未果行，仍然折回，现改变方针，周绍庭本人因邮务局恢复在即只身先回，眷属随后派人来接。挽留余等午饭，因此得到不能同行之结果。午后三时至谢而别。翌日购火柴一打香烟少许，此货江南缺乏，带回作小生意。时至废历正月二十九日，余告知长女过江黄山尾附近有少数日军非法举动，青年妇女往来间恐遭侮辱均不敢冒险过江。为汝安全设想，单留汝在此少候，一俟无阻余亲来接汝。望汝善体斯意，好好耐守，不可大意，慎重门户，叮咛再三并托内亲关照一切而别。内人含泪，余目睹心酸，亦复难过，余又

（二二）

面嘱佩女，望汝耐守，稍安毋躁，不日接汝，留洋壹元以作零星日用，余竟不回顾，以父母之心酷爱子女是人之情长。离开西袁村由此行矣，全家五口荷肩负担往辰（疑为瓜）埠进行，在新篁巷进茶点，过横梁殿而往冯家山头。大儿故作不良于行，经内人督促于后口出怨言，途中逗留不进。正在为难之际，幸遇路中热心人怜惜，替余荷担，一面将大儿包裹卸下减轻分量，免强缓行。年儿方九岁，骥尾相随，不言不语，精神活泼如作得意状，行走或歌或唱，毫无倦容表示，望家心切，今作归计，虽长途跋涉翻山越岭之劳亦所不辞。正是乡村三月，农人耕锄之时，秧歌遍地，远听清晰男女和调，似有身入仙境乐而忘忧之感。静即思动，乡村久住生厌世人之情长，今日行动如鱼得水，大家无不欣欣然。越过冯家山头茶社小休，继续进行，中午已到瓜埠。同行某君因往他处，余极

力挽留午饭,彼直意不扰,面谢偏劳。在中街便饭时遇南京银作坊邻人周嫂,互相问候。比时各人精疲力竭,经过长时间休息,延至午后三时方出店。顺河沿走有里许,过河登岸,往通江集而行。各人疲惫之余均无此勇气,余因两肩磨擦痛疼,感觉不舒,虽然勉力前进,以九十步效百步。已夕阳西下,正在道傍休息,遇一长者过问,知余是避难携眷归家,承长者善意嘱余,因时间过晚若赶至通江集还有六七里路程,就是到达已不能过江,最好在伊处寄宿一宵,俟等天明过江最方便。余告萍水相逢岂敢打搅。长者云:人生何处不相逢,在此大乱中遇君等难得,况江南亦是我旧游之地,假使我得便嗣后打搅君处亦未可知。余见长者盛意难却,若不如是恐负人之盛情。余

(二三)

夫妇随长者而入,进门嘱伊媳盥水洗面备晚膳,各人饱食一餐。茶余间灯下闲谈。据长者云,处此乱世之秋朋友不易多得,长者缪天培,本地人,行年六十二岁,世居后滩务农为业。前妻亡故无子女,于三十九岁续弦四十岁添一子(取名四十子)①,感觉得子太晚,心中表示遗憾。伊子现年二十三岁,早年娶一媳去岁添一孙女。田虽不多自耕自种衣食堪以无忧。子媳待人和蔼可亲,一家安居,其乐融融,成为一忠实朴素家庭,真有令人羡慕不已。长者国学渊深,谈吐兼长,引经据典足见平日对于国学有深刻研究,否则记忆力无此坚强,可为难能。时至深夜,大有相见太晚。翌晨告别,内人赠给孙女二角,彼坚不受,经再三说项而接收。道别互相至谢,余对此情景途中所遇第一好人是也。到达江边茶社盥漱,各人进茶点,先付船资四毛,一家五口较余上次过江便宜多多。是日风平浪静,一路风帆顺流而下。到达巴(笆)斗山登岸,顺至公路约行六七里,过晓庄到迈皋桥,沽茗一盏藉作休息。所见公路两旁房屋破坏,无一完整,田间死尸垒垒,或卧或仰,晒得黑而发赤,群犬争食,历历在目,人间惨事均不忍目睹。最可痛心者久负盛名晓庄师范学校。该校设备完善,为全国之冠,号有模范之称。在民七由陶行知先生创办,苦心经营,尽毕生募化之力,十余年

---

① 原文括号。

来校誉卓著。始而便利乡村子弟,采取半耕半读以求实避虚为校规,埋头苦干,迄今脍炙人口,有口皆碑。在开办伊始遭公私立各校之忌,反对甚烈,因该校如此号招(召)有碍各校未来之发展。以后此风少戢,校风日炽,遐尔(迩)远近,学子争先恐后无不以进该校为誉,为学校全盛世代。不料民十九遭胡汉民先生之物议,认为该校有宣传过激主义之嫌,故而勒令停办。十

(二四)

余年来惨淡经营之学府毁之一旦,余不无可惜,因管见所及,不禁期然而叹,故拉杂以记之。离开茶社进和平门,日兵络绎不绝,妻儿见而生畏,在未进城之先经余告诉一番,继而进城,日兵见儿辈活泼可爱馈赠糖果,儿童恐惧之心仍为稍减,由余指导接受变为欢迎状态,一路喜笑容容,一路无阻。余爱惜小儿起见,在新街口雇黄包车一辆,嘱内人携带趁(乘)坐,余与大儿跟随于后,到达故里是废历正月三十日,在途两日。骆母开门故作惊人状态,"吴先生藤箱被劫,我住在门内,皂白不清,如何得了"云云。余闻听之下检点箱内,无一件存在,使我气愤填胸。如此狼败归还遭若大损失,此类宵小非来自远方,定是附近贼辈毫无疑异。余上次回来,当时取衣突遭贼眼一顾,俟余过江,无人在家,乘机劫取,否则无人知我柴房有此蕴藏,事实显然亦可断定。处此非常无法无天,俟等法院成立,再行依法诉追。第二日休息,第三天开始做小生意。内人在太平桥摆香烟摊,延儿持香烟沿街纳(呐)喊,生意颇不恶。每日尚能盈余一元左右不等。当时生活低廉,家中赖以补助。余在莫愁路收纸贩卖(俗名打晏)①,如此鬼混已达两星期之久。一日阴雨,在百般无聊中,京市自遭敌人破坏元气大伤,恐三十年不能恢复旧观。劫后余生,一般无告民众谋生乏术,图作小本生意以维生活现状,因而市场并无正当商店,只有道旁摊户林立,如同乡镇逢集。然其深街小巷,贩卖呐喊之声不绝于途,尤其在夜静万籁无声中听若辈之悲音,平日原非贩夫走卒,在此大乱中迫于生活,不得不就个人经济状况以图苟延,改作小本营生。无论男女老幼大家一律平等交易,并无富贵阶级

---

① 原文括号。

之分,大都愁容满面衣服破旧不堪。如此惨象,真有人事日非之叹,不禁慷慨
系之。最令人痛心一般尚未成年儿童,平日受良师教导,生活无忧,

(二五)

度其天真烂漫活泼生活,值得父兄欣羡不已。经过此番浩劫,儿童变为难童。
因父兄失业,在长期抗战中商业一时不易恢复常态,故将儿女暂充临时走贩以
维现状,所见此类儿童逐日奔走往来于途,喊得喉干舌哑,一遇阴雨周身泥污,
以半潮半湿之身满面憔悴,其状可悯,路人怜惜,父母心酸。受环境驱使,出此
下策,是问之过欤,虽属生活逼人,亦是万恶敌人一手造成。余对景生情,自己
儿女饱受此种痛苦,推己及人,能不有感于中?内人见生意清淡改变方针,迩
来收买估衣已入佳境。光阴荏苒,转瞬已达二月中旬。余惦念长女心切,虽属
托人照应,但限于经济力无多,恐在乡受窘,故而放心不下,加以内人催促,于
废历二月十五日作第三次过江,随带道林纸二百张,要货数件,补助川资之用。
是日天朗气清,惠风和畅,早七时趁帆船过江,在风平浪静阳春美景之下,旅客
多而不挤,有旅客某甲言谈故事指手画脚有声有色,解除旅客寂寞不少,船中
人闻知无不捧腹,余之烦恼亦因而消释。在不知不觉间,一江之隔谢家甸已到
达。登岸后虑川资不足,荷肩负担约有五十余公斤重量,勇往迈进,一路呼号。
路过江家桥休息间,将儿童玩具展开营业,乡人麇集互相购买,虽问价而不还
价,只见货少而不见送钱,幸有人告余(此处乡人爱小为不良恶习往往小贩来
此大都吃亏而去,嘱余紧[谨]慎,不可随便给人取货,以防货少云云)①,余闻听
之下,检点货色,已缺少数件,再检查钱数与货款之比例,相差甚远,足见来人
之言信不诬也。该处乡人爱小,形同窃盗于此可见。比即收拾侧身西向。午
后一时距水斋湾不足里许,见乡人纷纷逃避,闻有日兵自由行动,在村中打鸡
(劫)勒索人钱并有奸淫妇女情事。余因赶路心切,不

---

① 原文括号。

（二六）

避艰险,行至该处,果见日兵三五持枪鹄立村头,对往来行人注视甚严,余至此埋头而过,幸无若(任)何举动。自称文明国家,军人在此光天化日,不顾人间耻辱,如此兽性,恐世界极野蛮人类亦无此等行为。妇女隐藏惊惶万状,如大祸之降临,人间恨事。哀我华人近百年受尽外来侵略,今日世界有强权无公理,中国被征服全世界人类恐亦不能幸免。现时受害者为我华人,如知后患请参阅(日相田中桂太郎奏折)便知其详。余抵水斋湾并未小憩,受赶路心驱使,勇往公路迈进。当时两肩压得痛疼难受,一面走,累得汗流浃面喘息未定,只得免力支持。到达县城已夕阳西下,近闻该处谣言甚炽,进南门守兵检查虽严态度异常和蔼,该兵系江苏保安队第二团驻防之兵,检查旅客有无挟带违禁物品劣货(即日货)①,余告携带纯粹国货,经一一检查完毕后通过。遄至后街,承姚老邀约,至滁来泉沐浴。晚间在常府便饭,前避居八百桥西袁同门卖糕老王沽酒饮谈江南最近情况,不觉在愉快间似有醉意,所幸尚未过量,否则殊不雅观,饭毕住于姚老处。翌日上午将货推销,盈余四元五角,不无小补。十点钟辞别,出北门往八百桥。午后一时抵西园(袁),见佩女摸螺丝(蛳)方回,正在塘边洗剔,突见我,喜笑颜开迎来。我煮螺丝为肴,比即赶至镇上,沽酒少许,父女间闲谈家事,其乐融融。余受两日劳顿,疲乏间不觉酊酩鼾睡竟达十二时以上,醒来已旭日东升。当日适逢新篁巷集期,将賸(剩)余之货尽力推销,其未能推销无几,分润亲友,赶回午饭。我女云今晚舅父薛老先生请我便饭,表示钱别,余恐盛情难却,当晚准时而到。承二老热忱招待,寒宣(暄)中在此异常简慢毫无照应表示歉意。余除至谢二老外深谈间不觉

（二七）

已十点。归来当时嘱我女明早整理行装,欲作归计。翌晨(系旧历二月十八

---

① 原文括号。

日)①盥洗已毕,一一告辞,立即付房金,将所借之米折合现金付讫完毕,然后携我女再至诸亲友处面谢而别。离开西袁赶至新篁巷,进茶点饱食一餐,购猪肉贰斤,奔阳光大道而行。时在仲春,桃李争妍,桑田美景绿柳成荫,阡陌良顷。吾人置身于圩堤上,见农人忙于春耕,秧歌载道,历历可晰,其声渺小,婉转动听,使人留恋不舍,真有弃市还乡之感。宇宙间为大自然界所造成是也,居住城市之人求物质享受,养成骄气凌人不可一世,很少得到大自然之快乐。殊不知农人一年辛勤各半,一旦收获到家,其乐无从与城市人相较,真万尘莫及,余在乡村居住三月,深知。其间目睹乡民生活,衣食简单化,一味朴素勤俭,绝不向(像)城市人之浪费,诚为农人之美德。但乡间亦有美中不足之处,农人好赌,此种习惯,到处皆然。一旦秋收种麦后,正是农人闲散,三五成群,茶馆酒肆间为若辈公开赌博场所,输赢甚巨,经年累月之所得有时付之一旦,甚至靠押田地孤注一掷以作最后之胜负亦所不惜。推原其故,因无教育感化灌输是也。余因感想所及,拉杂记之。路过横梁殿我女见余负担过重,减轻分量,沿途轮流替换休息。较之余上次回去便宜多多。佩女体格健全,臂力过人,步行速度敏疾,三十五里辰(瓜)埠午饭前赶到。比即觅一饭馆休息,正徘徊间遇老友周君介绍,在伊处起座,午后三时左右余离开辰(瓜)埠,承周君直意挽留,余因回家心切,至得心领面谢而别。过河顺圩埂前进到达后滩缪老处,日落西山,近已黄昏。承伊儿媳招待。未片刻,正是缪老归来,云及相隔日久,因何迟至今日方来接

(二八)

姑娘。余告江南情形自身处境,虽属一江之隔,在此生意清淡,经济不裕中往返一次亦属不易。彼又云乱世之秋,银钱艰难不特城市如是,就是乡间又何不竟然。余等闻听之下,不禁同声一叹,是夜狂风大起,芦圩中一片怒吼之声,惊人万状。余一夜未能睡寐,筹躇恐明日过江风阻。所幸翌日黎明,风以(已)少缓。承缪老坚意挽留一日,余恐内人盼望甚切,故婉言至谢,并嘱后会有期。

---

① 原文括号。

余深感两次叨扰，此情置诸异日再图酬报。赶至江边，所见帆船无多，大约避风未敢冒险航行。余先付船资六角，将佩女藏于船底舱以避风险，余置身中舱。在扯蓬转舵间狂风大起，波涛汹涌浪花溅溅，大有山雨欲来惊惶万状之势，嘱我女镇静躲避舱内，切勿声张。过黄山尾大雨如注，日兵检查无形中停顿，否则多一番麻烦。风力加强，虽在浪骸中，幸赖舵工经验丰富安然渡过。据同船老顾客云今日舵工若无经验，危险万状，吾等今日冒险不幸中之幸。本日适逢观世音菩萨诞辰，俗云雨汛（水）日。佩女受浪颠簸呕吐头昏不止。到达岔江，风以少寝，余周身泞淋被雨，潮如落汤鸡是也。十时到宝塔桥登岸，嘱佩女化装，女以黑烟涂面，余睹此不禁浩然而叹。如此景象使我啼笑皆非，不知成何世界，真是人间耻辱。沿铁道而非受日兵检查已达三次以上，旅客遭次麻烦，无不叫苦连天，大都敢怒而不敢言。在茶社小憩，承茶社某甲言最好用黑布缠头以免显露，我女闻知遵从办理。进海临（陵）门沿途无阻，由难民区而到家，时交中午，大雨如注，亦云巧矣。由废历二月十五日至十九日计六日。内人闻女之声，喜笑颜开，母女相见依依，其乐融融，而余任务已从此截至。上述情形，由民国二十六年八月十五日自敌机投弹日

（二九）

起至民国二十七年三月二十四日止，以上七个半月流亡经过为本。年仲夏之初阴雨连绵，在百般无聊中回忆避难，在大江南北遭遇真实情形，非个人身历其境不得尽情描写于万一。人民经过此番之惨痛，暴露敌人真面目，开我国有史以来千古之遗恨。国人损失分别略而言之：在有形方面，因战事损失生命财产数字无法统计，尤其奸淫妇女失节与失节因而牺牲性命不知凡几；而无形方面，人民失业儿童失学，教育之损失在此长期抗战中为日愈久受害愈烈，南京失陷为抗战之始，将来战争达到胜利阶段几何年月结束实难估计。至于国家建设，受战事破坏，其损失更大，恐一时亦无法统计，俟等战事结束后与暴日总结算。此种惨痛历历在目，凡属国人，有刻骨铭心最难忘怀永矢勿谖（谖）之纪念。在此霪雨连绵终日足不出户一愁莫展中回忆往事，将经过一切之一切大同小异，其中颇多遗漏。因无日记参考之故，凭余头脑思索恐有不尽之处是所

难免，以见拙之心虽一时不能尽情详记，以为引证搜罗其他材料补续于前，但亦不能不将暴日惨杀真实情形披露以留我子孙参考于后，文字之简陋虽不足以供高明大雅之见赏，关于世乱兴衰，余聊尽国民一份子之天职应有记述。余不学无术，幼年失学中年谋生于外，以老大年华徒增岁月之感，自愧一无长进，拙记自序置诸异日永作我子孙勿忘国耻之纪念耳。

雁秋记廿七年三月于五间厅住宅

（空白页）

溯思民国十六年自国民党窃取政权二十余年来，人民在独裁统治下而蒋政权藉三民主义为号招（召）实质早已投降英美帝国主义怀抱，一手造成法西斯主义，实行独裁政治一党包办，伪宪法捏造名义产生伪总统，博得美帝国主义支援，利用四大家族豪门为爪牙，造成官僚资本，排除异己，拢断把持无所不用其极，滥发无限制金圆券，吸收人民现金，发动全面内战，与我人民解放军为敌，其结果反而促成军事总崩溃、经济破产、政治腐化贪污无能而不可收拾之局面，大有无官不贪无吏不污。而一般腐化官僚平日利用职权趁火打劫混水摸鱼，极尽剥削为能事，此风弥满全国，怨声载道。人民受此压迫，无不日在水深火热中，其痛苦已不堪言状。今幸我解放军以解放全国为目的，救民于水火，南京获得解放。迩来物价日趋稳定，人民生活逐渐减轻，较之国民党匪帮在此，真不可同日而语。民人深感解放军为解放人民痛苦，奉行毛主席新民主主义解放全中国为任务，人人得到解放，人人有权检举有供献地方情形之义务，民人一得之愚，不揣谫陋。兹将南京平日贪污欺压民众之国特首长伪首都高等法院院长赵琛、伪首都地方法院院长陈光虞罪行以供我

基于场所视阈下的城市公共空间研究

——以上海南昌路咖啡馆为个案

韩亚辉　史静远

摘要：上海是国内拥有咖啡馆数量最多的城市。咖啡馆作为城市社会中的基本空间单位，已经深深嵌入城市的生活空间肌理。南昌路原属法租界区域，是一个见证了近代百年历史风云的街区，坐落在这里的咖啡馆吸引着无数人光顾。本文试图从物理属性、社会交往属性、文化属性三个维度分析南昌路咖啡馆为城市及生活于其中的人们提供了怎样的场所，带来哪些价值与心理满足，并对其背后的深层社会、情感原因进行探析。

关键词：咖啡馆；公共空间；城市记忆

20 世纪 50 年代，加拿大传播学者哈罗德·伊尼斯（Harold Adams Innis）在《帝国与传播》中，讨论了"空间性媒介""空间偏向的媒介""倚重空间的媒介"等概念，对其定义进行了界定和阐述，并将空间作为一个重要的维度引入了传播学研究，①媒介视角开始向空间维度转向。咖啡馆研究往往从文化研究角度出发，从媒介传播视角审视咖啡馆这一城市空间元素，能够带给我们别样的启发。

　　2021 年 1 月，上海交通大学与美国南加州大学联合团队公布《2020 国际文化大都市评价报告》，报告显示，在全球 50 个国际文化大都市中，上海的咖啡馆和茶馆总数排名第一。② 咖啡馆文化成为上海城市特色景观的重要组成部分。

　　上海市南昌路位于原法租界，1600 多米长的街道内坐落着几十家风格各异的咖啡馆，在社交媒体测评的消费榜单中具备相当影响力。同时，南昌路承载着上海独特的历史和文化往事。正如阿尔多·罗西（Aldo Rossi）所言，城市记忆是城市中的社会群体对城市有形物质空间和无形精神文化的共同记忆，具有强烈的空间性。③ 不同于毗邻的思南路、淮海中路等高度商业化的"网红"街道，南昌路没有受到商业化的过分"侵蚀"，很大程度上保留了本地民的生活气息，城市记忆的留存使此地的咖啡馆在上海城市文化中有着一定的代表性。本文选取南昌路咖啡馆为研究对象，基于场所理论考察微观视角下的城市公共空间物理属性、社会交往属性和文化属性，以期更具典范地展现咖啡馆对于城市人们的文化、空间和生活意义。

一、南昌路及咖啡馆场所的物理属性

　　场所，并非凝固而永恒的结构状态，场所总是处于动态变迁过程之中，场所能够吸收不同"内容"，也具有相对的稳定性。对于城市及生活于此的居民来说，南昌路是一个相对稳定的场所，其长久有效性体现在物理结构上。南昌路得名距今已有 150 多年的历史，其街道基本格局在二十世纪二三十年代就已成型，虽然沿街的店铺和居民楼一直在进行大大小小的商业化改造，但基本

---

①　[加]哈罗德·伊尼斯著，何道宽译：《传播的偏向》，中国人民大学出版社 2003 年，第 53—54 页。

②　李宝花：《街头巷尾，申城逾八千家咖啡馆飘香》，https://baijiahao.baidu.com/s? id＝1689354475490987832&wfr＝spider&for＝pc。

③　Aldo Rossi. *The Architecture of the City*. MIT Press, 1984.

格局没有发生大的改变，保留了原初的样式，带给我们久远的印记。

"绅士化"是英国社会学家鲁斯·格拉斯（Ruth Glass）在1964年首次提出的概念，即城市中低收入阶层为高收入阶层人士所取代的社区变化过程，它伴随着城市更新而出现，被视为都市区重构的主要新生力量之一。①

20世纪90年代国有企业改革，政府为解决就业问题，允许市内一些街区沿街开店，因此南昌路吸引了众多新居民的到来，逐步开始了"绅士化"进程，在新与旧、高贵典雅与朴素宁静间保持了平衡。街道两旁的人行道，既有奢侈的精品女装店、咖啡馆，也有满足居民日常生活所需的水果店、钟表店、小卖部、修鞋铺、理发店等。

绅士化是城市改造的主要途径，能够提升城市空间品质，促进人口结构变迁等。另一方面，也将造成城市空间的分异与重构。在南昌路的改造过程中，它从早期的纯粹居住区变为准商业区，形成了新的空间分异。

沿街而行，会发现街边的时尚精品空间与弄堂内部形成鲜明的对比，空间分异现象明显。在街道外部，各式精品店铺琳琅满目，商业化气息浓重；街道内部，弄堂保持着老旧模样。这一属性差异带来了空间重构，原本生活在同一社区的人群具有相同背景，彼此有高度认同感；如今，空间分异使社区内形成了特征属性各不相同的亚空间，住户在年龄、收入、阶层、审美取向、生活方式等方面都有差异性，住户间关系黏度降低。与此同时，空间中的外来租户普遍为青年人，有一定教育背景，素养较高。他们会帮助老年人做一些力所能及的体力活，因而颇受本地老年人的欢迎。诸如此类的友善行为，减少了空间重构带来的隔阂。

1645年，欧洲第一家公开的街头咖啡馆诞生于意大利威尼斯，进而扩大至法国巴黎。在300余年的发展进程中，咖啡馆逐步吸纳多元文化的设计符号，形成了延续至今的、复古怀旧的传统风格。在南昌路，这种具有复古风格的咖啡馆集中体现了绅士化潮流的环境格调。人们在充斥着商业消费的城市空间中，渴望"昨日重现"，咖啡馆契合了这一需求，在某种程度上成为都市生活中

---

① 何江夏：《绅士化视角下苏州古城传统街区空间优化策略研究》，苏州科技大学硕士学位论文，2017年。

的净土、帮助人们逃离"现代性"想象的异托邦。如隐于南昌路弄堂内的"半舍"咖啡馆,其怀旧符号主要体现在外部建筑与内部空间中。建筑风格为秀气雅致的中式庭院,内配有红色木柜、手风琴等传统装饰作为摆设,使人仿佛置身20世纪80年代,在视觉和触觉上都引发了怀旧记忆。在此,人们不由自主地将元素赋予经典含义,使怀旧情绪被纳入个体的精神世界,并将这种情感带回日常生活,以治愈现代性所带来的不真实感、记忆断裂和自我意义丧失。

福柯在《另类空间》中认为,乌托邦是没有真实存在的场所,是完美的社会或者社会的反面。与之不同的是,异托邦是在真实的空间中经由文化创造出来的产物,是实际存在的,但需要借助想象力,可以是对现实的幻想,也可以是对现实的补偿。以南昌路的"新"咖啡馆为例,店内的整体装饰乍看仿佛一家精致的古董家具店:线条精致的西式家具、顶着银质鹿头的复古圆钟、唱片机等。这些经过岁月洗礼的物件,本身就是象征着年代沧桑的符号,经过时间的熏染呈现着不同的状态,经过刻意的排列组合,在新咖啡馆空间强化了因时空连接而发生的变化与对话。

20世纪以来,中国城市化建设飞速发展,强调物质与功利的功能主义占领了城市空间,人的社会交往需求在宏观尺度的空间叙事下被忽视,造成城市活力的降低,这在飞速发展的国际化都市上海表现尤甚。在此背景下,注重个体感受的小尺度空间弥补了城市中社会交往的缺失,南昌路的众多咖啡馆是个中代表。

小尺度空间具有可达性佳的特点。南昌路属市民聚居区,人们可在较近的距离和充分的自由中去接近和观察空间里的细节,个体可以与其他个体或群体产生亲密的联系。[①] 此外,小尺度空间由于占地面积小,所需的运营成本较低,能够吸引多样性的私人资本入驻,因此,南昌路上纷繁的咖啡馆呈现出各自不同的环境格调,增加了空间的多样性与活力。

小尺度空间要求对空间的利用效率最大化,在有限的空间内囊括尽可能多的场景与功能,提高空间利用率。如LOFT风格的咖啡馆,在空间设计上跳脱出传统格局,以少隔断、高层顶的空间形式,营造出自由、开放的咖啡馆格

---

① 　汤超:《浅谈小尺度城市公共空间活力塑造》,《中外建筑》2010年第1期,第51—52页。

调。以南昌路 162 号"折叠"咖啡馆为例，其宽敞的复式空间伴有简单的后工业设计，为适配多样化应用场景提供可能。

小尺度空间通过实现公私领域的自由切换，对米歇尔·福柯（Michel Foucault）所谓"规训状态"进行规避，使人能自在地休憩其中，或建立社会交往。一方面，南昌路在栏杆设计上弱化了空间区隔。里查德·桑内特（Richard Sennett）认为，栏杆是一个巨大的障碍，隔开了空间的"里面"和"外面"。① 南昌路上没有栏杆，呈现出开放的特点，人们可以在街道两边搭建联系。另一方面，南昌路咖啡馆内部通过物理区隔以及背景环境音的设置，为人们提供了介于公领域和私领域之间的模糊空间地带。馆内常设置可容纳多人的大桌和安静独处的小桌，人们结伴到此，可以在群体中自由交流；独自到此，亦可切断与外界的联系，享受独属于自己的场域。同时，咖啡馆内的背景音乐通常是悠扬的钢琴等纯音乐，间或夹杂着聊天、书本翻动的声音。在这样的氛围里，人的注意力会更加集中，大脑思维趋于活跃。一位在咖啡馆内的女士讲道："我不喜欢图书馆那种让人压抑的氛围，咖啡馆里不是完全安静，这让我很有安全感，学习效率很高。"

二、南昌路及咖啡馆场所的社会交往属性

"场所"不同于"场地"，"场所"既包含了物理空间的属性，也包含了个体或群体之间进行社会交往的属性。人是场所的主体，赋予场所意义和灵魂，并在与场所产生联系的过程中，完成了自我建构，以及与他人、社会的互动过程。

齐格蒙特·鲍曼（Zygmunt Bauman）认为，在现代社会，媒介带给人们碎片化的记忆，这些记忆组合成了碎片性的形象。② 人们在咖啡馆"留言墙"上的表达，是一种更加不受控制的碎片化，也是一种更加彻底的孤独的体现。

咖啡馆留言墙上的信息包容万象，主要分两种，一是"抒发"信息，即抒发所感所想，抱怨或感叹，表达碎片化的情感。贝尔克认为物品是"延伸的自

① ［美］里查德·桑内特著，李继宏译：《公共人的衰落》，上海译文出版社 2014 年，第 16 页。
② 周玲：《从空间媒介的角度看上海国际青年旅舍》，复旦大学硕士学位论文，2013 年。

我",当个体将拥有物留在这里,也就将自我的一部分留在这里,个体通过这种方式进行表达和获得认同。二是"交友",即在留言墙上留下自己的联系方式,征求可以成为朋友的伙伴,这是人们孤独感更深刻的体现。留言本身就是渴望沟通的对策,咖啡馆的留言墙所提供的不仅是自我展示的空间,还将孤独的个体联系起来,形成互动。当物品、空间与人的情感产生了关联,自我得以重构,空间就转变为场所。咖啡馆空间进入了人的精神情感层面,成为异质性城市中人们沟通的桥梁。

图 1　"OFFF"咖啡馆内留言墙
(图源:笔者拍摄)

城市咖啡馆为现代人的自我表演与互动提供了舞台。人们将咖啡馆视作展示生活的场所,将环境体验转变为对生命意义与生活质量的追求。欧文·戈夫曼(Erving Goffman)认为,人们的日常生活就是一场表演,人们不断在"前台""后台"场所中调整自己的行为模式。咖啡馆作为社会空间,人们在其中的角色首先是消费者,因此展现出一种"消费者"的表演模式,无论是在吧台点单，还是寻找位置入座，抑或是喝咖啡时的动作，种种姿态都是一种自我表演，在特定环境空间中进行着特殊情境下的社会交往。

咖啡馆维系着社会生活的互动，使城市生活社交化。在作家简·雅各布斯(Jane Jacobs)居住的纽约市街道上，店主们熟悉很多周边街坊邻居的名字，邻里甚至会把家里的备用钥匙留给店主们以备不时之需，如收取快递或遇到其他突发事情。在南昌路，咖啡馆与当地居民也有着类似的约定俗成。在"w"咖啡馆，除了购买咖啡，也会有居民来购买牛奶，但笔者并未在菜单上看到牛奶的选项，咖啡师解释说，这项服务并不是公开的，只是卖给附近的居民熟客。这样小小的"便民服务"，是咖啡馆与附近居民心照不宣的"秘密交易"。

在让·鲍德里亚(Jean Baudrillard)的消费定义中，消费不再是人们对具体、特定用途的物的消耗，而是对符号的占有和消费，对带有特定象征和个性意义的符号和编码体系的消耗。① 人们在购买咖啡时，消费的不仅仅是咖啡本身，还包括咖啡所代表的意义及由此带来的社会联系的建立。一方面，人们选择适合自己角色地位的消费行为来建构自我。顾客进入咖啡馆空间中进行消费，并通过"共同的消费"与咖啡馆空间里的群体形成一致性，在咖啡馆中取得其他社会成员的认可，从而回答自我认同中的群体身份层次问题。另一方面，人们借由对商品物质符号的占有，消费其所代表的意义。为了迎合年轻消费者通过消费来向外界传递自己的独特看法及价值观的需求，咖啡馆也推出各种"有故事"，具有额外意义的饮品，呈现出复合的"符号价值"。例如"OFFF"咖啡馆，推出 80 后作者淡豹的新书《美满》的同名限定咖啡"美满"特调饮品，许多淡豹的书迷为了签名书特地寻至"OFFF"，点上一杯咖啡。对于"美满"特调的消费是对商品背后象征价值的消费。咖啡馆消费空间为人们提供了交往的机会，通过消费，人与意义、人与人之间产生连接。

三、南昌路及咖啡馆场所的文化属性

阿莱达·阿斯曼(Aleida Assmann)在《回忆空间：文化记忆的形式和变

---

① ［法］让·鲍德里亚著，刘成富、全志钢译：《消费社会》，南京大学出版社 2008 年，第 41 页。

迁》一书中认为,地点能够把回忆固定在某一处土地上,使其得到固定和证实,体现了一种持久的延续。①

"文化场所"或称为"文化空间",此概念由联合国教科文组织首次提出,指一个具有文化意义的物理空间、场所。② 场所的文化属性,就是将文化记忆的内容、形式、功能与实体空间进行联系的文化演变过程,场所通过这一过程达到地方身份认同和文化延续的目的。③

南昌路有 150 多年的历史,名人故居、历史古迹数不胜数。这些历史建筑在城市空间中扮演着超越时空、表达主流价值观的作用。基于此建构的文化空间,以及人们对于文化记忆和文化价值的传播,都有着历经时代更迭的时间视域,展现了城市文化历史的延续。坐落在其间的咖啡馆为人们感受精神文化滋养,提供了舒适的场所。

"老克勒"是最具代表性和上海特色的群体,是上海最早接受西方文化影响的一部分人。他们大多背景优渥,接受过西式教育,生活方式追求中西结合,形成了独特的海派文化和生活方式,"泡咖啡馆"便是其中之一。坐落在南昌路上的"新"咖啡打造了独属于"老克勒"的异托邦空间,店内顾客刘先生穿着十分讲究,他身穿深紫色的天鹅绒衬衫和剪裁得体的西裤,脚着一双深色的皮鞋,气质干净温雅。刘先生的衣着体现着旧上海时期的荣耀与时髦,背后是"老克勒"们对于年轻时代的追忆,对于精致、高格调生活的执着。

舒尔茨强调场所精神是与真实"生活世界"紧密联系的。场所精神在发展过程中保持了生活的真实性。④ 无论是咖啡馆内的古董家具、带着岁月感的各类摆设,还是在其中悠闲自在的"老克勒",都在悠悠岁月中见证了时间的流逝,这些痕迹给予人们怀旧的亲切感,表现出对过往的留恋。

纽约大学教授莎伦·佐金(Sharon Zukin)在《裸城:原真性城市场所的生

---

① 朱伟珏、郝孟琪:《从空间到社会:作为日常生活场所的现代城市公共空间——以上海市复兴公园为例》,《同济大学学报(社会科学版)》2019 年第 3 期,第 66—77 页。

② 乌丙安:《非物质文化遗产保护中文化圈理论的应用》,《江西社会科学》2005 年第 1 期,第 102—106 页。

③ 李巍、漆建武、张凯:《甘肃省文化记忆空间识别与格局演化》,《经济地理》2021 年第 1 期,第 74—86 页。

④ [挪]诺伯舒兹著,施植明译:《场所精神——迈向建筑现象学》,华中科技大学出版社 2010 年。

与死》中谈到,国内的外来人口和侨居海外的店主会以新的审美形式重塑地方商街。① 咖啡馆主是特定场所中文化属性的重要影响因素,他们将自己的思想、文化融合进去,逐步形成街区新的精神文化面貌,赋予街区不同的空间底色。

南昌路"新"咖啡馆的店主是一对中年夫妻,之前在美国生活多年。店主认为南昌路的氛围很符合其向往的闹中取静的氛围,生活气息与咖啡气息的融合,本身也是一种新文化气象。"Z"咖啡馆的老板李女士渴望能构建一个可以产生"实际交流"的平台,认为咖啡本身就是一个拥有魔力的媒介,咖啡馆空间更是立体的媒介,一个很好的让人聚会交流的载体。

文化属性是空间最独特的属性,它是人和空间相互作用的结果,新移民的到来带来新的文化思想,具化为新空间面貌。"新"咖啡馆、"Z"咖啡馆等拥有独特个性的咖啡空间的存在,在一定程度上是对空间同质化的遏制,也是城市多元文化面貌的体现,是城市文化活力的细胞。

同时,咖啡馆与知识分子之间也具有天然的亲厚关系。20世纪20至30年代,大量文艺界人士以咖啡馆为素材或主题进行过创作,如林徽因的《花厅夫人》、张若谷的《咖啡座谈》等。咖啡馆提供了一个生动活泼的知识和社会环境。人们在这里聚会,交谈讨论,思想的碰撞产生了意料不到的结果,促进了社会的进步。例如在同济大学社会学系朱伟珏教授倡导下,"2019年秋季同济大学'城市与社会'系列学术活动"中的一部分会议地点就安排在了南昌路咖啡馆。在城市中产阶级知识分子的介入下,原本消费、休闲属性较强的咖啡馆空间,多了一层严肃的科学知识氛围。人们来到这里不仅可以追求城市生活的放松休闲,更可以参与到社会话题的讨论中去,接收新的思想知识。

在咖啡馆的生存过程中,除了经营者、咖啡师、知识分子的努力,各类趣缘文化共同体也为咖啡馆的持续盘活提供了物质和精神的支撑。以南昌路"折叠"咖啡馆为例,馆内不定期举办各种名家讲座、文艺论坛、音乐会等文化主题活动。笔者在调研期间,亲历了"折叠"咖啡馆关于芬兰教育的讲座"Education

① [美]莎伦·佐金著,丘兆达、刘蔚译:《裸城:原真性城市场所的生与死》,上海人民出版社2015年,第4页。

in Finland"。店内还举办以咖啡为主题的各类课程活动和比赛,如"折叠"咖啡冲煮专门赛、咖啡冲煮大赛等。这些比赛活动在咖啡文化的传播方面,具有文化引领的"催化效应"、文化汇聚的"整合效应",有益于咖啡文化的传播和咖啡爱好者们技艺的提高,能够促进趣缘文化共同体的形成与扩大。

　　诞生于西方的咖啡馆从出现在中国伊始,就是一种区隔性的消费符号,去与不去咖啡馆,体现了不同生活方式和不同文化影响。近 30 年来,咖啡馆在国内得到普及并逐渐大众化,这一消费空间被贴上"时尚""新潮""小资情调""中产阶级生活方式"等标签。[①] 如今的社交媒体、咖啡馆经营者在试图建构咖啡、咖啡馆与现代城市生活和高端时尚文化之间的联结。诚然,这些标签并非一成不变,但无论哪种标签,其背后体现的都是一种区隔性消费,一种将咖啡馆内外人群划分开来的意识手段。

　　在当代城市,咖啡馆等小尺度商业生活的重新出现是推动城市变化的正能量。2020 年 12 月 30 号,瑞金二路街道打造了服务功能型咖啡商户自治平台"金咖联盟",此联盟力图使街区与商户合力共赢,连接街区内的咖啡商户,把"环复—南昌路"打造成兼具历史深度、情怀广度、人文温度的咖啡文化特色街区。

　　根据"上海黄浦"公众号内容显示,金咖联盟成立后,首先将会进行品牌推广活动,多接口、多层次、多媒体,从各个方位直击上海爱咖啡的消费者群体,试图让更多人看到街区内各式各样的咖啡馆,同时通过咖啡馆与其他品牌的跨界合作,实行"咖啡＋文化"的路径。金咖联盟认为在"南昌路复兴路一带,咖啡馆实体店正在逐步形成风格和品牌调性"。这一背景下,"金咖联盟布局下的街区咖啡馆集群,将呈现出一种开放性的,充满创造和无限可能性的新业态"。

四、日常生活方式的城市公共空间

　　列斐伏尔(Henri Lefebvre)认为城市就是一种空间生产,城市在生产空间

---

　　① 严霞:《青年的咖啡馆消费文化——以贵阳市青年的咖啡馆消费为例》,《青年探索》2016 年第 6 期,第 5—13 页。

的同时生产出了生活方式。咖啡馆空间也生产出了自己独特的城市生活方式,在南昌路及周边生活的人们已习惯在此地的咖啡馆中约见朋友、小憩和工作。正如英国建筑理论学家布莱恩·劳森(Bryan Lawson)在《空间的语言》(*The Language of Space*)中阐述的那样,"无论在世界上的任何地方,只要有人聚居,你就能发现使用空间的支配规则。这些规则……既反映了我们心理最深层的需要,又反映了人类的特点"①。咖啡馆公共空间受欢迎的现象表明,人们需要这样的空间,个体精神情感越来越需要通过公共空间中的交往获得满足。

对咖啡馆的调研表明,面对孤独、焦虑等现代人普遍的精神情感困境,人们会倾向于向公共生活靠拢,尤其是咖啡馆、公园等休闲空间,人们身处其间很容易产生积极心态,以抵御和治愈内心世界的孤独和创伤。此类空间在如今城市社会背景下获取了一种心理与生命救赎的特殊位置。

2019年北京大学第六医院黄悦勤教授团队的"中国精神卫生调查(CMHS)"显示,中国有七分之一的居民一生中至少会发生一种精神障碍疾病,其中,国人焦虑障碍加重终身患病率达7.6%。② 现代城市生活带来的普遍而广泛的紧张、焦虑等精神压力和身体亚健康状态也为城市咖啡馆等休闲空间制造了"需求张力",城市人生活在一个异质化的、充满压力与压抑感的容器中,他们迫切地渴望打破容器,或在容器中寻找能够产生深层次连接的场所,以实现"精神世界"的自我解放。27岁的来自湖南的安小姐,刚到上海工作一年,她表示在咖啡馆的交流可以给予她慰藉:"很久没有和陌生人说过话了,工作太忙了。在这里可以遇到不同类型的人,大家彼此在现实生活中没有利益相关,可以自在地聊到各种话题,感受到别人最真实的内心。"

中老年人的"精神适应"与"情感失落"问题同样显著。上海市政府发展研究中心主编的《上海养老服务发展报告》显示,至2014年末,上海60岁以上常住老年人口在413.98万左右,占总人口28.8%;多数中老年人与家人和邻里交往的情感环境消失,在精神上很难适应这一转变。中老年人的家庭情感缺失

① [英]布莱恩·劳森著,杨青娟等译:《空间的语言》,中国建筑工业出版社2003年,第4页。
② 参见 Huang Y, Wang Y, Wang H, et al. "Prevalence of mental disorders in China: a cross-sectional epidemiological study". *The Lancet Psychiatry*. March 2019 ,6(3), pp. 211—224.

也是普遍存在的问题,据《中国婚姻家庭研究五城市调查》显示,在上海家庭中,子女与老人不交谈、较少交谈的分别占 23%、41%。[①] 家庭成员不在身边,家庭情感的支持缺位,使老年人更容易产生难以排遣的孤独感。生活空间的单调及家宅空间的压缩,导致其空间功能的单向度和空间表征的文化内容贫乏,给中老年人以压抑感。

当精神情感处于空虚和无依靠的情况下,人们会本能地寻求物质依赖,企图填补精神情感的空白。在消费社会的裹挟下,人们对物的依赖与追逐,导致人的存在以"物化"自己为妥协,在为物质假象包围的世界中沉沦。物化时代的直接后果,是人们精神生活的物化与精神花园的枯萎。[②] 在充实精神生活和寻求情感共鸣的需求下,咖啡馆成为中老年人依赖的场所之一。中老年人聚集在此交谈和放松,企图填补精神情感的空白。每天下午都会来咖啡馆的王大爷告诉笔者,喝咖啡是年轻时养成的习惯,每次喝都能触发对年轻时的回忆。咖啡馆场所不仅为"无所适从"的老人们提供了情感交流的空间,也为他们相伴终身的习惯与记忆提供了"回味"的场地。

卢瑞(Celia Lury)指出,"当生活方式的推广已经成为生活方式的一部分时,我们就无法避免涉足消费商品以及自我塑造或自我完善的相关仪式的选择"[③]。咖啡馆生活方式就是一种模范,它由一种偶然的、自发的经济行为,到如今变为一种社会选择,一种区隔的生活方式。咖啡馆作为社会交往的场域,进入其中也是以消费为前提。咖啡馆里的阅读、办公、聊天行为及对外传播,都是对时尚小资情调符号的一种强化,这种符号化的生活方式已经嵌入我们的日常生活中。

列斐伏尔认为:"如果空间作为一个整体已经成为生产关系再生产的所在地,那么它也已经成了巨大的对抗场所。"[④]对于高档的消费空间的使用,也是瓦解其神秘面纱的途径。城市咖啡馆的繁荣,既是消费社会中城市人对时尚

---

① 黄润龙:《我国空巢老人家庭状态》,《人口与经济》2005 年第 2 期,第 57—62 页。
② 庞立生、王艳华:《精神生活的物化与精神家园的当代建构》,《现代哲学》2009 年第 3 期,第 8—11 页。
③ [英]西莉亚·卢瑞著,张萍译:《消费文化》,南京大学出版社 2003 年,第 29 页。
④ Henri Lefebvre. *The Survival Of Capitalism*. Allison & Busby, 1976, p. 85.

生活方式的符号消费选择,也是人们对于越来越异化的消费社会的抗争——通过咖啡馆的空间与休闲区打破消费社会造成的心理紧张和被物质消费驱使而形成的城市焦虑。

城市是场所的集合,我们通过分析南昌路街区及其咖啡馆的物理、文化和社会交往的三重维度属性,解释了咖啡馆为城市、社会及个体所带来的意义与情感价值的满足。

全球化和现代化的浪潮改变着城市的日常生活,咖啡馆在某种程度上塑造了现代人的生活方式,它不仅是一个空间,更是一个场所。人们置身其中,得到的不仅是物质的满足,更有精神、情感、文化的慰藉,它为我们了解现代人的日常生活方式及其背后的社会、心理动因提供了鲜活的样本。

(韩亚辉,同济大学艺术与传媒学院副教授,博士,硕士生导师;史静远,同济大学艺术与传媒学院硕士研究生)

Research on Urban Public Space from the Perspective of Place
—Taking the Cafes on Nanchang Road as an Example

Han Yahui   Shi Jingyuan

Abstract: Shanghai has the largest number of cafes in China. As the basic space unit in Shanghai, cafes have been embedded in the texture of urban living space. Nanchang Road, originally belonging to the French Concession of Shanghai, is a block that has witnessed the 100-year history of Shanghai. The cafe located here attracts people's patronage. This paper attempts to analyze what kind of place the cafes on Nanchang Road provide for Shanghai city and people living in it from the three dimensions of physical attribute, social communication attribute and cultural attribute, with attempting to explore what value satisfaction they bring to people, and the underlying social and emotional reasons.

Keywords: Cafe; Public Space; Urban culture

后疫情时代对外传播的
多重挑战及策略应对①
——摩根索国际传播思想的启示

周宏刚

摘要:新冠肺炎疫情引发的全球性公共卫生危机已外溢到政治、经济、文化等众多领域,加剧了"逆全球化"趋势,使我国的对外传播面临诸多挑战。本文在梳理国际关系经典现实主义大师摩根索对魅力、威望和宣传等相关论述的基础上,试图运用其国际传播思想中的理论资源和方法论原则解答后疫情时代我国对外传播中的问题。论文最后得出一些启示:要处理好全球化融入与"回到中国"的关系,增强国家意识;要处理好话语衔接与分层突破的关系,提升话语博弈能力;要处理好"学科型学术"与"问题型学术"的关系,坚持问题导向。

关键词:摩根索;魅力;威望;宣传;对外传播

---

① 本文系国家社科基金重大项目"人类命运共同体视阈下中国国家形象在西方主流媒体的百年传播研究"(项目号:19ZDA322)的研究成果。

当前的世界形势正处于前所未有的变局中，新冠肺炎疫情持续蔓延，民粹主义、贸易保护主义抬头，俄乌冲突加剧。世界各国面临更为复杂的风险和挑战。从新冠肺炎疫情防控、云南象群迁徙到北京冬奥会的成功举办，中国在对外传播领域取得的成绩可圈可点。中国在新冠肺炎疫情防控中的努力及对国际社会的贡献得到了世卫组织、西亚北非国家及部分周边国家的肯定。云南"野生象群长途迁徙"事件被全球媒介广泛报道，传播了"可爱中国"的形象，扩大了中国在全球的影响力。北京冬奥会不仅展示了充满活力、自信、现代化的中国形象，而且冲击了西方舆论的主导地位，呈现出"东升西降"的传播格局。然而，这些华彩乐章的背后始终回响着一些不和谐的音符。西方政客和媒体政治化疫情并污名化中国，北京冬奥会的赛场外也存在着泛政治化的论调，在俄乌冲突中美国对国际舆论的操纵及对俄罗斯用户社交媒体账号的"物理性"封杀更是值得警惕。国际舆论场成为大国之间权力斗争的重要场所，凸显了国际关系现实主义理论中的国家—权力逻辑。"这个世界本质上是一个利益对抗和利益冲突的世界。"①因此，有必要重回国际关系经典现实主义大师汉斯·摩根索（Hans J. Morgenthau）的相关论述中寻找理论资源，为后疫情时代我国对外传播中面临的挑战提供借鉴。

当前，对摩根索的研究主要集中在国际关系领域。一些学者探讨了他的威望观、意识形态、道德伦理等思想。吴玉红分析了摩根索的威望政策理论，指出中国在提高国际威望的过程中应该注意采用灵活的外交手段，使中国的综合国力与国际威望相匹配。②陈昌升认为摩根索对威望问题的论述存在目的与手段、主观性与客观性的双重矛盾；为了理论上的自洽性，他有意无意地遮蔽了威望因素。③于京东从词源学、理论演变等方面详细梳理了"威望"概念的形成过程，并且从权力的要素性和关系性特征推导出威望概念的两个面向：一方面，威望作为一种所有物，是本体实力的呈现；另一方面，威望作为一种关

---

① ［美］汉斯·摩根索著，徐昕等译：《国家间政治：权力斗争与和平》，北京大学出版社2006年，第3页。

② 吴玉红：《论摩根索的威望政策理论》，《大连海事大学学报（社会科学版）》2006年第3期，第114—117页。

③ 陈昌升：《权力的祛魅——论摩根索在〈国家间政治〉中对威望因素的遮蔽》，《国际论坛》2007年第3期，第49—54、80页。

系状态,是彼此观念认同意义上的权力关系本身。① 这些研究已经或多或少地触及本文所要研究的问题:威望的生成原理和动力机制是什么? 包含哪些具体的内容? 但是,这些研究大多关注的是国际关系语境下威望的概念分析,尚未关注威望与对外传播之间的关系。在传播学界,许多相关研究把摩根索的"威望""声誉"等看成国家形象的理论源头或者可替换物,但是在行文中却一带而过,缺乏专门的梳理与探讨。② 本文以摩根索在《国家间政治——权力斗争与和平》一书中对"魅力""威望"等概念的具体论述为依据,重新解读摩根索以"国家—权力"为核心的国际传播思想。这对后疫情时代我国的对外传播能力建设具有重要的理论与现实意义。

一、摩根索国际传播思想理论精要

摩根索的经典著作《国家间政治》第一版发表于 1948 年,迄今已出到第七版。摩根索不止一次提到他的国际政治理论在《国家间政治》一书中得以完整、系统地展开。③ 其中国家形象、对外宣传、世界舆论等与对外传播相关的概念散布在"魅力""威望政策""宣传的三原则"等章节中。

(一)国家形象:生成的基本原理与动力机制

摩根索虽然没有直接提出国家形象的概念,但是他对"威望"的论述隐含着国家形象生成的基本原理,这是许多研究者将之视为国家形象的理论源头的原因。威望是指"显示一国拥有的权力,或它自认为拥有的权力,或它欲使别国相信它拥有的权力产生深刻的印象"④。从认识论的角度来看,国家形象的本质在于其主体间性,反映的是国家之间的认知关系。摩根索把国家形象

---

① 于京东:《国际关系中的"威望观"》,《重庆社会科学》2015 年第 5 期,第 112—118 页。

② 袁赛男:《国内外学术界关于国家形象的研究现状》,《天津行政学院学报》2010 年第 6 期,第35—39 页。

③ Han J. Morgenthau. *Politics among Nations*. 7th Edition, p. 3; Hans, Morgenthau. "The Nature and Limits of a International Relations". In William T. R. Fox(ed.), *Theoretical Aspects of International Relations*, Indiana: University of Notre Dame Press, 1959, p. 24.

④ [美]汉斯·摩根索著,徐昕等译:《国家间政治:权力斗争与和平》,北京大学出版社 2006 年,第110 页。

视为"心灵的镜像",使其从国际道德、世界舆论等概念范畴中脱离出来。摩根索借用托马斯·霍布斯(Thomas Hobbes)称国家是"人造之人"①的比喻,认为就像在人际关系中一样,国家也有为他国所认同的愿望,这种愿望是"决定社会关系和创建社会制度的强大动力"②。"威望政策实质上就是国家追求他国承认的过程,在这个过程之中,国家的身份地位和威望诉求得到关注、接受和确认。"③也就是说,只有当一个国家的自我评价得到别国的认同和赞誉时,"他才会完全相信他自以为是的这些优越品质并且陶醉其中",进而"取得他自己认为应得的那份安全、财富和权力"。④ 威望一旦形成便具有独立性,与一个国家的实力同样重要,既关系到本国外交政策的制定,也是他国制定对其外交政策的考量因素。

(二)对外宣传:政策与行动的协同

摩根索指出对外宣传要发挥作用,要有政策的支持,还要符合宣传对象的愿望。宣传内容的真理性和道德性是必要的,但在行动层面"必须得到政治政策坚实稳定的支持"⑤。单纯依靠宣传很难达到预期的效果。例如,在第二次世界大战中,在德国占领区进行反对纳粹德国的宣传就很容易,因为前两个要素与宣传所要达到的目标是一致的。但问题是,对外传播中一个国家宣传的内容与另一个国家"人民的愿望"或"政治政策"很难取得一致。摩根索认为在这种情况下,应该以经济或技术援助等实际"行动"作为铺垫,先赢得民众的好感,而后宣传才可能产生作用。否则,宣传不但很难取得预期的效果,反而可能会加剧原来的刻板印象。例如,中国对非洲许多国家和地区长期以来的无私援助为塑造良好的中国形象奠定了基础。

(三)世界舆论:价值的相对性及媒介的负面效应

一方面,摩根索指出,世界舆论的基础是人类共有的期待和愿望,因为人

---

① [英]托马斯·霍布斯著,黎思复等译:《利维坦》,商务印书馆 1985 年,第 132 页。

② [美]汉斯·摩根索著,徐昕等译:《国家间政治:权力斗争与和平》,北京大学出版社 2006 年,第 109 页。

③ Connolly, Julie, Michael Leach and Lucas Walsh. *Recognition in Politics: Theory, Policy and Practice*. Cambridge Scholars Publishing, 2007, p. 1.

④ [美]汉斯·摩根索著,徐昕等译:《国家间政治》,北京大学出版社 2006 年,第 110 页。

⑤ [美]汉斯·摩根索著,徐昕等译:《国家间政治:权力斗争与和平》,北京大学出版社 2006 年,第 372 页。

们要生存、要自由并且追求权利。表面看来,世界舆论具有统一的价值标准。但是事实上,由于不同国家和地区政治、经济的差异,同一价值标准在不同的环境中具有不同的含义。"在全人类共同的基本愿望之上,并没有能把人类团结起来的共同经验。"①另一方面,摩根索敏锐地指出现代通信交通技术在消除地理距离、促进不同国家间交流、创造人类经验共同体的同时,也增强了国家、企业等组织控制甚至阻碍国家间信息交流的能力。"技术上这个世界的确是'一个世界',但不能因此说它在道德上和政治上是或者将变成一个世界。"②此外,摩根索还发现由于心理选择机制不同国家的受众对新闻报道的感知和理解也不同。"同一条信息、同一个概念,对一个美国人、一个俄国人和一个印度人意味着不同的东西;因为,那条信息和那个概念是被心理所感知、吸收和过滤的。"③可以说,摩根索是较早注意到对外传播中受众问题及国际传播中媒介技术负面影响的学者。

　　总之,除国家形象的生成与动力机制是理论方面的贡献之外,摩根索关于对外宣传需要外在条件支持以及世界舆论中价值观的相对性论述对当代的对外传播实践仍具有指导意义。

二、后疫情时代中国的对外传播面临的新挑战

　　当前的逆全球化趋势愈演愈烈,给中国的对外传播带来巨大的挑战。新冠肺炎疫情的持续、北京冬奥会和俄乌冲突等一系列重要事件在重塑着国际传播环境。媒介技术的变革在持续强化东西方之间原本就已失衡的国际传播结构。"技术环境与国际社会环境的耦合,形成了自'冷战'结束以来最为复杂

---

①　[美]汉斯·摩根索著,徐昕等译:《国家间政治:权力斗争与和平》,北京大学出版社 2006 年,第300 页。

②　[美]汉斯·摩根索著,徐昕等译:《国家间政治:权力斗争与和平》,北京大学出版社 2006 年,第300 页。

③　[美]汉斯·摩根索著,徐昕等译:《国家间政治:权力斗争与和平》,北京大学出版社 2006 年,第301 页。

的国际传播环境。"①中国作为崛起国的角色及国际舆论中价值的相对性也平添了对外传播的阻力。

（一）新冠肺炎疫情政治化、俄乌冲突爆发等逆全球化带来的不确定性

在后疫情时代，大国之间的博弈不仅体现在传统实力场域，也显现于国际传播领域。中国在国际上面临的挑战可分为两个方面：一是技术上"卡脖子"，比如西方国家对中国的芯片封锁；二是西方国家对中国舆论上的大围攻。国际局势的冲突与动荡给中国的对外传播带来很大的不确定性。

首先，国家利益被置于专业规范之上，对新闻专业理念产生冲击。无论是马克思主义新闻观还是西方的新闻专业主义，都强调新闻要真实、客观、公正，真实是新闻的生命。但是在国际传播实践中，新闻报道的专业理念常常受到国家利益、文化差异等多种因素的干扰。无论是抗击新冠肺炎疫情、北京冬奥会举办还是俄乌冲突，国际舆论场都表现出立场大于事实、情感共鸣大于是非曲直、政治诉求高于一切的特征。"信息传播的目的不再是为了挖掘和追寻事实真相，而是为了在战争中取得胜利，获得最大化的国家利益。"②有学者将其称为信息传播的"武器化"。"当前国际政治传播呈现出一种'胜负观驱动下的信息制造'的特征，是制造信息不是发现信息，是制造'信息武器'来打击对手。"③战争中的"胜负观"取代新闻专业理念中的"真实观"，成为后疫情时代对外传播的显著特征。

其次，从线上斗争到线下封锁，封杀对方的社交媒体账户。一边是政治或军事上的较量，一边是以信息传播为武器在国际舆论场中的交锋。随着双方矛盾的尖锐化，居于优势的一方不仅追求舆论场中的胜利，而且利用掌握传播渠道和平台的优势，剥夺对方说话的权利，国际舆论领域的斗争从"线上"转移到"线下"。在俄乌冲突中，英国、美国等西方国家不惜动用传播之外的手段，封杀俄罗斯的国际知名媒体，封禁俄罗斯知名媒体的社交账号，把对俄罗斯的制裁扩大到媒体领域。这种"胜之不武"的做法，显现出无政府状态的国际体

---

① 胡正荣：《智能化背景下国际传播能力提升与人类命运共同体构建》，《国际传播》2019 年第 6 期，第 1—8 页。

② 《政治传播与国家形象》，https://mp.weixin.qq.com/s/jG－rBf0dZYK0w3gflx7tlA.

③ 《政治传播与国家形象》，https://mp.weixin.qq.com/s/jG－rBf0dZYK0w3gflx7tlA.

系中丛林法则的一面。这警醒我们,西方国家掌控的传播渠道和平台不仅有利于其操纵信息,在舆论战中赢得优势,而且可以通过"物理"手段使对方失去发出声音的机会。因此,打造自主可控的平台媒体是未来我国对外传播能力建设的重要方面。①

最后,国际舆论中情绪化特征明显,民族主义抬头。民族主义的产生和发展与大众媒介息息相关。借助报刊、广播等形成的"想象共同体",民族主义成为现代社会最重要的意识形态之一。"二战"后,随着全球化进程的加速和网络媒体的出现,超越民族国家边界的世界公民意识及与之相伴随的世界主义(cosmopolitanism)逐渐形成。然而,后疫情时代的逆全球化趋势加剧了全球发展成果分配的不均衡,由此所产生的分歧和不满被展示在广袤而同一的互联网平台上。"对于异文化和差别观点的碰撞增强而非削弱了民族国家的身份认同,这点在新冠疫情爆发后表现得更加显著。"②平台媒体的赋权功能使普通人可以参与到从重大事件到日常生活的民族主义实践当中去,借助场景化、视频化、多模态等传播手段,"祖国""我们"等话语和意象不断唤醒人们的民族主义记忆和情感。

(二)平台媒体的兴起扩大了东西方之间国际传播结构的不平等

后疫情时代,线上互动成为常态,以脸书(Facebook)、色拉布(Snapchat)为代表的社交媒体平台凭借社交化、视频化、智能化的优势,成为国际传播的重要渠道。有学者认为借助于数字媒体平台,可以扭转中国主流媒体国际传播能力上的劣势。③但是,从用户分布、媒体所有权、网络安全等方面来看,中国在国际主流数字媒体平台上并不占优势。

首先,从国际主流社交媒体平台的用户分布来看,中国用户不占优势。加拿大社交媒体管理平台(Hootsuite)的数据显示,截至 2021 年 10 月,全球社交

---

① 胡正荣、李涵舒:《图景·逻辑·路径:2021 年的中国对外传播新变局》,《对外传播》2021 年第 12 期,第 4—7 页。

② 陆新蕾、琚慧琴:《从跨国追剧到饭圈"骂战":粉丝民族主义的日常操演》,《国际新闻界》2021 年第 10 期,第 29—49 页。

③ 张志安、李辉:《平台社会语境下中国网络国际传播的战略和路径》,《青年探索》2021 年第 4 期,第 15—27 页。

媒体用户已超过 45 亿,占全球人口的 57.6%。① 全球一半以上的人口在使用社交媒体平台,社交媒体平台对国际传播的重要性不言而喻。考察平台与用户的分布,西欧和北欧的用户在脸书、色拉布等平台上的活跃度高。例如,2022 年 1 月色拉布最活跃的用户群体分别来自印度、美国、法国、英国、沙特阿拉伯和巴基斯坦。即使在亚洲太平洋地区,中国社交媒体用户的渗透率也只排在第七位。②

其次,从国际主流社交媒体平台的所有权来看,截至 2022 年 1 月用户最活跃的三大平台脸书、油管(YouTube)和瓦次艾普(WhatsApp)均是美国的公司,受到美国政府的严格监管。中国的微信、抖音和 QQ 分别排到第五、第六和第九位。以往的英式和美式全球化都是西方中心主义的产物,西方国家对传媒公司的放松管制并不意味着数字媒体平台可以超越国家利益和意识形态的束缚而成为国际传播的共享平台。"在后疫情时代,各种隔膜和分裂仍将存在甚至强化,全球传播所描绘的无国界、无差异、内外一体的愿望并不现实。"③值得警惕的是,在俄乌冲突中,美欧等西方国家封杀俄罗斯最有影响力的国际媒体今日俄罗斯电视台(Russia Today)和俄罗斯卫星通讯社(Sputnik),欧盟宣布封禁其境内的俄罗斯社交媒体账号。以美国为首的西方国家还对俄罗斯发起多次黑客网络攻击,导致俄罗斯部分官方和网站系统瘫痪。这凸显了对外传播中掌握自主、可控的传播渠道与平台的重要性。

最后,从网络安全的角度来看,中国对国际主流社交媒体平台的依赖度过高。由于在海外建设运营传播渠道与平台存在培育用户群体难、建设周期长、运营难度大等一系列问题,依托相对成熟的当地媒体渠道或第三方平台成为我国主流媒体、企事业单位对外传播的优先选择。截至 2021 年 10 月,新华社海外社交媒体平台主账号粉丝量超过 2 亿人,《人民日报》、中国国际电视台海外社交媒体平台主账号的粉丝量超过 1 亿人。④ 同时,我国的企事业单位在国

① Social media use around the world as of October 2021. https://github.com/hootsuite.

② Social media usage worldwide as of January 2021. https://www.statista.com.

③ 韩德勋、赵士林:《后疫情时代"国际传播"与"全球传播"之辩再思考》,《全球传媒学刊》2021 年第 4 期,第 120—134 页。

④ 毛伟:《重大主题新闻报道如何优化运用海外社交媒体平台》,《对外传播》2022 年第 1 期,第 63—67 页。

外社交平台的入驻率也逐年提升。例如,2020 年中央企业入驻推特(Twitter)和脸书的比例分别为 39.2% 和 43.2%。① 清华大学在脸书、推特、照片墙(Instagram)、油管等九个国际平台媒体上开设账号,总粉丝量超过 440 万人,年均推送超过 5000 条。但是,依托第三方开放平台会受到国际关系的影响,以及平台本身的信息过滤与操纵。西方部分国家的政府开始深度干预我国中央主流媒体账号的正常发展,在涉疆、涉藏、涉新冠肺炎疫情等议题上,推特、脸书等已在刻意限制中国的声音。②

(三)中国崛起过程中西方国家复杂心态产生的阻力

我国对外传播能力不足的主要表现是国际话语权的缺失,从主观方面来看是因为中国自身传播能力的不足。但是,从客观方面来看,更深层次的原因是中国在国际体系中的位置及国际舆论中价值的相对性。

首先,中国的崛起势必会受到国际体系中的主导国全方位的打压、遏制,其会采用包括控制信息流动和操纵国际舆论在内的各种手段。"中国反复向美国明示自己是一个爱好和平的国家,无意挑战美国主导的国际秩序和领导者地位……然而,这些努力的效果并不明显。"③中国在国际体系中所承受的压力传导到对外传播领域。后疫情时代的西方媒体并没有因为中国在抗击新冠肺炎疫情中的良好表现而收敛,反而变本加厉,"中西'舆论战'态势愈加明显和激烈"④。西方媒介把中国的"动态清零"策略描绘为"无所不用其极"(no-holds-barred)⑤,并预测封锁措施会阻碍中国经济的发展。中国的崛起在给对外传播带来诸多优势的同时,也伴随着国际关系局势的变动所带来的阻力。

其次,国际舆论中价值的相对性也导致了国际传播环境的复杂性。国际体系的无政府状态使得每个国家都认为自己倡导的价值观是普世性的标准,

---

① 《〈2020 中央企业海外网络传播力建设报告〉发布》,光明网,2021 年 1 月 3 日,https://m.gmw.cn/baijia/2021-01/03/34514023.html.

② 毛伟:《重大主题新闻报道如何优化运用海外社交媒体平台》,《对外传播》2022 年第 1 期,第 63—67 页.

③ 高程:《中美竞争与"一带一路"阶段属性和目标》,《世界经济与政治》2019 年第 4 期.

④ 林斯娴:《西方主流媒体涉华报道的框架策略分析》,《现代国际关系》2022 年第 1 期,第 58—78、156—157 页.

⑤ 林斯娴:《西方主流媒体涉华报道的框架策略分析》,《现代国际关系》2022 年第 1 期,第 53—60 页.

能够给人类带来福祉,摩根索称之为"民族主义化的普世主义"。近代以来,英国、美国等西方国家先后主导着国际体系,掌握着价值层面的国际话语权。中国作为一个东方国家,如何将政治、经济等"物质"力量转化为文化及价值层面的影响力,突破与异质文化对抗和冲突而受到的阻力是当前和今后对外传播面临的难题。澳大利亚前总理陆克文(Kevin Rudd)的言论颇具代表性:"我们很快就会发现自己处在这样一个历史时刻,自乔治三世以来,一个非西方和'非民主'的国家将首次成为世界上最大的经济体。如果是这样的话,中国将如何行使其在未来国际秩序中的权力?它会接受战后秩序的文化、规范和结构吗?或者,中国将寻求去改变它?"[①]"构建人类命运共同体"反映了当代中国的世界观和国际权力观。而如何使这一抽象的价值理念得到不同国家及其公众的理解和接纳,是中国的对外传播面临的中心任务。

三、摩根索国际传播思想对提升我国对外传播能力的启示

在后疫情时代,中国在对外传播方面取得了显著的进步。中国的国家形象打破了西方主流媒体所主导的负面认知框架,经济形象得到认可,发展中国家和年轻群体对中国的印象更好。但是国际局势的动荡与冲突给中国的对外传播带来很大的挑战。摩根索以国家—权力逻辑为主线的国际传播思想对我国的对外传播能力建设仍具有方法论上的指导意义。

(一)国家意识:全球化融入与"回到中国"

"全球中国"[②]"回到中国"[③]等概念的提出既反映了逆全球化时代国际关系的新变化,也体现出我国的对外传播在新的历史阶段面临的新任务。在后疫情时代,单边主义思潮涌动,局部动荡与冲突频发,西方发达国家进一步强

---

① Kevin Rudd. *The West Isn't Ready for the Rise of China*. New Statesman, https://www.newstatesman.com/politics/international－politics/2012/07/kevin－rudd－west－isnt－ready－rise－china?amp.

② 史安斌、张耀钟:《新中国形象的再建构:70年对外传播理论和实践的创新路径》,《全球传媒学刊》2019年第2期,第26—38页。

③ 胡正荣、李涵舒:《图景·逻辑·路径:2021年的中国对外传播新变局》,《对外传播》2021年第12期,第4—7页。

化在国际传播中积累的话语优势和媒体优势,国际传播大环境中的强权政治色彩日益浓厚。中国日益走近世界舞台的中央,与世界的互动和关系重构对我国的对外传播提出了新要求。经过全球化的洗礼,中国对自身的认知经历了"出走—回归"的过程,拥有了更坚定的、发自内心的认同与自信,重新树立起中华民族的主体意识。① 中国对外传播的任务从向世界展示中国转变为让中国走向世界,构建具有鲜明中国特色的对外传播体系成为新的目标与任务。

首先,从对外传播的议题来看,不讳言政治、不讳言社会主义制度优越性。全球化时代的"去国家化""去政治化"潮流,加之中国为了避免意识形态的对立而在对外传播中刻意弱化政治议题,在实践中导致,中国的经济和文化形象得到了国际社会的认可,而政治形象、政府形象仍然是中国国家形象的短板。作为政治主体的政党及其形象塑造更是长期处于被动失语状态,近来才得到应有的重视。另一方面,国际传播中政治话语及其价值理念的"缺位"也间接导致国际话语权的缺失。事实上,一个国家的政治制度、政治价值及由此延伸出的国际理念才是最具原创性、最具感召力和影响力的,是一个大国的崛起对人类的最大贡献。

其次,从对外传播的媒体平台来看,信息传播可以超越国界,但是掌握信息传播技术和平台的组织是有国界的。"国际传播中的新闻媒体都有其'国籍',代表不同国家的利益。"②俄乌冲突中的舆论战显示出掌握自主国际传播渠道和平台的重要性。因此,中国的对外传播在积极利用国际主流媒体平台、加强国家间媒体合作的同时,要充分利用新兴平台媒体飞速发展的时机,尽快培育具有自主权和控制权的互联网和社交媒体企业,打造有影响力的国际社交媒体平台。中国的互联网企业在这方面取得了一定的成绩。根据 App Annie 的最新数据,中国字节跳动旗下的 TikTok 的下载量已超过 34 亿,日活跃用户突破 10 亿,领先于照片墙和脸书。但是,和西方国家控制的国际社交媒体矩阵相比,中国掌握的平台无论在数量还是规模上都有很大的差距。

---

① 马立明、黄泽敏:《中国国家形象建构的逻辑演变及其深层原因》,《对外传播》2022 年第 3 期,第 26—30 页。

② 韩德勋、赵士林:《后疫情时代"国际传播"与"全球传播"之辩再思考》,《全球传媒学刊》2021 年第 4 期,第 120—138 页。

(二)话语博弈:话语衔接与分层突破

当前我国对外传播能力建设的一个突出问题是如何提升国际话语权。国际话语权是一整套知识、信仰与价值体系,是一个国家为人类文明贡献的话语,表现为不同的类型,体现在大国竞争的不同领域。就提升国际话语权的路径和策略而言,要在不同的地区、不同的领域、不同的议题上实现国际话语权的突破。在对外传播的顶层设计上要有整体性视角,但在实践中可以采取差异化策略,因势利导,有助于提升对外传播的效能。

首先,要做好中国话语与世界话语之间的衔接与沟通,增强中国在相关议题上的话题博弈能力。例如,人权是西方国家质疑和攻击中国的一个支点。中国在这个领域的话语权相对较弱的一个重要原因是长期的失语状态,即把人权看成是西方自由主义的产物而讳言"人权"。近十几年来,中国通过发表白皮书和参与国际活动的方式,不断加强在人权领域的话语存在,从 1992 年至 2021 年 9 月,中国共发布约 17 部与人权相关的白皮书。其中 1992—2000 年 17 部,2001—2010 年 25 部,2011—2021 年 36 部。最多的是 2019 年,中国发表了 7 部各类白皮书。[①] 2017 年 12 月 7 日中国召开首届"南南人权论坛",强调了发展中国家的人权观,即生存权与发展权是首要的基本人权。这种在人权议题上的回应和发声,打破了西方国家在人权领域的话语霸权,有利于全球人权问题的治理,更重要的是中国在与西方国家的对话过程中提升了影响力和感召力。

其次,要把握说话的权利和机会,主动发声,提升在不同层次不同领域的话语存在和话语效能。由于国际话语权的复杂性和多维性,可将其分为不同的层次和类型。有学者将之划分为世界格局中的领导权、全球公域治理中的主导权及意识形态上的道义制高点。[②] 也有学者将之分为舆论性话语权、制度性话语权和学术性话语权。[③] 概括起来,国际话语权可分为三个层次,第一层

[①] 常健:《中国人权白皮书发表的基本情况》,http://www.humanrights.cn/html/llyj/1/6/2021/1022/61613.html.

[②] 高程:《中美竞争与"一带一路"阶段属性和目标》,《世界经济与政治》2019 年第 4 期,第 58—78、156—157 页。

[③] 邢丽菊、赵婧:《国际话语权视域下的中国国家形象建设:挑战与对策》,《东北亚论坛》2021 年第 3 期,第 111—126、128 页。

次是说话的权利(right),对应到对外传播就是传播渠道与平台建设。第二个层次是说的话有没有用,体现为一种规范性权力,在国际关系领域被称为制度性话语权。在对外传播领域主要表现为一种舆论引导的能力,可称为舆论性话语权。第三个层次是话语在价值层面的感召力和影响力,在对外传播领域表现为话语体系的建立。中国在第一个层面,即对外传播渠道与平台方面取得了进步,避免了中国的失语状态;第二层次舆论引导能力在不同议题不同地区有所差异;在第三层次,中国提出了以构建"人类命运共同体"为核心的国际理念,争取得到更多的国家和人民的认可是对外传播的主要任务。

(三)问题导向:从"学科型学术"到"问题型学术"①

国际传播是一个跨学科的研究领域,对外传播是其中的主要方面,其中的许多问题如国家形象的塑造、国际话语权的提升等涉及国际关系、新闻传播、管理学等多个学科。单一学科视角的研究虽不乏真知灼见,但是面对当前复杂的国际传播问题,容易陷入自说自话、解释力不足的困境。对外传播从理论到实践要实现由"学科性学术"向"问题性学术"的转变。

首先,在理论层面从"问题性学术"的思路出发,打破学科知识的局限,以有效解决对外传播中的问题为目标。既要在国际关系的宏观背景下认识到外部因素及其必然性,又要从对外传播的角度认识到传播技术的发展所带来的便利性和能动性。新闻传播学的对外传播研究首先应该放在国际关系的全局中进行,在这个基础上探讨传播渠道建设、传播技巧和策略的提升等问题。中国的"国家形象"问题本身就是在"民族复兴"和"大国崛起"等政治背景下出现的。当前的国际关系格局及中国在其中的位置决定了提升国家形象的长期性和曲折性。国际关系学研究在关注国家利益、国家战略等宏观背景时,也要考虑借助平台媒体和国际传播渠道扩大外交活动的影响力,提升外交话语的存在感。

其次,在实践层面对外传播要紧密配合国家的外交战略,以外交的重点国家和地区为重点,把精准传播变成有重点的精准传播。虽然传统的外交渠道

---

① 徐俊忠:《关于从"学科性学术"到"问题性学术"的思考》,《开放时代》2022年第1期,第27—31页。

是国家间交流的主要途径,但是媒介技术的发展极大地拓展了国际交流的方式与手段。上至国家元首互访,下至平台媒体上网民的互动,从传播渠道到传播内容形成了丰富而多彩的信息交流光谱。因此,对外传播要发挥各种传播渠道和传播平台的优势,围绕国家总体的战略布局和外交政策的重点,展示真实、立体、全面的中国,不断提升中国话语的影响力。外事活动、国际论坛等外交平台既是展示国家地位和实力的平台,也是新闻报道来源和媒体工作者交流的平台。国际传播与政治、经济结合才能发挥出最大的力量,提升对外传播的效能。

四、结语

在后疫情时代,西方主流媒体新冠肺炎疫情报道中对中国的污名化、北京冬奥会报道中的泛政治化、俄乌冲突中信息传播的武器化,再现了国际关系中的国家—权力逻辑,给我国的对外传播带来多重挑战。国际关系经典现实主义大师摩根索对魅力、威望与宣传等相关概念的论述,以及由此形成的国际传播思想,给我国的对外传播建设带来很大的启示。当前我国的对外传播要"回到中国",彰显中国的特色。要把中国的物质实力转化为话语的力量,在不同层次和领域实现国际话语权的突破。对外传播能力建设要从"问题型学术"的思路出发,在整体性的理论视角下采取差异化的实践策略。摩根索的国际传播思想对这些现实问题的回应,更加显示出其理论的永恒价值。

(周宏刚,陕西师范大学新闻与传播学院副教授)

Multiple Challenges and Countermeasures of International Communications in the Post Epidemic Era
—Enlightenment of Morgenthau's Thought of International Communications

Zhou Honggang

Abstract: The global public health crisis caused by the COVID-19 has spilled over to many fields such as politics, economy and culture, which has intensified the "De−globalization" trend and made China's international communication face many challenges. On the basis of combing the relevant discussions on charm, prestige and propaganda by Morgenthau, the classic realist master of international relations, this paper attempts to use the theoretical resources and methodological principles in his thought of international communications to answer the problems in China's international communication in the post epidemic era. Finally, the paper draws some enlightenment: we should deal with the relationship between globalization and "return to China" and enhance national consciousness; We should deal with the relationship between discourse cohesion and hierarchical breakthrough, and improve the discourse game ability; We should deal with the relationship between "subject-based learning" and "problem-based learning" and adhere to the problem orientation.

Keywords: Morgenthau; Charm; Prestige; Propaganda; International Communications

阅读史:传统连环画研究的
路径、观点与方法^①

张勇锋

摘要:在中国 20 世纪的大众传播史上,连环画是一个无法忽视的文化存在。目前国内学界对传统连环画的研究主要集中于编年体的美术史书写,而基本忽略了连环画作为书籍媒介的重要维度。在"媒介书籍观"视域下,肇始于西方书籍史研究的阅读史范式为中国传统连环画研究提供了新的进路。由此进入,可以探究 20 世纪中国连环画社会阅读的各种面向及其与生活、社会和权力的复杂关系,进而深化和丰富对中国传统连环画这一重要历史媒介的整体性认识。

关键词:阅读史;传统连环画;媒介书籍观

① 本文系国家社科基金一般项目"20 世纪中国连环画阅读史研究"(项目号:19BXW018)的阶段性成果。

一、传统连环画阅读大众的"失语"与"失踪"

　　传统连环画，俗称"小人书"，是指以中国传统线描和写实造型为基本风格，以图画叙事为媒介属性，以便携小书为形制特征，以 20 世纪为时间跨度的一种独特的漫画（comics）类型和通俗文化形式。在中国 20 世纪的大众传播史上，传统连环画无疑是一个无法忽视的文化存在。在近一个世纪的生命历程中，连环画以其独特的魅力和影响，深刻地嵌入 20 世纪中国社会的文化底版之中，成为几代人共有的文化记忆，无数人那句"我是看连环画长大的"的怀旧感慨，倒映的是一个媒介、人与社会历史的交光互影。

　　与利维斯（F. R. Leavis）所无限缅怀的精英主义的"伟大传统"（the Great Tradition）[①]不同，中国传统连环画有着与生俱来的"草根"基因。1884 年，英国商人美查（Major）创办了中国近代第一份画报《点石斋画报》，新式连环画由此肇始。连环画真正的独立袖珍本始于 20 世纪初的《潮报》，据赵家璧回忆："一九一六年，《潮报》第一家用有光纸把单张印成折子式，随后又装订成册，原来出版宝卷唱本的小书商便各寻门路去找画家，抢新闻，'小人书'就这样诞生了。"[②]这种装帧简陋、价格低廉的"小人书"以其图画叙事、廉价便携的媒介属性，在此后不到十年的时间里迅速发展成为一种广受欢迎的通俗大众文化形式，并对此后近一个世纪的中国大众阅读产生了巨大影响。1940 年代末，随着社会形态发生巨变，连环画成为国家意识形态机器的有机构成部分，由此在中国城乡形成了持续近 30 年的连环画的集体"政治化"阅读。进入新时期，连环画更是伴随着改革开放而进入"井喷式"的黄金时代，在 1982 年一度达到 8.6 亿册的发行史上的最高峰，全国近乎人手一册。至 1990 年代初，由于各种原因，连环画遽然退出历史舞台，成为 20 世纪中国大众传播史上的媒介绝响。

　　让人不免吃惊的是，如此宏富复杂且影响甚巨的大众文化传播个案，却远未得到学界足够的研究与探讨，德国学者希尔博曼（Alphons Silbermann）如此

---

①　F. R. Leavis. *The Great Tradition*. New York: New York University Press. 1963.

②　赵家璧：《鲁迅与〈木刻连环图画故事〉》，载赵家璧《编辑忆旧》，中华书局 2008 年，第 80 页。

感叹:"连环画是媒介研究领域最不受关注的媒介之一。当我们旁征博引从方方面面来分析报刊、电影、广播、电视之时,连环画却总是备受冷落。"①受连环画属于"美术"文本的认识局限,在少量既有文献中,以"作者/作品"为核心脉络的编年体美术史著述成为中国传统连环画研究的主流,最早可见 1951 年容正昌的《连环图画四十年——1908 至 1949》②,其概要叙述了 20 世纪早期连环画的形成过程。阿英于 1957 年完成的《中国连环图画史话》③,对自汉代以来各个历史时期的连环图画作品及现代连环画的形成做了简要研究,这是连环画史学研究的奠基之作。其后较有影响的还有白纯熙等人的《中国连环画发展图史》、姜维朴的《新中国连环画 60 年》、麦荔红的《图说中国连环画》等史论专著。④ 近年来,亦有少数美术学者尝试从社会理论的不同视角进行研究。⑤ 显而易见的是,美术领域的诸多著述所呈现的,大多只有经典作者及其绘画文本,作为书籍媒介传播活动的重要一极——连环画的普通读者大众,在整个 20 世纪处于集体"失语"乃至"失踪"状态。这种忽略的直接后果是,面对中国甚至世界文化传播史上持续近一个世纪的罕见集体阅读景观,我们至今无法得知,那些湮灭于历史长河中的普通连环画读者,他们是谁? 他们为什么而读? 他们读些什么并怎样去读? 连环画又在心灵与行为上对其产生了何种人生与社会影响? 概言之,20 世纪中国连环画社会阅读的各种面向及其与生活、社会和权力的关系为何? 对这些问题,至今鲜有研究专论,成为中国大众传播经验史研究的长期缺憾,而这一缺憾在既有的美术史研究范畴内,显然无法得到令人满意的解决。

从形制特征看,中国传统连环画表现为经典 64 开本的小型书籍,各种"小

① Silbermann, Alphons(ed.). *Comics and visual culture: research studies from ten countries*. Berlin: De Gruyter, 1986. p. 7.

② 容正昌:《连环图画四十年——1908 至 1949》,载张静庐辑注《中国出版史料补编》,中华书局 1957 年,第 287 页。

③ 阿英:《中国连环图画史话》,中国古典艺术出版社 1957 年。

④ 白纯熙等编著:《中国连环画发展图史》,中国连环画出版社 1993 年;姜维朴编著:《新中国连环画 60 年》,人民美术出版社 2010 年;麦荔红:《图说中国连环画》,岭南美术出版社 2006 年。

⑤ 宛少军:《20 世纪中国连环画研究》,广西美术出版社 2012 年;王军:《上海连环画发展史研究（1949—1966）》,上海大学博士学位论文,2011 年;沈其旺编:《中国连环画叙事研究》,江苏大学出版社 2012 年;梁东方:《连环画里的时代记忆》,人民出版社 2015 年。

人书""公仔书""娃娃书""菩萨书""小书"等民间别名的"书"之称谓,已经明确标示出其书籍身份与媒介特征。传统连环画研究对于美术史范式的路径依赖,究其实质,是"文本书籍观"与"媒介书籍观"两种书籍认识之别。前者单纯注重书籍的物质与技术特性和作者及其作品,而"媒介书籍观"则以广阔的社会关系结构为背景,更加注重书籍在作者与读者间的中介作用及其社会文化功能表现。法国书籍史先驱罗贝尔·埃斯卡皮(Robert Escarpit)较早地注意到了二者的区别,他认为,仅从技术工艺或者文本的角度来界定书籍是不妥当的,其"错误在于,它们都把书籍看成是一种物质的东西,而不是文化交流的一种手段"。① 埃斯卡皮所谓的"手段"即是书籍的"媒介"面向。从人类媒介传播的发展历史看,连环画(picture-story books)不仅仅是文学和艺术文本,也是以书籍为形制特征的文化沟通工具和大众传播媒介,其媒介文化实践体现于书籍流通及其与社会关联的各个环节。如果将传统连环画置于"媒介书籍观"的视域之下,其社会意涵和研究空间则会大为拓宽。20 世纪 80 年代肇始于书籍史的阅读史研究,为中国传统连环画研究摆脱对美术史的研究路径依赖,重拾其媒介"想象力"提供了新的范式与进路。

二、阅读史范式及其对传统连环画研究的意义

阅读史(History of Reading)研究在当下西方已蔚为大观。约在 1980 年代末,针对传统书籍史只关注作者和文本的精英意识与局限,借助当时正在兴起的新文化史(New Cultural History)的研究典范,罗杰·夏蒂埃(Roger Chartier)、詹姆斯·艾伦(James Allen)、罗伯特·达恩顿(Robert Darnton)、乔纳森·罗斯(Jonathan Rose)等学者不约而同地提出"阅读史转向"的观点,确立了阅读史的方法论,从优先关注作者与文本,转向重点研究各种社会背景中的读者受众及其阅读反应。这一转向,实际上是对传统书籍史的"文本书籍观"向"媒介书籍观"转变的文化观念实践。在作为新文化史之微观史学的启发下,阅读史对书籍媒介之于下层普通民众和个体心灵的影响关怀尤为引人

---

① [法]罗贝尔·埃斯卡皮著,于沛选编:《文学社会学》,浙江人民出版社 1987 年,第 5 页。

注目,如卡洛·金兹伯格(Carlo Ginzburg)利用稀有档案史料,详细考察了 16 世纪意大利一位农村磨坊主的阅读历程及阅读对其世界观和宗教观的影响①;达恩顿在其名著《屠猫记》中,通过对流行于近代欧洲的民间故事及其不同流传版本的考察与阐释,揭示了 18 世纪欧洲农民特别是法国农民的阅读世界、处世策略和生活面貌②。诸多学者均殊途同归地试图回答同一问题:"文本如何改变普通读者的心灵和生活?"传统文献学与书籍史谈到读者一般都默认为精英群体,达恩顿等学者将研究重心转向沉默于历史的普罗大众,探讨书籍之于普通读者的社会功用,极大地拓展了书籍史(阅读史)的研究领域,发展了书籍的"媒介"意涵。其中,达恩顿针对阅读史研究所概括的"谁在读""读什么""在哪里读""什么时间读"以及更为重要的"为什么读""如何读""读后反应如何"的说明和规划,③渐趋成为阅读史研究的经典范式。

在将阅读史范式引入传统连环画研究之前,一个可能的困惑是,作为艺术文本的连环画如何"阅读"?事实上,与狭义的"读书"行为并不完全相同,阅读史之"阅读"针对的是广义的"文本",可以包括文字、图像、影像、口语、音乐、建筑甚至更为综合复杂的表现形式,达恩顿甚至认为"阅读一个仪式和一个城市,和阅读一则民间故事或一部哲学文本,并没有两样"④。另一方面,中国传统连环画绝大多数改编自文学作品,与西方漫画或绘本的重要区别之一,是其版面语言的上图下文,每幅画面与洗练传神的改编文字(脚本)相得益彰,仅就读文阅图而言,自然属于典范的阅读行为。

从历史的范围看,阅读作为一种针对媒介的"使用与满足"活动,总是与阅读者的社会分层紧密勾连。"精英自有适合精英阶层的文本,引车卖浆者流自有适合他们口味的读物。"⑤连环画媒介的通俗文化特质,从根本上决定了其使

① Carlo Ginzburg . *Cheese and Worms: The Cosmos of a Sixteenth-Century Miller* . Baltimore (Maryland): The Johns Hopkins University Press, 1992.

② Robert Darnton. *The Great Cat Massacre. And Other Episodes in French Cultural History*. New York: Basic Books, 1984.

③ Robert Darnton. *Toward a History of Reading* . The Wilson Quarterly , 1989, 13(4), pp. 86—102.

④ [法]罗伯特·达恩顿著,吕健忠译:《屠猫记:法国文化史钩沉》,新星出版社 2006 年,第 3 页。

⑤ Hall, David D. *Cultures of Print: Essays in the History of the Book* . Amherst MA: University of Massachusetts Press, 1996, p. 184.

用者的"草根"属性。鲁迅曾言,连环图画是"宜于俗人的"。[①] 因应于此,阅读史范式对于传统连环研究的意义,首先在于将研究者的眼光从"作者/作品"的传统模式和精英叙事移开,转向湮灭于历史中的那些形态万千的普通阅读大众,以新文化史的微观视角,深入 20 世纪不同历史阶段连环画读者的精神世界,还原普通民众如何借助连环画阅读展开自身的文化实践,思考此种文化是如何塑造普通民众的身份认同、情感和日常生活的。其次,按照达恩顿提出的书籍的"传播循环"(communication circuit)[②]分析模式,书籍作者、出版者和读者之间为一种互动关系,借此作为检视文本在社会中所扮演角色的手段。阅读史范式对于中国传统连环画研究的介入,正是对作为书籍媒介之连环画所谓"传播循环"历史轨迹的复原,由此在作者、出版者、读者和社会环境之间建立联系,使 20 世纪连环画一度断裂的文本生命得以完整,深化和丰富对 20 世纪中国连环画这一重要民族文化样态的整体性认识。再次,"受众研究"(audience analysis)本是传播学的重要研究领域,但受众的"心灵世界"却历来是美国功能主义传播学无力为之的短板。阅读史范式所推重的历史人类学的"解释性"研究,通过对历史上普罗大众阅读行为的爬梳探寻和阐幽发微,洞察 20 世纪连环画读者受众的精神世界,对于从方法论上拓宽经典传播学受众研究的视野空间,具有探索和启发意义。最后,传统连环画阅读史将研究视角聚焦于 20 世纪连环画普通读者的阅读心态与文化实践,钩沉其与历史和社会的关系变迁,对于突破当前国内阅读史研究精英叙事的局限,促动其实现"眼光向下"的路径拓展,亦不无裨益。

从现实关照看,中国传统连环画是世界漫画史上极富民族特色的媒介文化类型,但是,这一湮没于历史的本土漫画形式与现代动漫文化有何内在关联,在数媒时代又何以传承与创新,学界对此问题至今尚无基本的研究关切。传统连环画阅读史的研究视角重返 20 世纪连环画阅读的历史现场,将有助于从更为宽广的历史脉络和读者受众的视角获取本土漫画阅读的"基因"与"密

---

① 鲁迅:《论翻印木刻》,载姜维朴编《鲁迅论连环画》,连环画出版社 2012 年,第 19 页。

② Robert Darnton. "What is the History of Books?" In Cathy N. Davidson(ed.), *Reading in America: Literature and Social History*. Baltimore(Maryland): The Johns Hopkins University Press, 1989, p. 30.

码"，以此促进互联网和数字化背景下连环画与当代动漫文化的接合、继承与创新，实现对中国传统连环画的"创造性转化、创新性发展"。[①]

三、传统连环画阅读史的研究对象

达恩顿等人开创的阅读史研究范式主要回答两类问题，一是阅读行为的外部世界，即"谁在读、读什么以及阅读的时空环境"；二是进入读者的心灵，讨论"怎么读、为什么读和产生哪些影响"。据此，可以将传统连环画阅读史的研究对象概括为一，即 20 世纪中国连环画社会阅读的各种面向及其与生活、社会和权力的关系，由此延展为具有逻辑关联的两大方面。

（一）传统连环画阅读行为的外部世界为何

读者的阅读活动并非完全孤立的个体行为，而总是与一定时期的经济、政治、文化和社会等因素紧密相关，由此构成阅读史研究的社会（外部）维度。具体就连环画而言，可以归纳为五个方面。其一，谁在阅读。不同历史时期连环画读者大众的群体身份与社会构成有很大区别，阅读史研究的任务在于，既要纵向呈现 20 世纪连环画读者从"早期现代大众文化的底层消费者"到"无产阶级工农兵群众"再到"新时期大众文化的普通消费者"的宏观历史轨迹，又要在横切面深入其里探究各时期读者群体的微观世界。其二，阅读什么。20 世纪各时期连环画的流通、出版发行与营销方式，对读者获得连环画具有直接影响；同时，不同时期的经济、政治与文化制度，也从根本上规制着读者的阅读内容及其与读者的角色关系。其三，阅读空间。在梅罗维茨（Joshua Meyrowitz）的"媒介场景"[②]理论视野中，连环画媒介如家庭、学校、租书摊等各种私密与公共的阅读空间，均会导致读者在不同阅读场景中的媒介使用行为、情境心态与文化实践。法国著名书籍史与阅读史学者罗杰·夏蒂埃更是强调，阅读史研

① 习近平：《在中国共产党第十九次全国代表大会上的报告》，《人民日报》，2017 年 10 月 28 日。
② ［美］约书亚·梅罗维茨著，肖志军译：《消失的地域：电子媒介对社会行为的影响》，清华大学出版社 2002 年。

究应该着眼于重建书籍在特定空间对不同社会群体的意义。① 在此问题上,对20 世纪连环画阅读产生重大影响的连环画租书摊尤其具有考察与分析价值。在大量的"连友"回忆记录中,童年时代的租书摊已经成为一个凸显于历史的标志性空间符号,承载着关于连环画的浓厚情结与文化记忆。其四,阅读与社会交往。莉亚·普莱斯(Leah Price)曾以人们"如何用书做事"发问,深入研究了英国维多利亚时代书籍除阅读外的不同用途,认为"阅读并非可对书籍所做的唯一之事"。② 连环画既为书籍媒介,在其文本阅读价值之外,同样具有作为社会关系中介的丰富内涵,诸如寂寞陪伴、礼物馈赠、地位赋予、物品交换、规范强制、话题制造、人生经验、家庭关系等,这些"非阅读"(unread)的书籍功用,无不体现着连环画作为中介工具的社会交往功能,而种种工具性功能又皆以连环画阅读为核心旨归。其五,阅读的社会回应。按照凯文·夏丕(Kevin Sharpe)的说法,"阅读即政治"③,特定的读者总是侧身于特定的政治情势并受其影响,这种阅读与其说是基于政治背景,不如说就是政治行为。如果对 20世纪不同时期有关连环画的媒介批评和读者来信进行考察,不难发现,围绕"小人书"阅读所展开的商业、政治、社会权力与意识形态诸因素间的博弈"虽小道亦足可观"。如 1930 年代鲁迅与苏汶之间关于连环画的一段著名公案,④在二人对连环画所持的鄙薄与辩护的公开对立背后,是彼时精英权力与"草根"阅读之间某种阶级张力的反映。

(二)传统连环画读者的心灵世界为何

阅读史研究者认为,相比读者所处的"社会之网",读者自身的心灵世界更为重要。具体而言,其一,为何阅读。阅读行为总是基于对文本的特定目的,即对媒介的"使用与满足"之谓。作为大众通俗媒介的连环画,在其"以图叙

---

① Roger Chartier. "Reading Matter and 'Popular' Reading: From the Renaissance to the Seventeenth Century". In Guglielmn Cavallo and Roger Chartier (eds.), *A History of Reading in the West*. Cambridge: Polity Press, 2003, p. 269.

② Leah Price. *How to Do Things with Books in Victorian Britain*. New Jersey: Princeton University Press, 2012, p. 34.

③ 戴联斌:《从书籍史到阅读史:阅读史研究理论与方法》,新星出版社 2017 年,第 129—130 页。

④ 苏汶:《关于"文新"与胡秋原的文艺论辩》,《现代》1932 年第 3 期,第 378—385 页;鲁迅:《"连环图画"辩护》《论"第三种人"》,载姜维朴编《鲁迅论连环画》,连环画出版社 2012 年,第 4、32 页。

事"的媒介禀赋及"廉价便携"的物质形制与所规范之知识形态方面,具有特殊的文化属性,由是给读者带来种种阅读期待与媒介使用的心理动机。其二,如何阅读。在霍尔(Stuart Hall)的"编码/解码"理论看来,连环画的阅读即是对文本的理解与意义获取。不论是民国时期的商业化阅读,还是中华人民共和国成立初期的政治化阅读,抑或新时期的再商业化阅读,读者总是以不变的"阅读快感"(reading pleasure)为核心机制,接受和处理不同社会背景下的连环画文本并获取其意义。卡勒(Jonathan Culler)更是抛开文本而另辟蹊径,认为文本的意义不是源于读者与文本、作者的融合,而是制度化和内化规则的产物,换言之,"是制度教会了读者去阅读"。① 以此而论,在连环画读者的"阅读快感"周围,尚有诸多各不相同的文本阐释原则与策略环绕,这些原则与策略并非读者所自创,而是由其所处的制度与社会体系所赋予的。其三,阅读影响。按照传播学的一般观点,连环画阅读通常会对其受众产生从"认知"到"心灵"再到"行动"的各种效果影响,这些影响外在呈现为知识获得、价值观形成和具体的社会行为。以中华人民共和国建立初期"阶级斗争"系列连环画为例,②此类连环画文本对于读者的阅读影响通常为:某种政治知识(如阶级与革命)的获得—阶级立场与情感的生长(基于政治的爱与恨)—初步的政治实践(抓坏人、斗地主、盯特务)。整个20世纪中国连环画的种类海量而博观,其对万千读者的影响亦是洋洋乎无法枚举,诸多效果呈现出连环画阅读影响的自身复杂性与历史多样性。其四,阅读共同体与文化记忆。在当下以"连趣网"为代表的各种连环画收藏网站中,广泛存在着20世纪60—80年代"读连环画长大的"一个特殊群体——"连友"。究其实质,"连友"身居其中的各种连藏网站正是扬·阿斯曼(Jan Assmann)所谓的"记忆场",阿氏认为,"'记忆场'是一个符号系统,它使生活在这个传统中的个体能够找到一种归属感,即意识到自己成为一个社会群体之一员的潜力,并在这个群体中学习、记忆、共享一种文

---

① Jonathan Culler. *Structuralist Poetics: Structuralism, Linguistics and the Study of Literature*. London & New York: Routledge, 2002, p. 137, 132, 144.
② "阶级斗争"是中华人民共和国建立初期连环画叙事的核心框架,如《童工》,人民美术出版社1953年;《山乡巨变》,上海人民美术出版社1961年;《原形毕露》,上海人民美术出版社1965年;《一块银元》,人民美术出版社1972年等。

化"。① 借用阿斯曼的文化记忆理论,将会烛照出中国传统连环画作为一种阅读与媒介文化,如何与个体心灵互动互融而成为几代人的集体记忆。

四、传统连环画阅读史的研究方法

如前所述,西方阅读史的"眼光向下"研究受启于作为新文化史的微观史学。在理论上,微观史学的研究极度依赖于文化人类学的方法,尤其是克利福德·格尔兹(Clifford Geertz)的"深描"(Thick Description)理论②,它所试图建立的就是一种微观化的历史人类学研究,其对象是过去历史中的那些小群体或个人的思想、信仰、意识、习俗、仪式等文化因素,实质上是一种对文化的"解释性"研究。但在实践中,人类学的田野调查显然不能适用于历史学。因此,如何在限定的对象和缩小的范围中收集证据、鉴别史料、阐幽发微,是微观史学在方法上所必须面对的首要问题。自然,这一问题也为指向普罗大众及其个体心灵的连环画阅读史研究所面对。举其要者,研究方法约略如下。

(一)历史人类学研究方法

历史人类学着重于普通民众日常生活的研究,资料来源主要为传统史学所忽略的档案、书信、日记、原始记录、口述史料与考古发现等。该方法将是传统连环画阅读史研究获取文献资料的主要手段,所用史料主要来自对图书馆档案、出版史料、专业报刊、口述历史、名家文集、连藏网站等有关连环画阅读文献资料进行的细致发掘与鉴别爬梳,研究者可借此重返历史现场,获取对 20 世纪连环画阅读的整体与局部、宏观与微观认识。因历史上的普通读者大众鲜有将自己的阅读体验与心灵世界诉诸书面者,因此,如何遍搜 20 世纪各个时期传统连环画阅读的蛛丝马迹以汇聚为足够的分析材料,是连环画阅读史研究所面对的共性挑战。

(二)文本细读法

该方法为 20 世纪英美新批评学派所创造,它通过对文本语义的细密分析

---

① [德]扬·阿斯曼著,陈国战译:《什么是"文化记忆"?》,《国外理论动态》2016 年第 6 期,第 23 页。
② [美]克利福德·格尔兹著,纳日碧力戈等译:《文化的解释》,上海人民出版社 1999 年,第 3—36 页。

达到对其意义与价值的洞悉获取。陈思和先生认为,对于文学作品来说,细读文本"是一种心灵与心灵互相碰撞和交流的过程,……是一种以自己的心灵为触角去探索另一个或更为熟悉或陌生的心灵世界"①。文本细读法在连环画阅读史研究中的运用,并非指对连环画作品文本的精细揣摩,而是从一般阅读史料中获取所需意义,更重要的,是对以读者回忆为主的连环画阅读史料进行缜密细致的语义与语境分析和阐释,以此尝试进入历史各时期连环画读者的精神世界。

(三)个案研究法

注重局部、细节和强调叙述性,是"眼光向下"的阅读史家力图摆脱和超越宏观社会史的关键特征,也正因此,个案研究法为其所侧重。在探究20世纪不同历史阶段连环画阅读的各种面向过程中,有大量形态各异的个案可资援引,如"阅读空间"之租书摊的形态个案,"阅读影响"之民国青少年"入山学道"的事件个案,"如何阅读"之中华人民共和国建立初期"阶级斗争"和古典名著系列等文本个案,"阅读的社会回应"之鲁迅、苏汶、瞿秋白、冯雪峰等有关连环画论争的批评个案,等等。同时,亦要观照诸多个案所嵌入的时代背景与社会结构,努力做到"微观研究和宏观研究的结合,个案分析与结构、过程分析的结合"。②

(张勇锋,陕西师范大学新闻与传播学院教授、博士生导师,陕西师范大学马克思主义新闻观研究中心主任)

The History of Reading: the Path, Viewpoint and Method of the Research on China Traditional Picture-story Books

Zhang Yongfeng

Abstract: The population of picture-story book is an important cultural phenomenon in the history of mass communication in the 20th century of

---

① 陈思和:《文本细读在当代的意义及其方法》,《河北学刊》2004年第2期,第111页。
② 陈启能:《略论微观史学》,《史学理论研究》2002年第1期,第29页。

China. The current research on the traditional picture-story books mainly focuses on the art history of chronology and the important dimension of picture-story books as a kind of media is completely ignored. Based on the media view of books, the paradigm of history of reading provides a new approach for the research on the traditional picture-story books.

Keywords: History of Reading; the Traditional Picture-story Books; the Media View of Books

从漆器热到仿漆器热

——东方漆器在欧洲的跨媒材之旅

刘夏凌

　　摘要:漂洋过海的东方漆器在欧洲漆器热的影响下,在欧洲经历了从漆器、漆屏风、漆板到漆柜、漆阁、镀金皮革屏风和仿漆瓷器等多个阶段和多种媒材的跨越,从完整的漆屏风到被框架禁锢的装饰漆板,再到挣脱媒材的束缚成为独立的器物,这种从东方器物到西式家具和西方室内空间装饰的系列转变,既是在欧洲漆器热潮主导下的转换升级,也是文化转译和融合程度不断加深的结果。然而,欧洲人对于东方漆器的狂热,也不仅仅限于形态上的裁切、镶嵌和重组,还有在材料、媒介和技术层面的跨越,不同的边界被层层突破,漆器持续地牵引着欧洲人的好奇和欲望。本研究聚焦欧洲的东方漆器,呈现一段以漆器为代表的东方之物在欧洲的跨文化、跨媒材之旅,分别从漆器在欧洲皇室贵族之间的流转、漆器装饰图像的重影和跨越媒介的新生三个层面,聚焦漆器、涂漆皮革和仿漆瓷器来探究欧洲人对东方漆器从好奇到了解、从追逐到征服的过程,将"漆器热"扩展至"仿漆器热"。

　　关键词:东方漆器;外销漆;欧洲漆阁;涂漆皮革;仿漆瓷器;跨文化;跨媒介

引：漂洋过海的东方漆器

　　漂洋过海的东方漆器和部分漆屏风，在抵达欧洲后被切割成块，有的被镶嵌进柜子立面（图 1）成为古典家具的一部分，有的则直接镶嵌进室内墙壁成为空间装饰的一部分（图 2），这在荷兰莱瓦顿漆阁中可以看到相应的使用方式——"汉宫春晓"主题的科罗曼多款彩漆屏风没有经过明显裁切，被相对完整地镶嵌到墙壁上，在室内制造出一幅连续的东方图景。在这股漆器热的推动下，欧洲甚至还产生了一种针对漆阁装饰工作的专门化分工。"在 1683 年，格瑞特·詹森以 41 英镑的价格被雇佣在查特斯沃思庄园中的日本阁工作……他的任务是设计、制作模型并将日本（漆器）切割成块。"①随着时间的推移，漆阁的装饰风格也逐步深化至西方的语境和文化框架中，东方漆器逐渐和西方的洛可可主义及新古典主义产生融合，其中风格相对成熟的便是位于维也纳美泉宫中的东亚漆阁（图 3）。这个空间一共使用了 67 块漆板碎片进行装饰（图 4），东方漆屏风被裁切成漆板碎片进而镶嵌进金色框架中，这种白底金框的装饰也是当时最流行的一种法式洛可风格。东方漆器从器物到西式家具和室内空间装饰的转换背后，其实是东西方文化的相遇和深度融合。

图 1　法国巴黎 Jacques Dubois 使用中国漆板制作的碗柜，1755 年，现藏于盖蒂博物馆

---

　　① "…… in 1683 Gerreit Jensen was paid £41 for work in the 'Japan Closet' at Chatsworth, which according to Celia Fiennes was wainscoted in 'hollow burnt Japan' (Coromandel). He was paid for 'framing moulding and cutting of the Japan, and joyning it into panels'." Oliver Impey. *Chinoiserie: The Impact of Oriental Styles on Western Art and Decoration*. Britain: George Rainbird Ltd. 36 Park Street, W1,1977, p. 165.

图2　荷兰莱瓦顿漆阁，万丹漆板装饰，为弗里斯兰省省长制造，1695年，现藏于荷兰阿姆斯特丹国立博物馆

图3　圆形东亚阁，装饰于1753至1760年间，现藏于维也纳美泉宫

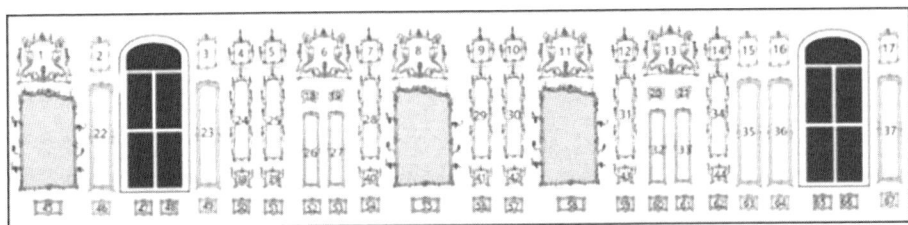

图4　圆形东亚漆阁的空间平面展开图，笔者自制

　　而欧洲人对于东方漆器的狂热，也不仅仅限于形态上的裁切、镶嵌和重组，还可延伸至对于材料、媒介和技术的层层跨越。东方漆器在欧洲圈层中是如何流动的？对他们来说意味着什么？欧洲人是如何破解制漆的秘密并进行本土仿造的？在欧洲的东方漆器热如何一步步发展到仿漆器热？又是如何具体地同皮革、瓷器等不同媒材的器物产生关系和互动的？

一、从禁锢到流动：漆器的社会生命

　　东方漆器在哈布斯堡帝国的外交中扮演了重要的角色，除了满壁漆器的漆阁房间带来的财富和权威的可视化，18 世纪来到维也纳美泉宫的使者们在穿过礼仪大厅之后，会依次经过多个不同东方风格的房间来和女皇会面，当他们离开时还会被赠予一件漆盒作纪念品。从不可移动的漆阁到一个可移动的小漆盒，从美泉宫中的漆阁到美泉宫之外的欧洲各国，从玛丽亚·特雷西亚女皇到其他国家的皇室贵族，由东方漆器带来的声威和震撼仍在继续。

　　法庭法官和日记作者约翰·约瑟夫·赫芬胡勒-梅茨（Johann Josef Khevenhuller-Metsch）曾在日记中写道："1759 年 1 月，玛丽亚·特雷西亚命令把一个维也纳制的漆器书桌（sécretaire）作为礼物送给蓬巴杜夫人。……其中包括一幅被钻石和几块古老漆器镶板环绕的皇后画像。"①在那个全欧洲时尚风向标朝向法国的年代，法国的马丁漆也是所有欧洲仿制漆中制作最精良的。玛丽亚·特雷西亚女皇赠送维也纳自制的漆器给蓬巴杜夫人，意图非常明显，即通过礼物来显示本国制漆工匠的技艺水平之高，暗指维也纳的漆器与巴黎的漆器水准不相上下，并间接地展示女皇自身的优雅品位和哈布斯堡帝国的国力水平。40 年后，漆器再一次作为礼物抵达巴黎："1779 年 1 月 15 日，神圣罗马帝国皇后赠送的日本漆器盒抵达巴黎，以纪念玛丽亚·安托瓦内特的第一个孩子玛丽亚·特蕾莎的出生，玛丽亚·特蕾莎是以她祖母的名字命名

　　①　Michael Yonan. "Veneers of Authority: Chinese Lacquer in Maria Theresia' Vienna". *Eighteenth-Century Studies* ,2004, 37(4), p. 661.

的。"①漆器作为兼具好品味与高价值的高档礼物，被用于庆祝皇室成员的诞生。在 1780 年 11 月 29 日女皇玛丽亚·特雷西亚去世之后，她更是将她的 55 个日本漆盒（女皇的大部分漆盒收藏）给了她的女儿玛丽亚·安托内特，而这也就成为后来"来自凡尔赛的一位女皇的珍宝"（A Queen's Treasure from Versailles）②的重要组成部分。

在荷兰，漆器更是主人财富地位的象征。荷兰黄金时代的家庭肖像画常常选择将人物置于室内空间再现的方式，通过室内装饰的豪华或者周围奢侈品的出现来凸显主人的财富地位，比如在由荷兰风俗画家彼得·德·霍赫（Pieter de Hooch）绘制于 1663 年的《制作乐器的家庭》（A Family Making Music）中右侧柜子上方的瓷器和漆盒。在另一幅荷兰家庭肖像画中同样出现了漆器，这是一幅很有可能由鲁罗夫·科伊二世（Roelof Koets II，1650—1725）于 1680 年绘制的《正在饮茶的荷兰家庭》（Dutch Family Taking Tea），在桌上除了茶具还绘有一件由日本进口的四方形漆瓶，漆器与饮茶的行为共同塑造了主人公的高雅品味和财富地位。在荷兰的个人肖像画中，漆器的位置更加醒目，比如在由鲁道夫·拜克胡塞（Ludolf Backhuysen，1631—1708）于 1680 年所绘的《戈达德·贝迪翁肖像》（Godard Verdion）中，人物被置于走廊之中，廊间透出远处风景，人物左手拿着一串珍珠，右手捏着一张插图，右手边的那件日本莳绘风格的漆柜是最引人注目的。在戈德弗里德·沙尔肯（Dorfried Schalcken）于 1685 年所绘的《一堂无用的道德课》（A Useless Moral Lesson）中，一位老妇人正在试图阻止这位少女打开象征童贞的盒子，而这个盛着童贞这一珍贵之物的盒子正是一件黑金漆盒。在弗朗斯·凡·米里斯（Frans van Mieris sr.）于 1658 年绘制的《串珍珠的少女》（Young Woman Stringing Pearls）中，一位少女侧坐于桌前正在串珍珠项链，少女手边有一个四叶草形状的漆盒，似乎是为了装珍珠项链而专门准备的首饰盒。漆盒在这

---

　　①　Kristina Kleutghen. "Imports and Imitations: The Taste for Japanese Lacquer in Eighteenth-Century China and France". *The Journal for Early Modern Cultural Studies*, 2017, 17(2), p. 182.

　　②　保罗·盖蒂博物馆同名展览，A Queen's Treasure from Versailles: Marie-Antoinette's Japanese Lacquer, January 23, 2018—January 6, 2019, the Getty Center. A Queen's Treasure from Versailles (getty.edu).

些绘画中作为室内陈设的一部分,表现为保存珍贵之物的盒子或者象征身份、财富及优雅品味的符号,成为荷兰肖像画中的重要装饰元素。漆器除了在同时代肖像画中被用作身份和财富的象征符号,还会出现在当时的商业广告中。弗朗索瓦·布歇(François Boucher,1703—1770)曾为法国人弗朗索瓦·格桑(François Gersaint)的中国商店绘制了一张商业名片——《在宝塔》(à la Pagode,1740),这张海报上位于视觉中心的也是一件漆柜。现藏于伦敦维多利亚和阿尔伯特博物馆的一幅扇叶纸本水彩画描绘了 1680 年至 1700 年一间位于荷兰的"东方进口"商店内景,①琳琅满目的东方货物堆叠在店铺的前景中:地上散落的大小各异的中国青花瓷器,描金黑底漆家具、红漆家具、多曲款彩漆屏风,身着土耳其服饰的人物肖像画、日本风格绘画,印度花卉织物窗帘……它们漂洋过海来到异国他乡,等待着新主人的眷顾,每一件物品都蕴含了远航东方的勇气和运气。商店里的时髦贵客们包着带羽毛头饰的头巾、穿着土耳其风格的服饰在商店内聚集,画面景深处的商店入口有更多的顾客接踵而至,隔着画布仿佛都能听到他们对这些远道而来的东方物品毫不吝啬的赞叹和讨价还价的喧闹。从荷兰的街道上走进这家中国商店就像穿越到了一个东方世界,而这也仅仅是此种繁盛的一角。

由此可见,漆盒及漆器对 18 世纪欧洲贵族和商人阶层来说都是珍贵的奢侈之物。在欧洲的漆器种类也是多种多样,包括了漆碗(lacquer bowl)、漆盒(lacquer box)、漆屏风(lacquer screen)、漆板(lacquer board or panel)、漆家具(lacquer furniture)以及日本的方方漆瓶在内的多种类型。在欧洲漆阁的墙壁空间之外,东方漆器被用作家庭用品、国家间的外交礼物、欧洲皇室间的祝贺礼物及中国商店广告中风靡一时的明星产品,漆器在欧洲具有更大的活力和能量。

---

① Monika Kopplin. *European Lacquer: Selected Works from the Museum für Lakkunst, Münster.* Hirmer Verlag, p. 13.

二、从版画到漆屏：东方图像的互动

东方漆器最早于16世纪后期被进口到欧洲，随着漆器热潮席卷欧洲，制漆的秘密也逐步被欧洲工匠破解，仿制漆器出现。这个过程同漆屏风到欧洲发生的"转译"和"再语境化"类似，制漆的材料的技术也经历了一个"再语境化"、本土化的过程，东方漆与欧洲仿制漆在材料与技术上也有着本质的不同，指代中国大漆或东方漆的英文原文为"Lacquer"，上漆、涂漆的过程即"Lacquering"，使用到的原材料是一种取于漆树的汁液。而欧洲仿制漆的原文是"Japanning"，它与真正的东方漆不同，使用的是类似于虫胶的树脂基层的清漆，涂抹后通过抛光制造出极为类似的光泽效果，这种可替代的新材料和新技术的发明使得欧洲自产漆器成为可能。新技术和新材料的应用在实现对东方漆器的模仿的同时还引发了一股新的时尚，即流行于年轻女士之间的"涂漆特长"。"1689年，埃蒙德·凡尔纳（Edmund Verne）就同意他的女儿在学校里学习这一'特长'。他写道：'我发现你有学习涂漆（你们如此称之）的愿望。……我羡慕所有那些能让你在上帝和男人眼里变得高贵和可爱的造诣……"①涂漆艺术像下一个时代的水彩画一样，竟能让姑娘们在男士眼里变得可爱。类似的看法延续到1710年，包括亚历山大·波普（Alexander Pope）在内的许多人都将"涂漆"视作一种女性消遣。② 在让·皮耶芒（Jean Pillement）1760年于伦敦出版的《女士的消遣或者涂漆简易化》（*The Ladies Amusement or Whole Art of Japanning Made Eas*）中提到："1752年4月7日——'那个非常漂亮的房间'肯定是中式房间。如果是这样的话，伯爵夫人很可能为涂漆做出了贡献。涂漆因详细介绍漆的制作过程和建议使用的式样的手册而流行起来，整个世纪以来，涂漆一直是为贵族和有修养的妇女们所习用的。"③

---

① 转引自休·昂纳《中国风：遗失在西方800年的中国元素》，北京大学出版社2017年，第93页。

② "7 April 1752 – it is certain that ' that very pretty room' is the Chinese room. If so, it is likely that the Countess would have contributed a japanned work. Made popular through the published manuals that detailed the process and suggested patterns, japanning was practised by aristocratic and polite ladies throughout the century." David Raizman, Carma Gorman. *Objects, Audiences and Literatures: Alternative Narratives in the History of Design*. 2009, p. 16.

③ Jean Pillement. *The Ladies Amusement or Whole Art of Japanning Made Easy*. London, 1762, p. 15.

　　这种涂漆技术的发展也使得一些典型的中国风装饰图像得以实现它们的跨媒材转移，并产生不同载体间的竞争。以约翰·斯托克（John Stalker）和乔治·帕克（George Parker）于 1688 年在伦敦出版的《论涂漆与上漆》（*A Treatise of Japanning and Varnishing*）为代表，他们介绍了涂漆的材料技术，并附有系列中国风装饰图像，这批装饰图像综合了关于中国或东方主题的版画、东方物品装饰图案等多重来源，并作为重要媒介影响了欧洲仿制漆器的装饰图案式样。在涂漆专著插图中的一幅"木颈枷"插图（图 5）与 1665 年纽霍夫（Jan Nieuhof）《荷使初访中国记》（*HetGezandtschap der Neêrlandtsche Oost-Indische Compagnie, aan den Grooten Tartarischen Cham, den Tegenwoordigen Keizer van China*）中的一幅插图（图 6）非常相似，涂漆专著插图中另一幅插图（图 7）与 1670 年在阿姆斯特丹出版的《第二、三次荷兰东印度公司使节出使大清帝国记》（*Dapper Gedenkwaerdig Bedryf Der Nederlandsche Oost-Indische Maetschappye*）一书中的"鞭笞"插图（图 8）相似。[1] 而涂漆专著中的中国建筑、花鸟、人物、假山和动物等图案也同一部分德国仿制漆柜的装饰图案完全一致。这充分说明《论涂漆与上漆》作为漆器跨媒材的重要图像媒介库，作为工艺指导图册直接作用于漆器的制作，并成为中国主题版画与欧洲仿制漆之间的重要中介。

图 5　涂漆专著插图中的"木颈枷"图像

图 6　纽霍夫，《荷使初访中国记》，"木颈枷"图像

---

① Monika Kopplin. *European Lacquer: Selected Works from the Museum für Lakkunst, Münster*. Hirmer Verlag. pp. 319—321.

图 7　涂漆专著插图中的"鞭笞"图像

图 8　《第二、三次荷兰东印度公司使节出使大清帝国记》中的"鞭笞"图像

　　部分经典的图式还在东方主题版画和漆阁装饰漆板之间进行着跨媒介互动。以丹麦哥本哈根罗森堡中的漆阁为例,学者弗朗切科•莫瑞娜（Francesco Morena）认为这是整个欧洲最早的漆阁,他提到房间内使用了 73 块镀金仿东方漆板,装饰主题由上到下依次是:船只、风景人物和花园人物,并且指出由于很多漆板上的东方图像和纽霍夫版画、基歇尔（Kircher）的《中国图说》（China Illutrata）极为相似,很有可能是当时负责室内装饰的荷兰设计师弗朗西斯•德•布雷（Francis de Bray）在 1667 至 1670 年进行装饰的。① 其中,纽霍夫《荷使初访中国记》中的"龙舟"图像（图 9）与丹麦玫瑰宫中"公主的漆阁"中位于第三层的装饰漆板②（图 10）非常相似。类似的漆器图像重影还发生在其他中国主题图像中,比如中国宝塔图像在 17 世纪末产于荷兰的黑金漆中国风漆柜③（图 11）柜门上的出现,甚至到后期欧洲画家的中国风绘画也实现了从版画到漆器屏风的转变,比如布歇的版画也会与一些涂漆小型屏风上的彩漆装饰图像产生重叠。④

---

　　①　Francesco Morena. *Chinoiserie and Printed Sources: Seventeenth Century Dutch Illustrated Volumes on the Far East and Their Reception in European Art*. BPJS,2016, pp. 95—96.

　　②　Francesco Morena. *Chinoiserie and Printed Sources: Seventeenth Century Dutch Illustrated Volumes on the Far East and Their Reception in European Art*. BPJS,2016, p. 95.

　　③　Francesco Morena. *Chinoiserie and Printed Sources: Seventeenth Century Dutch Illustrated Volumes on the Far East and Their Reception in European Art*, BPJS,2016, p. 93.

　　④　Monika Kopplin. *European Lacquer: Selected Works from the Museum für Lakkunst, Münster*. Hirmer Verlag, pp. 270—271.

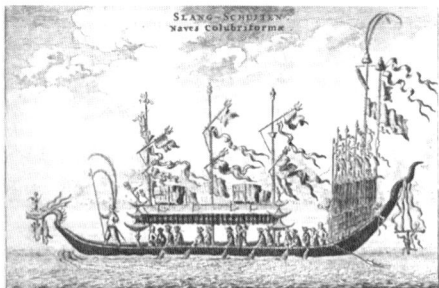

图9　纽霍夫,《荷使初访中国记》,"龙舟"
图像,1665 年

图10　丹麦玫瑰宫,"公主的漆阁",1667 至
1670 年,装饰漆板图像细节

图 11　荷兰中国风镀金和珍珠母装饰漆柜,1700 年,现藏于阿姆斯特丹国立博物馆

　　与漆有关的新技术、新材料和新著作在欧洲的应用和推广,使得欧洲本土仿制漆器成为可能,欧洲工匠在仿制漆器上也吸纳了多重来源的东方图像资源,使得部分经典图式跨越了媒介参与到新的媒介表现中来。而这种技术的进步也使得漆器的材料基底得以实现多元化,原来主要被施于木胎上的漆,现在也被涂抹于皮革(leather)、镀锡铁皮(tinplate)和混凝纸浆(papier mâché)之上,这使得欧洲仿制漆器进一步大众化,诞生了东方漆屏风的平价替代物——涂漆皮革屏风。

三、媒材的跨越:涂漆皮革和仿漆瓷器的诞生

随着漆阁时尚和漆器热的发展,欧洲对于漆屏风和漆板的需求不断上升。但这类尺寸相对较大、做工费力的东方物品价格偏高。欧洲工匠在模仿东方漆器和瓷器的过程中,也在不断探索新材料使用的可能性。德国工匠施奈尔(Schnell)曾发明了一种可以模仿甚至可以在一定程度上替代漆屏风的技术,即将原先覆盖于木板上的漆应用于皮革和亚麻表面。[1] 仿漆器皮革屏风(leather screens or japanned leather)诞生了。制作皮革屏风(leather screens)或皮革板(leather panels)最基础的技术是使其干燥、定型,进而将金箔覆盖于表面。这种技术也很快在欧洲大陆上流传开来,目前存世的涂漆皮革很多都来自英国,英国皮革工艺博物馆的馆长约翰·华特(John Water)曾说,在他鉴定的数百件皮质屏风中,仅有两件是有明确署名的,其中一件标注有制作者的名字"霍尔福德"(Holford),另一件标注有产地"伦敦,考文垂"(Coventry,London),后者被发现于卡塞尔(Cassel)附近的一座小城堡中。[2]

如果回到 17 世纪,荷兰是当时欧洲镀金皮革制品的生产中心,在霍赫(Pieter de Hooch)绘于 1665 年的荷兰室内绘画中我们可以看到镀金皮革在荷兰家庭室内装饰中的使用情况。这种镀金皮革不仅在外观上类似漆屏风、价格相对低廉,而且由于皮革的柔软和易切割的特性,还可以适应不同尺寸和不同形状的装饰需求。[3] 在 1716 年的《伦敦公报》(London Gazette)上镀金师约瑟芬·弗莱彻(Joseph Fletcher)就曾刊登了这样一则广告——"提供最新的中国风皮革挂毯,用于墙壁、沙发和屏风"。[4] 这则广告说明此类皮革制品,在当时

---

[1] Janet Woodbury Adams. *Decorative Folding Screens: 400 Years in the Western World*. New York: The Viking Press, 1982, p. 47.

[2] Janet Woodbury Adams. *Decorative Folding Screens: 400 Years in the Western World*. New York: The Viking Press, 1982, p. 50.

[3] Janet Woodbury Adams. *Decorative Folding Screens: 400 Years in the Western World*. New York: The Viking Press, 1982, p. 55.

[4] Mackinnon Fine Furniture. *The Art of the Fold: A History of Decorative Screens in the Interior*. 2018. https://thesourceforantiques.wordpress.com/2018/01/12/the—art—of—the—fold—a—history—of—decorative—screens—in—the—interior/.

不仅可以用来装饰室内空间，还会被当作屏风单独使用。在英格兰东部诺福克的布里克林宅邸（Blickling Hall，Norfolk）就陈列着一扇 18 世纪早期的镀金皮革屏风（图 12），其装饰风格和屏芯部分连续叙事的排布方式都和科罗曼多款彩漆屏风极为近似，不同之处主要体现在金色的使用面积更大，材质相对柔软，屏框部分从常出现的博古纹、瑞兽图和山水花鸟装饰变成了统一的几何花纹图案，在扇面之间还可以清晰地看到皮革相接处的铆钉。在另一间 17 世纪末的私人英式房屋——霍宁顿大厅（Honington Hall）（图 13）中，还能看到使用这类镀金皮革装饰室内空间的真实效果，它和科罗曼多款彩漆屏风的装饰效果非常近似。[①] 这种审美趣味和欧洲早期的漆阁装饰是一脉相承的。在巴黎近郊的维的莱特城堡（Château de Villette）中也有一间房间（图 14）使用涂漆皮革进行装饰。

图 12　镀金皮革屏风，18 世纪早期，英格兰东部诺福克的布里克林宅邸

---

①　Jacobson Dawn. *Chinoiserie*. Phaidom Press, 1999，p. 44.

图13　私人英式房屋，17世纪末室内装饰，使用英国涂漆皮革

图14　巴黎近郊维莱特城堡，某房间的涂漆皮革装饰

　　从漆屏风到涂漆皮革，欧洲工匠们经过努力尝试寻得了昂贵的东方漆屏风的平价替代物，这是漆阁和漆屏风热潮影响下技术更新和进步的结果，也反过来再一次促进了此类时尚的大众化和广泛化，并实际上推动了欧洲生产制造业的进步。

　　在欧洲，继瓷器的秘密被破解之后，制漆的秘密也被欧洲工匠掌握，甚至还有工匠将瓷器与漆器合二为一生产出仿漆瓷器。意大利佛罗伦萨的瓷器博物馆（Museo delle porcellane di Firenze）收藏有一件特别的器物（图15），它具有与美第奇软瓷相似的器形，同"仿洋漆"黑金漆器相似的质感，装饰着中国亭子、中国人物、假山、植物等中国风图案，但实际上这是一件于1799年产于维也纳的瓷器，一件仿漆器的中国风瓷质水壶（Porcellane Viennesi a Cineserie）。这件瓷器的表面质感与漆器的相似程度很高，如果不是有明确的材质标注，很可能会被误认为是一件漆器。

图 15　维也纳中国风瓷质水壶,仿中国漆器,1799 年,藏于佛罗伦萨瓷器博物馆

其实早在 1700 年中国就已经生产出这一类型的仿漆瓷器。比如在德累斯顿公共艺术藏品中有一件产于中国康熙年间(1700 年)的三曲葫芦瓶[①],这件葫芦瓶分为三层,中间层保留了白瓷的光洁质感,顶层和底层在黑底上用金色绘制有装饰图案,模仿了漆器的质感。与此类似的还有另外一件 18 世纪的带盖花瓶和一件仿漆瓷器碗[②],其中仿漆瓷器碗内部仍然保持瓷器的质感,并用斗彩装饰碗内边缘,碗的外部则是仿漆器的黑金装饰,将漆器的黑金色调和瓷器的莹润光洁结合在同一个器物之中,这种质感的混杂和矛盾之感也给使用者带来一些惊喜。同一时期的中国工匠还会使用瓷器去模仿古代的青铜器,创造出带有仿古及复古感的器物,用瓷器模仿漆器的质感是工匠对不同媒材之间界限的跨越。在欧洲主要的瓷器生产中心均能发现仿漆瓷器的身影。代尔夫特出产过类似质感的仿漆瓷器,其中一件是约产于 1700 至 1724 年间的直接模仿日本方形漆瓶的黑金方形瓷瓶,另一件仿漆瓷器盘则模仿科罗曼多款彩漆器,这件瓷盘产于 1700 至 1725 年间,在黑底上用彩色装饰绘有凤

---

①　Monika Kopplin, Staatlichen Schlössern und Gärten Baden-Württemberg. *Schwartz Porcelain: Die Leidenschaft für Lack und ihre Wirkung auf das Europäische Porzellan*. Germany: Hirmer Verlag, 2003, pp. 70—71.

②　Monika Kopplin, Staatlichen Schlössern und Gärten Baden-Württemberg. *Schwartz Porcelain: Die Leidenschaft für Lack und ihre Wirkung auf das Europäische Porzellan*. Germany: Hirmer Verlag, 2003, p. 72.

凰、中国人物、中式瓶花、梅花等中国风格图案。德国麦森瓷器在 1710 年至
1715 年间曾生产过一批类似的仿漆瓷器，甚至会依据同一种器型制作不同质
感的瓷器，比如同一器型的茶壶，会同时生产传统的白瓷质地和仿漆器质地。
整体来看，麦森瓷厂制作的仿漆瓷器有一个比较明显的特点——器型大多延
续了中国传统的瓷器形制。在产于维也纳皇家瓷厂的仿漆瓷器中，目前发现
最早的是一件产于 1788 年的仿漆瓷器制水罐[①]，水壶瓶身装饰有中国风图案，
虽然其中国风格的装饰图案细节粗糙，但模仿的漆器质感已经臻于完美。类
似的工艺还用于生产一批杯盘套装，比如一套于 1793 年生产的仿漆瓷器杯和
瓷盘（图 16），到后来甚至还出现了模仿红底金漆的朱漆仿漆瓷器，比如这件产
于 1799 至 1801 年间的杯盘套装[②]（图 17），除了杯沿和盘沿仍是模仿黑底金
漆，器物主体画面还采用了红底金漆作装饰。就目前搜集到的材料来看，维也
纳的仿漆瓷器集中生产于 1788 至 1801 年间，虽然器物种类有所区别，但质感
和装饰风格都非常类似，特别是装饰采用的中国风元素反复挪移在不同的器
物之间，类似的装饰纹样会被反复使用，比如绘制于杯沿、瓶口、盘沿的类似散
开的佛手形状的植物装饰纹样。

图 16　维也纳皇家瓷厂，仿漆瓷器，中国风
瓷杯和瓷盘套装，1793 年

图 17　维也纳皇家瓷厂，仿红底金漆的"红
绘"风格仿漆瓷器，1799—1801 年

---

①　Monika Kopplin, Staatlichen Schlössern und Gärten Baden-Württemberg. *Schwartz Porcelain: Die Leidenschaft für Lack und ihre Wirkung auf das Europäische Porzellan*. Germany: Hirmer Verlag, 2003, p. 226.

②　Ibid. p. 232.

　　正如维也纳瓷厂的仿漆瓷器之间有着部分装饰图案的重影,法国塞弗尔瓷厂的仿漆瓷器之间有着更明显的中国风图像的重影。在 1791 至 1792 年间生产的一件瓷盘(图 18)和一件瓷瓶主体(图 19)的图像非常近似,而它们有着一个共同的来源——让-巴普蒂斯特·皮耶芒(Jean-Baptiste Pillement)绘制于 1770 年的中国风设计图案(图 20)。皮耶芒是一位四海为家的设计师,他于 1728 年出生于法国里昂,在他十五岁的时候就来到巴黎成为壁毯厂的学徒,1745 年到西班牙,1750 年到葡萄牙里斯本,1754 年来到伦敦。他在伦敦生活了 8 年,也是在这里出版了他的《新式中国装饰》(A New Book of Chinese Ornaments)一书,其设计风格受到英式洛可可趣味的影响,变得更加纤巧灵动。1763 年他再一次出发来到维也纳,在这里受雇于玛丽亚·特雷西亚女皇,负责美泉宫瓷器房间(Porcelain Room)的设计,瓷器房间蓝白相间的木块图案一直延伸到天花板,看似瓷器一般,花卉和水果支架构成镶嵌,墙面中间点缀着 213 块中国式水墨素描。

图 18　法国塞弗尔瓷厂,中国风仿漆瓷器盘,1791 至 1792 年

图 19　法国塞弗尔瓷厂,瓷瓶主体部分,1791 至 1792 年

图 20　让-巴普蒂斯特·皮耶芒,中国风设计版画,1770 年

　　在设计装饰这个房间的同时他还作为老师负责哈布斯堡皇家子女的艺术教育,布歇和皮耶芒的中国风设计及绘画作为稿本被用作临摹学习的对象,美泉宫瓷器房间装饰所使用的中国风水彩画就来自皮耶芒及他的学生们的临摹。值得注意的是,皮耶芒的学生中有一位叫玛丽亚·安托瓦内特,也就是未

来的法国王后，皮耶芒与这位法国王后在维也纳美泉宫结下了师生之谊。当皮耶芒于1768年再次回到法国时，就受雇于当时的这位法国王后，参与到小特里农宫的装修工作中来。而那幅绘制着跷跷板的中国风设计图案完成于他重返法国的第三年，加上与法国王后以及皇家工程项目的密切联系，他的中国风设计影响到塞弗尔瓷厂的设计也是自然而然的。皮耶芒的一生辗转在欧洲各个国家之间，他的设计受到各国文化艺术影响的同时，他的设计风格在欧洲各国也留下了痕迹。

最后，让我们再回到皮耶芒的这幅中国风设计图中，画面中有两个人物在玩跷跷板，跷跷板被植物藤蔓构成的弯曲阶梯托起，漂浮在半空中，跷跷板周边伸展出纤细的植物枝条，这一图案几乎被原封不动地运用到了这件仿漆瓷器花瓶上，又稍加改动绘制于另一件瓷盘上。皮耶芒纤细灵巧的中国风设计风格已经深入地影响到了欧洲自产器物，器物的装饰也从拙劣的模仿走向了独树一帜的中国风新设计。从设计图到器物的诞生，塞弗尔生产的部分仿漆瓷器不仅在材质上综合了瓷胎和黑金漆器的色彩质感，在风格趣味上也是中国风、新古典、洛可可等多种趣味的杂糅体。小小的器物背后折射出一个广阔而丰富的东西方艺术文化交流汇合的大时代，18世纪欧洲风起云涌、此消彼长的风尚和趣味都在此相遇、重叠。

四、从漆器热到仿漆器热：相遇、融合和跨越

欧洲的"仿漆器热"和"漆阁热"最初始于对漆器独特质感的狂热，在相当长的时间内，东方漆器持续地牵引着欧洲人的好奇和欲望。从漆器、漆屏风到漆柜、漆阁，进而发展出的是漆屏风的替代品——涂漆皮革屏风，之后制漆技术又与瓷胎结合引出"仿漆瓷器"的诞生。从完整的漆屏风到被框架禁锢的漆板，再到挣脱束缚成为独立的器物，这股"漆器热"和"漆阁热"突破层层边界，借助"仿漆器热"实现了它的跨越和普及。不同材质、技术、媒材的边界被层层突破，这一系列的转变都是欧洲漆器时尚主导下的转换升级，也是文化转译程度不断加深的结果。

产于18世纪末的这批欧洲仿漆瓷器，不仅是漆器热的一种跨越式延续，

更是欧洲画家笔下与纤细轻巧的英式洛可可风格、怪诞(Grotesque)风格结合的中国风设计的产物,法国塞弗尔瓷厂生产的部分仿漆瓷器还吸纳了新古典主义的陶瓶器型,这是在充分消化吸收中国风和东方风格后的融合产物,也是西方审美趣味和东方漆器相遇、探索、融合和跨越的结果。

至此,欧洲人用他们掌握的制瓷和涂漆的技术材料,从中国风图像中吸纳艺术灵感,并结合新古典主义风潮下的希腊式器型,在实现跨越材料、媒介和技术边界的同时,也实现了对漆器这一类东方物品的理解和拥有。

(刘夏凌,中央美术学院博士生)

From the lacquer fever to the lacquer imitation fever:
the trans—material journey of the oriental lacquerware in Europe

Liu Xialing

Abstract: Under the influence of the European lacquer craze, the eastern lacquerware that has traveled across the ocean has experienced different stages and various materials, such as lacquer screen, lacquer panel, lacquer cabinet, European japanning. Painting in Europe leather screens and imitation lacquer porcelain, from a complete lacquer screen to some lacquer boards imprisoned by a frame, breaking away from the shackles of the media and becoming an independent utensil, this series of transformations and up-grading under the leadership of European lacquerware fashion is also the result of cultural translation. However, the enthusiasm of Europeans for eastern lacquerware is not limited to the cutting, inlaying and reorganizing of forms, but also the crossing of materials, mediums and technologies. Different boundaries are broken layer by layer, and lacquerware continues to lead Europeans' curiosity and desire.

This research focus on oriental lacquerware in Europe, presenting atranscultural and transmedia journey of eastern objects represented by three levels. Firstly, the circulation of lacquerware among European royal families.

Secondly, the double image of lacquerware decorative image. Thirdly, the new birth crossing the medium. Focusing on lacquerware, lacquered leather and imitation lacquerware respectively, to explore the process of Europeans' curiosity to understand, pursuit and conquest of oriental lacquerware, and expand the "lacquerware craze" to "imitation lacquerware craze".

Keywords: Oriental Lacquerware; European Lacquer Cabinet; Lacquered Leather; Imitation Lacquer Porcelain; Transculture

"经济侠"的诞生与超越：
国风角色扮演游戏战斗系统的文化批评①

毛睿喆

摘要：角色扮演游戏(Role-playing Games,简称为 RPG)作为电子游戏的重要文本类型,是当今最常见的互动叙事文本形式之一。国风 RPG 的诞生与电子游戏在中国的发展与传播联系紧密,其叙事逻辑是中国电子游戏创作的原点。在国风 RPG 中,情节叙事与战斗系统之间有明显的裂痕,受传统文化影响的"武侠"不复存在,而受经济逻辑影响、奉行功利主义的"经济侠"替代了其位置。RPG 正是通过言说"经济侠"的故事,再现了现实社会的权力结构与文化逻辑。在游戏系统之外,玩家的游玩也是电子游戏中不能忽视的要素。玩家在遍历中化身为"经济侠",基于对战斗系统象征秩序的臣服体验快感。与此同时,玩家也在能动中追逐享乐,尝试创生象征秩序之外的"某物"。

关键词：角色扮演游戏；国风；象征秩序；快感；享乐；"某物"

① 本文系国家社科基金重大项目"虚拟现实媒介叙事研究"(项目号：21&ZD327)的研究成果。

角色扮演游戏（Role-playing Games，下文简称为 RPG）作为电子游戏的重要文本类型，是当今最常见的互动叙事文本形式之一，其定义和特质引起国内外众多游戏研究者的关注。① 综合众多观点，RPG 可以被定义为玩家通过控制一个或一组角色来经历游戏剧情，在战斗中成长并完成一系列目标的电子游戏。其特点是互动性与叙事性并重，玩家可以有限能动地控制角色经历流程结构（The Flowchart）②的叙事，体验故事世界。

纵观 RPG 的发展历程和主要特点，可以发现故事、互动叙事系统与战斗系统作为其核心，同时处于文本的中心地位。但是目前国内学者对 RPG 的研究集中于故事文本分析、互动叙事结构和技术美学设计三个方面，虽然战斗系统直接影响玩家的游玩体验，但它在研究中经常被忽视，少数相关研究也主要聚焦于程序设计和算法优化的层面。如何理解 RPG 中战斗系统的文化逻辑，成为一个值得讨论的话题。

引论：国风角色扮演游戏及其战斗系统的特质

RPG 游戏类型与电子游戏在中国的发展和传播联系紧密。20 世纪 90 年代起，PC 游戏与主机游戏开始在中国广泛传播，不同类型的游戏软件通过各种渠道进入玩家的视野。与此同时，我国的游戏设计者也开始了电子游戏的创作实践。在我国电子游戏产业发展初期，设计者对各种游戏类型都进行了

---

① 详见邱梦婷《角色扮演类游戏中化身特性、化身认同与玩家信息分享关系研究》，暨南大学硕士学位论文，2019 年，第 5—6 页；任胤颖《电子角色扮演游戏审美研究》，四川师范大学硕士学位论文，2021 年，第 7—8 页；以及孙静《走向"胜利"的途中》，南开大学博士学位论文，2016 年，第 44 页。
② 流程结构（The Flowchart）是玛丽-劳尔·瑞安（Marie-Laure Ryan）提出的十种互动叙事结构之一。瑞安认为这种结构是将合理的戏剧性叙事与一定程度的互动性相协调的最佳方式。该结构规定了整个故事世界的轨迹，但玩家在连接其旅程的各个阶段时有一定的自由，甚至在此结构的一种变体中，玩家有达成不同结局的自由。参见 Marie-Laure Ryan. *Narrative as Virtual Reality 2: Revisiting Immersion and Interactivity in Literature and Electronic Media*. Baltimore: Johns Hopkins University Press, 2015。

尝试，但角色扮演类游戏最为成功、流传最广、影响最大。① 可以说，RPG 的叙事逻辑是中国电子游戏创作的原点。

各国早期的 RPG 作品常常体现出设计者自身的文化背景，游戏的世界观设置、玩法设计和角色塑造都反映出设计者所在社会的文学、文化特色。20 世纪末 21 世纪初的国产 RPG 大多取材于当时流行的中国故事，带有许多传统的中国元素。当下，此种风格的游戏被称为"国风游戏"，但当代语境中"国风"的范畴尚无定论。孙静将此类 RPG 称为"中国风游戏"，即"以中国古代神话传说、传统文学或历史故事等为蓝本构架游戏世界，以《易经》、儒释道等传统中国文化元素设计游戏关卡和游戏角色中的视觉符号，以带有民族风情的音乐为游戏配乐的电子游戏"②。邓剑认为"国风游戏是指一切在游戏文本中运用了国风元素的游戏，玩家仅凭中国风格的视听表象即可感性地辨识这类游戏"③。两位学者对国风游戏概念的阐述勾勒出了国风游戏文本的基本样貌。

国风 RPG 继承了流行于 20 世纪 80—90 年代的武侠、仙侠题材，既有对新派武侠小说作品的改编，如《金庸群侠传》《新绝代双骄》等；也有在其影响下产生的原创作品，如《仙剑奇侠传》《剑侠情缘》等；还有以新武侠式话语改编历史故事的《秦殇》《三国赵云传》等。国风 RPG 的战斗系统同样呈现出武侠、仙侠题材的特点，在属性名称、武器名称、招式名称等方面不外乎小说用语的游戏化呈现。

在游戏文本之外，国风 RPG 的战斗系统则显示出中国游戏产业的现实境遇。在中国游戏产业发展初期，设计者缺乏独创能力，在游戏系统尤其是战斗系统的设计上，大规模借鉴外国作品的形式特征或选用外国作品成型的设计逻辑。例如，《仙剑奇侠传》的战斗系统显示出《勇者斗恶龙》（*Dragon Quest*）

---

① 1999 年，科普杂志《多媒体世界》将十款（系列）游戏列为"十大风云游戏"，其中由中国设计者制作的游戏有三款：《仙剑奇侠传》是标准的单机 RPG；MUD 是数字（digital）化、网络化、非图形化的 TRPG（Tabletop Role-playing Game，桌面角色扮演游戏），且后续发展为早期的大型多人在线角色扮演游戏（Massive Multiplayer Online Role-Playing Game，MMORPG）；《中关村启示录》虽然是模拟经营类游戏，但叙事的起点也是角色扮演。参见《中国电子游戏十年——十大风云游戏》，《多媒体世界》1999 年第 8—10 期连载。

② 孙静：《走向"胜利"的途中》，南开大学博士学位论文，2016 年，第 82 页。

③ 邓剑：《国风游戏批判——从在场性的诞生到整体性的坍塌》，《中国青年研究》2021 年第 10 期，第 14—21 页。

等经典回合制日式 RPG 的特点;《剑侠情缘 2》与《秦殇》明显借鉴著名 ARPG (Action Role-Playing Game,动作角色扮演游戏)《暗黑破坏神》(*Diablo*)战斗系统的互动逻辑。

因此,一方面,舶来的电子游戏逻辑内核与中国本土的侠义、得道理念在国风 RPG 中相遇,两者相互纠缠;另一方面,国风 RPG 的战斗系统也显示出 RPG 战斗系统的普遍性特点。国风在这里不仅可以作为一种形式美学风格、一种文化逻辑,可以被理解为"一个建立民族文化身份认同的过程"[①],还成为一个展示世界各国成熟的 RPG 战斗系统的窗口。国风 RPG 的战斗系统可谓是最普遍的 RPG 战斗系统,它的系统逻辑保守、朴素,但也正因如此,它可以展现出为如今激进的、华丽的、实验性的 RPG 战斗系统所遮蔽的 RPG 战斗系统之内在文化逻辑。因此,对国风 RPG 战斗系统的思考便不只是对国产 RPG 战斗系统的思考,而是指向其所提喻的 RPG 战斗系统之整体。

上篇:创造"经济侠"

亚历山大·加洛韦(Alexander R. Galloway)将电子游戏称为一种"算法文化物"(algorithmic cultural objects),强调其"不仅仅是一个有趣的玩具,也是一台算法机器,与所有机器一样,它通过特定的、编码的操作规则发挥作用。……在电子媒体领域,游戏从根本上说是一种控制论软件系统,涉及有机和无机参与者"[②]。战斗系统是 RPG 中重要的无机参与者,作为数字和算法被叙述为游戏世界中的自然存在,玩家进入游戏世界则必须学习其算法自然的规则,且只有遵从这一秩序才可以顺利进行游戏,赢得战斗,到达游戏的终点,见证故事的结局。

但是 RPG 战斗系统无论如何改变规则的表象,其本质却是不变的:在受

---

① 孙静:《走向"胜利"的途中》,南开大学博士学位论文,2016 年,第 82 页。

② Alexander R. Galloway. *Gaming: essays on algorithmic culture*. Minneapolis: University of Minnesota Press, 2006, p. 5.

到超出自身承受能力的伤害值①之前,对敌人造成超出其承受能力的伤害值,则获得胜利,反之则失败。在这个规则本质下,无论游戏系统如何命名各种参数(角色的各种属性),这些参数或属性终将根据游戏所设定的计算方式换算为伤害值呈现出来。也就是说,评估各种人物属性在战斗系统中实际价值的标准只有其对伤害值的影响。因此,以数值形式显示的伤害、将各项属性换算成伤害值的算法以及战斗成功的规则三者共同使伤害值成为各种属性的一般等价物。

在 RPG 战斗系统中,无论是以数值形式呈现的属性还是以非数值形式呈现的属性,都只有用伤害值来衡量才能显现其价值,这体现出一般等价物的价值尺度作用;与此同时,不同属性也可以根据伤害值的收益或损失进行换算或取舍,从而影响玩家在核心层面对人物属性、在微观层面对装备、在宏观层面对职业或种族等特征参数的选择和调整,这体现出一般等价物的交易中介作用。

因此,为了获得战斗的胜利,玩家需要"得到"尽可能多的一般等价物。而伤害值的一般等价物性质和战斗系统的经济特征可以从人物属性、装备系统、战斗流程三个层面体现出来。

(一)人物属性的经济特征

在 RPG 中,设计者会以命名的形式将人物的各项能力概括地划分并赋予不同的数值,这就是人物属性。人物属性是 RPG 战斗系统经济性的核心、中观层面,一方面它受到微观层面的装备属性影响,另一方面它又影响宏观层面的战斗流程。

在 1995 年发售的《仙剑奇侠传》中,人物属性包括修行、体力(HP)、真气(MP)、武术、灵力、防御、身法、吉运。经过九部作品的发展,2021 年发售的《仙剑奇侠传 7》将属性命名得更为直白:等级、精、神、物攻、仙攻、物防、仙防、暴击。而由于 MMORPG 对系统深度、玩家个性化设置的追求,《剑侠情缘网络版三》(简称《剑网三》)呈现出当下国风 RPG 中最为复杂的人物属性系统,

---

① 游戏玩家一般用"伤害"一词指代战斗中造成或受到的伤害数值,笔者称其为"伤害值",一方面强调其最终表示为数值的形式,另一方面避免与"伤害"的动词词义混淆。

影响战斗的属性超过 24 项。

一般来说,玩家可以通过选择装备、增减自由支配属性点等方式,对游戏中的人物属性进行个性化的调整,尤其是 MMORPG 中复杂的属性系统正是为了达到可个性化的目的而设计的。但是,这种个性化远非如其宣称那般自由。单机 RPG 中的角色被情节叙事提前限定了角色特点,MMORPG 中玩家的化身也因其门派、心法及版本特性的预设对属性的选择有了倾向性。无论是在单机 RPG 中推进情节发展还是在 MMORPG 中挑战最新的、最难的BOSS,玩家都需要以伤害值为衡量标准,优先选择增加适合自身角色、化身的属性。与此同时,可进行装备的数量、可自由支配属性点的数量都是相对恒定的,这也使"全面发展"失去可能性。最终,人物属性系统只是鼓励玩家在特定的资源限制中,根据利益(伤害值)最大化的原则,通过选择装备或可自由支配属性点配比的方式,调整属性数值。

此外,与伤害值非直接相关的属性(例如防御或《剑网三》中生存属性)成为获得伤害值的必要费用。RPG 中只有胜利才能推进情节,这使得在大多数情况下防御或生存的重要性退居次位,它们的作用是为造成伤害值创造"角色存活"的条件。玩家常说"活着才能输出(伤害)",但这句话背后的逻辑则是"只生存而没有输出是无价值的"。在这里,生存成为获得伤害值的必要消耗,且拥有超出必要的成本(拥有超出在战斗中获得胜利所需要的生命值或防御值)是无价值的,此种逻辑使造成伤害值与承受伤害值两者的关系拥有了经济特征。

与此同时,有时某些属性带来的伤害值的收益并非线性。在 MMORPG 中常见某些属性收益递减的情况(例如《魔兽世界》的暴击、急速),甚至有的属性超出阈值则无任何收益(例如《剑网三》的命中)。这种情况使人物属性的选择增加了策略性要素,即某些属性的选择存在效率最高的最优解。[①] 但此时的"最优解"并非单纯的数学问题,可用资源成本的限制使这种数学策略直接变

---

① 游戏论坛中有众多涉及相关内容的讨论。例如,网友"拂晓之喵"对《剑网三》中部分属性进行计算,不仅验证了"X:Y:Z:W 则收益最大化",还对当时版本的游戏中相关属性的收益曲线有具体的描述。详见网友"拂晓之喵":《关于各属性收益的计算考虑以及预定的内功属性效益测试》,百度贴吧:https://tieba.baidu.com/p/1690582609? see_lz=1。

为经济策略。

(二)装备系统的经济特征

装备泛指 RPG 中人物可通过各种方式获得,并能够根据系统要求选配以提升属性的不同类型物品。不同人物或化身可选配的装备类型可能不同,可选配的每种类型装备有数量限制,其提升属性的效果在选配某件装备期间长期存在。装备属性是人物属性的影响因素,其属性无法在脱离总体人物属性的情况下直接创造伤害值。因此,装备属性是 RPG 战斗系统经济特征的微观层面。

装备属性对人物属性的直接影响在装备更替的过程中有所体现。单机 RPG 中这种装备的提升路线有时是线性的,即装备属性依层次提高,而每一层次只有一种选择。但是也有很多 RPG,尤其是 MMORPG,每一层次的装备都有多种,玩家可以根据需要选择合适(高伤害值收益)的装备。此种情况常见于三种设计,第一种是"固定属性+随机属性",此种设计的变量主要是依据概率出现的不同随机属性,合适的随机属性更加难得,但在对人物属性及对伤害值的影响上,其机会成本和收益并不必然呈正相关;第二种是同层次拥有预先设计的多种装备,例如《剑网三》,同层次装备可提供不同的属性,理想状态下属性伤害值转换率基本相等,虽然针对具体某一角色而言对其造成伤害值的影响不同,但从整体装备层次上看却是可以物尽其用的[①];第三种是"固定属性+个性化",此种常见于单机 RPG 中,在固定属性之外可以由玩家选择某种额外属性。虽然三种设计有所区别,但其基本原则都是同一层次装备的伤害值转换率相对固定,且高一层次的装备可以提供更高的伤害值转换率。

无论游戏系统中同层次的装备有无多种选择,装备更替总是属性优先的。而这种装备选择上的属性优先与人物属性相结合,则体现出以固定成本(有限的可装备数量)谋求最大收益(伤害值)的经济思维。

(三)战斗流程的经济特征

战斗流程是人物属性和装备属性直接转换为伤害值的过程,是 RPG 战斗

---

① 属性伤害值转换率基本相等并非指数值之和相近或相等,也不是指不同装备对同一角色而言可提升相等或相近的伤害值,而是装备对于其最适合的角色而言提升的伤害值相近或相等,即理想状态下的物尽其用:属性数值量,装备 a≠装备 b;伤害值影响,角色 A+装备 a>角色 A+装备 b,角色 B+装备 a<角色 B+装备 b,角色 A+装备 a≈角色 B+装备 b。

系统经济性的宏观层面,或者说是伤害值的消费层面。

在战斗流程中,除了我方角色对敌方造成伤害,也存在敌方角色对我方造成伤害。一般来说,我方角色与敌方角色的属性数值和伤害值计算方法均有差异,最为直观的体现是敌方角色生命值常常是我方的数倍,而我方的伤害值常常未必高于敌方。因此,战斗流程不是同一数值系统的运算,而是两种计算方式的兑换。虽然计算方式不同,但在单次战斗(兑换行为)中是相对公平的。

但考虑到游戏文本的历时性,这种兑换行为的公平性就被打破了。随着故事发展,角色或化身的属性不断增高,玩家获得伤害值的能力也随之升高。为了维护战斗中的平衡,敌方角色的属性也必须提高。随之而来的是每一场战斗都会出现更高的总伤害值,伤害值战胜对手的效率下降,出现了伤害值膨胀。

除此之外,战斗流程中还出现了另两种经济逻辑。一方面,国风 RPG 中除人物数值属性外还常见五行属性(或类似的设置),其中的相生相克关系会造成伤害值根据固定系数的变动,这个系数一般是固定的,被描述为天然的外在环境,遵从大环境的倾向可以在属性值不变的情况下造成更大的伤害值。

另一方面,玩家团队不同角色的伤害值是等价的,不同的角色或化身并不会使造成的伤害值有不同的价值。因此,情节叙事中角色或化身的身份、门派、种族差异被伤害值同质化。例如在 MMORPG 中,团队中负责造成伤害的角色的价值仅仅在于伤害值的多寡,而不同门派或种族不存在本质差异。虽然游戏设计者为了平衡不同门派或种族对团队的贡献,时常在设计特定战斗时创造易于某门派或种族角色造成伤害的状况,但这反而更加强了伤害值至上的逻辑,即选择某门派或种族是因为其在这场战斗中可以创造更高的伤害值收益。敌方团队亦是如此,其也因伤害值的等价而使不同人物在战斗中同质化了。

最后,与人物属性中的生存类属性相同,战斗流程中负责承担伤害的 T(Tank)角色和负责恢复的治疗角色也被当作必要成本,超出限度则无必要,且可以在完成本职任务的同时造成伤害值的角色更受欢迎。

(四)"经济侠"的寓言

国风 RPG 主要的题材是武侠、仙侠,但在情节叙事中,仙侠的修仙得道思想大多只是侠义思想的奇幻化叙事,"仙"只是另一种"武","侠"成为叙事的核心。

在传统的武侠叙事中,"武"与"侠"是有同构性的,"它们之间存在着内在联系,……彼此依存,相互促进,相互影响"[①]。而"侠客是一个由'灵魂、肉体、社会'交融到一起的无意识范畴……'侠''武''义'三大属性三位一体"[②]。郑保纯认为"侠"强调独立意志、"义"强调社会伦理,而"武"则是两者的调节者。[③]"武"通过强调经过艰苦努力而达成"对自己身体的认知,对不同工具的把握,对机械能力的运用"[④]的具身性,以及强调侠义伦理的精神性,塑造了"侠""义"之人。也就是说,"武"作为一种能指,构成了侠客的自我(ego)。

但是在国风 RPG 中,虽然情节依旧围绕"侠"与"义",但其间的调节者不再是"武",而变成了"经济",构成侠客自我的不再是"武"的能指,而是"经济"的能指。因此"武侠"实际上也变成了"经济侠"。由战斗系统塑造的"经济"逻辑与由情节叙事塑造的"侠"的逻辑组合在一起,使"经济侠"这个称谓自身便显示出一种内在冲突的意味。

在结构视角下,"经济侠"可以替代"武侠"完成调节者的责任。但是,"武"与"经济"在中国文化的范畴中拥有相反的意涵——"武"是一种"不经济"的处世哲学。"经济"的具身性是寻求巧妙的策略,其精神性则是等价和统计思维下的趋利,它对"侠""义"的调节与"武"有所不同。用传统武侠的视野来看,"经济"与"侠""义"之间均呈现出一种断裂:臣服系统与"侠"之自由相悖,趋利则更与"义"之精神相左。因此,"经济侠"的话语是一套与"武侠"截然不同的、直面现代性的话语体系。国风 RPG 在重复武侠话语体系之时,无可避免地显示出其情节叙事与战斗系统并不相容。

在游戏的细节中,情节叙事与战斗系统之断裂更加常见,在叙事密度较高的单机 RPG 中尤为明显。拯救世人的大侠为得到更好的物品与装备常常搜

---

① 周建新:《侠文化与中国武术内在关系探究》,《体育与科学》2013 年第 5 期,第 102—105 页。

② 郑保纯:《武侠文化基本叙事语法刍议》,《西南大学学报(社会科学版)》2013 年第 6 期,第 98—107、175 页。

③ 参见郑保纯《武侠文化基本叙事语法研究》,苏州大学博士学位论文,2014 年。

④ 郑保纯:《武侠文化基本叙事语法刍议》,《西南大学学报(社会科学版)》2013 年第 6 期,第 98—107、175 页。

刮平民百姓家宅或寻宝盗墓；《仙剑奇侠传》中，将"上古神器"无尘剑当作投掷武器一次性使用比装备它收益更大；《仙剑奇侠传7》中主角月清疏继承自师门的传家宝碧海剑在一段剧情之后就会为街边铁匠铺贩卖的武器所替代——因为后者属性更高；《金庸群侠传》中同时学习《葵花宝典》和《辟邪剑谱》需要自宫两次。虽然RPG的情节叙事中强调"德""物"与"身"的伦理，但作为游戏情节推进的第一动力，战斗系统的经济特质却通过标价，将它们的价值贬低。

"经济侠"的世界与"武侠"的世界格格不入，因此国风RPG不可避免地出现裂痕。继承自传统故事形态的情节叙事与量化的战斗系统两者间出现的这道裂痕也展现出一种悖论：情节中的反抗只能通过臣服于系统的规定达成。这个悖论也寓言性地体现出在话语系统内部自由抵抗的不可能性。

调和情节叙事与战斗系统的方式有两种，一种是创造"经济侠"的叙事话语。当RPG处于当代或科幻的话语体系中时，两者之间的断裂相对容易弥合。例如在波兰公司CD Projekt RED制作的《赛博朋克2077》(Cyberpunk 2077)中，战斗系统的经济特征与情节叙事对科技伦理的叙述的结合浑然天成，在此情况下，两者才有机会共同言说设计者意欲表述的话语。但是无论设计者意欲表达什么，RPG战斗系统都在言说"经济侠"的故事，它奉行功利主义、利益优先、效率至上。而第二种方式是创造适合情节叙事逻辑的战斗系统，例如美国制作人Toby Fox开发的独立游戏《传说之下》(Undertale)。这部作品在实验性的战斗系统中尝试建构了非经济逻辑的战斗系统，并尝试调和了战斗系统与情节叙事的关系，最终受到广泛好评。但是它的成功很大程度上受益于作品的实验性、创新性，其战斗系统的逻辑尚不适合大规模运用或商业开发。因此总的来说，RPG正是通过言说"经济侠"的世界，再现了现实社会的权力结构与文化逻辑。

下篇：超越"经济侠"

除游戏系统之外，玩家的游玩也是电子游戏中不能忽视的要素。游戏动力学(Game Dynamics)主要研究玩家的游玩行为，它考察的是玩家游玩行为的策略，既包含游戏规则内的合理游玩，也包含破坏规则的游玩方式，甚至是作弊行为。游戏动力学的基本理念认为,"只有玩家进入游戏后,才令其产生意义"①。与系统这种电子游戏的无机参与者相对,玩家作为有机参与者,通过互动为游戏的言说带来另一种可能。

玛丽·劳尔-瑞安(Marie-Laure Ryan)将读者对文本的互动行为划分为五个层级②,其中有两个层级出现于玩家游玩国风 RPG 的实践之中,即第三级"在部分预定义的故事中创造变化的互动"和第五级"元互动"。这两个层级的互动行为在 RPG 中也可以被分别归纳为两个尝试改写互动性意涵的概念:遍历(ergodic)与能动(agency)。

(一)遍历:"经济侠"的快感(pleasure)

遍历(ergodic)概念是埃斯本·阿瑟斯(Espen Aarseth)对互动一词的改写,他认为"互动这个词……意指计算机屏幕、用户自由和个性化媒体的各种模糊概念,但并不标识任何东西",他提倡以"遍历"一词描述互动文本,强调"读者需要付出不平凡的努力才能体验整个文本"③。在 RPG 中,遍历指的是角色或化身在玩家的操控下,经历所有设计者预设好的关键情节节点的过程——而为了这个目标,玩家需要付出努力,通过在战斗中不断获胜来越过每一个预设的情节节点。也就是说,遍历意指玩家在游戏规则和系统内,为了进行游戏所做的、符合设计者构思的行为。这些行为就是"经济侠"角色的标准行为,也是玩家化身为"经济侠"后快感的来源。

在遍历中,玩家行为主要有四种:练习、劳动、重复、内购(或称为"微交易")。它们总是混合在一起出现,以减少游玩的枯燥感。

练习是玩家提升操作技巧和进行策略试错的行为。无论是 ARPG 中对操作熟练度的要求,还是对人物各种属性更优配比的探索,玩家都需要运用自身的技巧,建立对相关机制的理解,并在失败时进行反复尝试,提升相关技巧,最终达到要求,通过战斗的考验。因此,练习行为本质上是将战斗过程视为一种

---

① 孙静:《走向"胜利"的途中》,南开大学博士学位论文,2016 年,第 63 页。

② 参见 Marie-Laure Ryan. *Narrative as Virtual Reality 2:Revisiting Immersion and Interactivity in Literature and Electronic Media*. Baltimore: Johns Hopkins University Press, 2015.

③ Espen Aarseth. *Cybertext: Perspectives on Ergodic Literature*. Baltimore: Johns Hopkins University Press, 1997, p. 48.

学习过程,通过学习提升技巧,成为"经济侠"。练习行为所要求玩家付出的学习时间、成本并不相同,总有玩家可以更快得到精进,也有玩家熟练程度增长较慢。为了减少练习的耗时,很多玩家选择"抄作业",即通过查阅他人书写总结的"攻略",跳过试错的过程,直接学习其他玩家找到的技巧。

　　劳动是反复进行低难度战斗的行为,其目的是获取游戏中的货币、经验值、装备等,从而直接或间接提升人物属性。劳动常被玩家群体称为"Farm"或"刷",针对此行为,玩家的反馈并不相同:部分玩家认为游戏中的劳动行为是无价值、枯燥的,但也有很多玩家认为劳动的中低难度、短期可见收益能够带来"爽感"。与练习行为中的较大耗时差异相比,不同玩家在劳动行为中的收益时间比是相对接近的。而且,它提供了一种成功的承诺:付出一定会有回报。

　　重复是为了寻求随机性给予的优势而反复尝试战斗的行为。虽然 RPG 战斗系统中伤害值是基于各项属性和算法产生,但在算法中总会存在一个随机句法,即战斗中实际造成的伤害值以属性为基准并在一定区间中浮动。另一种情况是战斗系统中某些行为会以一定概率成功或失败,或者敌人以一定概率做出威胁较低(造成伤害值或引起潜在伤害值较低)的行为,其中总有一定概率更有利于玩家的战斗。重复行为的存在为玩家提供了一个为失败开脱的借口:失败只是运气不好;而在成功时,玩家更倾向于归因为练习或劳动。

　　内购指玩家花费现实中的货币购买游戏世界中物品的行为。除了无属性效果的"皮肤"[①],RPG 的内购常常还包括装备和一次性物品,可以直接为战斗流程带来有利影响。对一部分玩家而言,内购可以通过购买行为减少练习、劳动、重复的时间成本;但与此同时,内购也使这部分玩家拥有了直接或变相购买其他玩家时间、机会的权力。

　　在 RPG 战斗系统的叙事中,无论是练习、劳动、重复,还是内购,都是相对公平的,它们甚至对应了不同的政治理想。练习之公平,在于它公正地奖励纯

---

　　① "皮肤"指可更改的自定义外观,部分游戏中的"皮肤"仅改变外观而不涉及属性、技能等。一般来说,"皮肤"可以通过内购、奖励等渠道获得,是游戏玩家个性化角色或化身外观的重要手段。不涉及属性的"皮肤"与战斗系统关系甚微,因而不在本文的探讨范围内,而涉及属性的"皮肤"在范畴上属于装备。

熟的技巧，其背后隐含着能者居其位、任人唯贤的政治理想。劳动之公平，在于其相同时间投入、相同伤害值产出的承诺，它指向新教工作伦理，奖励努力而非能力。重复之公平，在于随机在大量尝试后趋于平均，这是平等主义；也在于单次尝试中绝对的随机，这种绝对的不平等也指向一种自由主义。① 而内购将现实货币引入游戏世界，为游戏世界中的游玩行为施加了另一套衡量体系，并把游玩拉回现实的"公平"经济体系中来。

RPG战斗系统正是通过召唤这四种"公平"，尝试调和情节叙事与战斗系统的断裂所显示出来的矛盾，用玩家的侠客扮演：天赋（练习—技巧）、刻苦（劳动—付出）、机遇（重复—随机）、仗义疏财（内购—购买），替代角色或化身的"侠客精神"，从而掩盖玩家已经被游戏系统象征秩序质询（Interpellation）为"经济侠"的事实，甚至尝试将这一套象征秩序言说为天然的、乌托邦式的经济交换系统。②

可以说，正是这四种"公平"的法则及其背后的象征秩序，为玩家带来了游玩的快感。快感源自象征秩序所言说的意义与内涵，是在禁止、法则与规制之下实现的快乐，体现着"能指的支配性"。③ 化身为"经济侠"而得到的快感，正基于对经济系统象征秩序的臣服。

但是，RPG作为大众文化文本，承诺生产剩余快感④并指向玩家的享乐（jouissance），这与"经济侠"最终带来的快感是不符的。这似乎暗示着，快乐也是可以被"剥削"的：RPG战斗系统承诺（如第一人称射击游戏或者动作游

---

① 参见［丹］杰斯珀·尤尔著，杨子杵、杨建明译《失败的艺术：探索电子游戏中的挫败感》，北京理工大学出版社2019年，第83—86页。

② 乌托邦式的经济交换系统指"在那里，交换关系已经普遍化，以市场为导向的生产也居于主导地位，但工人依然是生产方式的所有者，因而不被剥削"。参见［斯洛文尼亚］斯拉沃热·齐泽克著，季广茂译《意识形态的崇高客体》，中央编译出版社2017年，第19页。

③ ［英］迪伦·埃文斯著，李新雨译《拉康精神分析介绍性辞典》，西南师范大学出版社2021年，第286页。

④ 周志强教授提出"剩余快感指的是欲望通过冗余的方式，在合法化的情形下所实现的享乐"。"剩余快感的生产，也成为现代社会文化生产的真正目的。"参见周志强《剩余快感：当前文艺生产的驱动力》，《文学与文化》2021年第4期，第71—80页。

戏那样）提供剩余快感，但它最终只是在重复抽象性压抑。① 这种"剥削"是RPG 战斗系统中本雅明意义上的"紧急状态"②，它被玩家诟病，同时却也是MMORPG 不断更新版本、单机 RPG 不断引发讨论创造流量、电子游戏对好玩之承诺不可或缺的组成部分。正是其对剩余快感的"剥削"，促进了快感的再生产。PRG 利用玩家对改善的迫切呼唤，通过更新来延长电子游戏作品的生命力；这一行为同时也塑造了设计者负责任的形象，延长了设计者及其品牌的生命力——这与资本主义在一定程度上是同构的。③

（二）能动：享乐（jouissance）的可能

玛丽·劳尔-瑞安的"元互动"指"互动主体不是在使用系统，而是在为其他用户修改系统"。④ 而珍妮特·默里（Janet Murray）推崇的能动（agency）概念则强调有意义、有目的地改变（文本）世界的行动。⑤ 这两个概念都指向对世界的创生。在国风 RPG 战斗系统中，系统或世界不应该仅仅被理解为电子游戏的程序，它还涵盖了程序系统所言说的象征秩序，即其规则。因而，玩家任何尝试超越原有玩法设计所制定规则的行为，都应该被理解为元互动层面的能动。而能动为玩家带来的快乐，也不仅仅是快感，更是指向享乐——享乐"是被隐藏的、被禁止的、内在的冲动在一个合理合法的场景大行其道，自由地挥发激情"⑥，是剩余快感实现的瞬间。

当下玩家对 RPG 战斗系统的能动主要有三种形式：速通挑战、制作

① "抽象性压抑"指当下社会普遍存在却假装不存在的抽象化的"压抑"。参见周志强《抽象性压抑与文化研究的中国问题》，《济南大学学报（社会科学版）》2018 第 2 期，第 5—9，157 页。周志强《算法社会的文化逻辑——算法正义、"荒谬合理"与抽象性压抑》，《探索与争鸣》2021 年第 3 期，第 9—12 页。

② "被压迫者的传统告诉我们，我们生活在其中的所谓'紧急状态'并非什么例外，而是一种常规。"参见［德］瓦尔特·本雅明著，张旭东译：《历史哲学论纲》，《文艺理论研究》1997 第 4 期，第 93—96 页。

③ "资本主义的'常态'就是对它自身的生存条件进行永恒的革命：刚一降生，资本主义就'腐烂'了，它充满了严重的矛盾和不一致，对平衡充满了内心的渴望：这正是永不停息地变革和发展的原因。……它的局限不是它的限制，而是它发展的动力。"参见［斯洛文尼亚］斯拉沃热·齐泽克著，季广茂译：《意识形态的崇高客体》，中央编译出版社 2017 年，第 59 页。

④ Marie-Laure Ryan. *Narrative as Virtual Reality 2：Revisiting Immersion and Interactivity in Literature and Electronic Media*. Baltimore: Johns Hopkins University Press, 2015.

⑤ 参见 Janet Murray. *Hamlet on the Holodeck: The Future of Narrative in Cyberspace*. New York: Free Press, 1997, p. 128.

⑥ 周志强《剩余快感：当前文艺生产的驱动力》，《文学与文化》2021 年第 4 期，第 71—80 页。

MOD、呼唤"打击感"，它们分别对应尝试掌控象征秩序、尝试重建象征秩序、尝试创生"某物"。

　　速通挑战是一种极限性游玩游戏的方式，玩家通过寻找游戏战斗系统的最优解，尝试以最快的速度完成游戏的流程。它无视情节叙事，也将游戏言说出的"必然成功"理解为理所应当，玩家全身心投入"经济侠"的扮演之中，在寻求速度的过程中，反而突出了战斗系统对游戏的限制，暴露出游戏的比赛本质，强调了规则与臣服的存在。"仙剑速通赛"是国风 RPG 速通挑战的代表，它由玩家组织、设计并不定期举办，参赛者尝试以最短时间通关《仙剑奇侠传》。"仙剑速通赛"的参与者如同理想的"经济侠"，计算每一次战斗的伤害值，关注关键动作的成功率，调整战斗中的消耗，在成本与收益之间辗转腾挪，展现其对战斗中各种状况的控制能力。

　　有趣的是，在 RPG 的速通挑战中玩家往往能发觉颠覆其战斗系统公平神话的例外点，从而否定了公平神话在战斗系统中的普遍性。此外，玩家在竞速这个体育价值的框架内不断挑战自我，只有在重复尝试中，速通的快乐才能体现出来。因此，速通挑战是"死亡驱力"的，它强迫性地鼓励玩家重复游玩。而"重复是我们寻求掌握那种凌驾我们的力量的方法。通过从创伤经验的对象变成创伤经验的主体，我们减弱并使自己远离它损害我们的力量"①。在速通的重复中，玩家尝试掌控战斗系统的象征秩序，试图由被象征秩序压抑者转变为掌握象征秩序者。但是这个转变永远无法完成，玩家只能在象征秩序的压抑与对僭越的追寻间不断重复，将速通挑战变为"旨在超越快乐（快感）原则而抵达过度享乐之领域的企图"②，而非抵达。

　　MOD（Modification）指游戏增强程序，制作 MOD 指通过编写代码和修补源代码来对原游戏程序进行更改，包括设计新的关卡、创造新服装、构建新角色、扩展玩家行动方式等。针对 RPG 的战斗系统，常见的 MOD 是自定义招式、装备、物品，而其极限则是修改整个战斗系统，在算法、敌我构成等层面重

---

　　①　［美］乔希·科恩著，唐健译：《死亡是生命的目的：弗洛伊德导读》，中信出版社 2016 年，第 154 页。

　　②　［英］迪伦·埃文斯著，李新雨译：《拉康精神分析介绍性辞典》，西南师范大学出版社 2021 年，第 64 页。

构新的战斗规则。例如，网友"外塞之雾"制作的《仙剑梦幻版》①和网友"星辰"制作的《仙剑奇侠传归隐江湖版》②均是基于《仙剑奇侠传》官方游戏程序，对其战斗系统和游戏情节进行整体修改后的创作同人作品。在制作 MOD 的过程中用户既是玩家也是作者，他直接挑战由原游戏设计者创造的世界规则，意在超越、重建游戏的象征秩序。

　　值得注意的是，制作 MOD 背后隐含着"菲勒斯中心主义"。任何对程序代码的改写都需要利用计算机语言，在这里，计算机语言成为"菲勒斯"——一个特权化能指，控制计算机语言就是控制游戏世界。无论是 MOD 的玩家还是作者，其能动都意在认同另一种象征秩序，追寻超越象征秩序的享乐。但是，这种享乐也是惰性的。计算机语言终究只是另一种象征秩序中的能指，"菲勒斯中心主义"的享乐同时也重复着"父之名"的创伤。

　　速通挑战和制作 MOD 都被认为是核心玩家的行为，而呼唤"打击感"则遍布了整个玩家群体。打击感指游戏战斗系统对现实中攻击行为具身感受的再现，但作为一种感受，玩家对打击感为何物的看法百家争鸣，而游戏设计者对打击感的实现方式也百花齐放。在这种模糊性中，国风 RPG 的设计者倾向于增加战斗系统的即时性和动作性来强化打击感，但通过视觉和听觉实现打击感的技术路线也使在回合制战斗系统中强化打击感成为可能。各方设计者虽然在尝试将打击感的实现途径明确化，但是至今并没有统一的答案。

　　可以说，RPG 战斗系统中的打击感是其象征秩序中的"某物"（something），"是特定的事物形象和符号命名中处于游移不定位置的东西，那些令既定的语言、符号、话语和形象都失效的东西"③。但确切地说，"某物"并非外在于身体的"打击感"概念，而是具身性的打击感体验。在玩家感受到打击感的匮乏，并尝试察觉且呼唤打击感之时，玩家的享乐使其自身成为打击感之不可到达性爆发的场所，玩家因此需要召唤一种全新的而非借代的、具身的而非符号的、实在的而非象征秩序的"某物"。在 RPG 战斗系统中呼唤打击感，无法承诺"某物"的创生，但它寓言性地展现着一种可能：在"某物"被象征

---

①　详情参见 http://www.palhero.net/?　p=1566。
②　详情参见 https://www.52pojie.cn/thread-1407463-1-1.html。
③　周志强：《元宇宙、叙事革命与"某物"的创生》，《探索与争鸣》2021 年第 12 期，第 36—41、177 页。

秩序收编前,尝试撬动象征秩序的边界;在"某物"被象征秩序收编后,新的"某物"依然可能会被创生。

从速通挑战到制作 MOD,再到呼唤"打击感",玩家的能动通过享乐挑战 RPG 战斗系统的经济学象征秩序。在这个过程中,玩家既是系统压抑的接受者,也是系统秩序的挑战者。玩家自身就是游戏中的可能性,他们的能动超出游戏设计者的设想。他们在加倍臣服与抵抗创生之间摇摆,通过享乐尝试言说象征秩序之外的语言。

结语

作为信奉 0/1 二进制形而上学的"算学文本"①,电子游戏的底层逻辑是数字化的计算机技术。理论上讲,建构一种超越经济逻辑的算学逻辑并非不可能,但在当今的 RPG 创作实践中尚没有成熟的案例。当下的 RPG 战斗系统依旧遵从经济学的象征秩序,因此"经济侠"势必驱逐其他角色,RPG 也只能是"经济侠"的世界。遗憾的是,即便玩家在游玩行为中尝试挑战文本规则,他们依旧无法直接造成游戏世界的变革。当下引领游戏世界的终归是技术而非玩家,这是玩家对于游戏世界的有限性。但玩家也有无限的一面,即玩家拥有超越自身所知的想象力,在对"某物"的召唤中,可以塑造游戏文本的未来。

(毛睿喆,南开大学文学院文艺学专业 2021 级博士研究生)

The Birth and Transcendence of "Economical-Ranger":

Cultural Criticism of the Combat System in Chinese-style Role-playing Games

Mao Ruizhe

Abstract: Role-playing Games(RPG), as an important type of video games, is one of the most common forms of interactive narrative texts today.

---

① 参见邓剑《算学文本:21 世纪网络游戏的文化逻辑》,《探索与争鸣》2021 年第 9 期,第 168—176、180 页。

The birth of Chinese-style RPG is closely related to the development and dissemination of video games in China, and its narrative logic is the origin of Chinese video game creation. In the Chinese-style RPG, there is a rift between the plot narrative and the combat system. The chivalry culture inherited from traditional texts no longer exists, but the "economical-ranger" which is influenced by economic logic and utilitarianism takes its place. RPG represents the power structure and cultural logic of the real society, by telling the story of "economical-ranger". In addition to the game system, players' behavior is also a significant element in video games. Players experience pleasure by subjection to the symbolic order of the combat system, traversing as "economical-ranger" in ergodic. At the same time, players are chasing jouissance in agency, creating "something" other than the symbolic order.

Keywords: Role-playing Game; Chinese-style; Symbolic Order; Pleasure; Jouissance; "Something"

永恒与误认

——关于媒体城市空间的思考

爱默杨

摘要:在21世纪这最初的20年里,人类沉浸于网络和数字虚拟技术带来的"巨大幸福"之中,各种形式的媒体技术已经渗透到人类社会的肌腠脏腑,也深刻改变了人的具体存在。本文旨在分析指出:是人类创造行为背后的内驱力——与时间抗衡而渴望达到永生的本能——驱动媒体技术的发展并决定其未来形态,从而延展了巴赞的电影本体论在当代媒体现实中的意义。在万物流变的铁律面前,肉身的脆弱并未因科技进步而有太大改善。人类转而抛弃个体经验和肉身,企图通过灵魂(意识)永存达到永恒的目的。笔者试图从弗洛伊德和拉康的精神分析的视角,解析当代媒体城市构建中的典型技术形态和文化案例——AR、LED墙屏、人机界面、电视剧集等,论证"双重误认"乃是人类抛弃肉身、寻求灵魂(意识)永生的潜在意识,从而能够以批判的目光审视当下媒体城市飞速发展和技术狂欢的本质。

关键词:新媒体艺术;媒体城市;人机界面;LED墙屏;AR

一、概述：空间、媒体城市和身体

在西方的哲学传统中，身体及围绕身体展开的关于时间的思考是极为深刻和丰富的，然而关于空间的思考却"长期被视为僵化、静止、安静的国度，空间本身也变成了一个盲区"①。在 20 世纪之前，在笛卡尔和康德的批判哲学中，空间不过是一种纯粹的形式，空洞而纯粹，是数字与比例的场所。它排除了意识形态和感性的、真实的、实践的内容，只是一种本质，一种绝对的理念。② 空间仅仅是人类在其中展开活动的空洞容器而已。第二次世界大战之后，伴随着西方资本主义的都市化进程，关于空间的思考成为西方思想文化的重要议题。亨利·列斐伏尔、大卫·哈维、罗伯特·文图里等在 20 世纪 60 到 70 年代的近十年间，发表了关于城市空间的大量著述，奠定了我们今天关于城市空间的整体思想。列斐伏尔在他的著作《都市革命》一书中指出，人类的历史是从农耕文明到工业社会再到都市世界转变的进程，此刻我们正身处进入都市世界的全新时代。在这一独特的历史时期，空间已经取代时间成为资本最重要的统治工具。

正是在这样的理论背景下，互联网进入城市空间并像街道一样成为城市生活的基本要素。在 20 世纪即将结束时，尼古拉斯·尼葛洛庞蒂的《数字化生存》和威廉·J·米切尔的《比特之城——空间、场所、信息高速公路》敏锐而深刻地分析了未来城市生存的诸多特征。信息城市、信息高速公路、数字空间、虚拟城市、媒体城市等众多描述城市空间的术语应运而生。斯科特·麦奎尔在近年的著述《媒体城市——媒体、建筑与都市空间》中认为："媒体城市"这一术语凸显了媒体技术在当代城市空间动态生产中的作用，契合了列斐伏尔关于空间作为资本工具的观点。③ 确实，列斐伏尔以马克思主义的历史政治与

---

① [法]米歇尔·福柯著，严锋译：《权力的眼睛——福柯访谈录》，上海人民出版社 1997 年，第 206 页。
② [法]亨利·列斐伏尔著，李春译：《空间与政治》，上海人民出版社 2015 年，第 21 页。
③ [澳]斯科特·麦奎尔著，邵文实译：《媒体城市——媒体、建筑与都市空间》，江苏教育出版社 2013 年，第 1 页。

经济学为分析范式,认为统治阶级把空间当成一种工具来使用,让空间服从于权利,通过技术官僚控制空间、管理整个社会,使其容纳资本主义生产关系。[①] 互联网之下的媒体和城市,无疑是"都市世界"的主体特征。"媒体城市"似乎比其他术语更准确地概括了我们所处的时代。

这些著述从资本的空间生产到政治权利和技术官僚,再到微观的媒体空间的建设等,都围绕着"空间"这个曾经被忽略的社会存在而展开。原本的主体——人,以及人的身体——退后为不言自明的"常量",成为"空间"的一个产物。"空间"才是众多学科的研究核心。然而,近二十年来,媒体空间中人的处境正在发生深刻变化:我们的身体在新媒体的时代,在都市世界复杂的空间生产中正在被持续地分解、复制和重组。传统的关于人的定义变得不确定,而以空间为主体的学术研究简化了人在当下生存的具体性;另一方面,创造和推动媒体城市发展的,除了资本空间生产的社会经济驱力,内在于身体的欲望和精神驱力同样值得深入研究。

在我们今天的城市生活中,电影、实景演出、灯光秀、LED 墙屏等,正在把城市变成迪斯尼乐园。我们的身体体验摄影机的各种奇异调度,经历不曾经历的各种历险,我们的内心如过山车般的起伏。20 世纪 60 年代,电视进入家庭,各种震惊感官的事件和效果以微缩的形式侵入私密空间。如今的 LED 墙屏,把这种震惊塞进城市空间的同时将其无限放大。驱动我们创造这些巨大影像的心理基础是什么? 更加清晰、更加流畅、更加庞大、更加真实,比真实还真实……不仅要平面,还要立体,不仅要立体,还要沉浸。总体上就是要把我们彻底拖入超现实、超震惊的奇境之中。我们每个人潜在地都想成为爱丽丝和哈利·波特,以抵抗日益疲倦的身体知觉和平庸的日常经验。但是,我们任由身体的痛楚、感知和经验被类型化的媒体经验替换后,这个世界真的会好吗?

二、永恒:时间的监狱

(一)《黑镜》的故事:一个关于永恒的悲剧

在互联网早期阶段的 1995 年,麻省理工的一位建筑学教授威廉·J·米

---

① ［法］亨利·列斐伏尔著,李春译:《空间与政治》,上海人民出版社 2015 年,第 109 页。

切尔（William J.Mitchell）在他的书中写道："就像古希腊的城邦居民依赖他们的希洛人奴隶一样，网络用户会越来越多地依赖程序化的代理人。"①随后他列举了这个"代理人"能够为我们做的种种事情，还断言说："弗里茨·朗错了：未来的机器人将不会是金属魔女在大都会里咔嚓咔嚓地走过，而是柔软的电子人在网络中悄无声息地穿行。"②他甚至还犹犹豫豫地猜测："我们可不可以将化名和代理人永久地放在网上让他们超越我们肉身的寿命而获得永生？……复活是否简化到了通过备份而复原？"③这些 20 世纪 90 年代的有趣预言在今天的一部著名的电视剧集《黑镜》中得以完整地呈现。《黑镜》讲的大多都是悲催而恐怖的故事。《黑镜》的天才编剧叫查理·布鲁克，他经常不得不面对自己构思出来的诡异的、令人毛骨悚然的情节。他既觉得自己太古怪、太恶意了，又不可自拔地沉迷于此。④ 这些故事意在让我们看到人类社会的不久的将来，那是一个我们目前的心理、道德、伦理秩序和法律都无法评判的将来。在《白色圣诞》（White Christmas）的一个段落中，一个 29 岁的女人选择了一项技术服务，如同我们现在的治疗近视眼的激光手术或疫苗一样，是一项法律允许、社会普遍接受的技术服务。这个简单的小手术可以把你的意识进行备份，然后从大脑中取出来，装进一个白色的蛋形设备当中。它有点像如今新款的苹果耳机（AirPods），闪着漂亮的小灯。这个意识副本并不知道自己是一个副本，以及自己为何身处一无所有的茫茫白色虚空之中。美国著名演员乔恩·哈姆饰演一个专业的售后服务人员，来完成"产品"的最后的调试：向这个意识副本解释事情原委以及它（或她）的"工作"——做你"主人"的仆人，例如提醒"主人"何时睡觉何时起床，推荐"主人"听什么音乐，如何安排"主人"的日程表等。因为最了解你自己的就是你自己，所以你的意识副本当然可以准确地知

① ［美］威廉·J.米切尔著，范海燕、胡泳译：《比特之城：空间、场所、信息高速公路》，生活·读书·新知三联书店 1999 年，第 14 页。
② ［美］威廉·J.米切尔著，范海燕、胡泳译：《比特之城：空间、场所、信息高速公路》，生活·读书·新知三联书店 1999 年，第 15 页。
③ ［美］威廉·J.米切尔著，范海燕、胡泳译：《比特之城：空间、场所、信息高速公路》，生活·读书·新知三联书店 1999 年，第 16 页。
④ ［英］查利·布鲁克、安娜贝尔·琼斯著，江山、尤林译：《黑镜：创作内幕》，民主与建设出版社 2020 年，第 117 页。

道你的喜好和身体经验等,例如它(意识副本)当然知道吐司烤到什么程度"主人"最为惬意。你自己不需要和你自己沟通。这个悲催的、完整的意识副本所处的虚空之中,除一个用于安排"主人"生活的控台外什么都没有。它的全部存在意义就是安排那个拥有身体的主体的一切,以让她绝对满意。乔恩·哈姆跟它(或她)说:"冲我脸上吹口气。你做不到吧,因为你没有身体。你的手指在哪呢?你的胳膊、脸呢?哪都没有。你不过是一段代码。"后来这个"上帝"(客服)赐予了它一个虚拟的身体,可虚拟的身体不是真的身体,就像你不能把你在游戏里扮演的某个英雄的形象当作你自己的身体一样。没有身体,就没有权利。就像片中的一句台词:"它不是真的真实,所以这也不是真的残忍。"当它(意识副本)意识到自己的恐怖处境时,它疯狂地拒绝了——以它(或她)29 年以来形成的现代文明意识形态和价值观的名义——这份"工作"。那个"上帝"(客服)使其就范的方法非常简单,手指轻轻转动一个人机界面,现实时空中只过了两分钟,在那个虚空中却过了六个月。这个调节是无止境的,可以是几个月、几年、几十年、几千万年等。这是"永恒的可怕折磨"[1],你再也想不出更令人惊悚的事情了。在一无所有的白茫茫的虚空中,六个月刑期不仅让这个灵魂就范,而是让它(或她)乞求这份"工作"。这是自己奴役自己的新版本,这是未来资本主义剩余价值理论的超现实主义版本。这个意识副本,以我们目前的道德来看,能被简单地归为代码吗?这是苏格拉底以来几个世纪的哲学家们向往的摆脱身体监狱的那个自由灵魂吗?人类对永恒的追求、关于永恒的哲学想象可能是超越时间维度的。但不幸的是,从我们目前的技术维度出发,似乎只能是永恒的刑期。这是一个关于时间监狱的最生动、最恐怖的比喻。

---

[1]　[英]查利·布鲁克、安娜贝尔·琼斯著,江山、尤林译:《黑镜:创作内幕》,民主与建设出版社 2020 年,第 118 页。

图 1 电视剧集《黑镜》截图,乔恩·哈姆扮演的售后服务人员正在做"产品"的最后调试

(二)巴赞:"给时间涂上香料"

关于永恒与技术的关系,我们可以回溯一下安德烈·巴赞对电影本体论的分析。巴赞认为从精神分析的角度讲,电影的出现是因为人心理结构中的"木乃伊情结"。它是整个造型艺术史的内在驱动。木乃伊,其意在不朽,"肉体不腐则生命犹存。因此,这种宗教迎合了人类心理的基本要求——与时间抗衡。因为死亡无非是时间赢得了胜利。人为地把人体外形保存下来就意味着从时间的长河中攫住生灵,使其永生"[①]。作为这一观念的延展,埃及人觉得花岗岩的雕像更为稳固,可以有效替代可能出现变数的木乃伊。巴赞说,虽然文明演进让我们不再相信这些原始的信仰,但是"降服时间的渴望毕竟是难以抑制的",[②]所以,巴赞认为,人类的全部造像活动都基于这样一种想要把转瞬即逝的"此时此刻"转化为永恒的潜在的心理动机。电影,或者摄影的发明,则是这一内在动机导致的必然结果。"是给时间涂上香料,使时间免于自身的腐朽。"[③]中国所谓"易者变也","生生之为易,通变之为事"无非是面对天道自然

---

① [法]安德烈·巴赞著,崔君衍译:《电影是什么?》,江苏教育出版社 2005 年,第 1 页。
② [法]安德烈·巴赞著,崔君衍译:《电影是什么?》,江苏教育出版社 2005 年,第 2 页。
③ [法]安德烈·巴赞著,崔君衍译:《电影是什么?》,江苏教育出版社 2005 年,第 7 页。

的无奈选择。在巴赞的分析里,求永恒也是本能,就像求生本能。自杀通常是社会摧残的结果,很少是生命本质思考的结果。生的意志不允许你走相反的道路。复制现实,使之永恒的欲望,不过是人类对抗万物流变的本能反应。传统的写实主义的艺术形态,虽然经历了一百多年的现代主义艺术实践,但是在大众流行文化中依然牢牢占据不可撼动的核心位置。在建筑外立面上蔓延的LED 墙屏,不过是"给时间涂上香料"的新技术。

(三)再次被抛弃的身体

古希腊的赫拉克利特同中国的先贤一样意识到物质世界终将腐坏的本质,以至于之后的苏格拉底和柏拉图建构了身体与灵魂的二元论。他们把身体想象为灵魂的监狱,认为只有人死后灵魂才能获得永恒的自由。所以苏格拉底拒绝逃离希腊而欣然赴死。他认为一个哲学家应该清醒认识到死亡的本质:死亡是身体的死亡,是"灵魂与肉体的分离;处于死的状态就是灵魂离开了肉体而单独存在"。[①] 西方自苏格拉底、柏拉图、基督教哲学,以至于近代的笛卡尔,这漫长的意识哲学传统,是身体与意识的二元论传统。概括地说是肯定意识或者灵魂,贬抑身体和物质的传统。直到尼采出现。

19 世纪末以来的哲学和社会理论,是建立在对身体的肯定与回归的基础上的。自尼采之后,身体,这个原本卑贱的位置,成为一个人的决定性基础。原本高高在上的精神和意识,在尼采这里成了物质身体的"小玩具""小工具"。每一个人之为人的独特性不再是由思想、精神、意识、观念决定的,而是决定于我们的身体、我们的感官。尼采哲学的影响让人得以摆脱宗教和理性主义的枷锁,重返世俗社会的伊甸园,获释的身体享受着因自由才能体验到的激情与快乐,这是千年以来未曾有过的身体解放。而如今,我们再次面临身体被意识抛弃的情景。《黑镜》故事中的意识副本,这个被称为 cookie 的代码,最为接近意识哲学和基督教关于自由灵魂的想象。但这一次,灵魂变成了可删除、可复制、可修改的代码。它(或她)带着女主人 29 年的意识、记忆和身体经验,和我们的现在在电子产品一样,只要持续地升级,补充"主人"的新记忆、新经验,就能提供良好的服务。持续升级的本质是身体对意识副本的无限依赖。如同我们

---

① ［古希腊］柏拉图著,杨绛译:《斐多》,辽宁人民出版社 2000 年,第 13 页。

现在依赖电脑和手机管理我们的生活，身体终将无限依赖意识副本管理记忆和经验。我们要构建什么样的伦理和道德去面对这个脱离身体，就算身体死去也将永恒存在的意识副本？这个物质身体的"小玩具"或"小工具"是不是将会或已经进化成全面控制身体和社会存在的"超级意识"？

三、视觉与意识：双重误认

（一）视觉的误认：他者之眼

从原始人洞穴里的壁画到电影，再到当代都市空间中的墙屏，人类的造像活动还可以引出另一心理现实：人类在造像、复制现实的过程中，不得不借助他者之眼来观看世界。绘画、雕塑、摄影、电影等所有媒介，都是我们借助他人之眼，而非用自己的眼睛观看这个现实的"副本"。这个脱离了自己眼睛的对外在世界的观察，极大地满足了我们的好奇心，我们仿佛被带入一个陌生的环境。弗洛伊德称这种感觉为"诡异"[1]。他认为这个"副本的现实"的诡异之处不在于事物的陌生，而是日常的、我们熟悉的事物被弄成了陌生的感觉，是熟悉之物以不熟悉的形式回归。他者之眼的视角以及摄影机等技术的介入（摄影机是完美的他者之眼）恰恰是弗洛伊德称之为"诡异"的形式。甚至在艺术创作的方法论中，我们也一直强调这样一种疏离，陌生化的处理或疏离也因此成为评判写实主义艺术的一个标准。电影生产中各个技术工种的美学追求之根本也可以概括为创造陌生体验。据记载，1895年的第一次电影放映，当影片中的火车驶进车站时，在场的人们纷纷惊呼、躲避。这一记录让我们以为火车是从摄影机的上面开过去的，而实际上这段52秒的镜头是在站台上，火车的正侧面拍摄的，并不危险。以这一虚拟的影像为真并非因为它有多么接近真，而是内在的他人之眼带来的陌生化体验所导致的，是"诡异"。

他者之眼的陌生化体验，在当代大众视觉文化中，是通过不断地创造出超越日常经验的奇观和震惊来维系的。电影诞生的历史也印证了这一特征：爱迪生的视镜（Kinetoscope）和卢米埃尔的电影都是动态影像，我们选择卢米埃

---

[1] https://zhuanlan.zhihu.com/p/152044986? utm_source＝wechat_session.

尔的电影的原因显而易见:被投射的巨大影像显然比爱迪生的视镜更具奇观的性质,更能够通过震撼的视觉效果创造出陌生化体验。如今的消费主义的城市景观和好莱坞的电影,必须不断刷新人类神经系统中感受奇迹或震惊的阈值,如同一位处心积虑的电影导演,绞尽脑汁地构思出奇异的、撼人心魄的故事和画面。我们当下整体的社会生活也如同一部持续上演的精彩剧集,我们每个人既是演员又是观众。我们在每天的信息"配给"中跌宕起伏,经历风云变幻。从个体的经验上看,似乎是技术进步让我们知道得更多、感受得更多、看得更远。但不幸的一面随之而来:我们的感知和经验被前所未有地精确操控。或者说我们不再有自己的感知和经验,人类在自然中成长获得的感知和经验早已被技术和机器偷偷地替换或重构了。如同安迪沃霍尔被枪击后描述自己的感受:"那就像是我在看另一场电影。"①

图 2 (左)爱迪生的视镜(Kinetoscope)和(右)卢米埃尔兄弟第一次放映电影的情景。人类最终选择了卢米埃尔的电影放映,因为人们更愿意沉浸在巨大的奇观当中,而不仅是看一段会动的影像。当然很多人在一个类似剧院的环境中共同观影也是电影能够造就庞大的电影工业的重要原因(图片来自网络)

　　他者之眼也是技术更新迭代的内驱。通过摄像头(完美的他者之眼)达成的、眼睛和屏幕的交互,一直以来都是技术升级的重要方向,也是新媒体的根本特征之一。但是从手机、电脑屏幕向 LED 墙屏——巨大的足以覆盖建筑外

---

　　① [美]肯尼思·戈德史密斯编,任云莛译:《我将是你的镜子:安迪·沃霍尔访谈精选》,生活·读书·新知三联书店 2007 年,第 291 页。

立面的影像媒介——的延展遇到了暂时的技术的瓶颈：我们的眼睛在巨大墙屏中渴望看到的撼人心魄的、立体的、超级拟真的图像并没有得到完美呈现。全息影像也存在同样的技术瓶颈。但他者之眼的欲望毕竟是难以平息的，因此我们绕开这个技术壁垒转向 AR，从拖着电脑的外置设备到穿戴式 AR 眼镜，仅仅用了几年时间。我们完全可以合理推断，能够植入眼球的 AR 晶体——类似于《黑镜》中的 Z-Eyes 智能眼，已经在地球某几个角落的实验室的时间表上等待出台技术标准和商业推广计划。

图 3 "Virtual Depictions San Francisco"是位于美国旧金山的一个公共艺术项目，作者是土耳其媒体艺术家 Refik Anadol。这种被称为"参数化数字雕塑"的艺术形式在如今的城市公共空间中颇为流行。巨大的 LED 墙屏和永不重复的算法影像，正在城市建筑的外立面上蔓延（图片来自网络）

他者之眼是对个人经验的抛弃。人的视觉经验来自其生活的环境。艺术家的视觉创造，本质上是以个人名义对人类群体经验的更新。他者之眼，意味着所有的思想创造与认同、所有的视觉创造与认同、所有的文字创造与认同都是他者对个人经验的碾压。他者之眼确立了创造者作为神的地位，也确认了大众、服从者终将失去自我的命运。在新媒体时代，他者的视觉经验被前所未有地误认为是自己的视觉经验。

（二）意识的误认：人机界面

早在 17 世纪的欧洲，著名的英国科学家罗伯特·胡克就写道："就感官而言，需要注意的下一个方面是，用仪器来弥补它们的弱点，在某种程度上，就是要在天然器官中加入人造器官……随着眼镜大大提高了我们的视力，我们也许会看到许多改善我们其他感官能力——听觉、嗅觉、味觉和触觉的机械发明，这并非不可能。"①这些基于技术逻辑的合理推断，催生了后世好莱坞电影中半人半机器的科幻想象，以及马斯克为之奋斗的脑机接口。从某种意义上看，这些其实早已实现了，只不过现在是人机界面，是外挂设备，将来是植入的集成设备，只是不同的技术迭代，本质上已没有区别。从人机界面到脑机接口，我们想象的是借此获得精神、能力和行动上的自由与超越，便捷地获取知识、语言以及技术能力。但人机界面和脑机接口不是中立的。一方面技术及其生成的一切，都在标准之下，而标准恰恰是利益驱动权利的产物。技术标准是利益分配的一个结果。另一方面，权利先于技术和机器而存在，权利的先在性决定了技术和机器的意识形态属性。近年来的比特币等数字化货币对传统货币的替换进程，表面看似乎只是货币的新形态、新标准，其实质却是权利形态由传统的行政权力向与技术权利融合转化的一个进程。人类将彻底变成技术的附庸。

在传统的电视时代，家庭是一个单向的信息播报系统的一个终端，如今家庭变成了媒体中枢。因为新冠肺炎疫情，这一原本潜在的媒体中枢功能被突然地呈现在我们面前。坐在家中，我们可以发布信息，可以参加全球范围内的音视频会议。就我而言，可以履行绝大部分的教学任务和部分科研工作。学生实质上可以做到在家中接受来自全球的教育。传统家庭的定义和边界已经变得极为模糊。LED墙屏正在悄然覆盖城市建筑的外立面和公共空间。在家庭中，各种技术形态的墙屏也在取代传统电视的地位，但它不再拘泥于电视的定义，更像是智能手机的放大版本。其本质上是不断变大，不久将覆盖整个墙面的"超级人机界面"。

墙屏，可以说是当代城市媒体环境的一个视觉表征和绝佳隐喻。墙，建筑的基本要素，用以分割内外空间，划定边界，是否定和拒绝，是规则和权利的化身。但是墙因屏（超级人机界面）而失去了一些阻隔，屏消解了墙作为边界的意义。这个阻隔的失效是双向的：墙既不能阻隔外部信息的流入，也不能阻隔内部隐私的渗出。屏（screen）的复杂意义让我们想起拉康晦涩费解的《精神分

---

① ［美］威廉·J·米切尔著，范海燕、胡泳译：《比特之城：空间、场所、信息高速公路》，生活·读书·新知三联书店1999年，第179页。

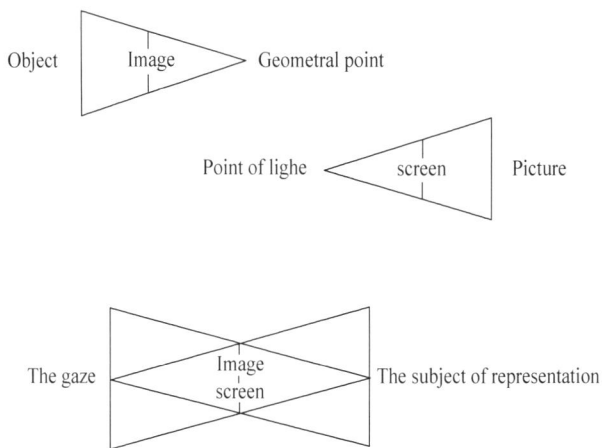

图 4　凝视的图示，来自雅克·拉康《精神分析的四个基本概念》

析的四个基本概念》中对图屏（image screen）的定义和分析。原本精神分析领域的图屏与当代媒体环境中的墙屏产生了一种奇特而引人深思的对应关系。在透视法和我们的日常经验中，客体被位于特定视点处的主体作为图像注视，但是拉康说："我不只是一个位于捕捉透视的几何点处的点状存在物。毋庸置疑，在我眼睛深处，画面已被描绘出来。这画面固然在我眼中。而我，我也在画面中。"①也就是说，在客体（拉康的光点）的视线中，在屏中，主体进入画面，成为"再现的主体"（the subject of representation）。此时图像和屏重合为"图屏"。从这个意义上说，墙屏比人类所有视觉媒介更准确地与拉康的图屏重合。图屏这一精神分析模型以具象的技术形式矗立在人们的四周。拉康对"凝视"的反转，与福柯的权利分析中转化为技术、机器的对人全方位、全天候的凝视准确对位。墙屏（超级人机界面）用交互这样一种普遍被接受的日常技术观念，用类似于 cookie 的方式把人暴露在技术权利的全面监管之下。在媒体环境中，交互让机器可以高度匹配你的兴趣和爱好；机器比这个世界上的任何人都更了解你，它可以准确地知道你的一切变化，因为在媒体环境中，在墙屏的"凝视"中，你再也无法避开它获得经验和需求。交互的过程，仿佛是机器

---

①　［美］哈尔·福斯特著，李翔宇译：《来日非善：艺术、批评、紧急事件》，重庆大学出版社 2020 年，第 11 页。

在说：让我了解你，我越是了解你，越是能够提供更好的服务；我只有精准地猜透你的心思，才能帮你工作得有效率、生活得更加愉悦，所以你最好把你的完整的意识都告诉我，包括潜意识，我来替你保存，我来为你服务，让我成为你的灵魂伴侣。这个结果就是《黑镜》描述的那个悲惨的故事。你认为那个意识副本是未来的事情吗？今天在互联网技术中被称为"cookie"的一个文本文件，就在你使用互联网时不停地、自动地记录着你的要求和欲望。所以即便没有马斯克的脑机接口，计算机完整复制你的记忆、精神和感受也不是多么遥远的未来。

　　如同拉康的凝视是先于主体存在的，如今作为权利化身的媒体环境也已然成为先在。如同语言的外壳，我们又多了一个媒体的外壳，我们已经无法绕开媒体产生关于世界的经验。在这个媒体环境中，人的经验是可修改、可更新的代码。人，即是媒体，即是机器，即是代码，独立的人的个体身份和身体经验都将不复存在。自然的人早就消失了，新的社会性决定了人的新的定义。因为他者之眼和"凝视"这样的人的心理机制，因为人机界面这样的技术手段，人类将彻底迷失于宇宙之中，个体的独特经验和他们的艺术表达也将彻底消失。人类在追求永恒的过程中，以为自己战胜了时间，给时间涂上了香料，但其实是我们永远地离开了我们的血肉之躯，取而代之的是同质化的电子面具。如本雅明所说，我们的身体及我们的身体经验在无数次的拷贝粘贴的过程中失去了灵光。马克思说人在工业化时代异化为机器；在信息时代，人不仅是机器，更是代码。你以为你将要永生，事实上你的身体早就已经死去，你只是一个"cookie"！

（杨晓军，笔名爱默杨，中国传媒大学动画与数字艺术学院副教授）

Eternity and Misidentification
—Reflections on Media City Space

Yang Xiaojun

Abstract：In the first 20 years of the 21st century, human has been indulged in the "enormous happiness" provided by digital technology and network. Various kinds of media technology has penetrated into every part of human society, and profoundly changed the concrete existence of human being. This paper purposes to analyze and indicate that what promotes the development of media technology and determines its future form is the driving force behind human creative behavior, that is, the instinctive desire of immortality, and extends the significance of Andre Bazin's Ontology of Photographic Image in contemporary media reality. Facing the nature order of change, the fragility of human flesh has not been greatly improved by technological progress. Thus, human beings abandon individual experience and physical body, and instead attempt to achieve eternity through perpetuating soul(consciousness). In this paper, the author tries to analyze the typical technology forms and cultural cases —AR, LED screen wall, human machine interface, TV series, etc. — in the construction of contemporary media cities from the perspective of Freud's and Lacan's psychoanalysis. This paper also indicates that "dual misidentification" is the subconscious of human to abandon physical body and seek the perpetuation of soul (consciousness), and critically elucidate the essence of rapid development and technological carnival of the media city.

Keywords: New Media Art; Media City; Human Machine Interface; LED Screen Wall; AR

陈伟明作品选登

　　陈伟明，广东普宁人。1999年毕业于广州美术学院附中。2003年毕业于广州美术学院中国画系，获学士学位。2009年毕业于广州美术学院中国画系，获硕士学位。2018－2019年度中央美术学院访问学者。现为广州美术学院中国画学院副教授，广东省中国画学会理事。2007年在法国巴黎艺术城举办"陈伟明个展"，在法国巴黎105画廊举办"陈伟明作品展"。2019年在北京798艺术区瀚艺术空间举办"站在云霄上——陈伟明作品展"。

南山系列·之一　250×125cm　2017 年　　南山系列·之二　250×125cm　2017 年

南山系列·之三　250×125cm　2017 年　　南山系列·之四　250×125cm　2017 年

南山系列·之五　250×125cm　2017 年

南山春暖　纸本设色　137×60 cm　2022 年

南山秋　纸本设色　137×60 cm　2022 年

南天一柱　纸本设色　178×97cm　2022 年

周凯达作品选登

    周凯达,男,1968 年出生于甘肃省武威市,博士、教授,硕士研究生导师。西安美术学院美术学中国画"花鸟画理论与创作研究"硕士、博士毕业;中国美术学院青年骨干教师访问学者,中国美术学院古文字研究中心研究员;现工作生活于南宁,任教于广西艺术学院中国画学院。代表作有《幽境》《春风又绿江南岸》《花溪又春深》《清溪幽涧》《碧纱秋月梧桐夜雨后》《习习谷风》等。

不辞长作岭南人　48×60cm　2022 年

春和景明　48×60cm　2022 年

黄梅时节家家雨　48×60cm　2022 年

兴云吐雾　48×60cm　2022 年

雨过初晴　48×60cm　2022 年

紫绶金章　48×60cm　2022 年

犹抱琵琶　48×60cm　2022 年

幽境　198×198cm　2018 年

编后记

  "元宇宙"是这两年的流行词,乐观主义者称之为人类已然到来的幸福未来,悲观主义者则将其视为泡沫骗局甚至人类及其文明的终结者。然而,不管怎样,元宇宙都不是一个人们想象中的可以四处游牧的自由空间,作为大他者的界面幽灵始终徘徊其中,悄无声息地建立并维护着各种秩序规则,操控着人们可以获取什么,无法触碰什么。蓝江《作为幻想的界面——元宇宙中的大他者幽灵》深刻地揭示出了元宇宙界面的神话特征,它作为一种新的技术集置,以底层数字交换协议的方式轻易地定置和持存了真实世界的地点,乃至我们的身份与肉体,由此形成的界面伦理学直接穿透了主体幻想,支配着数字用户在元宇宙空间中的欲望。章含舟《警惕元宇宙里的真实伤害》一文同样告诫我们元宇宙并非为所欲为之地,那里时刻上演着各种伤害行为,虽然这些行为只是发生在虚拟空间,但带来的却是真实体验,受害人每每回忆起来,会感到不安抑或羞耻。周奎《Web3.0 时代的"元宇宙"研究创新:谜思、议题与范式》则围绕近期与元宇宙相关的诸多谜思,爬梳了若干媒介融合议题与研究范式,并提出以虚拟民族志作为未来元宇宙和虚拟现实研究方法的可能性。这篇文章表达了新闻传播学者审慎的乐观态度。相比之下,刘博、邓建国的《元宇宙会改变人类的记忆实践吗?》一文乐观态度明朗了许多,虽然标题中用的是问号,肯定回答却是不言而喻的。文章指出,将元宇宙与人类记忆实践相结合正是一次有力的未来推进，"空间的生产"将是元宇宙和记忆研究的重要切入口。董树宝的《从〈黑客帝国〉到"元宇宙"：基于虚实共生的媒介融合研究》面对元宇宙带来的虚实共生的媒介生态，指示我们不妨回到海德格尔，"对技术世界既说'是'也说'不'的态度；对于物的泰然任之"。说"是"，因为元宇宙促使我们不断做出精益求精的改进；说"不"，则可以防止我们被技术对象奴役，拒斥它们对我们的独断要求以及对我们生命本质的压迫和挤压。"泰然任之"就是对技术世界保持着既开放又抵抗的"中道"姿态。总之，在元宇宙世界观刚刚萌发的当下，树立未雨绸缪的警醒意识，不失为一个有效的起点。

本刊的经典栏目"新媒介学理"此次刊发了徐翔的《社交网络"意见典范"及其趋同性》一文，文章指出在"意见典范"作用传导和扩散至全局的条件下，社交媒体的用户相似于某意见典范的程度和该用户的典范度成正比，表现出社交网络趋向于意见典范的用户同化与增长的社会窄化。这一发现表明网络空间的舆论形态越来越圈层化了，网络舆论领袖似乎更好当了。魏宝涛对短视频评论的"书写互动"与品牌创意研究，让我们看到了一个"议事共同体"的形成，这个共同体能将用户与受众的认知、感受、体验和认同感较好传递出来，从而有效增强品牌创意传播的现实效果和影响力、说服力。这样的"议事共同体"令人耳目一新，心驰神往，可惜能消费起品牌的人不多，如果它能出现在普通人的日常政治生活中就好啦。"影像批评"栏目牛鸿英、宋天祥的《"再造西部"——地缘文化视域下近期国产电影共同体美学的空间形构》一文在全民抗疫和扶贫攻坚的文化语境之中，深入研究了三部"西部"主题电影系列片，它们分别展示了一个绮丽壮观的绿色西部，一个充满着科技潜力的活力西部，一个被现实与网络"联通"的信息西部，同时又表现出对"都市病"和工具理性的反思，以及一种在消费机制的调节之下形成的美学风格、社会共识和共同体文化融合机制。文章既充满现实人文关怀，又富有学术想象力，值得细细品读。

公共知识分子与大众传媒的关系是媒介研究领域里的经典话题，尤其是在"公知"似乎已带有贬义色彩的当下，而赵勇的《在这块地盘上插一脚——〈萨特的媒体实践文学和大众传播思想研究〉序》虽然是篇序言，但他借着萨特的媒体实践，以犀利的语言，快捷的节奏，和充满压迫感的文气再次激发出了现代知识分子在新的传播语境下的责任担当。最后需要隆重推出的是黄静

《新见吴雁秋〈难民回忆录〉的发现和考订始末》一文，作者以严谨缜密的考订功夫，繁复艰难的解谜过程，为我们提供了一份关于"南京大屠杀期间普通市民一家日常生活"的详尽史料，本辑特意全文附上了这份珍贵的文献，让大家可以借此穿越历史的尘埃，返回那段中国人命如草芥的凄惨耻辱时光，回忆不仅仅是为了纪念，更重要的是拒绝遗忘，因为遗忘同样是一种罪恶。

此文结束之际，2023 的钟声正在响起，面对逝去的 2022 年，实在是一言难尽，大家疲惫着、快乐着、悲伤着，疫情逝去的三年就像元宇宙里的第二人生，仿佛一场游戏一场梦，但又真真实实地落在了每个人的日常生活里，我们编委会在这时令的寒冬里，力图多少汇聚一点暖意，留下些许痕迹，以供来年有心人的追忆与评判。